유아 행동 관찰 및 평가

양명희 · 임유경 공저

학지사

머리말

『유아 행동 관찰 및 평가』는 유아의 행동을 체계적이고 전문적으로 관찰하고 평가하며 적용하는 방법에 대해 설명한 책이다. 이 책의 1부에서는 유아 행동의 관찰과 평가에 대한 이론적 이해를 다루고 있으며, 2부에서는 유아 행동의 관찰과 평가를 교육현장에서 적용하는 방법을 다루고 있다. 구체적으로 1부에서는 행동 관찰과 평가의 기초 이론, 행동을 글로 묘사하는 관찰기록법, 행동 특성을 직접 관찰하고 측정하는 관찰기록법, 정해진 시간을 중심으로 행동이 발생하는지 관찰하고 측정하는 관찰기록법, 여러 행동 목록을 작성하여 행동의 존재 유무를 평가하는 관찰기록법, 행동 평정척도를 제작하여 목록에 있는 행동의 수준을 평가하는 관찰기록법, 유아의 활동 결과물을 관찰하고 평가하는 포트폴리오 평가법을 제시하였다. 2부에서는 유아의 행동 관찰 평가가 부모면담과 3~5세 누리과정의 지도, 행동지원, 현장연구의 실행에 어떻게 적용될 수 있는지를 소개했다. 2부의 마지막은 유아교육 전공 학생들이 예비유아교사로서 교육현장 관찰실습을 나가기 전에 주의해야 할 내용을 설명하는 것으로 이 책을 마무리 지었다.

이 책은 유아의 행동 관찰 평가를 공부하는 학부 학생들을 위한 것이다. 교육현장에서 유아에 대한 평가는 유아의 특성상 주로 자연스럽게 평소의 행동과 수행 정도를 관찰하는 것으로 이루어지고 있다. 그래서 이 책에서는 예비유아교사가 관찰을 통해 유아의 발달수준, 흥미, 욕구 등에 관한 정보를 수집하고, 수집한 정보를 교육현장에서 활용하는 데 필요한 능력을 갖추기 위한 내용을 중심으로 집필하였다. 또한 유아를 관찰하고 평가하는 교육현장의 노력이 연구로 결실을 맺을 수 있는 개별대상연구 방법도 소개하였다.

이 책에서 제시하는 내용은 유아를 평가하는 데 필요한 여러 종류의 관찰을 실행하는 방법과 관찰을 통해 얻은 정보를 부모면담과 유아의 학습 지도와 행동 지원에 활용하는 방법에 대해 체계적으로 접근할 수 있도록 도와줄 것이다. 관찰 방법의 종류는 행동 관찰을 기록하는 형식에 따라 분류하였으며, 현장에서 사용할 수 있는 형태의 대표적 예들을 제시하였다. 적용 부분은 관찰 과정이나 결과가 유아를 가르치고 지원하고 연구하는 데 어떻게 활용될 수 있는지를 중심으로 설명하였다. 이 책의 1~6장, 10~12장은 양명희가 집필하였고, 7~9장은 임유경이 집필하였다. 관찰 방법과 연구 방법의 내용이 현장의 필요보다 좀 더 깊이 들어갔다고 느껴지는 부분도 있을 수 있겠으나, 이러한 지식이 체계적인 관찰 능력과 전문적인 연구 능력이 요구되는 예비교사에게 유용한 도구가 될 수 있음을 기억하고 공부해 주기를 부탁한다. 시간이 부족하다는 핑계로 더욱 충실하게 집필하지 못한 것을 송구스럽게 생각하며, 계속해서 다듬어 갈 수 있는 기회가 꼭 주어지기를 바란다.

이 책으로 공부하는 모든 예비교사들이 유아 행동을 관찰하고 평가하는 것에 자신감을 갖게 되고, 여기에서 배우고 익힌 내용을 현장에서 도구로 사용할 날을 설레는 마음으로 기다릴 수 있게 되기를 소망한다. 또한 행동을 잘 관찰하는 것이 한 유아를 편견 없이 객관적으로 이해하고 효율적으로 지도하는 데 얼마나 중요하고 필요한지를 깨닫게 되기를 바란다.

이 책이 나오기까지 가족을 포함하여 보이지 않는 수고와 인내로 섬겨 주신 많은 분들께 진심으로 감사한다. 또한 이 책이 출판되도록 허락한 학지사의 관계자 여러분과 원고를 보기 좋고 읽기 편한 친근한 책으로 힘써 다듬어 준 편집위원들께 감사한다.

"어린아이들이 내게 오는 것을 허락하고 가로막지 마라.
하나님의 나라는 이런 자들의 것이다.
누구든지 하나님 나라를 어린아이처럼 받아들이지 않으면
결코 그 나라에 들어가지 못할 것이다." 하시고,
예수께서 그 아이들을 팔로 안으시고 그들 위에 손을 얹고 축복하셨다.
(마가복음 9:14-16)

2014년 봄

양명희, 임유경

차 례

제 1 부

유아 행동 관찰 평가의 이해

Chapter 1

유아 행동 관찰 평가 이론의 기초

1. 유아 행동 관찰 평가의 의의
2. 유아 행동 관찰 평가의 원칙
3. 유아 행동 관찰 평가의 절차
4. 행동 측정과 관찰 신뢰도
5. 유아 행동 관찰 평가의 유의사항

제1장 유아 행동 관찰 평가 이론의 기초

학습목표

- 유아 행동 관찰 평가의 정의와 목적을 설명할 수 있다.
- 유아 행동 관찰 평가의 분류를 설명할 수 있다.
- 유아 행동 관찰 평가의 기본 원칙을 설명할 수 있다.
- 행동 관찰의 측정 단위와 요약 방법을 설명할 수 있다.

핵심용어의 정의

- **행동 관찰 평가**
  유아의 행동을 다양한 방법으로 주의 깊게 살펴보면서 유아의 현재 수행 능력에 대한 정보를 수집하고 조직하여 해석하는 전체 과정이다.

- **직접 관찰**
  관찰자의 눈으로 유아의 행동을 직접 본 것을 바탕으로 체계적 형식을 갖추어 관찰하며 기록하는 것이다.

- **형성적 관찰**
  유아의 어떤 행동을 관찰자가 계속적 · 규칙적으로 반복하여 관찰하며 기록하는 것이다.

- **객관적 관찰**
  관찰자가 자신의 느낌이나 판단 같은 주관적 해석을 배제하고 최대한 객관적 · 종합적으로 관찰하며 기록하는 것이다.

- **조작적 정의**
  행동의 명칭이나 특성에 대한 표현을 피하고, 행동을 관찰 및 측정이 가능한 용어로 정의하는 것이다.

- **관찰 신뢰도**
  같은 것을 여러 차례 관찰하고 측정할 때 일관되게 같은 결과를 산출할 수 있는 정도를 의미한다.

교육을 받는 대상을 평가하는 방법은 다양하다. 그중에서 교육을 받는 대상이 유아인 경우에는 관찰을 통한 평가가 강조되고 있으며, 실제로 대부분의 유아 평가는 관찰을 통해 이루어지고 있다. 이렇게 유아 평가에서 관찰이 강조되는 이유는 발달 특성상 유아는 언어로 자신의 감정이나 생각을 전달하기 어렵고, 주의집중 시간이 짧고, 낯선 시험 상황 같은 곳에서는 자기 능력을 제대로 발휘하기 어려워서 전통적 평가 방법을 사용하기에 많은 제한이 따르기 때문이다. 따라서 유아의 일과 속에서 자연스럽게 평소의 행동과 수행 정도를 관찰하여 평가하는 것은 어떤 다른 연령의 교육 대상에서보다도 강조된다. 때문에 유아교사의 관찰능력은 매우 중요하다. 훌륭한 교사는 관찰을 통해 유아의 발달수준, 흥미, 욕구 등에 관한 정보를 수집하고, 그 정보를 교육과정과 학습 환경 구성에 활용할 수 있어야 한다.

1. 유아 행동 관찰 평가의 의의

1) 유아 행동 관찰 평가의 정의

'행동 관찰 평가'를 정의하기 전에 각각의 단어가 지닌 뜻을 나누어 살펴보자. '행동'의 국어사전적 의미는 "몸의 움직임이나 그 동작"(민중서림, 2001)이며, 전문적으로는 유기체의 근육활동, 내분비선 활동 또는 전기적 활동을 일컫는다(이윤옥, 2009). 즉, 행동이란 개인의 언어적이거나 비언어적인 모든 표현을 의미한다고 할 수 있다.

다음으로 '관찰'의 국어사전적 의미는 "사람, 사물, 사건 또는 현상을 주의 깊게 살펴보는 것"(민중서림, 2001)이다. 한편, 유아교육사전에서는 관찰을 "사물의 상태나 현상을 기존의 지식을 사용해서 주의 깊게 자세히 탐색하고 기술하는 활동"(한국유아교육학회, 1996)이라고 정의했다. 김병선과 이윤옥(1998)은 관찰이란 "특정 현상에 대한 객관적 자료를 수집하기 위한 절차로서 일상적인 상태에서 진행되는 자연스러운 인간의 행동을 직접 관찰하여 기록하는 절차"라고 했다. 이러한 정의들을 종합하면, 관찰이란 막연히 바라보는 것이 아니라 보고자 하는 것에 초점을 맞추고 집중하여 사람이 말하거나 행한 것을 살펴보는 것을 통한 정보 수집을 의미한다. 즉, 관찰은 반드시 그 결과로 알게 된 정보가 있다는 것이다.

마지막으로, '평가'의 국어사전적 의미는 "물품의 가격을 매기거나 어떤 것의 가치를 논정하는 것"(민중서림, 2001)이다. 평가를 뜻하는 영어 단어로는 'appraisal' 'valuation' 'assessment' 'estimation' 'rating' 'evaluation' 등이 있다. 모두 공통적으로 값을 매긴다는 의미를 포함하고 있지만, 행동 관찰 평가에서 평가가 의미하는 것은 다른 단어들과 구별되는 'assessment'에 해당한다. 한국교육평가학회(2004)는 평가(assessment)를 "측정(measurement)과 평가(evaluation)의 중간 개념으로서, 체계적 가치판단에 관심을 두기보다는, 측정 활동을 통해 특정 목적을 달성하기 위하여 근거 자료를 수집하는 과정에 중점을 두는 활동"이라고 정의했다. 그렇다면 평가(assessment)의 개념 이해를 위해 측정(measurement)과 평가(evaluation)의 뜻도 함께 살펴보아야 한다. 측정(measurement)은 "관찰이나 혹은 검사를 통해 명확한 공식이나 규칙에 따라서 개개인의 행동이나 특성, 프로그램의 특성, 그 밖의 사물이나 사건의 특성에 수, 점수 혹은 평정을 할당하는 과정"(황해익, 2008)이다. 평가(evaluation)는 "측정을 통해서 평가(assessment)한 자료들을 수집하여 분석하고, 그 결과에 기초하여 판단하고 의사결정을 내리는 과정"이다. 이러한 정의에서 볼 수 있듯이, 평가(assessment)는 판단하고 결정을 내리는 평가(evaluation)를 하기 위해 필요한 과정이다. 즉, 평가(assessment)란 유아의 현재 수행 능력을 알기 위해 양적 · 질적으로 자료를 수집하고, 수집된 정보를 조직하여 해석이 가능하도록 정리하는 과정이다. 이때 정보를 수집하는 과정으로는 구체적 관찰과 측정 절차가 있는 행동 특성 관찰기록법, 시간 중심 관찰기록법, 행동 목록 관찰기록법, 행동 평정척도 관찰기록법, 표준화된 검사 등이 있고, 구체적 측정 과정을 요구하지 않는 면담, 일화 관찰기록법 등이 있다.

종합해 보면, '행동 관찰 평가'란 유아의 행동을 다양한 방법으로 주의 깊게 살펴보면서 유아가 현재 무엇을 알고 있는지, 무엇을 할 수 있는지 등의 정보를 수집하고 조직하여 해석하는 전체 과정이라고 할 수 있다.

2) 유아 행동 관찰 평가의 목적

유아 행동의 관찰 평가는 유아의 행동에 대한 객관적 자료의 수집이라고 할 수 있다. 그렇다면 이러한 정보 수집은 왜 하는가? Neilsen(2001)은 유아 행동 관찰의 목적을 유아의 학습 양식 이해, 교수전략 수립, 교수에 대한 자기반성, 유아의 안전, 유아 가족과의 의사소통, 유아의 평가, 도움 제공, 학습 경험 확장, 교육과정 계획 시 타당성 확보, 유아의 지도, 유아의 흥미 발견, 신체발달 촉진, 건강증진, 요구 발견, 유아와 의사소통 및 상호작용 등으로 제시했다. 이처럼 다양하고 많은 유아 행동 관찰 평가의 목적들을 정리하면 크게 다음 네 가지로 나누어 볼 수 있다.

첫째, 행동 관찰 평가는 유아를 더 잘 이해하고 유아의 발달이나 수행수준을 모니터하기 위한 것이다. 유아를 관찰하고 그 행동을 기록하는 것을 통해 유아가 무엇에 관심이 있는지, 어떻게 움직이며 상호작용하고 반응하는지를 발견할 수 있다. 이렇게 자연스러운 환경에서 반복되는 관찰을 통해 관찰 대상 유아의 각 발달영역별 발달수준을 알 수 있을 뿐 아니라 유아의 수행능력에 대한 강점과 도와주어야 할 지도점이 무엇인지도 파악할 수 있다. 예를 들면, 자유선택활동 시간에 유아가 또래가 노는 곳으로 가서 또래의 옆에 붙어 앉아 바라보다가 자기가 원하는 놀잇감을 또래가 가지고 놀고 있을 때 말없이 가져가는 행동이 관찰되었다고 하자. 사회성 발달 측면에서 볼 때 또래에게 다가갈 수 있다는 것은 장점이 되고, 친구가 가지고 노는 놀잇감을 말없이 가져가는 것은 '빌려줘'라는 표현언어와 차례를 기다리는 행동이 지도되어야 함을 알 수 있게 해 준다. 이렇게 행동 관찰은 유아에 대한 구체적 이해를 높여 줄 뿐 아니라 체계적 관찰은 유아의 발달수준이나 수행능력을 시간의 흐름에 따라 모니터하게 해 준다.

둘째, 행동 관찰 평가는 유아의 미래 교육을 위한 계획과 의사결정을 위한 것이다. 교사는 관찰을 통해 수집된 정보를 분석하여 개별 유아에 대해 무엇을 어떻게 할 것인지 결정하고 미래를 위한 교수계획을 세울 수 있다. 예를 들면, 바깥놀이 관찰을 통해 유아들이 나뭇잎에 관심이 있는 것을 알게 되었다면 교수활동에서 나뭇잎을 소재로 하는 수학활동, 미술활동, 언어활동을 계획할 수 있을 것이다. 행동 관찰 평가를 통해 개별 유아에 대해 수집된 정보가 많을수록 교사는 유아와 어떤 상황에서 어떻게 상호작용해야 하는지에 대해 더 잘 알 수 있게 되고 환경을 어떻게 바꾸어야 할지도 결정할 수 있게 된다. 예를 들면, 유아가 터널 통과하기나 미끄럼틀 타기와 같은 새로운 집단놀이 활동에서 두려움 때문에 놀이에 참여하지 않으려는 것이 관찰되었다고 하자. 그런 경우 다음부터는 새로운 집단놀이에서는 유아의 참여 순서를 맨 처음보다는 중간으로 조정해 주거나 다른 아이들이 하는 것을 먼저 지켜보는 시간을 가질 수 있도록 조정해 줄 수 있다. 이렇게 관찰 평가의 결과를 교수계획에 적용하게 되면 모든 유아들은 더욱 발달에 적합한 활동에 참여할 수 있게 될 것이다. 또한 관찰을 통해 특별한 도움을 필요로 하는 유아를 확인하고 식별할 수 있다. 즉, 지속적이고 체계적인 관찰을 통해 유아의 장애 유무나 장애의 정도를 알게 되어 더 정확한 진단을 위한 의뢰를 할 수 있다.

셋째, 행동 관찰 평가는 수집된 정보를 유아의 양육자나 교육 관련자와 공유하여 의사소통하기 위한 것이다. 교사는 개별 유아에 대해 알게된 정보를 부모 면담 시간에 공유하여 교사와 부모의 진정한 동반 의식을 형성할 수 있다. 특히, 행동 관찰 평가를 통해 축적된 개별 유아에 대한 객관적 정보는 가정에서 가족이 유아를 어떻게 지원해 줄 수 있는지 구체적으로 안내해 줄 수 있다. 예를 들면, 친구들과 함께 어울리지 못하는 유아에 대해 양육자에게 단순히 사회성이 뒤떨어진다고 말하는 것이 아니라, 유아에 대한 다양한 관찰기록의 결과를 가지고 객관적이고 구체적인 정보를 제시할 수 있다. 이러한 정보 공유를 통해 가족은 유아를 더 잘 이해할 수 있게 되고 교사와 함께 이 문제를 해결하려는 협력하는 마음을 갖게 될 수 있다. 또한 관찰기록의 결과는 동료 교사나 다른 전문가에게 프로그램의 효과를 입증하는 자료로 제시될 수 있다. 이런 의사소통은 정보를 공유하는 사람들 간에 서로의 전문지식을 확장하는 데 도움이 될 것이다.

마지막으로, 행동 관찰 평가는 관찰자인 교사 자신의 발전과 이해를 위한 것이다. 유아 행동의 체계적 관찰을 계속하다 보면 인간행동을 객관적으로 볼 수 있는 능력이 향상될 뿐 아니라 교사 자신의 교수방법 및 유아와 상호작용하는 방법에 대해서도 객관적이고 주의 깊은 관찰을 하는 자기 점검의 힘이 길러진다. 그리하여 교사는 유아의 행동에 대한 해석을 할 때 더욱 예리한 통찰력을 갖게 되고, 결과적으로 유아에게 양질의 교육을 제공하는 전문성 신장을 이루게 될 것이다.

결국 행동 관찰 평가는 유아와 교사를 위한 것이다. 유아를 관찰하는 목적은 유아의 흥미, 요구, 발달수준 등을 파악하여 유아에게 더욱 적합한 교육활동과 환경을 제공하고, 관찰에서 얻은 정보를 관련자와 공유하면서 교사의 전문성을 함양하는 데 있다. 즉, 관찰을 통해 교사가 유아를 더 잘 이해하게 되고 축적된 기록을 바탕으로 자신의 교수방법을 반성하고 새로운 교수계획을 세우고 적용한다면, 유아는 더욱 발달에 적합한 활동에 참여하면서 전인발달이라는 교육목표에 다가가게 되고 교사는 질 높은 수업을 제공할 수 있는 전문성을 갖추게 되는 것이다. 따라서 행동 관찰 평가는 때로는 많은 시간과 노력과 재정이 요구되는 것이 사실이지만 행동 관찰 평가의 목적에 따른 이러한 여러 가지 유익을 얻기 위해서는 충분히 가치 있는 일이다.

3) 유아 행동 관찰의 분류

(1) 관찰 상황의 통제 유무에 따른 분류

행동 관찰은 관찰 상황의 통제 유무에 따라 자연적 관찰과 통제적 관찰로 구분된다. 자연적 관찰이란 관찰 상황을 관찰자가 인위적으로 조작하거나 특별한 자극을 제시하지 않고 자연스러운 상황에서 발생하는 행동을 있는 그대로 관찰하는 것이다. 관찰자의 통제가 없다는 뜻에서 비통제적 관찰이라고도 한다. 교사가 매일 일과 속에서 유아를 관찰하는 경우나 부모가 가정에서 유아의 일상생활을 관찰하는 경우가 여기에 속한다.

통제적 관찰은 다시 관찰 상황을 조작하는 경우와 통제하는 경우로 나누어 볼 수 있다. 먼저, 실험에서 연구자가 자극을 조작하듯이 관찰 장면, 조건, 상황을 의도적으로 조작하고 그런 조작이 관찰 대상의 행동에 어떤 영향을 미치는지 관찰하는 것으로, 실험적 관찰이라고도 한다. 즉, 어떤 행동을 유발하는 특정한 환경 조건을 설정한 후 필요한 동일 행동을 반복하게 하여 관찰을 되풀이할 수 있게 하는 방법이다. 예를 들면, 유아가 있는 실험실에 낯선 사람과 유아의 어머니가 번갈아 등장하고 나가는 상황을 조작하면서 유아의 애착 유형을 관찰하는 경우가 여기에 속한다.

통제적 관찰의 다른 하나는 관찰될 행동이나 시간, 관찰 상황 등을 미리 정해 놓고 의도적으로 장치된 방에서 관찰하는 것으로, 관찰 조건이나 상황들을 조작하는 것은 아니지만 관찰 상황이 일상생활 장면이 아닌 통제된 장소라는 점에서 자연적 관찰과 다르다. 예를 들면, 놀이치료실 안에서 유아와 어머니의 놀이를 통한 상호작용을 일방경을 통해 관찰하는 것이 여기에 속한다.

(2) 관찰자의 관찰 참여 정도에 따른 분류

행동 관찰은 관찰자가 관찰하는 집단에 참여하는 정도에 따라 다음 네 가지로 구분할 수 있다(김희진, 박은혜, 이지현, 2011). 첫째, 완전한 참여자(complete participants) 관찰로, 관찰을 하는 집단 내에서 온전히 한 구성원의 역할을 하면서 관찰하는 것이다. 완전한 참여자 관찰에서는 관찰 대상자들이 관찰자가 관찰자인지 모르고, 관찰자는 관찰 대상자들의 생활 속에 깊숙이 침투해 있기 때문에 심층 면접이 가능하다. 예를 들면, 교사가 유아와 소꿉놀이를 함께하면서 놀이의 일원이 되어 놀이 속에서 유아를 관찰하는 것이다.

둘째, 관찰자로서의 참여자(participants-as-observers) 관찰로, 관찰 집단에 참여하기는 하지만 관찰자의 역할로 참여하며 관찰하는 것이다. 관찰자로서의 참여자는 관찰 대상자들에게 관찰자로 알려져 있으면서 관찰 대상자와 함께 행동하고 생활하는 경우다. 예를 들면, 소꿉놀이를 하는 유아들에게 관찰자가 관찰자로서 자신을 소개하면서 함께 소꿉놀이를 하면서 관찰하는 것이다.

셋째, 참여자로서의 관찰자(observers-as-participants) 관찰로, 집단에게 관찰자로 알려져 있으면서 집단과의 상호작용이 비교적 적은 관찰이다. 참여자로서의 관찰자는 모든 관찰 대상자들에게 그들을 관찰하는 사람이라는 것이 명백히 알려져 있다. 예를 들면, 유아들이 소꿉놀이하는 것을 관찰하는 업무를 주로 하지만 유아들이 질문하면 대답하거나 유아들이 도움을 청하면 도와주면서 관찰을 하는 경우다.

넷째, 완전한 관찰자(complete observers) 관찰로, 집단이 있는 장소에 머물기는 하지만 온전히 관찰자의 역할만 하고 집단과 전혀 상호작용하지 않는 관찰이다. 예를 들면, 예비교사가 관찰실습을 나와서 교실에서, 혹은 교실 옆 참관실에서 일방경을 통해서 유아를 관찰만하고 유아들과 전혀 상호작용하지 않는 경우다.

첫 번째와 두 번째는 관찰자의 참여가 강조되는 참여 관찰이라 볼 수 있고, 세 번째와 네 번째는 관찰자의 관찰이 강조되는 비참여 관찰이라고 볼 수 있다. 비참여 관찰에는 비디오 촬영을 통한 관찰이나 일방경을 통한 관찰도 있다.

참여 관찰의 장점은 관찰자가 집단의 한 일원으로 늘 함께 지내고 있기 때문에 다른 낯선 관찰자가 있을 때 관찰 대상이 부자연스럽게 행동하는 것을 최소화할 수 있다는 것이다. 또한 관찰자가 관찰 대상과 함께 있는 시간이 많기 때문에 관찰할 기회가 많아서 많은 정보를 수집할 수 있다. 뿐만 아니라 관찰을 위한 인위적 상황을 조작할 필요가 없으므로 자연스러운 상황에서 관찰이 가능하다는 것도 장점이다. 하지만 관찰 대상과 같은 집단 내에서 활동에 함께 참여하고 있기 때문에 관찰자의 감정적 요소를 완전히 배제하기 어려워 관찰자가 객관성을 잃을 수 있다. 그뿐 아니라 앞의 예에서 함께 소꿉놀이를 하는 교사 때문에 유아들은 평소의 소꿉놀이 때와는 다른 행동을 보일 수 있다. 또한 관찰자가 집단 내에서 활동에 함께 참여하면서 관찰을 동시에 해야 하기 때문에 관찰 활동만 하는 경우보다는 여러 가지 제약을 받을 수 있다.

비참여 관찰은 관찰자가 관찰에 전념할 수 있고, 상대적으로 객관성을 유지하기 쉽고, 관찰을 조직적 · 계획적으로 할 수 있는 장점이 있다. 또한 처음부터 완성된 관찰지를 사용할 수 있고, 관찰 직후 곧바로 관찰 내용을 분석할 수 있는 장점도 있다. 하지만 정해진 관찰 시간에만 관찰이 이루어지기 때문에 관찰 기회가 비교적 적어서 피상적 관찰이 되기 쉬운 단점이 있다.

(3) 관찰의 구조화 정도에 따른 분류

행동 관찰은 관찰의 구조화 정도에 따라 구조적 관찰과 비구조적 관찰로 나눌 수 있다. 구조적 관찰이란 객관적이고 체계적인 형식을 갖추어 계획된 과정대로 관찰하고 측정하여 기록하고 분석하는 것으로, 관찰기록의 자료를 수량화할 수 있다는 특징이 있다. 즉, 관찰자의 관심 행동에 초점을 맞추어 정해진 상황에서 분석 가능한 기록 방식으로 관찰하고, 관찰된 결과를 단순하고 객관적인 부호로 만드는 측정 과정이 있는 것을 의미한다. 구조적 관찰에는 행동 특성 관찰기록법, 시간 중심 관찰기록법, 행동 목록 관찰기록법, 행동 평정척도 관찰기록법 등이 있다. 비구조적 관찰에는 특별한 표적행동이나 행동 범주 없이 현재 유아가 행하는 행동을 그대로 묘사하며 서술하는 행동 묘사 관찰기록법이 있다. 행동 묘사 관찰기록법에 해당하는 일화 관찰기록법은 대표적인 비구조적 관찰 방법이다. 유아교육기관에서 교사에 의해 행해지는 행동 관찰 평가는 비구조적 관찰과 구조적 관찰을 병행한다. 즉, 일과 속에서 아무 때나 어떤 유아라도 관찰하여 그 행동을 묘사하며 기록하기도 하고, 분명하고 구체적인 목적과 계획을 가지고 유아의 특정 행동을 집중적으로 객관적 · 체계적으로 관찰하기도 한다.

2. 유아 행동 관찰 평가의 원칙

1) 직접 관찰

유아의 행동 관찰 평가는 직접 관찰에 근거해야 한다. Sugai와 Tindal(1993)은 직접 관찰이란 관찰자의 주관성이 들어가고 행동의 전반적인 것을 요약하는 간접 관찰에 대응되는 것으로, 객관적이며 많은 시간을 들여 체계적 형식을 갖추어 행동을 관찰하는 것이라고 정의했다. 그들의 정의에 따르면, 직접 관찰은 앞서 언급한 행동 관찰의 종류에서 구조적 관찰에 해당한다. 그러나 이 책에서 직접 관찰은 구조적 관찰과 비구조적 관찰을 포함한 좀 더 포괄적 개념으로 관찰자의 눈으로 직접 보고 살피며 기록하는 과정을 의미한다. 이 책에서 다루는 행동 묘사 관찰기록법, 행동 특성 관찰기록법, 시간 중심 관찰기록법, 행동 목록 관찰기록법, 행동 평정척도 관찰기록법은 모두 관찰자가 눈을 통해 유아의 행동을 직접 보고 있거나 보았던 것을 근거로 하여 기록하는 직접관찰에 해당한다. 물론 어떤 것은 현장에서 보면서 즉시 그 자리에서 관찰과 기록을 동시에 하는 경우도 있고 조금 전에 또는 며칠 전에 보았던 것을 기억하여 기록하는 경우도 있지만, 중요한 것은 모두 관찰자가 직접 보았다는 것이다. 반면에 간접 관찰이란 부모면담이나 유아의 작품이나 사진 등을 통해 유아의 행동에 대한 정보를 수집하는 방법이다. 즉, 유아의 행동을 직접 보기보다는 유아의 행동을 본 사람을 통한 정보나 유아의 행동 결과로 나온 작품을 통한 정보를 의미한다. 그러나 유아의 행동 관찰 평가의 주된 원칙은 관찰자의 눈을 통한 직접 관찰에 근거해야 한다는 것이다. 이 책에 포함된 포트폴리오에 의한 평가는 행동을 직접 보고 기록한 것이 아니라 유아의 작품 수집을 통한 정보가 주를 이루기 때문에 간접관찰이라고 할 수 있지만, 포트폴리오에는 유아의 작업 현장에서 그 과정을 관찰한 교사의 기록이 반드시 수반되어야 한다.

2) 형성적 관찰

유아의 행동 관찰 평가는 형성적이어야 한다. 교육현장에서 형성평가란 교수-학습이 진행되는 과정에서 유아가 교육목표를 얼마나 이루어 가고 있는지 주기적으로 반복하여 평가하는 것이다. 즉, 형성평가는 유아가 교육목표를 향해 기대되는 방향으로 가고 있는지 검토하기 위해 증거를 수집하는 것이다. 형성평가의 결과는 다음 교수계획에 반영하여 보다 나은 활동을 계획하는 데 사용되어야 한다. 그러므로 형성적 행동 관찰 평가란 유아의 행동을 관찰자가 계속적 · 규칙적으로 반복하여 관찰하며 평가하는 것을 뜻한다. 즉, 형성적 관찰 평가란 오랜 시간을 두고 자연적인 상황에서 유아의 수행을 자주 반복하여 관찰한 결과를 평가하는 것이다. 행동을 형성적으로 관찰하고 기록하면 행동의 변화 방향이나 변화 정도를 쉽게 파악할 수 있다. 이러한 형성적 행동 관찰 평가의 예는 발달영역별 체크리스트를 이용한 유아의 주기적 평가, 일과 속에서 반복하여 유아의 행동을 기술하는 일화 관찰기록 또는 일과 수행 평가다.

반면, 총괄평가는 프로그램이나 교육과정의 주요 효과를 판단하기 위한 것으로 하나의 과정이 종결되었을 때, 혹은 일정 기간이 지난 후 유아의 행동 변화를 최종적으로 평가하는 것이다. 따라서 총괄평가는 프로그램을 계획할 때 설정한 목표가 달성되었는지, 프로그램이 유아나 교사 또는 부모에게 미친 효과는 무엇인지, 이러한 프로그램을 계속할 가치가 있는지 결정하기 위해 자료를 수집하고 분석하는 것이다. 이는 일정 기간을 사이에 두고 유아의 수행을 일정 기간 전후로 두 번 관찰하고 측정하여 비교하는 방법이다. 예를 들면, 학년 초나 학기 초의 수행능력과 학기나 학년을 마칠 때의 수행능력을 관찰하여 비교하는 것이다.

형성적 행동 관찰 평가의 중요성을 살펴보기 위해, 행동에 대한 총괄평가와 형성평가를 [그림 1-1]의 여섯 가지 그래프를 통해 비교해 보자.

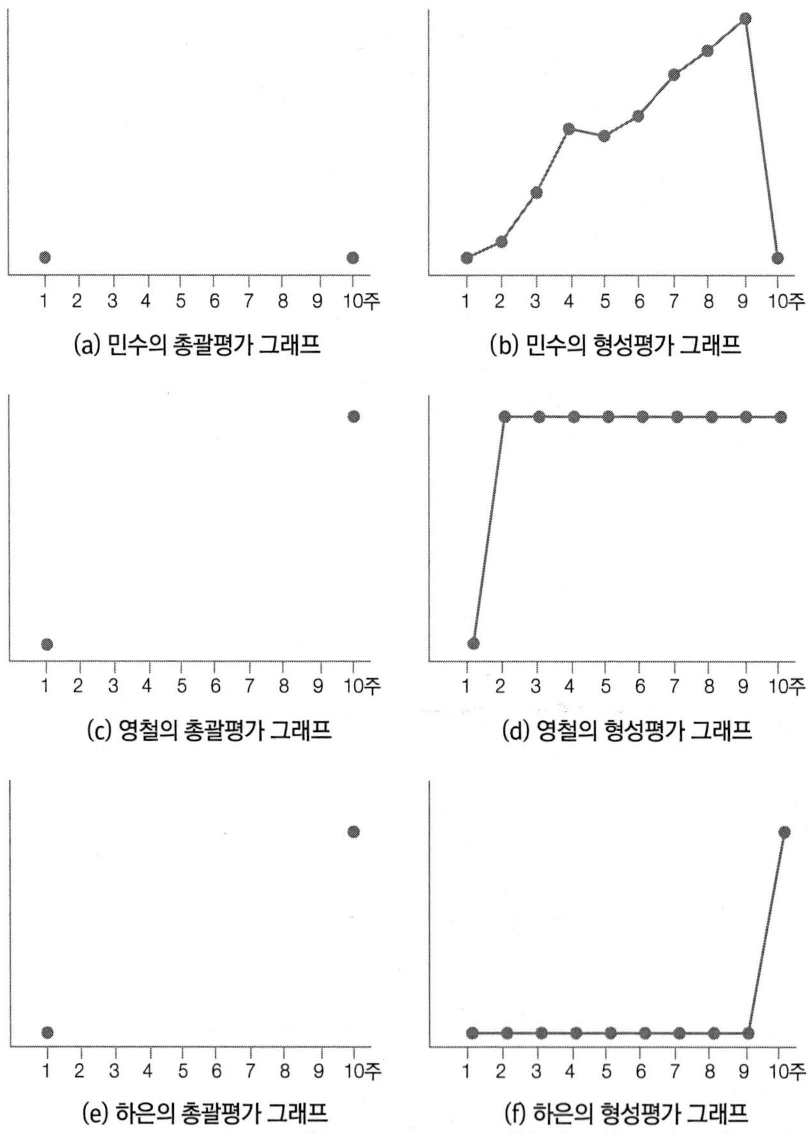

출처: 양명희(2012).

[그림 1-1] 총괄평가 및 형성평가의 그래프 예

[그림 1-1]의 그래프에서, 왼쪽의 총괄평가 그래프들은 프로그램이 시작되기 전의 첫 주와 프로그램이 끝난 직후에 측정된 자료만을 보여 주는 반면, 오른쪽의 형성평가 그래프들은 1주 차부터 10주 차까지의 프로그램 직전과 직후뿐 아니라 프로그램이 적용되는 기간에도 매주 측정된 행동 변화의 자료를 보여 준다. 그래프에서 행동의 증가는 프로그램의 효과를 보여 주는 것이다. [그림 1-1]에서 총괄평가 그래프인 (a), (c) 및 (e)에서 민수와 영철이와 하은이의 행동을 비교해 보자. 첫째 주의 자료를 마지막 주의 자료와 비교해 보면, 민수에게는 프로그램의 효과가 없고 영철이와 하은이에게는 프로그램의 효과가 있는 것으로 나타난다. 그러나 프로그램을 적용하는 과정의 자료를 살펴보지 않고 처음과 마지막의 자료만 가지고 결론을 내리는 것은 위험하다. 프로그램의 효과에 대한 정확한 결정을 내리기 위해서는 프로그램이 적용되는 전체 과정의 자료가 있어야 한다.

[그림 1-1]에서 형성평가를 적용한 (b), (d) 및 (f)에서 세 아이의 전체 자료를 살펴보자. 민수는 프로그램의 적용과 함께 점진적 향상을 보이다가 10주 차에 행동의 갑작스러운 감소가 나타났다. 영철이는 프로그램 적용 즉시 즉각적 향상을 나타낸 후 계속 향상된 상태를 유지하고 있다. 하은이는 9주 차까지 아무런 진전을 보이지 않다가 10주 차에 극적으로 향상된 행동을 나타냈다. 그러므로 민수의 마지막 자료만 보고 프로그램의 효과가 없었다고 결론짓기보다는 10주 차에 특별한 경험이나 사건이 있었기 때문이 아닌지 의심해 볼 수 있다. 하은이의 행동 변화도 마지막 자료만 보고 프로그램의 효과가 크다고 결론 내리기보다는 10주 차에 특별한 경험이나 사건이 있었는지 의심해 볼 수 있다. 즉, 민수와 하은이의 경우에는 더 많은 자료 수집이 요구된다. 영철이의 경우에 프로그램 적용 즉시 변화를 가져왔지만 프로그램 도중의 자료가 없다면 프로그램이 언제부터 얼마나 큰 영향을 주었는지 파악하기 어렵다.

이와 같이 형성적 관찰은 자료의 패턴이나 경향을 알려 주며, 교사로 하여금 더욱 효율적이고 시기적절한 프로그램을 결정할 수 있게 도와준다. 다시 말하면, 행동에 대한 형성적 관찰 자료는 프로그램이 종료되지 않고 실행하는 동안에도 프로그램의 효과를 평가하고 수정하도록 도와준다. 반면, 프로그램의 시작과 종료 때만 행동을 관찰하는 총괄적 관찰 자료는 시간의 흐름에 따른 유아 행동의 정확한 정보를 제공해 주지 못한다. 즉, 체계적 · 형성적 관찰이 없이는 각 유아의 행동수준을 정확히 알기 어렵다.

3) 객관적 관찰

(1) 객관적 관찰의 방해 요소

1 관찰자 문제

유아의 행동 관찰 평가는 객관적이어야 한다. 객관적 관찰이란 관찰자가 자신의 주관을 배제하고 최대한 객관적·종합적 관찰을 하는 것이고, 주관적 관찰이란 관찰자의 느낌이나 판단을 포함하는 관찰을 의미한다. 따라서 객관적 관찰의 결과는 여러 사람이 동의할 수 있지만, 주관적 관찰의 결과는 여러 사람이 동의할 수 없는 경우가 많다. 유아 행동의 관찰에서 객관성의 중요성은 아무리 강조해도 지나치지 않다. 그런데 객관적 관찰을 방해하는 요소들이 있다.

가장 큰 방해 요소는 관찰자의 문제다. 객관적 관찰의 성패는 관찰자에게 달려 있다고 해도 과언이 아닐 만큼 관찰은 관찰자의 훈련 정도와 능력에 달려 있다. 그런데 관찰자 자신의 성격적 특성, 신념, 편견, 경험이나 정보 등이 객관적 관찰을 방해할 수 있다(김지은, 김진숙, 2006). 먼저, 관찰자 자신의 성격적 특성을 살펴보자. 관찰자 자신이 내성적이고 조용한 사람이라면 활발하고 적극적인 유아의 행동을 산만하고 부주의하다고 여길 가능성이 높다. 반면, 관찰자 자신이 외향적이고 활기찬 사람이면 유아의 차분한 행동을 수줍고 소극적이라고 여길 가능성이 높다.

다음으로는 관찰자의 신념을 생각해 보자. 관찰자가 유아 시절을 초등교육의 준비 단계로 보는지, 아니면 유아기 자체로서의 중요성을 인정하는지 등의 신념에 따라 유아의 동일한 행동을 관찰하고도 문제로 여기는 것이 달라질 수 있다.

또한 관찰자의 어린 시절 경험 때문에 생긴 편견도 유아 행동에 대한 객관적 관찰에 방해가 된다. 유아의 성별, 장애 유무, 가정 환경 등에 대한 편견이 있을 수 있다. 예를 들면, 가정의 사회경제적 수준이 낮으면 유아의 언어 표현력이나 이해력도 낮을 것이라는 편견이 있다면 가난한 가정에서 온 유아가 언어 구사력이 좋아도 이것을 간과할 수 있다. 또한 조손 가정의 남자아이가 공격적일 것이라는 편견이 있다면 그런 아이의 공격적 행동은 더욱 관심을 갖는 반면에 상황에 맞는 바른 행동은 간과하기 쉽다.

뿐만 아니라 교사가 현재 교육하는 유아에 대한 경험이나 정보 때문에 갖게 된 기대도 문제가 될 수 있다. 예를 들면, 평소에 교사의 말을 잘 듣는 것으로 인식된 유아의 행동은 집단 내에서 어떤 문제가 발생해도 무시되거나 가볍게 지나칠 수 있다. 또한 유아의 형제자매를 교육한 경험이나 그들에 관한 정보가 있을 때도 그 정보에 근거해서 현재 유아의 행동에 대해 미루어 짐작하거나 과대 또는 과소 평가하는 실수를 할 수 있다. 뿐만 아니라, 사소한 것 같지만 관찰자의 신체적 건강이나 피곤함도 관찰에 영향을 미칠 수 있다.

앞서 언급한 것과는 조금 다르게, 이윤옥(2009)은 객관적 관찰에 영향을 주는 관찰자 요인으로 다음 다섯 가지 관찰자 오류를 지적했다. 첫째, 관찰자는 관찰 대상자의 발성, 언어, 얼굴표정, 신체 움직임 및 심리적 · 생리적 반응과 같은 모든 행동 특성 중에서 보다 강하고 눈에 띄는 자극에 먼저 집중하게 되는 경향이 있다. 그 결과로 일상적이지만 중요한 것을 무시하거나 생략하는 오류를 범하기 쉽다.

둘째, 관찰자의 지각적 · 인지적 편견에 의해 정보의 첫 부분인 초두효과(primacy effects)나 끝부분인 최신효과(recency effects)에 주목하여 가운데 부분의 정보를 상실하는 오류를 범하기 쉽다. 이러한 오류는 특히 관찰자의 기억에 의존하는 행동 평정척도 관찰기록법이나 행동 목록 관찰기록법을 사용할 때 주의해야 한다. 예를 들면, '장난감을 나누어 쓴다'라는 항목을 평가할 때, 조금 전 유아가 자유선택활동 시간에 장난감을 친구와 나누어 쓴 것을 본 직후라면 유아의 그 행동에 대해 전반적으로 생각해 보지 않고 '아주 잘한다'에 쉽게 표시하게 되는 경우다.

셋째, 관찰자는 대체로 지나치게 긍정적이거나 부정적인 판단을 회피하는 중심화 현상(central tendency)을 나타내는 경향이 있다. 특히 평정척도를 사용할 때 '보통이다' 또는 '그저 그렇다'에 가깝게 표시하기 쉽다는 것이다. 이와 대조적으로, 어떤 관찰자는 일관되게 엄격하게 평가하거나 지나치게 관대하게 평가하는 경향을 보이기도 한다.

넷째, 관찰자는 관찰 대상의 이전 행동과 비교하여 기록하는 경향이 있다. 그 결과 기록에 대한 객관적 표준이 있어도 이를 무시하고 이전과 비교하여 조금이라도 더 나으면 '아주 잘한다'에 표시하게 되는 것이다.

다섯째, 관찰자의 익숙해진 경험 때문에 어떤 관찰된 현상을 당연한 것으로 여기는 과잉 일반화로 어떤 행동의 구체적 특성이나 의의를 상실하게 되는 오류를 범할 수 있다. 예를 들면, 동물을 그리는 시간에 유아가 오리의 눈에 눈물방울을 그려 넣어도 그 의미를 찾기보다는 유아가 그린 여러 동물 그림 중에 오리를 그린 그림으로만 평가하게 되는 경우다.

이와 같이 다양한 관찰자 문제에 의한 오류를 최소화하기 위해서는 체계적 훈련을 통한 충분한 관찰 연습이 요구된다. 관찰자는 관찰 방법에 대한 규칙과 절차를 정확하게 알고 있어야 한다. 또한 현장에 관찰을 나가기 전에 비디오테이프를 사용한 관찰 등을 통해 피드백을 받는 관찰 연습을 충분히 해야 한다.

2 관찰 대상의 문제

관찰의 객관성에 영향을 줄 수 있는 두 번째 요소로 관찰 대상의 문제를 생각해 볼 수 있다. 관찰 대상 유아는 자신이 관찰되고 있다는 것을 의식하여 평소보다 더 바람직한 행동을 하거나, 반대로 자기가 관찰되고 있다는 사실 때문에 긴장하여 초조함이나 불안을 나타내는 행동을 할 수도 있다. 이러한 반작용 효과를 최소화하기 위해서는 평소에 함께 생활하는 교사가 관찰을 하는 것이 좋다. 그것이 어려운 경우에는 일방경을 통해 관찰할 수 있다. 또한 관찰자가 관찰에 들어가기 전에 그 환경에 자주 방문하여 관찰 대상과 친숙해지는 것도 한 방법이다. 관찰자 대신에 비디오카메라 같은 도구를 사용하는 것도 좋다. 그런데 비디오카메라를 사용할 때도 처음에는 비디오카메라 앞에서 유아들이 장난을 치는 것과 같이 평소와 다른 행동을 할 수 있다. 하지만 며칠이 지나면 교실의 한 가구처럼 익숙해지게 되어 카메라를 의식하는 행동을 하지 않게 마련이다. 그러므로 비디오카메라를 사용하건 외부의 관찰자가 관찰하건 간에 유아가 그 과정에 익숙해지는 적응 기간을 둘 필요가 있다. 비디오카메라를 사용할 때는 카메라의 위치에 따라 사각지대가 생기고 관찰 대상이 다른 유아나 장애물에 가려 제대로 관찰하기 어려운 상황이 발생할 수 있다는 점을 유의해야 한다.

3 기타 문제

관찰의 객관성에 영향을 줄 수 있는 또 다른 요소는 관찰 상황이나 관찰 방법의 복잡성이다. 관찰 당시의 상황이 3~4명 유아의 소집단 활동인지 30~40명의 대집단 활동인지에 따라 유아의 같은 행동이라도 다르게 해석될 수 있다. 또한 관찰 방법이 복잡하면 관찰 오류의 가능성은 더 높아지게 마련이다.

(2) 객관적 관찰을 위한 기초 전략

1 비구조적 관찰의 객관적 관찰 전략

행동 관찰은 관찰의 구조화 정도에 따라 구조적 관찰과 비구조적 관찰로 구분된다. 이때 비구조적 관찰에는 행동을 묘사하여 서술하는 일화 관찰기록법, ABC 관찰기록법 등이 있다. 이러한 행동 묘사 관찰기록법의 객관성을 높이기 위한 전략은 다음과 같다. 첫째, 관찰 대상이 실제 행동한 것을 구체적으로 기록한다. 특히 유아의 행동을 서술하는 일화 관찰기록법이나 ABC 관찰기록법을 사용할 때는 관찰자의 주관적 해석이나 판단을 기록하지 않고 일어난 행동 그대로를 기술해야 한다. 예를 들면, '보람이는 많이 서러워했다.'보다는 '보람이는 두 발을 바닥에 쿵쾅거리면서 큰소리로 울었다.'고 기술하는 것이 더 바람직하다. 또 다른 예로, '진수는 공격적 행동을 했다.' 보다는 '민성이가 블록 영역에 있는 진수에게 다가갔을 때 진수는 민성이를 두 손으로 세게 밀었다.'는 기술이 더 바람직하다. 즉, 발생한 행동을 그대로 기록해야 한다.

둘째, 관찰 대상의 말은 그대로 직접화법으로 인용부호(" ")를 사용하여 기록한다. 간접화법으로 기록하면 교사가 유아의 말을 요약하게 되는 경우가 많아 놓치게 되는 정보들이 있을 수 있다. 예를 들면, '동휘가 친구에게 잘난 척했다.'는 기록보다는 '동휘는 영규에게 "덤벼! 덤벼! 이길 자신 있으면 덤비라니까! 힘도 없으면서~"라고 말했다.'는 기록이 상황과 사실에 대한 더 많은 정보를 주는 객관적 표현이다.

셋째, 관찰 대상의 행동의 질을 설명하는 수식어와 동사를 함께 사용한다. 얼핏 보면 이 전략은 첫 번째 전략에 위배되는 것 같지만 주관적 관찰기록을 하라는 뜻이 아니다. 예를 들면, 우는 행동에 대해 '찔끔거리며 울다, 꺼억 소리 내며 울다, 흐느껴 울다, 숨죽이며 울다, 대성통곡하다, 꽥꽥거리며 울다, 울부짖다, 칭얼대다, 엉엉 울다, 소리 지르며 울다, 소리 없이 조용히 눈물만 흘리다, 훌쩍이다' 등의 표현처럼 수식어를 동사와 함께 사용하는 것이다. 운다는 단어는 유아가 무엇을 하고 있는지는 알려 주지만 어떻게 하고 있는지는 알려 주지 못한다. 어떻게 우는지를 수식어를 사용하여 기록하면 관찰된 우는 행동이 다른 종류의 우는 행동과 어떻게 구별되는지 알 수 있다. 또한 '두 손으로 밀었다.'는 표현보다는 '몹시 화난 표정으로 양손을 움켜쥔 채로 세게 밀었다.'는 표현이 유아의 행동에 대해 훨씬 더 정확하고 구체적인 정보를 제공해 준다. 이렇게 행동의 질을 설명하는 수식어는 관찰자의 느낌이나 해석이나 판단을 나타내는 주관적 표현으로 보기 어렵다. 오히려 이러한 표현은 행위의 특성을 설명해 주어 유아의 행위에 대한 동기나 느낌을 이해할 수 있는 단서가 된다(Cohen, Stern, & Balaban, 1997). 유아가 어떠하다고 판단하며 명명하는 주관적 해석과 유아의 전체 행동 중의 일부분에 대한 설명과는 분명한 차이가 있다. 예를 들면, '지수는 욕심을 부렸다.'는 표현과 '지수는 욕심스럽게 사탕을 한움큼 집었다.'는 표현의 차이이다. 전자는 유아가 어떠하다는 정의이지만 후자는 유아의 손동작 행동이 어떠한지에 대한 설명이다.

마지막으로, 행동을 묘사하여 기술하는 경우에는 행동이 발생한 순서대로 기록해야 한다. 순서가 뒤바뀐다면 유아 행동에 대한 해석이 달라질 수 있으므로 주의해야 한다.

2 구조적 관찰의 객관적 관찰 전략

행동의 구조적 관찰에는 행동 특성 관찰기록법, 시간 중심 관찰기록법, 행동 목록 관찰기록법, 행동 평정척도 관찰기록법 등이 있다. 이러한 구조적 관찰의 객관성을 높이기 위해서는 무엇보다도 먼저 무슨 행동을 관찰하고 그 행동을 어떻게 측정할 것인지 결정해야 한다. 그렇게 하려면 관찰할 행동은 관찰 가능하고 구체적이어야 한다(Sugai & Tindal, 1993). 행동의 관찰이 가능하다는 것은 행동의 시작과 끝이 분명하다는 뜻이며, 행동이 구체적이라는 것은 행동의 측정이 가능하다는 것을 의미한다. 바꾸어 말하면, 관찰할 행동은 관찰 가능하고 측정 가능한 용어를 사용하여 조작적으로 정의되어야 한다. 예를 들면, 수희의 사회적 고립 행동을 '우울한 행동'이라고 정의하기보다는 '쉬는 시간에 친구들과 이야기한 횟수'로 정의하거나, 정현이의 인사 행동을 '예의 바른 행동'이라고 하기보다는 '등원할 때 친구를 만나면 "안녕?"하고 말하기'로 정의한다면 그러한 행동을 직접 관찰하고 측정하기가 쉬워진다.

그런데 어떤 행동에 대한 정의가 없거나 그 정의가 주관적이라면 신뢰할 만한 관찰과 평가를 기대하기 어렵다. 즉, 똑같은 행동이라도 정의가 다르면 서로 다른 평가를 하게 된다. 따라서 서로 다른 관찰자가 하나의 행동을 보고 행동이 발생했는지에 대해 서로 동의할 수 있으려면 행동의 조작적 정의(operant definition)가 필요하다. 뿐만 아니라 같은 관찰자가 한 유아의 행동을 계속 관찰할 때에도 관찰할 행동이 발생했을 때 그 유아의 다른 행동들과 변별할 수 있으려면 행동의 조작적 정의가 필요하다. 행동의 조작적 정의는 객관적 관찰을 용이하게 한다.

행동의 조작적 정의를 더 설명하기 전에 행동의 조작적 정의가 아닌 경우를 들어 조작적 정의의 개념을 명확히 하고자 한다. 첫째, 행동에 대한 명칭은 행동의 조작적 정의로 충분하지 않다. 명칭은 설명된 형태의 행동에 대해 보편적으로 사용하는 이름과 같은 것이다. 예를 들면, '공격하기' '지시 따르기' '자리 이탈하기' '손톱 깨물기' '수업 방해하기' '과제 참여하기' 등이 있다. 이러한 명칭은 행동을 간단히 언급할 때는 편리하게 사용할 수 있지만 그 범위가 광범위하기 때문에 행동을 관찰하고 측정하며 정확한 자료를 수집하기에는 불충분하다.

명칭을 통해서는 구체적 행위를 확인할 수 없을 뿐 아니라 같은 명칭이라도 서로 다른 내용의 행위를 의미할 수도 있기 때문이다. 예를 들면, '수업 방해하기' 또는 '과제 참여하기'라는 명칭만 사용하면 사람에 따라 그 내용은 매우 달라질 수 있다. 다시 말하면, 수업을 방해하는 행동은 유아마다 그 방법이 다를 수 있고, 교사마다 과제에 참여하는 행동에 대한 기준이 다를 수 있다. 그러나 특정 유아의 구체적 행위로 나열하여 그 범위를 좁혀 주면 누구나 그 유아의 어떤 행위가 수업을 방해하는 행동인지 알 수 있게 된다. 따라서 유아의 특정 행동에 대한 표준 정의가 따로 정해져 있는 것이 아니므로 유아마다 같은 명칭으로 불릴 수 있는 행동이라 할지라도 그 행동의 정의는 달라질 수 있다.

둘째, 사람에 대한 어떤 특성을 진술하는 것도 행동을 조작적으로 정의하는 것이 아니다. 특성은 행동에 대한 문제를 넓은 범주로 구분하는 것으로 일반화된 정보를 제공할 뿐이다. 예를 들면, '버릇없다'는 특성은 행동에 대한 주관적 느낌이기 때문에 객관적으로 어떤 행동인지 말해 주지 못한다. 그러나 '"입 닥쳐."라고 말하기'라든지 '어른에게 부탁할 때 "～～ 해 줘." 등의 낮춤말 사용하기'와 같은 표현은 '버릇

없는' 행동의 구체적 내용을 알게 해 준다. 또 다른 예를 들면, '우울하다'는 특성은 유아가 실제 어떻게 행동하는지는 말해 주지 못한다. 그러나 '교실 구석에 혼자 앉아 있다.' '책상에 엎드려 있다.' '하루 종일 아무하고도 말을 하지 않는다.'와 같은 행동에 대한 직접적 표현은 특성에 대한 표현보다는 길지만 훨씬 정확하고 구체적 정보를 주기 때문에 개인의 행동 목표를 세우는 데 유용하다.

어떤 유아의 행동을 공격적이라고 묘사하는 것도 행동의 특성을 말해 줄 뿐이지 어떤 행동인지는 말해 주지 못한다. 공격적 행동을 '다른 아이의 머리를 양손으로 잡고 흔든다.'라고 정의하면 조작적 정의라 할 수 있다. 따라서 행동을 조작적으로 정의하기 위해서는 행동의 특성이나 전반적 문제가 아닌 구체적 행동을 다루어야 한다. 예를 들면, '유아의 공격성'보다는 '또래를 밀고 발로 차고 꼬집고 침 뱉는 행동'이 더 구체적인 행동 묘사이며, '유아의 고립성'보다는 '유아의 또래와의 상호작용 없음'이 더 구체적인 행동 묘사다.

이와 같이 행동의 조작적 정의는 명칭이나 특성에 대한 표현을 피하고, 행동을 관찰 가능하고 측정이 가능한 용어로 정의하는 것이다. 행동의 관찰이 가능하다는 것은 한 행동의 시작과 끝이 분명하여 관찰자가 행동의 정도를 분별할 수 있다는 뜻이다. '좌절을 느끼면' '슬플 때' '화가 나면' '분노할 때' 등 개인의 내적 상태나 동기를 표현하는 경우는 다른 사람이 관찰하거나 기록할 수 없으며 그 시작과 끝을 정하기 어렵다. 그러나 '연필을 부러뜨리는 행동'은 연필을 집어 두 손으로 연필을 부러뜨리기까지의 행동으로 그 시작과 끝이 분명하다.

또한 행동의 측정이 가능하다는 것은 행동의 정도를 수량화할 수 있어야 한다는 의미다. 예를 들면, '신경질을 부리는 행동'은 신경질의 정도를 수량화하기 어렵지만, '소리 지르며 우는 행동'은 소리의 강도, 소리 지른 시간의 길이, 소리 지른 횟수 등으로 수량화할 수 있다. 또 다른 예로, '무질서한 행동'은 측정이 어렵지만 무질서한 행동의 결과가 되는 '제자리에 두지 못한 물건의 수'는 측정하기 쉽다.

행동을 조작적으로 정의하기 위해서는 자신이 어떤 행동에 대해 정의한 내용이 앞에서 제시한 기준을 충족시키는지 확인해 보면 된다. 그리고 실제 행동을 조작적으로 정의한 다양한 예를 살펴보는 것도 도움이 된다. 여러분에게 어떤 유아의 '울화통 터뜨리기' 행동을 조작적으로 정의하라고 하면 어떻게 하겠는가? 울화통을 터뜨리는 유아를 보면서 그 유아의 행동을 객관적으로 묘사해 볼 수 있을 것이다. 예를 들면, '선 채로 발을 바닥에 쿵쿵거리며 머리를 세게 좌우로 흔들기' '바닥에 앉아 두 팔다리를 휘저으며 크게 소리 지르기' '바닥에 누워 두 다리로 벽을 차고 주변의 물건을 집어 던지기' 등의 행동이 관찰되었다면, 각각의 행동을 예로 제시할 수 있다. 아니면 종합하여 '서거나 바닥에 눕거나 앉아서 벽이나 바닥을 발로 차거나 주변의 물건을 바닥이나 벽에 집어 던지거나 소리를 지르는 행동'으로 정의할 수도 있다.

양명희와 김미선(2002)은 그들의 연구에서 아동의 '질문에 답하기' 행동을 "교사나 또래가 집단으로 혹은 개별적으로 아동에게 질문을 할 때 아동이 청자가 인식할 수 있을 정도의 목소리로 대답하는 것인데, 청자가 인식할 수 있을 정도란 어떠한 명료화에 대한 재요구(예: "다시 한 번 말해 봐라." "크게 말해 봐라." 등) 없이 단어나 문장으로 대답하는 것"이라고 조작적으로 정의했다. 또 다른 연구에서 양명희와 김황용(1997)은 아동의 사회적 상호작용 행동을 〈표 1-1〉과 같이 여섯 가지 행동으로 분류하고 조작적으로 정의했다.

표 1-1 표적행동의 조작적 정의의 예: 사회적 상호작용 행동

표적행동	조작적 정의
또래와 긍정적 상호작용 행동	적절한 언어적 · 비언어적 방법으로 또래들과 상호작용하는 경우(예: 대화에 참여하기, 또래에게 인사하기, 공 주고받기, 칭찬하기, 미소 짓기)
또래와 부정적 상호작용 행동	부적절한 언어적 · 비언어적 방법으로 또래들과 상호작용하는 경우(예: 찌르기, 욕하기, 발로 차기, 소리 지르기, 때리기, 물건 던지기)
긍정적 고립행동	다른 또래들과 직접적인 언어적 · 비언어적 상호작용 없이 그들로부터 1.5m 거리 안에서 비슷한 놀이를 하는 경우(예: 그네를 타는 또래들 근처에서 혼자 그네 타기, 모래놀이를 하는 또래들 곁에서 혼자 모래놀이하기)
부정적 고립행동	다른 또래들과 언어적 · 비언어적 상호작용 없이 혼자 있거나, 부적절한 방법으로 혼자 노는 경우(예: 혼자 돌아다니기, 책상에 엎드려 있기)
성인과 긍정적 상호작용 행동	어른들과 적절한 언어적 · 비언어적 방법으로 상호작용하는 경우(예: 인사하기, 지시 따르기)
성인과 부정적 상호작용 행동	어른들과 부적절한 언어적 · 비언어적 방법으로 상호작용하는 경우(예: 논쟁하기, 소리 지르기, 지시 거역하기)
적용 불능	관찰자가 관찰을 못했거나 위의 여섯 조항에 해당하지 않는 행동

이와 같이 행동의 조작적 정의는 행동에 대한 객관적 · 구체적 정보를 제공해 주어 행동을 직접 관찰하고 측정하기 쉽게 해 준다. 또한 행동의 조작적 정의는 행동에 대한 개인의 주관적 편견을 최소화하고 관찰된 행동과 그 상황에만 관심의 초점이 모아지게 하는 장점이 있다. 행동의 조작적 정의가 잘되었는지 확인해 보려면 두 명의 관찰자가 한 가지 행동을 보면서 같은 조작적 정의를 가지고 행동의 발생 여부에 대해 동의하는지를 보면 된다. 또 다른 평가 방법은 Morris(1976)가 행동의 정의가 잘되었는지 평가하기 위해 개발한 IBSO(Is the Behavior Specific and Objective?) 검사를 사용해 보는 것이다. 그 내용은 다음 세 가지 질문으로 정리될 수 있다. 첫째, 행동 발생의 빈도나 행동을 하는 시간의 길이를 잴 수 있는가?('그렇다'는 답이 나와야 한다.) 둘째, 발생하는 행동을 실제로 볼 수 있는가?('그렇다'는 답이 나와야 한다.) 셋째, 행동을 더 구체적이고 관찰 가능한 작은 요소로 나눌 수 있는가?('아니다'는 답이 나와야 한다.)

3. 유아 행동 관찰 평가의 절차

1) 유아 행동 관찰의 준비와 계획

(1) 관찰 목적의 수립

관찰 계획을 세울 때는 무엇보다도 관찰의 목적을 분명히 해야 한다. 관찰 목적이 있어야 무엇을 관찰할 것인지 구체적으로 알 수 있다. 관찰 목적이 유아의 언어발달 수준을 파악하기 위한 것인지, 유아의 사회성 발달 정도를 알고 싶은 것인지, 그리고 유아의 인지발달 정도를 알고자 하는 것인지에 따라 관찰해야 할 내용이 달라진다. 언어발달을 알고자하는 것이 목적이라면 유아가 하는 말을 관찰할 것이고, 사회성 발달이 궁금하다면 언어적 · 비언어적 상호작용의 빈도나 질을 관찰할 것이고, 인지발달을 알고자 하면 놀이 상황에서 상대방의 제안이나 질문에 반응하는 내용이나 무엇을 얼마나 수행할 수 있는지에 초점을 두고 관찰할 것이다. 유아의 발달영역별로 고르게 관찰이 이루어지도록 하기 위해서는 연간 관찰 평가 계획안을 작성하는 것이 바람직하다.

(2) 관찰 행동 범위 결정

관찰 목적이 정해지면 관찰할 행동 범위를 결정해야 한다. 구조적 관찰을 할 경우에는 관심 있는 행동을 가장 잘 대표할 수 있는 구체적 행동을 결정하고 그 행동의 단위를 세분화하는 것이 필요하다. 즉, 관찰할 행동을 결정할 때 그 행동이 어떻게 나타나는지 하위 행동 범주를 설정해야 할 필요가 있을 때도 있다. 예를 들면, 수업 방해 행동은 물건으로 소리내기, 옆 친구에게 말하기, 자리 이탈하기 등의 하위 범주로 나누어 관찰할 수 있다. 또한 객관적 관찰이 이루어지도록 하위 행동 범주에 대해 명료하고 분명하게 행동을 조작적으로 정의하는 것도 잊어서는 안 된다.

비구조적 관찰의 경우에도 초점을 맞추어야 할 행동에 따라 매우 자세하고 세밀한 행동까지 묘사할 것인지 전반적 행동을 묘사할 것인지 결정해야 한다. 예를 들면, 다른 사람에게 다가가는 근접, 접촉, 뻗치기 정도를 묘사할 것인지 또는 유아의 표정, 얼굴 방향과 각도, 눈의 움직임까지 묘사할 것인지를 정하는 것이다.

(3) 관찰 방법 결정

관찰 목적과 관찰할 행동을 정한 다음에는 어떤 방법으로 관찰할 것인지 결정해야 한다. 앞서 살펴본 것처럼, 행동을 관찰하는 방법은 기록 방법에 따라 행동 묘사 관찰기록법, 행동 특성 관찰기록법, 시간 중심 관찰기록법, 행동 목록 관찰기록법, 행동 평정척도 관찰기록법으로 나누어 볼 수 있다.

각 관찰기록 방법에 대해 간단히 설명해 보자. 행동 묘사 관찰기록법은 발생한 행동뿐 아니라 행동 발생에 대한 주변 상황이나 행동 전후 관계까지 직접 글로 기술하는 것이다. 여기에는 일화 관찰기록법, ABC 관찰기록법 등이 있다. 행동 특성 관찰기록법은 행동 자체를 중심으로 행동의 강도나 빈도, 지속 시간 길이와 같은 특성을 관찰하고 수량화하여 기록하는 방법이다. 여기에는 행동 결과물 관찰기록법, 행동 분포 관찰기록법, 빈도 관찰기록법, 지속 시간 관찰기록법 등이 있다. 시간 중심 관찰기록법은 시간을 중심으로 행동이 발생하고 있느냐를 기록하는 것이다. 이를 위해 관찰 시간을 여러 개의 짧은 시간간격으로 나누어 하나의 시간간격 동안에 행동이 발생하는지를 기록하는 것이다. 여기에는 전체 간격 관찰기록법, 부분 간격 관찰기록법, 순간 관찰기록법 등이 있다. 행동 목록 관찰기록법은 관찰 전에 유아의 행동을 목록으로 작성하여 발생 여부 또는 강도의 정도를 표시하도록 하는 것이다. 행동 평정척도 관찰기록법은 관찰한 행동에 대하여 관찰자가 그 행동의 수준을 미리 정해진 범주에 따라 구분하여 판단하고 평가하는 방법이다.

관찰 방법을 선택할 때는 관찰 목적과 관찰할 행동에 따라 각 관찰 방법이 지닌 장단점을 고려하여야 한다. 그뿐 아니라 관찰자의 능력도 관찰 방법 선택에 중요한 요소가 됨을 잊어서는 안 된다. 관찰자가 행동을 계속 관찰하면서 기록을 동시에 할 수 있는지, 수업이나 활동을 진행하면서 잠깐 잠깐의 메모만 가능한지, 이전에 관찰했던 기억에 의존해야 하는지 등에 따라 관찰 방법이 달라져야 하기 때문이다.

(4) 관찰 시간과 장소의 결정

마지막으로 행동을 언제 어디서 관찰할 것인지 결정해야 한다. 행동 관찰의 시간과 장소로 가장 바람직한 것은 유아교육기관의 일과 속에서 매일 규칙적으로 관찰이 이루어지도록 하는 것이다. 이때 교사가 매일 모든 유아를 동시에 관찰하기 어려우므로 규칙적으로 각 유아의 순번을 정하여 여러 활동 시간을 바꿔 가면서 관찰하는 것이 좋다. 만일 관찰하고자 하는 특정 관심사가 있다면 관찰할 행동이 가장 빈번하게 발생하는 시간과 장소와 상황을 선택하면 된다. 예를 들면, 유아의 사회적 상호작용 행동을 관찰하려면 그림 그리기 시간보다는 자유선택놀이 시간이나 바깥놀이 상황이 더 적절할 것이다.

물론 관찰 횟수가 증가하면 정확한 관찰 결과를 가져올 가능성이 높아지지만 너무 지나치게 많은 경우에는 그만큼의 시간, 노력 및 경비가 요구되므로 비효율적일 수 있다. 유아교육기관에서 행동 관찰 평가가 반드시 요구되는 시기는 유아의 현재 수준을 파악해야 할 학기 시작 전과 교육성과를 평가할 수 있는 교육과정을 마친 후라고 볼 수 있다. 그러나 그 외에도 특별한 관심 행동이 발생하였을 때에 집중적으로 그 행동을 관찰할 수 있다. 또한 유아의 전반적 발달 정도를 보기 위해 정기적으로 발달영역별 관찰이 이루어지도록 하는 것이 바람직하다.

2) 관찰기록지 개발

유아 행동을 측정하고 관찰하는 기록지는 되도록 간단하면서도 필요한 모든 정보를 포함할 수 있어야 한다. 관찰기록지에 포함되어야 할 가장 기본적 정보는 관찰 대상의 이름, 성별, 연령, 관찰 날짜와 시간, 관찰 장소와 상황, 관찰자 이름 등과 같은 것이다.

관찰기록지는 표준화된 것이 있는 것이 아니라 관찰자가 자신이 선택한 관찰 방법에 알맞게 직접 개발하여 사용할 수 있다. 이를 위해서는 다른 사람들이 개발한 다양한 관찰기록지를 살펴보는 것이 도움이 될 것이다. 이때 관찰자가 선택한 관찰 방법은 무엇보다도 자료의 신뢰도와 타당도를 극대화할 수 있는 것이어야 한다. 즉, 관찰하고자 하는 행동을 정확하고 일관성 있게 측정할 수 있어야 한다. 또한 관찰 방법은 유아의 활동을 최소한으로 방해하면서도 사용 방법이 쉽고 간편한 것이어야 한다. 모든 행동 관찰법에 적용되는 것은 아니지만 행동 관찰기록지를 개발하기 위한 일반적 유의 사항은 다음과 같다(양명희, 2012).

- 되도록 많은 행동을 측정할 수 있어야 한다.
- 같은 행동의 반복은 같은 양으로 나타낼 수 있어야 한다.
- 관찰자, 관찰 대상, 날짜, 시간을 기록할 난이 있어야 한다.
- 관찰할 행동과 상황을 기록할 난이 있어야 한다.
- 기록의 방법은 간편해야 한다.
- 관찰한 행동을 전체적으로 요약할 난이 있어야 한다.

관찰기록지는 소규모로 개인적으로 만들어 써야 하기 때문에, 관찰을 통한 정보 수집은 시간이 많이 들어서 실용적이지 못하다는 비판을 받고 있다. 그러나 관찰기록지를 사용한 형성적 관찰은 유아의 행동에 대한 구체적 자료를 제공해 주며, 유아의 행동 변화를 명확하게 보여 주므로 유아의 행동에 대한 조치를 시기적절하게 효율적으로 선택하고 평가하고 수정하는 데 많은 도움을 줄 수 있다.

구조적 행동 관찰 평가의 경우에는 관찰 결과를 양적으로 요약하여 관찰기록지에 기록할 수 있다. 유아 행동을 관찰하고 측정한 결과를 요약한 자료는 유아 행동의 현재 수준을 알려 주고, 다른 사람과 유아의 행동에 대한 의사소통을 쉽게 해 주며, 유아를 위한 새로운 결정을 하는 것을 도와준다. Sugai와 Tindal(1993)은 행동 관찰 방법의 종류에 따른 자료 요약 방법을 〈표 1-2〉와 같이 분류했다.

표 1-2 관찰 기록의 종류에 따른 자료 요약 방법

관찰 기록 방법	자료 요약 방법	예
행동 결과물 관찰기록법	횟수 비율 백분율	동화책 7장을 찢음 시간당 집어 던진 장난감 8개 퍼즐조각의 30%를 완성함
빈도 관찰기록법	횟수 비율	친구의 별명을 부르며 놀리는 행동 20회 옆 친구 건드리기 분당 0.8회
지속 시간 관찰기록법	시간의 누계 평균 시간 백분율	이야기 나누기 시간 30분 중 20분 동안 자리 이탈 평균 과제 집중 시간 4분 지시 따르기까지의 평균 지연 시간 2분 관찰 시간의 20% 동안 협동놀이
시간 중심 관찰기록법: -전체 간격 관찰기록법 -부분 간격 관찰기록법 -순간 관찰기록법	백분율	관찰된 시간간격의 70%에서 혼자놀이

출처: Sugai & Tindal (1993).

3) 관찰 평가 실행

관찰 준비와 계획이 끝난 다음에는 관찰을 실제로 실시하면서 기록해야 한다. 기록은 관찰하면서 동시에 하기도 하고 관찰 후에 하기도 한다. 그러나 가능하면 관찰과 동시에 기록하는 것이 바람직하다. 하지만 관찰 후 기록할 때도 기억에만 의존하기보다는 행동 발생 당시에 핵심 단어들을 메모해 두어 객관적·구체적으로 정확히 기록하도록 해야 한다. 관찰한 것을 재빨리 기록할 수 있으려면 목걸이형 볼펜을 목에 걸고 앞치마 주머니에 작은 수첩이나 접착식 메모지를 늘 지니고 다니는 것이 도움이 된다. 또한 휴대가 간편한 휴대폰을 이용하여 녹음을 하거나 사진을 찍는 것도 편리한 방법이다.

관찰의 실행을 통해 수집된 정보는 유아의 성장과 발달을 위해 의미 있게 사용될 수 있도록 요약하고 해석해야 한다. 때로 교사들은 수업 진행에 방해를 받지 않는다는 장점 때문에 녹음기나 비디오카메라를 활용하여 자료를 수집하기도 한다. 이러한 기기의 사용은 같은 자료를 반복하여 재관찰 및 재분석이 가능하다는 장점이 있다. 그러나 녹음 · 녹화되어 있는 자료는 그 자체가 관찰 대상이라는 그 이상의 의미가 없다. 그런 자료는 반드시 분석하여 질적 · 양적 형태의 자료로 변환시켜야 한다. 그리고 분석된 질적 · 양적 자료는 발달영역별로 또는 전체적으로 요약해야 한다. 또한 정보의 요약은 해석이 뒤따를 때 유용한 것이 될 것이다.

4) 관찰 결과의 적용

관찰 기록의 결과는 정리하고 분석하여 평가를 한 후, 그 결과를 추후 발달영역별 교육활동을 준비하거나 현재의 교수법을 수정하는 데 적용해야 한다. 또한 행동 관찰 평가의 결과는 교사에게 유아와의 상호작용의 질을 어떻게 높일 수 있는지에 대한 구체적 정보를 제공하는 데 사용되어야 한다. 그 외에도 행동 관찰 평가의 결과는 유아의 문제행동 지도를 계획하는 데 사용될 수 있다. 그뿐 아니라 행동 관찰 평가의 결과를 부모면담 자료로 활용할 수도 있다. 부모면담에서는 교사가 교육기관에서 관찰한 내용을 부모에게 제공하여 자녀 양육에 도움을 줄 수 있다. 역으로 부모가 가정에서 유아의 행동에 대한 정보를 교사에게 제공하여 교실에서 유아가 평소와 다르게 보이는 행동을 교사가 이해할 수 있도록 도움을 줄 수도 있다.

4. 행동 측정과 관찰 신뢰도

1) 행동의 측정

행동의 측정이란 어떤 행동을 일련의 규칙에 따라 체계적이고 객관적으로 수량화하는 것이다. 행동의 측정을 용이하게 하려면 행동의 조작적 정의가 필요하다(양명희, 2012). 그런데 행동은 어떤 차원을 가지고 조작적 정의를 하느냐에 따라서 다양한 방법으로 관찰되고 측정되며 요약된다. 예를 들면, 교사의 질문에 대답하는 행동을 '교사가 집단으로 또는 개별적으로 유아에게 질문을 할 때 청자가 인식할 수 있을 정도의 목소리로 5초 이내에 대답하는 행동'으로 조작적 정의를 했다고 하자. 이 경우에, 유아의 대답하는 행동의 빈도를 측정하여 빈도 자체로 자료 요약을 나타낼 수도 있고, 정해진 수업 시간의 길이에 대해 교사의 질문에 대답하는 비율(예: 수업 시간당 1회)로 요약할 수도 있고, 관찰된 대답 행동의 수를 주어진 반응 기회인 교사의 질문 수에 대한 비율, 즉 질문 수에 대한 대답 수의 백분율로 요약할 수도 있다. 여기서는 관찰된 행동의 결과를 쉽게 수량화하도록 도와주는 행동의 측정 단위와 측정된 행동의 요약 방법을 살펴보기로 하자.

(1) 행동의 측정 단위

행동을 관찰하여 얻은 자료는 다양한 방법으로 측정될 수 있다. 행동은 단순한 횟수(명, 개, 번), 시간(분, 초, 주), 길이(cm, km), 무게(g, kg, t), 소리의 세기(dB) 등의 단위를 사용하거나 정해진 기준에 따라 수행의 정확도로 측정될 수 있다(양명희, 2012). 첫째, 횟수/빈도는 행동이나 사건이 일어난 횟수를 계수하는 방법이다. 빈도로 행동을 측정하는 경우에는 관찰할 행동이 시작과 끝이 분명하여 각 행동의 발생 여부를 구별할 수 있어야 한다. 관찰 시간이 매번 일정하거나 반응할 기회의 수가 일정하게 정해진 경우에는 행동을 빈도로 측정하는 것이 좋다. 예를 들면, 매일 30분간의 이야기 나누기 시간에 자리를 이탈하는 횟수를 측정하는 경우다.

둘째, 시간의 길이는 행동을 시작하는 시간부터 마치는 시간까지 걸리는 지속 시간을 나타내는 경우와 선행 사건으로부터 그에 따르는 행동 또는 반응이 시작되는 시간까지 걸리는 지연 시간을 나타낼 때 사용할 수 있다.

셋째, 행동의 강도를 직접 측정하는 경우다. 행동 강도를 도구를 사용하여 직접 측정해야 하며, 행동에 따라 그 측정 단위가 달라진다. 소리의 크기는 데시벨(dB)을, 공을 얼마나 멀리 던지느냐는 길이의 단위(cm, m, km 등)를, 얼마나 무거운 것을 들어 올리느냐는 무게의 단위(g, kg, t) 등을 사용할 수 있다.

넷째, 행동의 강도를 미리 정해 놓은 척도를 근거로 측정하는 경우다. 강도의 평정은 정서적 반응의 측정에 주로 사용된다. 예를 들면, 유아의 우는 행동을 강도에 따라 1~5점 척도를 사용하여 ① 5점: 매우 큰 소리 지르며 울기, ② 4점: 큰 소리로 울기, ③ 3점: 보통 크기의 소리로 울기, ④ 2점: 작은 소리로 칭얼대며 울기, ⑤ 1점: 숨죽여 흐느끼며 울기 등으로 강도를 구분할 수 있다. 이형복과 양명희(2009)의 연구에서는 유아의 음식 섭취 행동의 정도에 대해 ① 4점: 스스로 잘 먹기, ② 3점: 조금씩 천천히 먹기, ③ 2점: 언어적 지시에 의해 먹기, ④ 1점: 먹여 주면 조금 먹기, ⑤ 0점: 전혀 먹지 않기 등의 척도로 구분하여 관찰했다. 이와 같이 평정척도를 사용할 때는 척도상의 각 점수가 의미하는 것이 무엇인지 분명하게 기술해야 한다.

(2) 측정된 행동의 요약

측정된 행동은 측정 단위, 비율, 백분율, 척도의 평균 점수 등으로 요약할 수 있다(양명희, 2012). 첫째, 행동의 직접적 측정 단위로 요약하는 경우다. 행동의 직접적 측정 단위인 횟수, 시간의 길이, 거리의 단위, 무게의 단위, 강도의 단위 등은 그 자체로 행동의 요약을 나타낼 수 있다. 이는 각 측정 단위의 합으로 표현하거나 평균값으로 표현할 수 있다. 행동의 빈도를 측정한 경우에는 관찰 시간 동안 발생한 행동의 전체 수로 행동 자료를 요약할 수 있는데, 관찰 시간이 일정하다면 각 관찰 시간의 총 행동 빈도는 비교가 가능하다. 행동의 지속 시간을 측정한 경우는 전체 관찰 시간 동안 행동의 각 지속 시간을 합하여 누적된 지속 시간으로 나타낼 수도 있고, 그 시간을 행동의 수로 나누어 주어 행동이 한 번 일어날 때 걸리는 평균 시간으로 나타낼 수도 있다. 또 행동의 각 지연 시간을 합하여 행동의 빈도로 나누어 주면 한 번 반응하는 데 걸리는 평균 지연 시간을 나타낼 수 있다.

둘째, 비율로 요약하는 경우다. 비율이란 정해진 시간 안에 발생한 행동의 수를 시간으로 나누어 단위 시간당 나타나는 행동의 빈도율을 의미한다. 비율은 전체 회기에 걸쳐 회기마다 관찰한 시간이 다를 때 행동의 양을 일정한 척도로 바꾸어 줄 수 있는 장점이 있다. 또한 비율은 반응의 정확도뿐만 아니라 숙련도에 대한 정보도 제공해 준다. 얼마나 자주 발생하는지 알고 싶을 때는 시간당 또는 분당 반응 수로 나타낼 수 있다. 비율은 유아가 자유롭게 반응하는 행동을 측정하여 요약할 때 사용하기 적절하다. 행동을 비율로 요약하는 경우의 예로 수업 시간의 자리이탈 행동을 들 수 있다. 관찰된 자리이탈 행동의 횟수를 관찰한 수업의 전체 시간 길이(분)로 나누면 1분당 자리이탈하는 비율을 알 수 있다. 여기에서 비율은 단위 시간당 행동의 빈도를 나타내는 경우로만 그 범위를 제한하고, 관찰한 전체 시간에 대한 관찰된 행동이 차지하는 시간의 비율은 백분율로 요약하여 나타낼 수 있다.

셋째, 백분율로 요약하는 경우다. 백분율이란 전체를 100으로 하여 관찰된 행동이 차지하는 비율을 나타내는 것이다. 예를 들면, 교사의 10개의 질문에 대해 6개의 정답 반응을 한 경우에 백분율을 구하려면 정답 반응의 횟수 6을 교사의 질문의 수 10으로 나누어 100을 곱하여 백분율 60을 구할 수 있다. 이때 구해진 백분율 60은 교사의 전체 질문을 100으로 가정할 경우에 정답 반응이 차지하는 비율을 의미한다. 또 다른 예로 활동 시간에 소리 지르며 우는 시간의 길이를 백분율로 구하려는 경우, 50분의 활동 시간 중 소리 지르며 운 각 행동의 지속 시간의 합이 20분이라면 관찰 시간 동안에 소리 지르며 우는 행동이 발생한 시간의 합 20을 전체 관찰 시간 50으로 나누어 100을 곱하면 된다. 이렇게 구해진 40은 관찰한 전체 시간을 100으로 가정한 경우에 소리 지르며 우는 행동이 차지한 비율을 의미한다.

앞의 두 예에서 보는 바와 같이, 백분율로 구하는 경우는 회기마다 반응 기회의 수나 관찰 시간이 동일하지 않아도 같은 기준으로 볼 수 있도록 해 주기 때문에 누구나 이해하기 쉽다는 장점이 있다. 그러나 행동의 발생 기회가 적거나 관찰 시간이 짧을 경우에는 한 번의 행동 발생이 백분율에 미치는 영향이 커서 행동의 변화를 민감하게 나타내 주지 못하기 때문에 주의해야 한다. 예를 들면, 같은 행동이라 할지라도 행동의 발생 기회가 5회였다면 1회의 행동은 전체 기회의 20%가 되지만 행동 발생 기회가 20회였다면 1회의 행동은 전체의 5%가 된다. 교사가 선택한 행동 관찰 방법의 종류에 따라 자료를 요약할 수 있는 방법을 앞에서 〈표 1-2〉에 제시했다.

2) 행동 관찰 신뢰도

(1) 행동 관찰 신뢰도의 정의

행동 관찰 신뢰도란 관찰하여 측정한 자료가 정확한지 묻는 것이다. 즉, 같은 것을 여러 차례 관찰하고 측정할 때 일관되게 같은 결과를 산출할 수 있는 정도를 관찰 신뢰도라고 한다. 신뢰도가 높은 관찰이란 같은 관찰자가 동일 상황에서 동일 방법으로 여러 번 관찰해도 일관성 있는 같은 결과를 얻을 수 있고, 관찰 결과가 관찰자에 따라 달라지지 않는 것을 말한다.

구분해 보면, 동일 관찰자가 동일 상황에서 여러 번 관찰할 때 관찰 결과가 얼마나 일관성 있는지를 나타내는 것은 관찰자 내 신뢰도(intra-observer reliability)라고 한다. 즉, 관찰자가 동일한 측정의 기준을 계속 유지할 수 있을 때 관찰자 내의 신뢰도가 높다고 한다. 한편, 두 명 이상의 관찰자가 동일 유아의 행동을 동시에 독립적으로 관찰하여 얼마나 일치하는 결과를 가져오는지를 말해 주는 것은 관찰자 간 신뢰도(inter-observer reliability)라고 한다. 즉, 같은 행동에 대해서는 누가 관찰하든지 언제나 같은 해석을 할 수 있을 때 관찰자 간 신뢰도가 높다고 한다. 관찰자 간 신뢰도를 산출하는 방법은 관찰 방법의 종류를 설명하는 각 장에서 관찰 방법에 따른 관찰자 신뢰도 산출법을 소개한다. 관찰자 신뢰도를 산출할 수 있는 경우는 구조적 관찰 방법을 사용할 때다.

신뢰도가 높은 관찰을 위해서는 다음과 같은 사항을 유의해야 한다(Wolery, Bailey, & Sugai, 1988).

- 관찰하고자 하는 행동을 관찰 가능하고 측정 가능한 용어로 조작적 정의를 내린다.
- 행동을 관찰하는 장소와 시간이 일관성 있고 규칙적이어야 한다.
- 행동 변화 양상을 보여 줄 수 있는 직접적 · 형성적 관찰을 해야 한다.

- 관찰, 측정, 기록의 절차를 명확하게 명시한다.
- 실제 상황에서 관찰하기 전에 충분히 연습한다.
- 관찰 즉시 자료를 기록한다.
- 행동 관찰의 정확도를 높이기 위해, 필요하다면 스톱워치, 비디오테이프, 녹음기, 신호 발신 장치(beeper) 등의 기구를 사용한다.

(2) 관찰자 훈련

관찰자 훈련에는 기본적으로 무엇을 관찰할 것인지에 대한 관찰 내용, 어떻게 관찰하는지에 대한 관찰 방법, 일관성 있는 관찰을 위한 관찰 규칙, 기록하고 수량화하는 것에 대한 기록 방법 등이 포함되어야 한다. 또한 관찰 장소에 가서 관찰을 실제로 시작하기 전에 관찰자 훈련을 하는 동안에 높은 신뢰도 기준을 설정하여 관찰 훈련을 하는 것이 좋다. 보통 90% 이상의 신뢰도를 목표로 훈련할 것을 권한다. 그리고 관찰자를 훈련할 때는 되도록이면 실제 상황에서 훈련해야 한다. 실제 상황의 관찰이 어려울 경우에는 관찰 내용을 녹화한 비디오테이프를 이용할 수도 있다.

관찰의 신뢰도를 높이기 위해서는 다음의 사항에 유의해야 한다(양명희, 2012). 첫째, 관찰자가 활동이나 프로그램의 목적을 모르는 것이 좋다. 목적을 알고 있을 경우, 그 효과를 의식하여 관찰에 영향을 미칠 수 있기 때문이다. 둘째, 관찰 훈련이 끝나고 실제로 관찰을 시작한 후에도 관찰자 간 신뢰도를 정기적으로 조사하는 것이 필요하다. 이는 관찰이 계속되는 도중에 관찰자의 관찰 기준이 바뀌지 않았는지 검토하기 위한 것이다. 관찰자의 관찰 기준이 점진적으로 바뀌는 현상을 관찰자 표류(observer drift)라고 한다. 셋째, 관찰자가 두 명 이상이라면 관찰 도중에는 두 관찰자가 서로 영향을 받지 않도록 관찰자 간의 접촉을 최소화하는 것이 바람직하다. 넷째, 관찰자가 수시로 관찰 기준을 점검할 수 있도록 관찰할 표적행동의 조작적 정의와 관찰 방법과 기준에 대한 성문화된 안내지를 작성하여 관찰자가 갖고 있도록 하는 것이 필요하다.

5. 유아 행동 관찰 평가의 유의사항

사람은 환경에 따라 각각 다르게 행동이 나타날 수 있다. 예를 들면, 유아는 교실과 운동장에서의 행동이 다르다. 그러므로 관찰자로서 교사는 유아의 정확한 전체 모습을 파악할 수 있도록 모든 발달영역에서 고르게 관찰해야 한다. 모든 발달영역이란 인지, 언어, 사회·정서, 건강, 신체 등이다. 그리고 교사는 유아를 오랜 시간에 걸쳐 매일의 일과 활동 속에서 다양한 관찰 방법을 이용하여 관찰할 수 있어야 한다. 이를 위해 교사는 관찰 방법에 대한 전문적 지식이 있어야 하며, 관찰 평가 결과는 유아를 이해하고 유아의 학습과 행동을 지원하는 데 사용되어야 한다.

교사가 유아를 관찰하는 경우는 유아 행동을 관찰만 하기보다는 일과 내에서 활동을 진행하면서 동시에 관찰을 수행해야 하는 경우가 대부분이기 때문에 관찰에 제약이 따르겠지만 최대한 많이 관찰하도록 노력해야 한다. 교사가 유아의 행동을 관찰하는 방법, 시간, 절차 등에 대해 정해진 규칙이 있는 것은 아니므로 관찰에 가장 적절한 장소와 시간, 방법을 스스로 찾아야 한다. 교사는 일과 중에서 관찰하기에 가장 적절한 시간을 찾아서 하루 두세 명씩 차례대로 관찰할 수 있다. 교사의 의복에 부착된 주머니나 앞치마 주머니에 작은 수첩이나 메모지와 필기구를 넣고 다니거나 언제나 쉽게 손이 닿을 수 있는 동일한 장소에 간단한 필기구를 두는 것도 활동을 진행하면서 관찰을 기록할 수 있는 한 방법이다. 이렇게 모은 기록을 관찰기록지에 옮겨 정리하면 된다. 또한 앞서 언급하였듯이, 관찰 대상과 함께 그 집단 내에서 활동에 참여하는 교사는 이미 유아들과 친밀감이 형성되어 있기 때문에 자신의 감정적 요소를 완전히 배제하기 어려워 관찰자가 객관성을 잃을 수 있으므로 이 점을 각별히 주의해야 한다.

유아 행동 관찰을 배우는 예비교사가 교육현장에서 관찰을 목적으로 수업을 참관하는 경우나 외부 관찰자가 관찰을 하는 경우는 관찰자가 수업을 진행하거나 유아들과 함께 활동에 참여하기보다는 관찰에 주력하게 되므로 비참여 관찰에 해당할 것이다. Martin(1999)은 관찰자가 유아의 활동이나 수업에 참여하지 않고 관찰만 하는 비참여 관찰일지라도, 관찰 때문에 수업 진행이 방해받지 않도록 주의해야 한다고 했다. 관찰실습을 나가는 예비교사인 학생이 관찰자로서 주의해야 할 사항이나 갖추어야 할 예절에 대해서는 제12장에서 자세히 다루고 있다.

이 장에서는 유아 행동을 관찰하는 의의와 목적을 살펴보고, 세 가지 기준에 따라 유아 행동 관찰을 분류해 보았다. 또한 유아 행동 관찰의 원칙인 직접 관찰, 형성적 관찰, 객관적 관찰이 어떻게 이루어져야 하는지 설명하였고, 전반적인 유아 행동 관찰 평가의 절차를 살펴보았다. 마지막으로 대부분의 관찰에 적용되는 관찰 신뢰도를 살펴보았다. 다음 장부터는 여러 가지 유아 행동 관찰 평가 방법을 한 장마다 한 가지씩 구체적으로 살펴보겠다.

토의 및 적용

- ✤ 유아의 행동을 관찰하고 평가하는 목적은 무엇인가?
- ✤ 행동에 대해 형성적 직접 관찰이 필요한 이유는 무엇인가?
- ✤ 구조적 관찰과 비구조적 관찰의 객관적 관찰을 위한 전략이 서로 다른 이유와 각 전략의 차이를 설명해 보시오.
- ✤ 유아 행동 관찰 평가의 네 단계 절차를 간략하게 설명해 보시오.
- ✤ 행동의 측정 결과를 요약해야 하는 이유는 무엇인가?
- ✤ 교사가 관찰자인 경우에 주의할 사항은 무엇인가?

Chapter

2 행동 묘사 관찰기록법

1. 일화 관찰기록법
2. ABC 관찰기록법

제2장 행동 묘사 관찰기록법

학습목표

- 행동 묘사 관찰기록법의 종류와 그 특성을 설명할 수 있다.
- 일화 관찰기록법과 ABC 관찰기록법 양식을 개발하고 작성할 수 있다.

핵심용어의 정의

- **행동 묘사 관찰기록법**
  일어난 행동을 객관적으로 묘사하며 서술하는 관찰기록법이다.

- **일화 관찰기록법**
  관찰한 행동 사례에 대하여 행동이 발생한 환경을 포함하여 자세하고 완벽하게 이야기하는 형식으로 기술하는 방법이다.

- **ABC 관찰기록법**
  자연스러운 상황에서 관찰 대상의 행동이 발생하기 전에 관찰 대상에게 일어난 사건, 관찰 대상의 행동, 관찰 대상의 행동 발생 후에 관찰 대상에게 일어난 사건을 시간의 흐름에 따라 직접 관찰하면서 기록하는 방법이다.

제1장에서 설명하였듯이, 행동 관찰 평가는 기록 방법에 따라 행동 묘사 관찰기록법, 행동 특성 관찰기록법, 시간 중심 관찰기록법, 행동 목록 관찰기록법, 행동 평정척도 관찰기록법으로 나누어 볼 수 있다. 이 장에서는 유아의 행동을 관찰하고 일어난 행동을 객관적으로 묘사하며 서술하는 관찰기록법을 알아보고자 한다. 이러한 관찰기록법을 행동 묘사 관찰기록법이라고 하자. 왜냐하면 '묘사'라는 단어의 사전적 정의인 "어떤 대상을 객관적이고 구체적으로 표현하는 것"(민중서림, 2001)이라는 의미가 관찰 방법을 잘 설명해 주기 때문이다. 행동을 묘사하는 관찰기록법으로는 관찰된 행동의 결과를 수량화할 수 없다는 단점이 있다. 하지만 기록을 보면 행동이 발생한 현장에서 어떤 행동이 발생했는지뿐 아니라 행동의 전후 맥락까지 알 수 있기 때문에 반복된 기록을 통하여 행동을 분석할 수 있다는 장점이 있다. 행동을 묘사하는 관찰기록법에는 이야기 형식으로 기록하는 일화 관찰기록법과 관찰 대상 유아의 행동을 중심으로 그 행동 발생 전과 후에 어떤 일이 있었는지를 구별하여 기록하는 ABC 관찰기록법이 있다.

1. 일화 관찰기록법

1) 일기기록법, 표본기록법, 일화 관찰기록법의 차이

일화 관찰기록법은 유아교육 현장에서 가장 많이 사용하는 관찰기록법인데, 일화 관찰기록법과 비슷한 방법인 일기기록법이나 표본기록법과 혼동되는 경우가 있다. 왜냐하면 모두 유아의 행동을 관찰하고 그 행동을 서술적으로 기술한다는 공통점이 있기 때문이다. 여기서는 일화 관찰기록법을 소개하겠지만, 구체적으로 세 가지를 구분하는 기준을 궁금해할 독자를 위해 일화 관찰기록법을 정의하기 전에 먼저 이 세 가지의 관찰기록법을 구분하여 간략히 설명하고자 한다.

(1) 일기기록법

일기기록법(diary recording)은 일기라는 단어의 사전적 정의인 "날마다 생긴 일이나 느낌 등을 적은 개인의 기록"(민중서림, 2001)이라는 내용이 의미하듯이 매일 일어나는 일을 일기를 쓰듯이 기록자의 주관적 해석과 함께 있었던 사건을 기록하는 방법이다. 즉, 자연스러운 일상생활에서 경험하는 유아의 발달에 대해 매일 기록하는 것이다. 같은 유아에 대한 매일의 관찰기록은 유아의 발달 변화를 보여 줄 수 있다. 최초의 유아발달에 관한 일기기록은 1601년에 프랑스 왕위 계승자인 헨리(Henry) 4세의 아들의 성장발달에 대한 기록으로 추정한다(김지은, 김진숙, 2006). 유아에 대한 유명한 일기기록으로는 페스탈로치(Pestalozzi)가 쓴 '한 아버지의 일기'와 피아제(Piaget)의 세 자녀에 대한 일기기록 등이 있다. 그러나 일기기록은 대부분 자신의 자녀에 대한 사랑이 많은 부모에 의해 쓰이기 때문에 신뢰성과 객관성이 보장되지 않으며, 시간과 노력이 너무 많이 요구된다는 단점이 있다. 따라서 일기기록법은 유아의 연속적 발달 과정에 대한 정보를 제공해 준다는 장점에도 불구하고 유아교육 현장에서 사용하기에는 바람직하지 않다.

(2) 표본기록법

표본기록법(specimen recording)은 정해진 관찰 대상을 정해진 장소에서 정해진 시간에 그 상황에서 일어나는 유아의 모든 행동과 그 유아와 상호작용하는 다른 유아들의 행동을 포함하여 모든 일을 자세히 일어난 순서대로 기록하는 방법이다(김희진, 박은혜, 이지현, 2011; 이윤옥, 2009). 즉, 표본기록법은 관찰 시간에 그 상황에서 일어난 모든 내용을 기록한다는 것이다. 다시 말하면, 유아의 특정 행동에 대한 기록이 아니라 전체를 기록하는 것이다. 여기에서 관찰 시간이란 특정 행동이 일어난 시간대가 아니라 정해진 시간, 예컨대 2013년 10월 2일에 유아가 잠에서 깨어나 잠자리에 들 때까지의 모든 상황과 행동을 기록하는 것이다. 물론 관찰 시간은 하루로 한정할 수도 있고, 특정 활동이 진행되는 시간으로 단축할 수도 있다. 발생한 모든 일을 기록한다는 방법 때문에 표본기록법을 '연속기록법' 또는 '지속적 기록법'이라고 부르기도 하지만(김지은, 김진숙, 2006), 표본기록법과 연속기록법을 구분하기도 한다(조윤경, 김경혜, 2010). 표본기록법은 시간이 지나면서 수집된 정보의 양이 많아질수록 그 가치가 커진다.

표본(specimen)이라는 단어는 국어사전에 "하나를 가지고 같은 종류의 물건의 표준을 삼을 만한 물건"(민중서림, 2001)이라고 정의되어 있다. 이러한 단어 뜻을 적용한다면, 정해진 관찰 시간에 이루어진 표본기록법을 통해 수집된 정보는 유아의 전체 생활을 이해할 만한 대표적 내용을 포함하고 있어야 한다. 즉, 표본기록법을 통해서는 주어진 관찰 시간과 상황에서 유아가 나타낼 수 있는 모든 행동 유형과 그 범위를 살펴볼 수 있어야 한다. 예를 들면, 10월 2일 하루동안 유아의 모든 상황과 행동을 표본기록법으로 기록했다면, 그 날의 기록 내용은 모든 다른 날의 유아 행동을 대표하는 것이다. 마찬가지로, 이야기 나누기 활동 시간을 표본기록법으로 관찰했다면, 그 내용은 유아의 다른 모든 이야기 나누기 활동 시간의 모습을 대표하는 것이다. 그리고 표본기록법은 객관적 사실을 기록하는 것이므로 관찰자의 의견이나 느낌은 반드시 다르게 표시를 하거나 다른 칸을 마련하여 기록하는 것이 필요하다.

표본기록법은 빼놓지 않고 모든 기록을 하는 것이기 때문에 풍부한 자료 수집을 할 수 있다는 장점이 있으나, 일기기록법처럼 시간과 노력 그리고 경비가 많이 든다는 단점이 있다. 또한 소수 유아를 대상으로 하는 질적 연구의 정보 수집 방법으로는 바람직할 수 있지만, 다수의 유아들을 교육하는 유아교육기관에서 교사가 실제로 활용하기에는 어려운 관찰법이다.

(3) 일화 관찰기록법

일화 관찰기록법(anecdotal recording)은 구체적 일화, 즉 행동 사례를 될 수 있는 대로 상세하게 구체적으로 기록하는 방법이다. 유아에 대한 관심 행동을 중심으로 직접 관찰하여 관찰된 내용을 이야기식으로 기록하는 것으로, 일정한 형식이 없는 비공식적인 방법이다(양명희, 2012). 일화 관찰기록법은 유아의 행동과 그 주변 환경을 되도록 완벽하게 이야기하는 형식으로 기술하는 것이므로 기록을 보면 행동 발생 당시의 상황을 그 자리에서 보는 것처럼 상상할 수 있다. 이와 같은 특성 때문에 일화 관찰기록법을 '글자로 묘사된 사진(word picture)'이라고도 한다(Cartwright & Cartwright, 1974).

일화 관찰기록법이 표본기록법과 다른 점이 있다면, 일화 관찰기록법은 표본기록법보다 관찰 시간이 상대적으로 짧고, 정해진 관찰 시간이 없다는 것이다. 또한 일화 관찰기록법은 관찰자에게 의미 있는 행동이나 영역을 중심으로 관찰하고 기록하지만, 표본기록법은 특정 관심 영역을 두지 않고 유아의 여러 행동 유형과 범위를 알아보기 위해 관찰한다는 것이다. 예를 들어, 자유선택활동 시간에 표본기록법을 사용한다면 그 시간의 모든 상황과 행동을 기록하지만, 일화 관찰기록법을 사용한다면 유아의 상호작용 행동 또는 대·소 근육 움직임 행동 등 관심 영역에 초점을 맞추어 그러한 행동이 발생한 상황을 자세히 구체적으로 기록하는 것이다. 일화 관찰기록법은 관심 행동이 발생할 때만 기록하기 때문에 기록의 연속성이 부족하다는 것이 일기기록법과는 다른 점이다.

요약하면, 일기기록법은 한 유아의 일상생활에 대해 매일 관찰하고 기록하며 어느 정도 주관적 느낌과 생각이 포함되는 것으로, 유아의 성장 과정이나 발달의 변화를 보기에 좋은 방법이다. 표본기록법은 관찰 시간을 정해 놓고 그 시간에 발생한 유아의 행동과 다른 사람의 행동을 포함하여 모든 사건을 빼놓지 않고 자세하게 기록하는 것으로, 표본 기록의 축적은 변화 양상을 검토하는 질적 연구의 좋은 자료가 된다. 일화 관찰기록법은 관찰자가 관심을 두는 행동이 발생했을 때 그 상황에 대해 객관적·사실적으로 기록하는 것으로, 관심 영역에서 유아의 행동 특성을 이해하고 지도하는 자료로 사용될 수 있다.

2) 일화 관찰기록법의 실행 절차와 특성

앞서 살펴보았듯이, 일기기록법, 표본기록법 및 일화 관찰기록법은 유아의 행동을 관찰하고 묘사하는 방법을 사용한다는 점에서 공통점을 가지지만, 여기서는 주로 부모가 기록하는 일기기록법이나 연구자가 질적 자료 수집을 위해 사용하는 표본기록법보다는 교사가 교육현장에서 행동을 묘사하는 방법으로 가장 많이 사용하는 일화 관찰기록법을 구체적으로 살펴보고자 한다.

사실, 일화 관찰기록법을 사용하기 위해서는 특별한 준비나 계획이 따로 필요 없다. 관찰자가 가치 있다고 판단하는 관심 있는 사건이 발생하면 그 즉시 바로 기록하면 된다. 예를 들면, 교사가 어떤 유아의 협동놀이나 공격적 행동을 파악하고 싶다면 그러한 행동이 쉽게 관찰될 수 있는 자유선택놀이 시간이나 바깥놀이 시간을 관찰하면서 그러한 행동이 발생될 때 즉시 그 상황을 중심으로 일어난 사건에 대해 기록하는 방법이다. 또 다른 예로, 유아의 식습관에 대해 알고자 한다면 간식시간이나 식사시간에 그 유아를 관찰하여 음식 먹는 행동을 중심으로 관찰하면 된다. 관찰시간을 따로 계획할 필요가 없기 때문에 우발적 행동에 대해서도 기록이 가능하다.

일반적인 일화 관찰기록법은 다음과 같다(Brandt, 1972; Wright, 1960).

- 유아의 행동을 기록하기 전에 날짜와 시간, 장소와 상황 등에 대한 정보를 기록한다. 유아의 행동이 발생하는 곳은 어떤 장소이며, 거기에서 무엇이 이루어지고 있는 상황인지, 다른 유아들은 몇 명이나 있는지 등을 기록한다.
- 관찰 대상 유아가 누구에게 무슨 말을 하고 무슨 행동을 하는지를 놓치지 않고 모두 기록한다.
- 관찰 대상 유아에게 누가 무슨 말을 했으며 무슨 행동을 했는지 놓치지 않고 모두 기록한다.
- 관찰 대상 유아의 행동에 대한 관찰자의 느낌이나 해석과 실제 일어난 사실을 구별하여 기록한다. 밑줄을 긋거나 다른 칸을 사용하여 객관적 사실과 주관적 의견을 구별하도록 한다.
- 관찰 대상 유아의 행동이 발생한 시기를 알 수 있게 기록 중간 중간에 시간대를 기록한다. 관찰기록지의 왼쪽에 시간을 기록하는 칸을 만들어 놓으면 편리하다.

이와 같은 방법으로 기록하는 일화 관찰기록법의 양식은 뒤에서 제시한 〈표 2-1〉을 참고할 수 있다. 앞서 설명한 것 외에 일화 관찰기록법을 사용할 때 주의할 점은 다음과 같다.

- 사건이 생긴 즉시 기록하는 것이 바람직하다. 시간이 지나면 기억이 뚜렷하지 않거나 관찰자의 편견이 들어갈 가능성이 많아진다. 사건 발생 즉시 기록하기 위해서 관찰자는 메모지와 필기구를 몸에 지니고 다니거나 손이 닿기 쉬운 일

정한 장소에 두어야 한다.

- 사건이 일어난 순서대로 기록한다. 순서가 바르지 않은 경우에 전혀 다른 해석을 할 수도 있기 때문에 주의가 필요하다.
- 관찰된 행동을 사실적 · 객관적으로 기록한다. 관찰자의 주관적 해석을 덧붙이고 싶은 경우에는 객관적 관찰 내용과 분명히 구분하기 위하여 따로 칸을 나누거나 다른 색깔의 펜으로 기록하거나 밑줄을 긋는 것이 좋다. 일화 관찰기록법의 가치는 사건에 대한 객관적 사실의 기록에 있다.
- 유아에 대한 각각의 일화는 독립적으로 기록한다. 즉, 하나의 일화 관찰기록은 하나의 사건을 기록하는 것이어야 한다. 이러한 일화 관찰기록을 누적하여 보존하면 유아의 행동 패턴에 대한 판단이 가능해진다.
- 관찰 대상 유아의 행동과 말을 구별하여 기록한다. 관찰 대상 유아의 말을 기록할 때는 인용부호(" ")를 사용하여 말한 내용을 그대로 기록한다. 즉, 구어적 표현과 비언어적 표현을 구분하여 기록하여야 한다. 예를 들면, '현선이가 새 옷을 자랑하듯 외치며 교실로 뛰어 들어왔다.'는 표현보다는 '현선이가 "이것 좀 보세요. 엄마가 사 주신 새 옷이에요."라고 외치면서 교실로 뛰어 들어왔다.'는 표현이 적절하다. 관찰 대상 유아와 상호작용하는 사람들의 말도 인용부호(" ")를 사용하여 말한 내용을 그대로 기록한다.

김신옥과 민혜영(2012)은 일화 관찰기록법을 연습할 때 유아의 행동에 대한 동영상을 보고 관찰 내용을 기록한 후, 다음과 같은 질문을 하면서 자신의 기록을 점검하는 것이 좋다고 했다.

- 일화 관찰기록의 주된 관심 영역이 드러났는가?
- 주관적 의견이나 느낌을 사실과 구별되게 기록하였는가?
- 대화 내용을 직접화법으로 기록하였는가?
- 관찰 대상 외에도 상대방의 언어와 행동도 포함하였는가?
- 관찰 상황에 대한 정보가 있는가?

일화 관찰기록법은 관찰자가 관심 있는 행동이 발생했을 때 필요에 따라 기록하는 것이기 때문에 그 유아의 전체 행동에 대한 오해가 있을 수 있음을 주의하여야 한다. 관찰자들이 기록할 가치를 느끼는 것은 눈에 띄는 돌출행동이나 부정적 행동인 경우가 많은데, 그러한 행동이 유아의 모든 행동을 대표한다고 생각해서는 안 된다. 또한 유아의 부정적 행동에 대한 기록을 남길 때 유아의 긍정적인 면이 무시되지 않도록 주의하여야 한다.

일화 관찰기록법은 유아의 자연적 행동에 관한 사실적·객관적 정보를 제공해 주지만, 행동을 측정하는 방법은 아니다. 따라서 일화 관찰기록법은 행동의 평가보다는 분석에 유용하게 사용된다. 즉, 한 유아의 비슷한 행동 사건에 대해 누적된 일화 관찰기록을 검토하면 문제가 되는 유아의 행동양식을 알아낼 수 있다. 이렇게 일화 관찰기록법을 적용하면 행동이 발생하는 자연스러운 장면에서 나타나는 행동을 구체적으로 기록하여 문제가 되는 행동을 찾아내고 정의할 수 있기 때문에, 일화 관찰기록법은 문제행동의 목적을 파악하거나 모인 일화 관찰기록을 통해 관심 발달영역별로 유아의 행동 특성을 분석하는 데 사용할 수 있는 유용한 관찰 방법이다.

3) 일화 관찰기록법의 적용 예

일화 관찰기록법은 비공식적인 것이기 때문에 일정한 형식이 있는 것이 아니므로 관찰자가 사용하기 편리한 양식을 만들면 된다. 그리고 즉흥적으로도 관찰기록이 가능하기 때문에 종이에 적어 두었다가 시간이 날 때 기록을 옮겨도 된다. 다만, 관찰 날짜와 시간, 관찰 대상의 이름, 관찰 장소, 관찰자 등의 기본 정보를 기록하는 난, 상황 정보를 기록하는 난, 관찰 내용을 기록하는 난, 관찰의 시간 흐름을 알 수 있도록 시간대를 기록하는 난, 관찰자 의견이나 느낌을 기록하는 난이 필요하다.

〈표 2-1〉은 일화 관찰기록법을 사용하여 교사의 지시를 따르지 않는 유아의 행동을 기록한 예다.

표 2-1 일화 관찰기록법의 적용 예 1: 교사의 지시를 따르지 않는 유아

관찰 유아: 김명철 (남)	생년월일: 2009. 3. 1. (6세)
관찰 시간: 2013. 3. 5. A.M. 11:00 – 11:15	관찰 장소: 우리유치원 토끼반 (6세 반)
관찰 상황: 자유선택놀이 시간이 끝나고 가지고 놀던 장난감을 정리하고 이야기 나누기 시간을 준비하라는 선생님의 지시가 주어졌다. 교실에는 20명의 유아들이 있다.	
시간	**관찰 내용**
11:00	선생님의 “장난감을 정리하자.”라는 지시와 함께 장난감을 정리하는 시간임을 알리는 선생님의 피아노 연주 소리가 들린다. 다른 유아들은 가지고 놀던 장난감을 정리하고 자기 자리를 찾아 앉고 있다.
11:10	명철이는 여전히 쌓기놀이 영역에서 블록 끼워 맞추기를 하고 있다. 교사가 명철이에게 다가가 “명철아, 블록 정리하고, 자리에 앉자.”라고 했다. 명철이는 교사의 말에 반응하지 않고, 블록 끼워 맞추기를 하고 있다.
11:13	선생님이 명철이가 가지고 노는 장난감을 정리하자 명철이는 두 다리를 뻗고 소리를 지르며 울었다. 선생님이 “제자리로 가서 앉으세요.”라고 지시하자 명철이는 두 발로 바닥을 크게 두드리며 더 큰 소리로 울었다. 그러자 선생님은 명철이를 두 팔로 들어 명철이의 자리로 옮겼다. 명철이는 더욱 큰 소리로 울었다.
관찰자 의견: 명철이는 자기가 계속 하고 싶은 활동이 있을 때는 교사의 지시를 따르지 않는다. 자기가 하고 있는 활동에 대해 제지를 받으면 소리 내서 울고 저항한다.	

〈표 2-1〉에서 명철이는 자신이 하고 싶은 활동이 있으면 교사의 지시를 따르지 않고 계속하려고 하며, 하고 있는 활동에 대해 제지 받으면 울면서 저항하는 것을 알 수 있다. 즉, 전이활동에 어려움이 있음을 알 수 있다. 다른 시간에도 전이활동이 어려운지 일화 관찰기록법을 사용하여 더 관찰하고, 누적된 정보에 의해 전이활동의 계획을 세우는 것이 필요하다.

〈표 2-2〉는 일화 관찰기록법의 또 다른 사례다.

표 2-2 일화 관찰기록법의 적용 예 2: 늦은 등원을 하는 유아

관찰 유아: 이민서	나이: 만 3세
관찰자: 교사	관찰 장소: 장미반 교실
관찰 날짜: 2013년 3월 18일	관찰 시간: 오전 9시 30분

관찰 상황: 다른 유아들은 교실에서 자유선택놀이 활동을 하고 있는데 민서가 등원하는 상황이다.

시간	관찰 내용
9:35	민서가 잠옷 차림으로 엄마에게 안겨서 등원했다. 민서는 엄마에게 안긴 채 선생님을 쳐다보고만 있어서, 교사가 "우리 민서 왔구나. 민서, 안녕?"이라고 하면서 안아주려고 하자 엄마 품에 안겨 칭얼대면서 떨어지지 않으려 했다.
9:40	잠시 후, 교사는 민서에게 바나나 한 개를 건네주면서 엄마에게서 민서를 받아 내렸다. "엄마에게 인사하자."라고 말하자 고개만 앞으로 숙이고 말은 하지 않았다. "'엄마 다녀오세요.' 해야지."라고 하면서 민서의 등에 손을 대자, "엄마 다녀오세요."라고 따라 인사하며 허리를 숙였다. "친구들에게도 인사하자."라고 하자 말은 하지 않고 손만 흔들었다. 교사가 "친구야, 안녕?"이라고 하자 "안녕?" 하고 따라 했다. 바닥에 내려 놓으려 하자 교사의 품을 파고들면서 떨어지지 않으려고 했다.

요약 및 의견: 등원 시간이 늦고, 엄마와 헤어져서 활동에 참여하기까지 걸리는 시간이 다른 아이들보다 길다.

2. ABC 관찰기록법

1) ABC 관찰기록법의 정의

ABC 관찰기록법은 Dawe(1934)가 유아의 말다툼 행동을 200회 관찰하고 분석한 것에서 그 유래를 찾아볼 수 있다. 관찰자는 유아를 계속 관찰하다가 말다툼이 일어나면 말다툼이 시작되는 시간과 함께 그때 무슨 활동 중이었는지 기록하고, 말다툼 동안에 주고받은 대화를 기록하고, 말다툼의 행동 유형을 기록하고, 말다툼이 어떻게 끝났으며 언제 끝났는지를 기록하고, 말다툼 후에 유아에게 어떤 일이 생겼는지 기록했다. 그리하여 수집된 관찰기록을 통해 말다툼이 발생하는 상황과 원인, 말다툼의 양상, 말다툼의 지속 시간, 말다툼의 횟수 등을 분석하였다.

그 뒤로 Bijou, Peterson 및 Ault(1968)는 좀 더 체계화한 ABC 관찰기록법을 소개하였다. 그들은 ABC 관찰기록법이란 자연스러운 상황에서 관찰 대상의 행동이 발생하기 전에 관찰 대상에게 일어난 사건(antecedent event: A), 관찰 대상의 행동(behavior: B), 그리고 관찰 대상의 행동 발생 후에 관찰 대상에게 일어난 사건(consequence: C)을 시간의 흐름에 따라 직접 관찰하며 기록하는 방법이라고 정의했다. 즉, 관찰하려는 유아의 행동(B)을 중심으로 그 행동에 대한 선행 사건(A)과 후속 결과(C)를 기록하는 것이다. 예를 들면, 교사의 지시에 말대꾸하는 행동을 자주하는 유아를 관찰하고자 할 때 유아가 말대꾸하기 이전에 유아에게 무슨 일이 있었는지(A), 유아가 어떻게 말대꾸했는지(B), 유아의 말대꾸 후에 교사나 친구들이 유아에게 어떻게 반응했는지(C)를 발생 순서대로 기록하는 것이다. 이렇게 ABC 관찰기록법은 자연스러운 상황에서 관심 있는 행동이 발생하면 그 행동 전후로 일어나는 사건을 순서대로 기록하는 것으로, 행동의 발생 유무보다는 그 행동 특성의 분석에 관심이 있을 때 사용하면 좋다. 즉, 관심 있는 특정 행동의 원인을 알고 그에 대한 지도 계획을 세우고자 할 때 사용하기 적절한 관찰 방법이다.

Bell과 Low(1977)도 행동의 원인을 밝히기 위한 방법으로 행동의 앞뒤 상황을 알 수 있도록 선행 사건(antecedent: A), 행동(behavior: B), 결과(consequence: C)로 나누어 순서대로 기록하는 ABC 관찰기록법을 소개하였다. 그런데 Bell과 Low(1977)가 소개한 ABC 관찰기록법은 Bijou, Peterson 및 Ault(1968)가 소개한 ABC 관찰기록법과 차이가 있다. 공격적 행동을 자주 나타내는 유아의 공격성 원인을 알고자 Bell과 Low(1977)가 소개한 ABC 관찰기록법을 사용한다면, 유아가 공격적 행동을 보이기 전에 어떤 일이 일어났고(A), 어떻게 공격적 행동을 나타냈으며(B), 공격을 받은 유아와 공격한 유아의 반응(C)이 어땠는지를 순서대로 기록한다. 즉, 문제가 되는 행동을 중심으로 발생한 전후 사건을 구분하여 기록하는 것이다. 그러나 이 사건을 Bijou, Peterson 및 Ault(1968)가 소개한 ABC 관찰기록법을 사용한다면 관찰 대상 유아의 모든 행동은 '행동' 란에 기록하고, 그 행동을 중심으로 시간적으로 앞서 일어난 것은 '선행 사건' 란에, 그 행동 뒤에 일어난 것은 '결과' 란에 기록한다. 즉, 관찰 대상 유아의 문제가 되는 행동뿐 아니라 그 유아의 모든 행동에 대한 전후 사건을 구분하여 기록하는 것이다. 그 차이를 〈표 2-3〉과 〈표 2-4〉의 예를 통해 구체적으로 살펴보자.

예를 들면, 성철이의 공격적 행동을 Bell과 Low가 제시한 ABC 관찰기록법으로 기록하면 〈표 2-3〉과 같을 것이다.

표 2-3 Bell과 Low를 따른 ABC 관찰기록법의 예 1: 공격적 행동을 보이는 유아

선행 사건(A)	행동(B)	후속 결과(C)
관찰 대상: 박성철 (남, 5세) 날짜: 2013. 5. 20. 시간: 오전 11:00~11:20 관찰자: 김우철 장소: 마음유치원 열매반 (5세 반)		
관찰 상황: 실내 자유선택놀이 시간에 15명의 유아가 자신이 선택한 영역에서 장난감이나 교구를 가지고 놀고 있다.		
영준이가 블록을 가지고 놀고 있을 때, 성철이가 다가가서 "내가 파란색 할 거야." 하면서 영준이의 블록을 잡자, 영준이가 "싫어!"라고 했다.	성철이는 영준이가 들고 있는 블록을 빼앗아 영준이 머리를 때렸다.	영준이가 성철이를 밀치고 다시 블록을 빼앗자 성철이는 울면서 교사를 불렀다. 교사는 다른 애의 퍼즐놀이를 돕고 있다가 성철이의 부르는 소리를 듣고 "무슨 일이야?" 하고 묻자, 성철이는 "영준이가 때렸어요."라고 했다. 교사는 영준이에게 "친구들과 사이좋게 놀아야지! 성철이에게 사과하세요." "둘 다 이리 와서 '사이좋게 놀자.' 하고 악수하세요."라고 했다.
혜은이가 아기인형을 장난감 유모차에 앉힐 때, 성철이가 와서 "내가 밀 거야."라고 하면서 유모차 손잡이를 잡았다. 혜은이가 "안 돼. 내가 먼저 시작했어."라고 했다.	성철이는 혜은이 손을 깨물고 유모차를 빼앗았다.	혜은이는 쭈그리고 앉아 훌쩍거렸다. 동원이가 "선생님! 혜은이 울어요."라고 하자, 성철이는 유모차를 놓고 다른 영역으로 갔다. 교사는 혜은이에게 "무슨 일이야?" 하고 물었다.

Bell과 Low(1977)는 주요 관심이 되는 행동을 중심으로 전후 사건을 구별하여 기록하도록 하였다. 따라서 관심 행동만 '행동' 란에 기록하고, 관찰 대상의 다른 행동과 다른 유아나 교사의 행동은 발생한 관심 행동을 중심으로 시간 순서대로 선행 사건이나 결과의 난에 기록하면 된다. 이와 같은 방법으로 기록한 〈표 2-3〉을 보면, 성철이가 영준이의 블록을 빼앗아 영준이의 머리를 때린 행동과, 혜은이의 손을 깨물고 유모차를 빼앗은 행동을 제외한 모든 다른 행동은 성철이의 공격적 행동에 대

한 선행 사건과 결과로 기록한 것을 볼 수 있다. 이렇게 기록하면 관찰 대상의 구체적 행동이 정확히 무엇인지 구별하기 어렵고, 문제가 되는 행동을 유발하는 요인이나 유지되게 하는 요인을 확인하는 것도 쉽지 않다.

위와 똑같은 사건을 Bijou, Peterson 및 Ault(1968)가 제안한 ABC 관찰기록법으로 기록하면 〈표 2-4〉와 같다.

표 2-4 Bijou, Peterson 및 Ault를 따른 ABC 관찰기록법의 예 1: 공격적 행동을 보이는 유아

관찰 대상: 박성철 (남, 5세) 날짜: 2013. 5. 20. 시간: 오전 11:00~11:20
관찰자: 김우철 장소: 마음유치원 열매반 (5세 반)

관찰 상황: 실내 자유선택놀이 시간에 15명의 유아가 자신이 선택한 영역에서 장난감이나 교구를 가지고 놀고 있다.

시간	선행 사건(A)	행동(B)	후속 결과(C)
11:05	영준이가 블록을 가지고 놀고 있다.	성철이는 영준이에게 다가가서 "내가 파란색 할 거야."하면서 영준이의 블록을 잡았다. ①	영준이는 "싫어!"라고 했다. ②
	✓	성철이는 영준이가 들고 있는 블록을 빼앗아 영준이 머리를 때렸다. ③	영준이가 성철이를 밀치고 다시 블록을 빼앗았다.
	✓	성철이는 울면서 교사를 불렀다. ④	교사는 다른 애의 퍼즐놀이를 돕고 있다가 성철이의 부르는 소리를 듣고 "무슨 일이야?" 하고 물었다.
	✓	성철이는 "영준이가 때렸어요."라고 했다.	교사는 영준이에게 "친구들과 사이좋게 놀아야지! 성철이에게 사과하세요." "둘 다 이리 와서 '사이좋게 놀자.' 하고 악수하세요."라고 했다.
11:13	혜은이가 아기인형을 장난감 유모차에 앉히고 있다.	성철이는 "내가 밀 거야."라고 하면서 유모차 손잡이를 잡았다. ⑤	혜은이가 "안 돼. 내가 먼저 시작했어."라고 했다. ⑥
	✓	성철이는 혜은이의 손을 깨물고 유모차를 빼앗았다. ⑦	혜은이는 쭈그리고 앉아 훌쩍거렸다.
	동원이가 "선생님! 혜은이 울어요."라고 했다.	성철이는 유모차를 놓고 다른 영역으로 갔다. ⑧	교사는 혜은이에게 "무슨 일이야?" 하고 물었다.

〈표 2-4〉를 보면 성철이의 모든 행동이 '행동(B)' 란에 기록되어 있어 다른 사람의 행동과 명확하게 구분되고, 성철이의 각 행동 전후로 무슨 일이 있었는지 명확히 알 수 있다. 물론, 분석을 위해서는 더 많은 관찰이 요구되지만, 〈표 2-4〉의 자료로 볼 때 성철이의 공격적 행동(③, ⑦) 직전에 친구들의 거절(②, ⑥)이 있었음을 볼 수 있다. (〈표 2-4〉의 선행 사건 란에 있는 ✓표시는 그 윗줄의 '후속 결과(C)' 내용이 다음 줄의 '행동(B)' 란에 적힌 행동에 대한 선행 사건임을 의미한다. 같은 내용의 반복을 피하기 위해 ✓ 표시를 사용한 것이다.) 즉, 친구들의 거절이 성철이의 공격적 행동을 유발함을 알 수 있다. 또한 기록 내용을 친구들의 행동을 중심으로 보면 그들이 거절하는 행동(②, ⑥)을 하기 직전에 성철이의 '내가 할 거야.' 또는 '내가 밀 거야.'와 같은 자기중심적 표현과 허락 없이 남이 가지고 노는 물건을 함부로 붙잡는 행동(①, ⑤)이 있었음을 알 수 있다. 이러한 분석을 통해 성철이가 공격적 행동 없이 친구들과 함께 사이좋게 놀기 위해서는 놀이를 제안하는 것과 같은 친사회적 시작 행동이 무엇인지와 친구들의 거절을 어떻게 수용해야 하는지를 지도받아야 함을 알 수 있다. 그 외에도 성철이는 자기에게 공격당한 친구가 반격하거나 교사가 다가오면 공격적 행동을 멈추는 행동(④, ⑧)이 관찰되므로, 성철이의 공격성은 의도성보다는 사회적 성숙의 미숙때문임을 알 수 있다. 이러한 ABC 관찰기록법의 사용과 분석을 위해서는 관찰자의 많은 연습이 필요하다.

Bell과 Low(1977)가 소개한 ABC 관찰기록법과 Bijou, Peterson 및 Ault(1968)가 소개한 ABC 관찰기록법의 차이를 〈표 2-5〉와 〈표 2-6〉의 또 다른 예를 통해 비교해 보자.

표 2-5 Bell과 Low를 따른 ABC 관찰기록법의 예 2: 남의 음식을 함부로 먹는 유아

관찰 유아: 고재민 (남, 5세) 관찰자: 이우성
관찰 날짜: 2013. 4. 23. 관찰 시간: 오전 10:30-10:45, 오후 12:00-12:40
관찰 장소: 믿음유치원 모세반 (5세 반)

관찰 상황: 간식시간-15명의 유아가 테이블에 둘러앉아 있고 교사가 간식을 나누어 준다.
점심시간-15명의 유아가 자기 식판에 배식을 받아 테이블로 가서 식사를 하고 있다.

선행 사건(A)	행동(B)	후속 결과(C)
교사가 요플레 간식을 가져옴. 아이들은 낮은 테이블에 둘러앉음. 현아는 요플레를 먹다 말고 가지고 놀던 떠즐을 먼저 마치겠다면서 조작놀이 영역으로 감. 자기 요플레를 다 먹은 재민이가 오른손에 숟가락을 들고 왼손으로 현아 요플레를 잡음. 현아가 보고 놀이영역 쪽에서 "내 거야. 먹지 마!"라고 함.	재민이가 자기 숟가락을 현아 요플레 그릇에 집어넣고 떠먹음.	현아가 뛰어와 "내 거란 말이야!" 하면서 재민이 머리카락을 잡아 당김. 재민이가 큰 소리로 울면서 "선생님! 현아가 내 머리 당겼어요."라고 함. 교사가 재민이에게 다가감.
점심시간에 아이들은 식판에 음식을 받아서 자리에 앉아 식사를 시작하고 있음. 수연이가 이미 자리에 앉아 있는 인성이 곁으로 가서 식판을 테이블에 내려놓고 인성이에게 "내가 그 자리에 앉을 거야."라고 함. 인성이가 "내가 먼저 왔어."라고 함.	재민이가 내려놓은 수연이의 식판에 있는 햄 두 개를 포크로 찍어 얼른 입에 넣음.	수연이가 "내 거야!" 하고 재민이 머리를 숟가락으로 때림. 재민이가 큰 소리로 울면서 "선생님, 수연이가 때려요."라고 함. 교사가 재민이에게 다가감.

표 2-6 Bijou, Peterson 및 Ault를 따른 ABC 관찰기록법의 예 2: 남의 음식을 함부로 먹는 유아

관찰 유아: 고재민 (남, 5세) 관찰자: 이우성
관찰 날짜: 2013. 4. 23. 관찰 시간: 오전 10:30-10:45, 오후 12:00-12:40
관찰 장소: 믿음유치원 모세반(5세 반)

관찰 상황: 간식시간-15명의 유아가 테이블에 둘러앉아 있고 교사가 간식을 나누어 준다.
점심시간-15명의 유아가 자기 식판에 배식을 받아 테이블로 가서 식사를 하고 있다.

시간	선행 사건(A)	행동(B)	후속 결과(C)
10:35	교사가 요플레 간식을 가져와서 아이들이 낮은 테이블에 둘러앉아 간식을 먹는데, 현아는 요플레를 먹다 말고 가지고 놀던 퍼즐을 먼저 마치겠다면서 조작놀이 영역으로 감. ①	자기 요플레를 다 먹은 재민이가 오른손에 숟가락을 들고 왼손으로 현아 요플레를 잡음.	현아가 보고 놀이영역 쪽에서 "내 거야. 먹지 마!" 라고 함. ②
	✓	재민이가 자기 숟가락을 현아 요플레 그릇에 집어넣고 떠먹음. ③	현아가 뛰어와 "내 거란 말이야!" 하면서 재민이 머리카락을 잡아 당김. ④
	✓	재민이가 큰 소리로 울면서 "선생님! 현아가 내 머리 당겼어요."라고 함. ⑤	교사가 재민이에게 다가감. ⑥
12:05	점심시간에 아이들은 식판에 음식을 받아서 자리에 앉아 식사를 시작하고 있음. 수연이가 이미 자리에 앉아 있는 인성이 곁으로 가서 식판을 테이블에 내려놓고 인성이에게 "내가 그 자리에 앉을 거야." 라고 함. 인성이가 "내가 먼저 왔어."라고 함. ⑦	재민이가 내려놓은 수연이의 식판에 있는 햄 두 개를 포크로 찍어 얼른 입에 넣음. ⑧	수연이가 "내 거야!" 하고 재민이 머리를 숟가락으로 때림. ⑨
	✓	재민이가 큰 소리로 울면서 "선생님, 수연이가 때려요."라고 함. ⑩	교사가 재민이에게 다가감. ⑪

〈표 2-5〉와 〈표 2-6〉을 비교해 보면 〈표 2-5〉보다는 〈표 2-6〉에서 재민이의 '남의 음식을 함부로 먹는 행동'의 유발 요인이나 유지 요인이 명확히 구별되게 드러나는 것을 볼 수 있다. 〈표 2-6〉을 보면, 재민이의 친구의 음식을 맘대로 먹는 행동(③, ⑧) 직전에 음식의 주인인 친구들이 자기 음식을 지키고 있지 않았음(①, ⑦)을

알 수 있다. 주인이 지키고 있지 않은 음식이 재민이의 함부로 먹는 행동의 유발 요인임이 쉽게 드러남을 알 수 있다. 이에 대해 교사는 주인이 지키고 있지 않아도 자기에게 주어진 것이 아닌 음식은 먹어서는 안 된다는 것을 재민이에게 가르쳐야 할 것이다. 또한 재민이의 친구의 음식을 함부로 먹는 행동(③, ⑧) 후에는 자기 음식을 빼앗긴 친구들의 신체적 공격(④, ⑨)이 있고, 그러한 공격에 대해 재민이는 교사에게 울면서 이르고(⑤, ⑩), 교사는 재민이에게 관심(⑥, ⑪)을 주고 있음을 알 수 있다. 남의 음식을 함부로 먹은 행동에 대해서는 친구들의 신체적 공격이 있었지만 그에 대해 울음과 고자질을 통해 교사의 관심을 받으면서, 친구의 음식을 함부로 먹는 행동이 유지되고 있음을 볼 수 있다. 이에 대해 교사는 간식시간이나 점심시간에 재민이가 친구의 음식을 함부로 먹는 행동에 대해 다른 아이들의 신체적 공격이 있을 것을 예상할 수 있다. 그러므로 다른 아이들의 신체적 공격이 일어났을 때 반응하기보다는 재민이의 음식을 함부로 먹는 행동을 더 잘 감독하고 그에 대한 조치를 먼저 취해야 할 것이다.

살펴보았듯이, ABC 관찰기록법이란 행동의 원인을 파악하기 위해 자연스러운 상황에서 관찰 대상 유아의 행동을 중심으로 각각의 행동에 대한 선행 사건과 후속 결과를 시간의 순서대로 사실적으로 기록하는 것이다.

2) ABC 관찰기록법의 절차와 특성

〈표 2-4〉와 〈표 2-6〉에서 보여 주듯이, ABC 관찰기록지의 양식은 위쪽에 유아의 이름, 성별, 연령, 관찰 날짜, 전체 관찰 시간, 관찰자, 관찰 장소 등에 대한 기본 정보를 기입하는 난과 어떤 상황에서 관찰이 이루어지는지 기록하는 난이 필요하다. 유아 행동을 관찰한 내용을 기록하는 난은 네 칸으로 나뉜다. 첫째 칸에는 시간의 흐름을 파악하기 위한 '시간'을 기록한다. 둘째 칸에는 유아의 행동 발생 직전에 일어난 '선행 사건'을 기록하는데, 여기에는 관찰 대상 유아의 행동이 발생하기 전에 유아에게 누군가가 말이나 행동으로 상호작용한 내용을 기록한다. 셋째 칸에는 관찰 대상 유아의 관찰된 모든 '행동'을 사실대로 기록해야 한다. 즉, 관찰자가 직접 보거나 들은 관찰 대상 유아의 행동을 기록하는 것이다. 이때 유아 행동에 대한 관찰

자의 주관적 의미를 표현하지 않도록 주의해야 한다. 넷째 칸에는 관찰 대상 유아의 행동 발생 직후에 일어난 사건인 '후속 결과'를 기록한다. 즉, 관찰 대상 유아의 행동에 대해 다른 아이들이나 교사 등이 반응한 내용을 기록한다.

주의해야 할 것은 '행동' 란에는 반드시 관찰 대상 유아의 행동만 기록하고, 관찰 대상 유아의 행동을 유발하거나 유지되게 하는 다른 사람들의 행동은 '행동' 란의 좌우에 있는 '선행 사건'이나 '후속 결과' 란에 기록해야 한다는 점이다. 이렇게 해야 관찰하려는 유아의 행동을 중심으로 어떤 일이 있었는지 전후 상황을 파악하여 관찰하려는 유아의 행동을 유발하거나 유지되게 하는 요인을 찾을 수 있다. 이때 관찰 대상 유아의 각 행동에 대해서는 반드시 선행 사건과 후속 결과가 있기 마련인데, 때로는 이전 행동의 후속 결과가 다음 행동에 대한 선행 사건이 될 때가 있다. 그럴 때는 같은 내용의 반복을 피하기 위해 선행 사건 자리에 ✓ 표시를 하면 편리하다.

또한 시간이 지남에 따라 행동은 사라지기 때문에 효율적으로 ABC 관찰기록법을 실행하기 위해서는 유아의 문제행동이 일어날 때 즉시 시간란에 시간을 기록하고 선행 사건과 후속 결과를 기록해야 한다. 즉, 유아의 일과를 모두 기록하는 것이 아니라 문제행동이 발생할 때 문제행동을 중심으로 그 전후 사건을 신속하게 기록하는 것이다. 또한 일어나는 모든 행동을 보는 모습대로 묘사하여 기록하는 것은 어렵기 때문에 관찰자가 자신이 알아볼 수 있는 약자나 기호 등을 개발하여 사용하면 편리하다. 예를 들면, 유아의 이름은 약자를 사용하고, '유아가 손을 들었다.'고 쓰기보다는 'C(child) 손 ↑'과 같이 표시하거나, '선생님이 칠판에 글씨를 쓰고 있다.'는 표현보다는 'T(teacher) 판서'라고 간단히 쓸 수 있다.

ABC 관찰기록법을 통해 문제행동의 발생 장소와 시간, 선행 사건과 후속 결과 외에도 어떤 문제행동들이 함께 일어나는지, 언제, 어디서, 누구와 있을 때 문제행동이 가장 자주 발생하는지, 문제행동을 통해 유아는 어떤 결과를 얻게 되는지에 대한 정보도 알 수 있다. 즉, 문제가 되는 행동에 영향을 미치는 변인들, 다시 말하면 그 행동을 유발하거나 유지되게 하는 환경적 원인을 찾을 수 있는 것이다. ABC 관찰기록의 자료를 보고 행동 발생의 원인을 찾기 위해서는 다음과 같은 질문을 해 볼 수 있다(Lennox & Miltenberger, 1989). 첫째, 문제행동을 일으키는 선행 사건이 무엇인가? 둘째, 문제행동을 유지되게 하는 후속 결과가 무엇인가? 셋째, 문제행동의 기능과 동일한 기능을 하는 바람직한 대체 행동을 유아에게 가르칠 수 있는가? ABC 관찰기록법을 통해 이러한 질문의 답을 찾게 되면 행동의 원인을 추론할 수 있고, 행동 발생을 예측할 수 있으며, 행동 발생의 예방을 위한 지도 방법을 계획할 수 있다.

ABC 관찰기록법의 장점은 다음과 같다.

- 자연스러운 상황에서 유아의 행동을 관찰하고 행동 전후로 무슨 일이 일어났는지를 기록하기 때문에 문제행동이 발생된 배경을 알 수 있다.
- 시간 제약이 없이 관찰 가능하다. 정해진 관찰 시간, 정해진 관찰 행동이 없기 때문에 어떤 상황에서도 유아의 어떤 행동이라도 관심 있는 행동이 발생하면 즉시 관찰하고 기록할 수 있다.
- 관찰할 행동의 범위에 대한 제한이 없다.
- 한 유아의 행동에 초점을 맞추어 관찰하기 때문에 한 유아를 지도하기 위한 개별 교수전략을 계획하는 데 도움이 된다.
- 유아 행동의 원인을 찾는 데 도움이 된다.
- 유아 행동에 대한 질적 정보를 제공한다.
- 관찰기록지의 형식이 간단하여 준비되어 있지 않아도 즉석에서 그려서 사용할 수 있다.

반면, ABC 관찰기록법의 단점은 다음과 같다.

- 유아 행동 발생 여부를 간단히 표시만 하는 것이 아니라 행동 전후 발생 사실을 기록해야 하기 때문에 관찰자의 시간과 노력이 요구된다.
- 관찰 목적이 유아 행동의 전후 맥락을 파악하여 행동 원인을 찾는 것에 있기 때문에 유아의 모든 문제행동이 발생할 때마다 관찰기록하는 것은 아니므로 행동을 수량화하기가 쉽지 않다.
- 유아 행동을 사실적으로 기술하게 되어 있기는 하지만 관찰이 관찰자에게 주로 의존하게 되어 있어서 관찰 내용에 대한 신뢰도에 의문이 제기될 수 있다. 특히, 관찰자가 유아를 평소에 잘 알고 있다면 관찰자의 편견이 개입되어 객

관성을 유지하기 힘들 수 있다.

- 유아의 문제가 되는 행동이 언제 발생할지 모르기 때문에 관찰 시간을 미리 정해 놓을 수 없다.

3) ABC 관찰기록법의 적용 예

〈표 2-1〉의 일화 관찰기록 내용을 관찰 대상 유아의 행동을 중심으로 선행하여 나타나는 사건과 행동의 뒤에 나타나는 결과로 구분하여 ABC 관찰기록지 형식으로 정리하면 〈표 2-7〉과 같이 된다.

표 2-7 〈표 2-1〉의 일화 관찰기록의 내용을 ABC 관찰기록법으로 변환한 예

관찰 유아: 김명철 (남, 5세) 관찰 날짜: 2013. 3. 5. 관찰 시간: 오전 11:00-11:15
관찰자: 김명강 관찰 장소: 우리유치원 토끼반 (6세 반)

관찰 상황: 자유선택놀이 시간이 끝나고 가지고 놀던 장난감을 정리하고 이야기나누기 시간을 준비하라는 선생님의 지시가 주어졌다. 교실에는 20명의 유아들이 있다.

시간	선행 사건(A)	행동(B)	후속 결과(C)
11:00	교사가 장난감을 정리하라고 지시함	명철은 블록을 끼워 맞추고 있음	
	교사가 장난감 정리 시간을 알리는 동요를 피아노로 연주함	명철은 블록을 끼워 맞추고 있음	
	교사의 연주 끝나고 다른 유아들은 제자리로 감	명철은 블록을 끼워 맞추고 있음	교사가 장난감을 정리하라고 명철에게 지시함
	✓	명철은 블록을 끼워 맞추고 있음	교사가 명철의 장난감을 치움
11:04	✓	명철은 두 다리를 뻗고 소리 지르며 울	교사가 명철에게 제자리로 가라고 지시함
	✓	명철은 두 발로 바닥을 크게 두드리며 더 큰 소리로 울	교사가 명철을 두 팔로 들어 제자리로 옮기려 함

출처: 양명희(2012).

〈표 2-7〉을 살펴보면, 명철이는 자유선택놀이 시간이 끝났는데도 블록 맞추기를 계속하기 위해 교사의 지시를 계속 무시하고 화를 터뜨리는 행동을 하고 있음을 알 수 있다. 이렇게 ABC 관찰기록지를 활용하면 문제행동을 정의하고, 문제행동을 유

발하거나 유지되게 하는 요인을 찾는 데 도움이 된다.

〈표 2-8〉은 ABC 관찰기록법을 사용한 또 다른 예다.

표 2-8 ABC 관찰기록지의 사용 예: 활동을 방해하는 유아

관찰 유아: 정온달 (남, 7세) 관찰 날짜: 2013. 9. 12. 관찰 시간: 오전 11:00-11:35
관찰자: 김명강 관찰 장소: 하늘유치원 따랑반 교실

관찰 상황: 전형적인 유치원 교실. 대집단 과학활동 시간. 길동, 석봉, 진이, 향단이 온달의 전후좌우에 각각 있고, 가까운 주위에 용준, 지우, 수종, 희라가 대각선 방향으로 위치. 실내 온도는 적절하고 소음은 보통 수준. 교사가 실물화상기를 이용하여 여러 가지 도형의 이름을 설명하고 있음. 유아들은 질문이나 요청, 혹은 발표할 때 먼저 손을 들어 교사의 허락을 받아야 하는 규칙이 있음.

시간	선행 사건(A)	행동(B)	후속 결과(C)
11:05	교사가 실물화상기의 자료를 바꾸기 위해 준비 중이다.	온달이 코를 후비며 오른쪽의 향단과 왼쪽의 진이를 번갈아 본다.	향단이가 코 후비는 온달을 힐끗 보며 인상을 찌푸린다.
	✓	온달이가 향단에게 눈을 크게 뜨며 주먹을 쥐고 위협한다.	향단, "흥!" 하며 눈을 흘긴다.
	✓	온달이가 향단이를 가볍게 밀친다.	향단이가 큰소리로 "선생님! 온달이가 때려요." / 선생님, 자료를 살피며, "정온달! 또 말썽이냐!"
11:10	✓	온달, 향단에게 주먹을 쥔다.	향단, 온달에게 혀를 내민다.
	교사, 종이에 도형을 따라 그리도록 지시한다.	온달, 진이에게 "연필 하나 줘!"	진이, 못 들은 척 대꾸가 없다. / 석봉이 진이 쪽을 본다.
	✓	온달, 진이의 종이에 코 후비던 손가락을 닦는다. "히히."	진이, 울상을 짓지만 아무 말 없이 하던 일을 계속한다. / 석봉이가 온달에게 "야! 더러워!"
	✓	온달, 석봉에게 반응 없이, 진이에게 종이 쓰레기를 던진다.	진이, 손등으로 눈물을 닦는다. / 석봉, 온달을 밀치며 "너 맞을래?"
	✓	온달, 아무 말 없이 자기 노트를 펼친다.	석봉, 온달의 등을 주먹으로 때린다. / 교사, "너희들 뭐야!" / 길동, "온달이가 또 싸워요."
		(이하 생략)	
추론되는 가설	온달이는 교사가 직접 자기를 주시하지 않는 상황에서는 또래나 교사의 관심을 얻기 위해 수업을 방해하는 행동을 할 것이다.		

〈표 2-8〉을 살펴보면, 온달의 문제행동은 또래와 교사의 관심에 의해 지속되고 있음을 알 수 있다. 이와 같이 관찰에 의해 문제행동을 지속시키는 요인이 관심인 것이 밝혀진 경우에는 교사가 주기적으로 온달에게 관심을 주는 방법을 사용하면 효과적일 수 있다.

이 장에서는 유아의 행동을 관찰하고 일어난 행동을 관찰자가 객관적으로 묘사하며 서술하는 비구조적 관찰기록법인 일화 관찰기록법과 ABC 관찰기록법을 살펴보았다. 처음부터 ABC 관찰기록이 어려운 경우는 일화기록의 내용을 〈표 7-2〉처럼 ABC 관찰기록으로 변환하는 연습을 하는 것이 도움이 될 것이다. 이어지는 장들에서는 좀 더 객관적이고 체계적인 형식을 갖추고 있고 관찰한 행동을 수량화할 수 있도록 되어 있는 구조적 관찰기록법들을 소개한다.

토의 및 적용

- ✤ 일기기록법, 표본기록법 및 일화 관찰기록법의 공통점과 차이점을 각각의 장단점을 중심으로 설명하시오.
- ✤ 소집단으로 나누어 일부 학생들은 유아들처럼 놀이활동을 하고 나머지 학생들은 놀이활동을 하는 친구들의 행동을 일화 관찰기록법으로 기록해 보고, 기록의 내용을 서로 비교해 보시오 (이때 관찰 대상 유아의 역할을 할 사람을 정해야 한다).
- ✤ 위 활동에서 얻은 일화 관찰기록의 내용을 ABC 관찰기록법으로 기록해 보고, 관찰 대상 유아의 행동에 대한 유발 요인 또는 유지 요인을 찾아보시오.

Chapter

3

행동 특성 관찰기록법

1. 행동 결과물 관찰기록법
2. 행동 분포 관찰기록법
3. 빈도 관찰기록법
4. 지속 시간 관찰기록법

제3장 행동 특성 관찰기록법

학습목표

- 행동 특성 관찰기록법의 핵심 개념을 설명할 수 있다.
- 행동 특성 관찰기록법의 종류를 설명할 수 있다.
- 행동 특성 관찰기록법의 종류별로 관찰기록지를 제작할 수 있다.

핵심용어의 정의

- **표적행동**
  관찰 대상 유아의 문제가 되는 행동으로서 관찰자가 관찰할 행동을 의미한다.

- **행동 특성 관찰기록법**
  발생한 행동 자체의 특성을 직접 관찰하고 측정하여 기록하는 방법이다.

- **행동 결과물 관찰기록법**
  행동의 결과가 반영구적으로 남는 경우에 그 결과물을 관찰하여 기록하는 방법이다.

- **행동 분포 관찰기록법**
  관찰지의 가로에는 날짜를, 세로에는 시간이나 활동명을 나열하여 가로와 세로가 교차하는 빈 사각형에 유아의 표적행동 발생 여부를 기록하는 방법이다.

- **빈도 관찰기록법**
  유아 행동을 관찰하고 관찰 시간 동안에 발생한 행동의 빈도를 기록하는 방법이다.

- **지속 시간 관찰기록법**
  유아의 행동이 시작되는 시간과 그 행동이 끝나는 시간을 기록하여 행동이 지속된 시간을 계산하여 기록하는 방법이다.

행동 특성 관찰기록법은 발생한 행동 자체의 특성을 직접 관찰하고 측정하여 기록하는 방법을 의미한다. 행동의 특성은 행동의 빈도, 강도, 지속 시간, 지연 시간 등으로 나누어 볼 수 있다. 그러한 행동의 직접적 특성을 관찰하여 측정 단위로 측정하여 기록하는 방법이 행동 특성 관찰기록법이다. 예를 들면, 행동이 얼마나 자주 일어나는지에 관심이 있으면 빈도를 측정하여 기록하고, 행동이 얼마나 강하게 발생하는지에 관심이 있으면 그 강도를 측정하여 기록하고, 그리고 행동이 얼마나 오랫동안 지속되는지에 관심이 있으면 지속 시간을 측정하여 기록하는 것이다. 따라서 행동 특성 관찰기록법으로 관찰할 행동은 반드시 시작과 끝이 분명한 행동이어야 한다. 행동 특성 관찰기록법은 '사건 중심 기록(event-based recording)'이라고 소개되는 경우도 있다(Sugai & Tindal, 1993). 그러나 행동 특성 관찰기록법을 사건 표집법(event sampling)과 혼동하지는 말아야 한다. '사건 중심 기록'은 사건이 되는 행동 자체의 특성을 관찰한 것을 수량화한다는 의미다. 반면, '사건 표집법'은 사건이 되는 주요 행동을 표집하여 그 사건을 전후 맥락과 함께 기술하는 방법을 의미한다. 이러한 의미를 뜻하는 사건 표집법에 ABC 관찰기록법을 포함시키는 경우도 있으므로 혼동하지 말아야 한다.

행동 특성 관찰기록법에는 빈도 관찰기록법, 지속 시간 관찰기록법 등이 있다. 행동 결과물 관찰기록법은 행동의 특성을 직접 관찰하는 것은 아니지만 행동이 가져오는 결과물을 통해 행동의 빈도를 기록할 수 있다는 점에서 행동 특성 관찰기록법과 비슷하기 때문에 이 장에서 함께 소개한다. 또한 행동 분포 관찰기록법은 개별 유아 행동의 정확한 빈도를 구하는 것이 목적은 아니지만 시간대별로 행동의 발생 빈도를 관찰하는 것이기 때문에 이 장에서 소개한다. 이 장에서는 행동 특성 관찰기록법을 종류별로 특성과 절차와 장단점을 설명하고 사용 예를 제시한다.

1. 행동 결과물 관찰기록법

행동 결과물 관찰기록법(permanent product recording)은 행동의 결과가 반영구적으로 남는 경우에 그 결과물을 관찰하여 기록하는 방법이다(Suagai & Tindal, 1993). '수행 결과물 기록'이라고도 하는 행동 결과물 관찰기록법은 유아의 수행 결과물 중에서 견본을 수집하는 포트폴리오와는 달리, 유아의 행동 결과로 남게 된 결과물을 관찰하고 기록하는 것이기 때문에, 여기서는 혼동을 막기 위해서 행동 결과물 관찰기록법이라고 한다. 또한 이 관찰기록법은 '영속적 행동 결과물 기록법'이라고도 한다. 이 방법은 관찰할 행동과 그 행동의 결과가 무엇인지 미리 정의한 다음, 행동이 그 결과를 일으키면 그 결과를 관찰하고 기록하는 것이다. 이 방법을 사용하는 기본 절차는 다음과 같다(양명희, 2012).

① 반응 행동 양상과 행동의 결과를 명확하게 정의한다.
② 행동이 기록되는 장소 및 상황을 정의한다.
③ 행동을 관찰하는 시간을 기록한다.
④ 행동의 결과를 기록한다.
⑤ 자료를 요약한다.

행동 결과물 관찰기록법의 가장 큰 단점은 즉시 기록하지 않으면 다른 유아들이 행동의 결과를 치워 버릴 수도 있다는 것이다. 예를 들면, 간식으로 받은 과자를 교실 바닥에 던진 경우, 그 행동을 관찰하고 기록하기 전에 다른 아이가 그 과자를 쓰레기통에 버린다면 기록할 수 없게 된다. 또한 이 관찰기록법을 사용하면 같은 종류의 행동 결과를 서로 비교하기 어렵다는 단점이 있다. 예를 들면, 친구에게 빼앗은 머리핀의 개수를 기록할 때 머리핀의 종류나 크기, 질 등이 다를 수 있는데, 단순히 빼앗은 머리핀의 개수만 기록하면 서로 비교하기가 어렵다. 뿐만 아니라, 행동 결과물 관찰기록법은 유아 행동의 강도나 형태나 시간 등의 양상을 설명해 주지는 못한다. 찢어진 책이 몇 장인지에 대한 정보로는 유아가 책장을 찢을 때의 강도와 형태 등에 대한 정보를 제공해 주지 못한다. 행동 결과물 관찰기록법으로 측정할 수 있는 행동의 예로는 유아가 낙서한 책장 수, 유아가 집어던진 장난감의 수, 갈아 채운 기저귀의 수, 손을 씻은 후 비누통에 남아 있는 물비누의 양, 놀이터에 남겨진 개인 소지품(예: 겉옷, 책, 가방 등), 식사 후 식탁에 떨어뜨린 음식물의 양, 색칠을 완성한 그림의

장 수 등이다. 〈표 3-1〉은 행동 결과물 관찰기록법을 적용한 관찰기록지의 사용 예다.

〈표 3-1〉의 관찰기록지는 3명의 각기 다른 두 가지씩의 행동 결과를 측정할 수 있도록 만들어져 있다.

표 3-1 행동 결과물 관찰기록지의 사용 예 1

<table>
<tr><td colspan="2">유아 1: 김완 (남, 5세)</td><td colspan="2">유아 2: 권준 (남, 5세)</td><td>유아 3:</td></tr>
<tr><td colspan="5">관찰자: 이순신 (임진 유치원 울둘목반 교사)</td></tr>
<tr><td colspan="5">관찰 장소 및 상황: 임진 유치원 울둘목반 교실. 점심시간 직전의 수과학활동시간. 김완은 입구쪽의 중간 부근에 자리하고, 권준은 교실 왼쪽의 앞자리에 위치. 전체 유아 수는 16명</td></tr>
<tr><th colspan="2">행동 결과</th><th colspan="3">정의</th></tr>
<tr><td colspan="2">#1 바닥에 떨어진 학용품</td><td colspan="3">관찰 대상 유아의 테이블 주위(각각의 모서리에서 30cm 거리 안쪽)에 떨어진 학용품(연필, 지우개, 자, 풀, 크레용 등)</td></tr>
<tr><td colspan="2">#2 바닥에 떨어진 휴지</td><td colspan="3">관찰 대상 유아의 테이블 주위(각각의 모서리에서 30cm 거리 안쪽)에 떨어진 종이류(대각선의 길이가 3cm 이상)</td></tr>
<tr><td colspan="2">#3</td><td colspan="3"></td></tr>
<tr><th>일시</th><th>유아</th><th>행동 결과</th><th>발생 횟수</th><th>합계</th></tr>
<tr><td rowspan="6">5/3
A.M.
11:30–
12:10</td><td rowspan="2">김완</td><td>학용품</td><td>////</td><td>4개</td></tr>
<tr><td>휴지</td><td>卌 //</td><td>7개</td></tr>
<tr><td rowspan="2">권준</td><td>학용품</td><td>//</td><td>2개</td></tr>
<tr><td>휴지</td><td>卌</td><td>5개</td></tr>
<tr><td rowspan="2"></td><td></td><td></td><td></td></tr>
<tr><td></td><td></td><td></td></tr>
<tr><td rowspan="6">5/4
A.M.
11:30–
12:10</td><td rowspan="2">김완</td><td>학용품</td><td>///</td><td>3개</td></tr>
<tr><td>휴지</td><td>卌</td><td>5개</td></tr>
<tr><td rowspan="2">권준</td><td>학용품</td><td>////</td><td>4개</td></tr>
<tr><td>휴지</td><td>卌 //</td><td>7개</td></tr>
<tr><td rowspan="2"></td><td></td><td></td><td></td></tr>
<tr><td></td><td></td><td></td></tr>
</table>

출처: 양명희(2012).

〈표 3-1〉의 예에서 관찰자는 유아들이 급식실로 떠난 다음에 관찰 대상 유아인 김완과 권준의 주변에 떨어진 학용품과 휴지 조각의 수를 세어 관찰지에 기록하면 된다. 5월 3일의 경우를 보면 김완의 책상 주변에는 4개의 학용품과 7개의 휴지 조각

이 있었고, 권준의 책상 주변에는 2개의 학용품과 5개의 휴지 조각이 떨어져 있었다.

〈표 3-2〉는 행동 결과물 관찰기록지를 사용한 또 다른 예이다. 〈표 3-2〉는 1명의 3가지 행동 결과를 측정할 수 있도록 되어 있다.

표 3-2 행동 결과물 관찰기록지의 사용 예 2

유아: 유한슬 (여, 5세)			
관찰자: 임미래 (교사)			
관찰 장소 및 상황: 우리 숲 유치원, 소나무반, 자유선택활동 시간, 전체 아동 수는 21명			
행동 결과		정의	
#1 찢어진 책장		일부분 또는 전체가 찢어진 책장	
#2 책에 그려진 낙서		책에 원래 인쇄되어 있지 않은 낙서(색칠 포함)가 있는 책장	
#3 제자리에 있지 않은 책		원래 있어야 할 자리가 아닌 곳에 있는 책	
일시 (시간)	행동 결과	발생 횟수	합계
10/3 A.M.11:30-12:10	찢어진 책장	~~////~~	5
	책에 그려진 낙서	~~////~~ //	7
	제자리에 있지 않은 책	///	3
10/5 A.M.11:30-12:10	찢어진 책장	~~////~~ /	6
	책에 그려진 낙서	~~////~~ ~~////~~	10
	제자리에 있지 않은 책	~~////~~	5

출처: 양명희(2012).

〈표 3-2〉를 보면 한슬이는 10월 3일의 자유선택활동 시간에 5장의 책장을 찢고, 7장의 책장에 낙서를 하고, 보던 책 3권을 제자리가 아닌 곳에 두었다. 10월 5일에는 6장의 책장을 찢고, 10장에 낙서를 하고, 5권을 제자리에 꽂아 두지 않았음을 알 수 있다. 이때 찢어진 책장과 낙서가 된 책장은 중복하여 셀 수 있다.

두 명 이상의 관찰자가 행동 결과물 관찰기록법을 사용하여 한 가지 행동을 관찰한 경우, 한 회기에서 발생한 행동의 결과물 수량에 대한 관찰자 간의 신뢰도를 다음과 같이 산출할 수 있다. 두 관찰자가 관찰한 행동의 결과물 수량에 대해 (작은 수)/(큰 수) × 100으로 신뢰도를 산출한다. 예를 들면, 한 관찰자가 한 회기에 유아가 집어던진 장난감 수가 9개라고 보고하고, 다른 관찰자는 10개라고 보고하면, 두 관찰자 간 신뢰도는 9/10 × 100 = 90(%)가 된다.

2. 행동 분포 관찰기록법

행동 분포(scatter plot) 관찰기록법은 Touchette 등(1985)이 개발한 것인데, 표적행동이 가장 빈번하게 발생하는 시간을 찾기 쉽도록 작성되어 있다. 표적행동이란 관찰 대상 유아의 문제가 되는 행동으로서 관찰자가 관찰할 행동을 의미한다. 행동 분포 관찰기록법은 '산점도'라고도 하는데, 표적행동이 자주 발생하는 시간과 자주 발생하지 않는 시간대를 시각적으로 쉽게 알아볼 수 있도록 구성되어 있다. 일반적으로 가로에는 날짜를, 세로에는 시간이나 활동명을 나열하여 가로와 세로가 교차하는 빈 사각형에 행동 발생 여부를 기록하게 되어 있다. [그림 3-1]은 행동 분포 관찰기록지를 사용한 예시다.

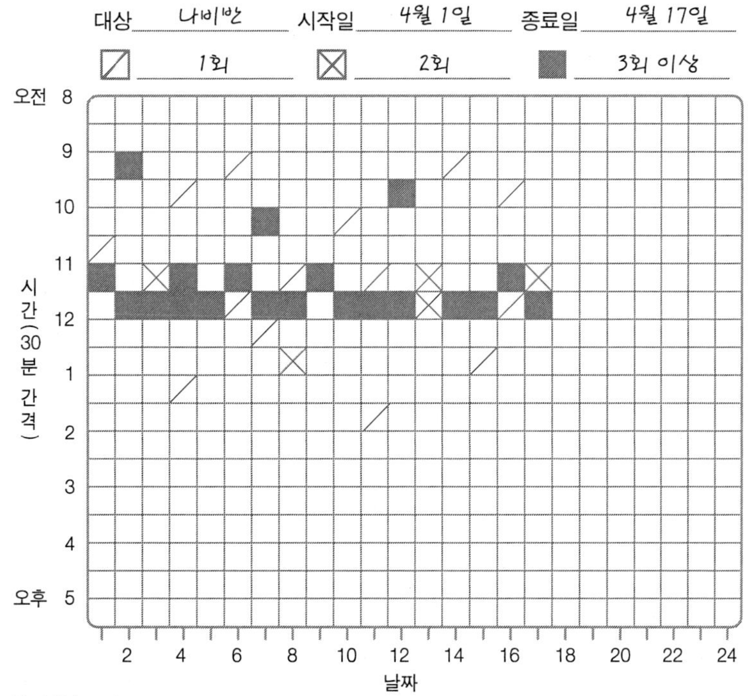

출처: 양명희(2012).

그림 3-1 행동 분포 관찰기록지의 사용 예 1

[그림 3-1]에서 보여 주듯이, Touchette 등(1985)이 개발한 원래의 행동 분포 관찰기록지의 각 사각형은 30분의 시간을 나타낸다. 행동 분포 관찰기록지를 사용하여 행동을 관찰하려면 30분 동안에 문제행동이 발생한 여부를 30분마다 기록하여야 한다. 행동이 30분 동안 한 번도 발생하지 않으면 사각형을 비워 놓고, 한 번 발생하면 사각형 안에 사선을 한 번 긋고, 두 번 발생하면 사선이 그어진 사각형 안에 역으로 사선을 한 번 더 긋고, 세 번 이상 발생하면 사각형 안을 까맣게 칠한다. 며칠 동안 행동 분포 관찰기록지를 기록하면 하루 중 표적행동이 가장 많이 발생하는 시간대를 알 수 있다. [그림 3-1]에서 표적행동은 점심시간 직전인 11~12시에 가장 자주 발생한다는 것을 알 수 있다.

행동 분포 관찰기록법은 한 학급과 같이 여러 명이 함께 있을 때 그 학급에서 문제행동이 주로 발생하는 시간대를 알고자 하거나, 한 유아의 일과 중에서 문제행동이 가장 빈번히 발생하는 시간을 찾고자 할 때 사용할 수 있다. 행동 분포 관찰기록법을 사용하기 위해 시간대를 반드시 30분 간격으로 구분할 필요는 없다. 시간대를 더 짧게 하거나 유아의 일과 시간표에 맞추어 작성해도 된다. 〈표 3-3〉은 유아의 일과 시간표에 맞추어 작성한 행동 분포 관찰기록지 사용의 예다. 행동 분포 관찰을 통해 얻어진 정보는 더 자세한 정보를 수집해야 할 시간대를 결정하는 데 도움을 준다.

표 3-3 행동 분포 관찰기록지의 사용 예 2

유아: 이진우　　　　문제행동: 친구 방해 행동

/ 1회　　X 2회　　■ 3회 이상

시간 \ 날짜	5/6 수	5/7 목	5/8 금	5/11 월	5/12 화	5/13 수	5/14 목	5/15 금
8:30 – 9:00 등원			/					
9:00 – 10:10 자유선택놀이	X				/			
10:10 – 10:30 간식 및 화장실 다녀오기		/		/			/	■
10:30 – 11:20 대집단	■		■			■		
11:20 – 12:10 바깥놀이	■	/	X		X	■		■
12:10 – 13:00 점심								
13:00 – 13:40 이야기 나누기		X		/			/	

〈표 3-3〉을 보면, 진우는 주로 대집단 시간과 바깥놀이 시간에 친구를 방해하는 행동이 많은 것으로 나타났다. 교사는 대집단 활동이나 바깥놀이 활동을 할 때에 다른 관찰기록법을 사용하여 진우의 문제행동을 집중적으로 관찰해야 할 것이다.

3. 빈도 관찰기록법

빈도 관찰기록법(frequency recording)은 전체 관찰 시간을 짧은 시간간격으로 구분하여, 유아를 관찰하고 하나의 시간간격 안에 발생한 행동의 빈도를 기록하는 방법이다. 명칭이 의미하는 대로 행동의 빈도를 관찰하고 기록하는 빈도 관찰기록법의 기본 절차는 다음과 같다(양명희, 2012).

① 전체 관찰 시간을 짧은 시간간격으로 나눈다(시간간격으로 나누지 않고 전체 관찰 시간을 그대로 두고 관찰해도 된다).
② 유아의 문제행동을 관찰한다.
③ 하나의 시간간격 안에 문제행동이 발생할 때마다 빈도를 기록한다.
④ 자료를 빈도 또는 비율로 요약한다.

빈도 관찰기록법을 사건기록법이라는 명칭으로 사용하는 경우가 있는데, 이는 빈도 관찰기록법을 포함하는 훨씬 더 넓은 개념인 사건 중심 관찰기록법과 혼동을 가져올 수 있으므로 사건기록법보다는 빈도 관찰기록법이라는 명칭을 사용하는 것이 더 바람직하다.

빈도 관찰기록법의 장점은 수업을 직접적으로 방해하지 않으며, 비교적 사용하기가 쉽다는 것이다. 또한 시간간격마다 행동 발생 빈도를 기록하는 경우에 표적행동의 발생이 어느 시간간격에서 가장 많이 발생하는지 시간 흐름에 따른 행동 발생 분포를 알 수 있다. 그러나 이 방법이 지니는 단점은 행동의 빈도만 가지고는 행동 형태가 어떤지를 설명해 주지 못한다는 것이다. 또한 지나치게 짧은 시간간격으로 자주 발생하거나 오랜 시간에 걸쳐 일어나는 행동에는 적용하기 어렵다. 예를 들면, 눈을 깜빡이는 행동은 분명히 시작과 끝이 있는 행동이지만 1회의 행동이 지나치게 짧은 시간 동안 발생하기 때문에 그 행동의 횟수를 측정하기 어렵다. 또 다른 예로, 컴퓨터 게임하기 같은 행동도 시작과 끝은 있지만 비교적 오랜 시간에 걸쳐 일어나기 때문에 하루에 컴퓨터 게임을 몇 번 했는지를 측정하는 것은 의미가 없다. 빈도 관찰기록법을 이용하여 관찰할 수 있는 행동은 자기 자리 이탈하여 돌아다니기, '고맙습니다' 또는 '감사합니다'라고 말하기, 손들기, 교사 허락 없이 말하기 등이 있다. 〈표 3-4〉는 빈도 관찰기록법의 관찰기록지의 사용 예를 제시하였다.

표 3-4 빈도 관찰기록지의 사용 예 1

유아: 이중섭 (남, 6세)

관찰자: 박선희 (실습교사)

관찰 장소 및 상황: 빛고을 유치원 식당. 점심시간. 약 50명의 유아들이 식사를 하고 있거나 배식을 위해 줄지어 대기. 시끄럽고 혼란스러운 분위기

표적행동: 식사 중 자리이탈 행동

표적행동의 조작적 정의: 음식을 담은 식판을 식탁에 놓고 자리에 앉아 숟가락이나 젓가락을 잡은 후 엉덩이가 자리에서 10cm 이상 떨어진 상태에서 3초 이상 지속

날짜	시간	행동 발생	합계	관찰 시간	빈도/시간	분당 비율
9/12	12:35~13:05	✓✓✓✓✓ ✓✓✓✓✓ ✓✓	12	30분	12/30	0.4회/분
9/13	12:30~12:55	✓✓✓✓✓ ✓✓✓✓✓	10	25분	10/25	0.4회/분
9/14	12:30~13:00	✓✓✓✓✓ ✓✓✓✓	9	30분	9/30	0.3회/분
9/15	12:35~13:10	✓✓✓✓✓ ✓✓✓✓✓ ✓✓✓✓	14	35분	14/35	0.4회/분

출처: 양명희(2012).

〈표 3-4〉의 관찰기록지는 1회기의 전체 관찰 시간을 짧은 시간간격으로 나누지 않고 있음을 볼 수 있다. 〈표 3-4〉의 예에서 관찰자는 급식실에서 식사시간 동안 중섭이가 조작적 정의대로 자리를 이탈할 때마다 '✔'표를 하여 행동을 기록하고, 행동의 총수와 관찰한 시간을 기록하여, 행동의 총 빈도를 관찰한 전체 시간으로 나누어 비율을 기록하면 된다. 9월 12일의 경우를 보자. 중섭이는 식사시간에 관찰한 30분 동안 자리이탈을 총 12번 하였다. 이 경우에 자리를 이탈한 총 빈도 12를 관찰한 시간 길이인 30으로 나누면 중섭이는 분당 0.4회 자리이탈을 했음을 알 수 있다. 이런 경우에 매일 관찰한 시간의 길이가 달라져도 행동 요약을 비율로 하였기 때문에 매일의 식사시간 자리이탈 행동 빈도를 서로 비교할 수 있다.

〈표 3-5〉는 빈도 관찰기록지의 또 다른 사용 예를 보여 준다.

표 3-5 빈도 관찰기록지의 사용 예 2

유아: 이예솔 (여, 5세)

관찰자: 서영경 (교사)

관찰 장소 및 상황: 빛나리 유치원 햇님반 교실. 이야기 나누기 시간(30분). 1명의 교사와 15명의 유아들이 앉아 수업을 하고 있다.

표적행동: 수업 중 자리이탈 행동

표적행동의 조작적 정의: 교사의 허락 없이 자기 의자를 떠나는 행동으로, 유아의 엉덩이가 의자에서 떨어진 모든 상태(예: 의자 위에 무릎 세워 앉기, 다른 자리로 이동하기 등)

날짜	시간	행동 발생						총 빈도
		1	2	3	4	5	6	
6/1	10:20~10:50			/	//	///	////	10
6/2	10:20~10:50					//	///	5
6/4	10:20~10:50				/	//	///	6
6/5	10:20~10:50		/	/	//	//	~~////~~	11

출처: 양명희(2012).

〈표 3-5〉의 빈도 관찰기록지는 1회기의 전체 관찰 시간 30분을 5분 간격으로 나누어 관찰하게 되어 있음을 볼 수 있다. 관찰자는 이야기 나누기 시간마다 예솔이가 자리이탈을 할 때면 사선 표시(/)를 하고 행동의 총 빈도를 세어 기록하면 된다. 6월 1일의 경우에 예솔이는 이야기 나누기 시간에 자리이탈을 총 10번 했음을 알 수 있다. 이 경우에는 매일 관찰한 이야기 나누기 시간의 길이가 30분으로 서로 같기 때문에 총 빈도로 매 이야기 나누기 시간의 자리이탈 행동을 서로 비교할 수 있다. 또한 전체 관찰 시간 30분을 5분 간격으로 나누어 관찰했기 때문에 이야기 나누기 시간 중 어느 때에 자리이탈이 많은지 분석할 수도 있다. 예솔이의 경우, 주로 이야기 나누기 시간이 끝나가는 때에 자리이탈이 많은 것을 알 수 있다.

두 명 이상의 관찰자가 빈도 관찰기록법을 사용하여 한 가지 행동을 관찰한 경우, 관찰자 간의 신뢰도는 한 회기에서 발생한 행동의 전체 빈도에 대한 신뢰도를 산출할 수 있다. 이렇게 총 빈도로만 비교할 때는 두 관찰자가 관찰한 행동의 발생 빈도에 대해 (작은 수)/(큰 수) × 100으로 신뢰도를 산출한다. 예를 들면, 한 관찰자가 한 회기에 유아가 자리이탈을 10번 했다고 보고하고, 다른 관찰자는 8번 했다고 보고하면 두 관찰자 간 신뢰도는 8/10 × 100 = 80(%)가 된다.

그런데 때로 교사는 유아에게 반응할 수 있는 기회를 주고 바르게 반응하는지 또는 틀리게 반응하는지를 관찰하여 평가하고자 할 수 있다. 단순히 정의된 어떤 행동의 발생 유무만 보고자 하는 것이 아니라 주어진 기회에 대한 정반응과 오반응을 관찰하고자 하는 경우다. 이럴 때도 빈도 관찰기록법을 사용할 수 있다. 다만 유아에게 주어지는 기회가 무엇인지 명확하게 정의하는 것이 필요하다. 예를 들면, 다음의 〈표 3-6〉에서처럼 10개의 교사 질문에 대해 정답을 말하는 횟수를 기록할 수 있다.

표 3-6 빈도 관찰기록지의 사용 예 3

유아: 이하림 (여, 4세)				
관찰자: 이을이				
관찰 장소 및 상황: 강촌 유치원 민들레 교실				
표적행동: 교사의 질문에 정답을 말하는 행동				
기회의 조작적 정의: 교사의 동물 이름을 묻는 구두 질문(예: "이 사진의 동물 이름은 무엇이지?" "멍멍 하고 짖는 동물 이름은 무엇이지?")				
날짜	정반응	전체 기회 수	정반응 수	백분율
5/ 4	✓✓✓✓	10	4	40%

출처: 양명희(2012).

〈표 3-6〉을 보면, 5월 4일에 하림이는 교사의 동물 이름을 묻는 구두 질문 10개에 대해 4개의 질문에 정반응을 하여 전체 질문의 40%만큼 정반응하였음을 알 수 있다. 이런 경우는 단순히 유아가 바르게 대답한 정반응 수(빈도)만 측정하기보다는 주어진 전체 기회 수에 대한 정반응 수의 백분율을 구하는 것이 유용하다. 〈표 3-6〉과 같은 관찰을 한 경우에 관찰자 간 신뢰도는 (정반응 합계가 작은 수)/(정반응 합계가 큰 수) × 100으로 신뢰도를 산출할 수 있다.

〈표 3-6〉을 〈표 3-7〉처럼 정반응과 오반응의 빈도를 구분하여 기록하도록 만들 수도 있다.

표 3-7 빈도 관찰기록지의 사용 예 4

유아: 이하림 (여, 4세)													
관찰자: 이올이													
관찰 장소 및 상황: 강촌 유치원 민들레 반 교실													
표적행동: 교사의 질문에 정답을 말하는 행동(정답 +, 오답 -)													
기회의 조작적 정의: 교사의 동물 이름을 묻는 구두 질문(예: "이 사진의 동물 이름은 무엇이지?" "멍멍 하고 짖는 동물 이름은 무엇이지?")													
날짜	기회와 반응											정반응 수	백분율
	기회	1	2	3	4	5	6	7	8	9	10		
5/4	반응	+	-	+	+	-	-	+	-	-	-	4	40%
	반응												

출처: 양명희(2012).

또 다른 빈도 관찰기록지 사용 예를 살펴보면 〈표 3-8〉과 같다.

표 3-8 빈도 관찰기록지의 사용 예 5

유아: 김한빛 관찰자: 고광석 표적행동: 지시 따르기

도움의 수준	날짜: 10/4	날짜: 10/5	날짜: 10/6	날짜: 10/8
힌트	1 2 3 4 5 6 7 8 9 10	1 2 3 4 5 6 7 8 9 10	1 2 3 4 5 6 7 8 9 10	1 2 3 4 5 6 7 8 9 10
언어적 도움	1 2 3 4 5 6 7 8 9 10	1 2 3 4 5 6 7 8 9 10	1 2 3 4 5 6 7 8 9 10	1 2 3 4 5 6 7 8 9 10
몸짓 도움	1 2 3 4 5 6 7 8 9 10	1 2 3 4 5 6 7 8 9 10	1 2 3 4 5 6 7 8 9 10	1 2 3 4 5 6 7 8 9 10
부분적 신체 도움	1 2 3 4 5 6 7 8 9 10	1 2 3 4 5 6 7 8 9 10	1 2 3 4 5 6 7 8 9 10	1 2 3 4 5 6 7 8 9 10
전체적 신체 도움	1 2 3 4 5 6 7 8 9 10	1 2 3 4 5 6 7 8 9 10	1 2 3 4 5 6 7 8 9 10	1 2 3 4 5 6 7 8 9 10

출처: Alberto & Schofield (1979).

〈표 3-8〉을 보면, 교사의 지시(예: "숫자 3을 가리켜 보렴." "컵을 주렴." "숟가락을 주렴." 등)에 대해 어느 정도 수준의 도움을 주었을 때 지시사항을 바르게 수행할 수 있는지 관찰하고 측정한 것임을 알 수 있다. 그래프의 세로 좌표에 해당하는 부분을 보면 도움의 정도가 힌트, 언어적 도움, 몸짓 도움, 부분적 신체 도움, 전체적 신체

도움으로 구분되어 있다. 힌트는 컵은 물 마실 때 쓰는 것이라고 말해 주는 정도의 도움이다. 언어적 도움은 컵이 놓인 곳에 대한 설명이나 지시를 수행하는 단계를 말로 설명해 주는 도움이다. 몸짓 도움은 지시하는 내용에 대해 몸짓으로 알려 주는 것으로, 예컨대 컵을 달라는 지시인 경우에 컵을 턱이나 손가락으로 가리키는 경우다. 부분적 신체 도움이란 팔 또는 손 등의 신체 일부분을 잡고 도와주는 것이다. 전체적 신체 도움은 교사가 유아의 신체를 전체적으로 붙잡고 지시사항을 수행하도록 도와주는 것이다.

〈표 3-8〉의 빈도 관찰기록지에는 4회기를 관찰하고 기록할 수 있게 되어 있고, 한 회기마다 10번까지 반응할 기회를 주고 있음을 알 수 있다. 〈표 3-8〉은 교사의 지시에 대해 어느 정도 수준의 도움을 주면 지시를 수행할 수 있는지 관찰하여 해당하는 도움의 수준에 있는 시도 횟수를 의미하는 번호를 찾아 까만 동그라미(●)로 표시하고, 동그라미를 서로 연결하여 선 그래프로 표시한 것이다. 즉, 관찰기록지와 관찰 결과의 요약 내용을 그래프에 옮긴 것을 통합한 것이다. 〈표 3-8〉을 보면, 유아는 회기마다 향상되고 있음을 알 수 있다. 10월 8일의 경우 세 번째 시도부터 열 번째 시도까지 모두 힌트만으로 교사의 지시에 대해 바르게 수행할 수 있었음을 알 수 있다.

〈표 3-9〉는 빈도 관찰기록법을 사용하여 관찰기록지와 그래프를 통합해 놓은 또 다른 예시다.

표 3-9 빈도 관찰기록지의 사용 예 6

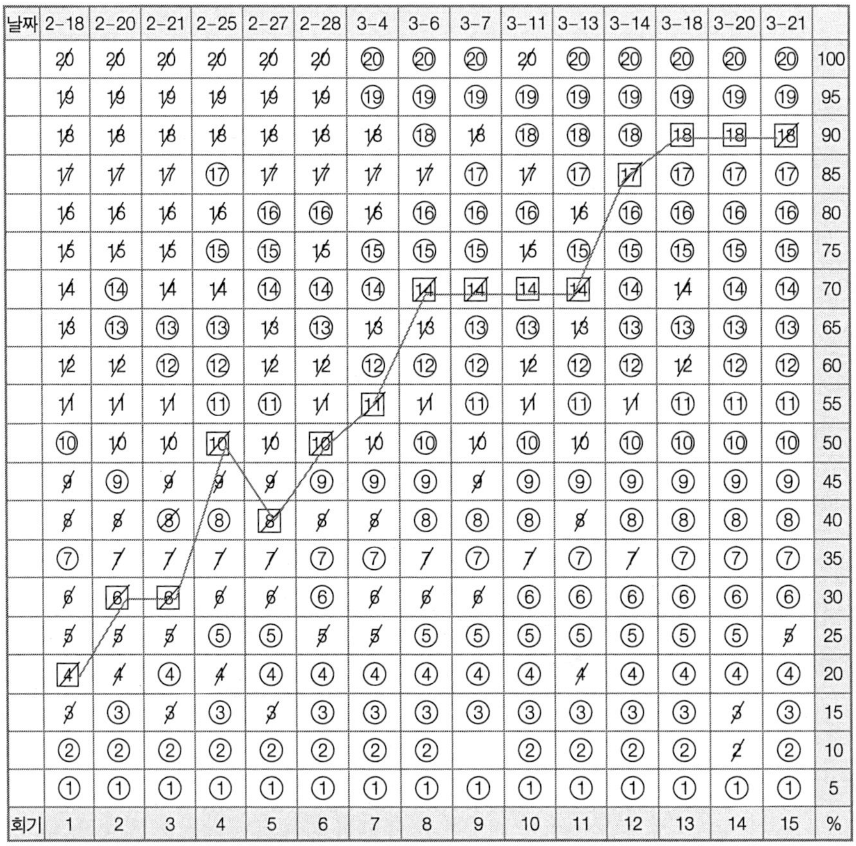

표적행동/기술: 가득 찬 것과 가득 차지 않은 것 분류하기
준거: 3회기 연속적으로 시도의 90% 정반응
자료: 식당의 소금통, 후추통, 설탕통, 케첩통, 겨자통, 냅킨통
유아: *Carmen*

출처: Saunders & Koplik (1975).

〈표 3-9〉는 유아가 어떤 통에 물건이 가득 찬 것과 가득 차지 않은 것을 구분할 수 있는지 알아보기 위해 유아의 정반응과 오반응 행동을 관찰하고 기록한 것이다. 〈표 3-9〉의 그래프는 맨 위에 날짜를 기록하게 되어 있고 맨 아래에는 회기가 기록되어 있다. 회기마다 유아에게 20번의 기회가 주어졌음을 알 수 있다. 이 빈도 관찰기록지를 사용하는 방법은 다음과 같다.

① 유아의 시도가 정반응이면 시도한 횟수를 가리키는 숫자번호 위에 동그라미(○)를 하고, 오반응이면 사선(/)을 긋는다.

② 한 회기가 끝나면 동그라미가 그려진 숫자의 수를 세어 합한다.

③ ②에서 구해진 수 만큼에 해당하는 숫자에 네모(□)를 친다.

④ 네모 쳐진 숫자들을 회기에 따라 연결하면 선 그래프가 그려진다.

⑤ 그래프의 맨 오른쪽에 세로로 있는 숫자는 백분율을 의미한다. 한 회기에서 네모 쳐진 수(정반응 수)가 적혀있는 가로줄 끝에 있는 숫자는 네모 쳐진 정반응 수를 백분율로 전환해 놓은 것이다. 예를 들면, 2회기를 보면, 총 정반응 수가 6개이고, 6에 네모가 쳐져 있으며, 그 가로줄의 끝에서 만나는 숫자는 30임을 알 수 있다. 즉, 20회 시도 중 정반응이 6개이므로 30%의 정반응이었음을 바로 알 수 있다.

〈표 3-7〉에서 〈표 3-9〉까지의 경우처럼, 각각의 주어진 기회에 대한 반응 행동을 기록하도록 되어 있는 경우에 각 행동마다 관찰자 간에 일치한 정도를 보고자 하면 (일치한 반응의 수)/(전체 반응의 수) × 100으로 관찰자 간 신뢰도를 산출할 수 있다.

4. 지속 시간 관찰기록법

지속 시간 관찰기록법(duration recording)은 표적행동이 시작될 때의 시간과 그 행동이 끝날 때의 시간을 기록하여 행동이 지속된 시간을 계산하여 기록하는 방법이다. 명칭의 뜻처럼, 행동이 지속되는 시간을 관찰하여 기록하는 방법이다. 이 관찰기록법을 사용하기 위해서는 스톱워치를 사용하면 편리하다. 이 방법을 사용하는 기본 절차는 다음과 같다(양명희, 2012).

① 행동이 시작될 때 시간을 기록하거나 스톱워치를 작동한다.

② 행동이 끝날 때 시간을 기록하거나 스톱워치 작동을 멈춘다.

③ 행동이 지속된 시간을 계산하여 기록한다.

④ 각 행동의 지속 시간을 합하여 총 지속 시간을 기록한다.

⑤ 총 지속 시간을 행동의 총 횟수로 나누어 평균 지속 시간을 기록한다.

⑥ 총 지속 시간을 총 관찰 시간으로 나누어 100을 곱하여 관찰한 전체 시간에 대한 행동의 지속 시간 백분율을 기록한다(이렇게 구한 백분율은 매 회기의 관찰 시간이 동일하지 않아도 같은 기준으로 볼 수 있도록 해 주기 때문에 누구나 이해하기 쉽다).

지속 시간 관찰기록법은 행동이 지속되는 시간 길이에 관심이 있을 때에 사용할 수 있다. 지속 시간 관찰기록법은 지나치게 짧은 시간간격으로 발생하는 행동에는 적용하기 어렵기 때문에, 표적행동은 지속 시간의 길이를 측정할 수 있을 만큼의 시간 동안은 계속되는 행동이어야 한다. 또한 지속 시간 관찰기록법은 행동의 강도를 설명해 주지 못한다는 단점이 있다. 지속 시간 관찰기록법으로는 식사를 마치는 데 시간이 얼마나 걸리는지, 화장실에 얼마나 오래 머무는지, 주어진 과제를 마치는 데 얼마만큼의 시간이 걸리는지, 손가락을 얼마 동안 빠는지, 협동놀이에 참여하는 시간은 어느 정도인지, 자리를 이탈했다가 돌아오기까지 얼마나 걸리는지, 물 마시러 갔다 오기까지 얼마나 걸리는지 등을 측정할 수 있다. 〈표 3-10〉은 지속 시간 관찰기록법을 사용한 관찰기록지의 사용 예다.

표 3-10 지속 시간 관찰기록지의 사용 예

유아: 김평강 (남, 5세)					관찰자: 박은달		
표적행동: 손가락 빨기 행동 입술 안쪽으로 5mm 이상 손가락을 집어넣거나 이빨로 손톱을 깨무는 행동					관찰 장소: 기린반 교실 오전 대집단 활동 시간, 전체 아동 15명, 관찰 대상 유아는 교실의 중간쯤에 위치		
일시	행동 발생					관찰 결과 요약	
8/9 9:25~ 9:55	#1 1′	#2 2′10″	#3 1′20″	#4 1′30″	#5 1′	전체 관찰 시간	30분
						전체 지속 시간	7분
	#6	#7	#8	#9	#10	지속 시간 백분율	23%
						평균 지속 시간	1분 24초
8/10 9:25~ 9:55	#1 2′	#2 1′30″	#3 1′	#4 1′20″	#5 1′30″	전체 관찰 시간	30분
						전체 지속 시간	9분 30초
	#6 1′	#7 1′10″	#8	#9	#10	지속 시간 백분율	32%
						평균 지속 시간	1분 21초
	#1	#2	#3	#4	#5	전체 관찰 시간	
						전체 지속 시간	
	#6	#7	#8	#9	#10	지속 시간 백분율	
						평균 지속 시간	

출처: 양명희(2012).

〈표 3-10〉의 경우, 관찰자는 대집단 활동 시간에 평강이가 손가락을 빨기 시작하면 스톱워치를 작동시키고 손가락을 입술에서 꺼내면 스톱워치의 작동을 멈추어서 한 번의 손가락 빠는 행동이 지속되는 시간을 기록한다. 이렇게 매번 손가락 빠는 데 걸리는 시간을 합하여서 구한 전체 지속 시간을 유아를 관찰한 한 회기의 전체 시간으로 나눈 다음 100을 곱하면 지속 시간 백분율을 구할 수 있다. 그리고 행동의 총 발생 빈도를 전체 지속 시간으로 나누면 평균 지속 시간을 구할 수 있다.

8월 9일의 기록에 의하면 평강이는 30분의 대집단 활동 시간 동안에 전부 다섯 번 손가락을 빨았고, 매번 손가락을 빠는 데 각각 1분, 2분 10초, 1분 20초, 1분 30초, 1분이 걸렸다. 각각 손가락을 빤 시간을 합하면 8월 9일 대집단 활동 시간에 손가락을 빠는 데 걸린 전체 지속 시간은 7분이 된다. 그 7분을 전체 관찰 시간인 30분으로 나누고 100을 곱하여 지속 시간 백분율 23%를 구하였다. 이는 평강이가 대집단 활동의 23%에 해당하는 시간동안 손가락을 빨았다는 의미이다. 또한 다섯 번 손가락 빤 빈도를 손가락을 빤 전체 지속 시간 7분으로 나누어 평균 지속 시간 1분 24초를 구한 것을 알 수 있다.

지속 시간 관찰기록법을 사용하여 유아 행동을 관찰한 경우의 관찰자 간 신뢰도는 한 회기에 관찰된 행동의 지속 시간의 누계에 대해 산출할 수 있다. 두 관찰자가 관찰한 행동의 지속 시간의 누계에 대해 (짧은 시간)/(긴 시간) × 100으로 관찰자 간 신뢰도를 계산한다. 예를 들면, 한 관찰자는 유아의 손가락 빠는 시간의 전체 지속 시간을 한 회기에 15분으로 측정했는데 다른 관찰자는 총 12분 동안 손가락을 빤 것으로 측정했다면, 12/15 × 100 = 80(%)의 관찰자 간 신뢰도가 산출된다.

시간의 길이를 측정한다는 의미에서 같은 방법을 사용하는 것으로 지연 시간 관찰기록법이 있다. 즉, 선행 사건의 발생과 표적행동의 발생 사이에 지연되는 시간을 계산하여 기록하는 것이다. 예를 들면, 교사가 "바깥놀이 시간이에요. 신발 신으러 나가세요."라는 지시를 했을 때 유아가 신을 신기 위해 일어서기까지 걸리는 시간을 측정하는 것이다. 지연 시간 관찰기록법의 기본 절차는 다음과 같다(양명희, 2012).

① 선행 자극 또는 선행 사건을 정의한다(예: 율동 시간에 교사의 지시 따르기 행동을 보고자 할 때 선행 사건인 교사의 지시는 '허리에 두 손을 올리세요.'라고 정의할 수 있다).
② 선행 자극이 주어지면 시간을 기록하거나 스톱워치를 작동한다.
③ 유아의 행동이 시작될 때 시간을 기록하거나 스톱워치 작동을 멈춘다.
④ 지시 내용인 표적행동이 시작될 때까지 지연된 시간을 계산하여 기록한다.
⑤ 각 행동의 지연 시간을 합하여 행동의 횟수로 나누어 표적행동의 평균 지연 시간을 기록한다.

이 방법으로 관찰할 수 있는 행동으로는 질문에 답하기, 지시 따르기 등이 있다. 〈표 3-11〉은 지속 시간 관찰기록법과 동일한 방법을 사용하여 유아의 표적행동에 대한 지연 시간을 측정한 관찰기록지의 사용 예다.

표 3-11 지연 시간 관찰기록지의 사용 예

<table>
<tr><td rowspan="2">유아</td><td colspan="2">이름</td><td colspan="3">유치원/반</td><td>나이</td></tr>
<tr><td colspan="2">김유진(여)</td><td colspan="3">동산 유치원/ 해바라기반</td><td>5</td></tr>
<tr><td>관찰자</td><td colspan="2">양기철</td><td>담임교사</td><td colspan="3">민정자</td></tr>
<tr><td>표적행동</td><td colspan="6">지시 따르기: 교실 밖으로 이동하는 수업을 위해 교사가 관찰 대상 유아 혹은 교실 전체의 유아들에게 말하는 지시의 내용대로 행동한다.</td></tr>
<tr><td>선행 사건</td><td colspan="6">이동수업을 위해 교사가 "교실 앞으로 나와 한줄 기차로 서세요."라고 말한다.</td></tr>
<tr><td>일시</td><td colspan="4">행동 발생</td><td colspan="2">행동 결과 요약</td></tr>
<tr><td rowspan="3">5/18</td><td>#1
2'10"</td><td>#2
3'</td><td>#3
2'30"</td><td>#4
1'50"</td><td>전체 지연 시간</td><td>16분 24초</td></tr>
<tr><td>#5
2'54"</td><td>#6
4'</td><td>#7</td><td>#8</td><td>선행 사건 횟수</td><td>6회</td></tr>
<tr><td>#9</td><td>#10</td><td>#11</td><td>#12</td><td>평균 지연 시간</td><td>2분 44초</td></tr>
<tr><td rowspan="3"></td><td>#1</td><td>#2</td><td>#3</td><td>#4</td><td>전체 지연 시간</td><td></td></tr>
<tr><td>#5</td><td>#6</td><td>#7</td><td>#8</td><td>선행 사건 횟수</td><td></td></tr>
<tr><td>#9</td><td>#10</td><td>#11</td><td>#12</td><td>평균 지연 시간</td><td></td></tr>
</table>

출처: 양명희(2012).

〈표 3-11〉을 사용하는 관찰자는 교사의 지시가 끝나면 스톱워치를 작동하여 관찰 대상 유아인 유진이가 자리에서 일어서면 스톱워치 작동을 멈추어, 교사의 지시 후 유진이가 자리에서 일어서기까지 지연된 시간을 측정한다. 교사의 지시마다 유진이의 반응이 지연된 시간을 기록한 것을 합하여 전체 지연 시간을 구하고, 교사의 지시 빈도를 선행 사건 횟수에 기록한다. 전체 지연 시간을 선행 사건 횟수로 나누면 평균 지연 시간을 구할 수 있다. 〈표 3-11〉에서 5월 18일에 교사의 지시는 6번 있었으며, 교사의 지시마다 유진이가 자리에서 일어서기를 시작할 때까지 걸린 지연 시간은 각각 2분 10초, 3분, 2분 30초, 1분 50초, 2분 54초, 4분이었다. 이를 합하면 전체 지연 시간은 16분 24초가 된다. 전체 지연 시간 16분 24초를 교사의 전체 지시 빈도 6으로 나누면 평균 지연 시간 164초(2분 44초)가 나온다. 이는 유진이는 교사의 지시가 주어진 뒤로 평균 2분 44초 만에 자리에서 일어서기를 시작한다는 것을 알 수 있다.

지연 시간을 측정한 경우에도 관찰자 간 신뢰도는 지속 시간 관찰기록법과 동일한 방법으로 계산한다. 즉, 두 관찰자가 관찰한 행동의 지연 시간의 누계에 대해 (짧은 시간)/(긴 시간) × 100으로 관찰자 간 신뢰도를 계산한다.

지금까지 설명한 모든 행동 특성 관찰기록법의 공통 절차는 다음과 같다.

① 표적행동을 명확하게 정의한다.
② 행동이 발생하는 상황을 정의한다.
③ 관찰하는 전체 시간을 기록한다.
④ 행동 발생을 행동의 특성에 따라 측정하고 기록한다.
⑤ 자료를 요약한다.

지금까지 살펴본 행동 특성 관찰기록법들은 사용하기 쉽고 관찰자가 유아의 행동을 직접 볼 수 있다는 장점이 있다. 하지만 한 명의 관찰자가 한 장소에서 동시에 여러 명의 유아나 한 유아의 여러 행동을 관찰할 때는 사용하기가 쉽지 않은 단점이 있다. 또한 한 명의 한 가지 행동을 관찰하는 경우라도 매우 짧은 시간간격으로 높은 빈도를 보이는 행동은 행동 특성 관찰기록법을 사용하기 어렵다. 예를 들면, 심하게 눈을 깜박이거나 팔을 흔드는 행동을 계수하거나 그 지속 시간을 측정하기는 어렵다. 또한 지속 시간의 변화가 심한 행동도 행동이 일어난 횟수나 평균 지속 시간 만으로 문제가 되는 행동의 양상을 정확히 알아내기 어려울 수 있다. 예를 들면, 수업 시간에 자리를 이탈하는데 어떤 때는 5초 동안 어떤 때는 10분 동안 자리를 이탈한다면, 자리이탈의 횟수나 평균 지속 시간만으로는 그 행동의 문제점을 정확하게 설명하지 못한다. 그런 경우에는 제4장에서 설명하는 시간 중심 관찰기록법을 사용할 수 있다.

토의 및 적용

✤ 유치원에서 관찰될 수 있는 유아의 행동 중에서 행동의 결과가 남는 행동을 선택하여 행동 결과를 정의하고 행동 결과물 관찰기록지를 만들어 보시오.

✤ 수업 중에 교사의 허락 없이 말하는 행동의 빈도를 측정할 수 있는 빈도 관찰기록지를 만들어 보시오.

✤ 1주일 동안 자신이 TV, 핸드폰, 컴퓨터를 사용하여 동영상을 시청하는 시간을 측정하는 관찰기록지를 만들고 직접 측정해 보시오.

Chapter

4 시간 중심 관찰기록법

제4장 시간 중심 관찰기록법

학습목표

- 시간 중심 관찰기록법의 핵심 개념을 설명할 수 있다.
- 시간 중심 관찰기록법의 종류를 설명할 수 있다.
- 시간 중심 관찰기록법의 종류별로 관찰기록지를 제작할 수 있다.

핵심용어의 정의

- **시간 중심 관찰기록법**
  관찰 시간을 여러 개의 짧은 시간간격으로 나누어 하나의 시간간격 동안 표적행동이 발생하는지를 기록하는 방법이다.

- **전체 간격 관찰기록법**
  관찰 시간을 짧은 시간간격으로 나누어 행동이 각각의 시간간격 동안 지속적으로 발생하고 있어야만 그 시간간격에 행동이 발생한 것으로 기록하는 방법이다.

- **부분 간격 관찰기록법**
  관찰 시간을 짧은 시간간격으로 나누어 각각의 시간간격 동안에 행동이 발생했는지를 관찰하여, 관찰한 시간간격 동안에 행동이 최소한 1회 이상 발생하면 그 시간간격에 행동이 발생한 것으로 기록하는 방법이다.

- **순간 관찰기록법**
  관찰 시간을 짧은 시간간격으로 나누고, 각각의 시간간격이 끝나는 순간에 유아를 관찰하여 그 순간에 행동이 관찰되면 그 시간간격에 행동이 발생한 것으로 기록하는 방법이다.

시간 중심 관찰기록법은 시간을 중심으로 표적행동이 발생하고 있느냐를 측정하고 기록하는 방법이다(양명희, 2012). 표적행동이란 관찰자가 관찰하고자 하는 행동을 의미한다. 시간 중심 관찰기록법은 시간간격별 관찰기록법, 동간기록법, 동간격기록법 등의 여러 가지 명칭으로 소개되고 있다(김지은, 김진숙, 2006; 양명희, 2012). 또한 시간표집법과 동일한 관찰기록법으로 소개되기도 하고, 때로는 시간표집법의 하위 영역으로 소개되기도 한다. 그러나 이 책에서는 관찰의 중심이 행동 특성이 아니라 행동이 발생하고 있는 시간임을 강조하기 위하여 시간 중심 관찰기록법이라고 부르기로 한다.

1. 시간 중심 관찰기록법의 특성

시간 중심 관찰기록법(time-based recording)은 관찰할 표적행동을 정의하고, 관찰 시간을 여러 개의 짧은 시간간격으로 나누어 하나의 시간간격 동안에 표적행동이 발생하는지를 기록하는 것이다. 주로 행동 특성 관찰기록법을 사용하기 어려운 경우에 사용할 수 있다. 행동 특성 관찰기록법의 사용이 어려운 경우란 한 명의 관찰자가 많은 유아들을 관찰하거나, 한 유아의 여러 행동을 관찰해야 하는 경우를 말한다. 예를 들면, 교사가 이야기 나누기 시간에 20명 중 7명의 유아에 대해 각 유아의 자리이탈 행동이 얼마나 자주 발생하고, 얼마나 오랫동안 지속되는지 동시에 관찰하면서 기록하기란 쉽지 않다. 마찬가지로 교사가 수업이 진행되는 동안 한 유아의 자리이탈, 친구에게 큰 소리로 말하기, 관련 없는 교구 만지기, 친구 때리기 등의 여러 가지 표적행동에 대해 각각 빈도, 지속 시간 등을 측정하기도 어렵다.

또한 행동의 지속 시간은 짧은데 빈도가 매우 높거나 행동 지속 시간의 변화가 심한 경우에도 행동 특성 관찰기록법의 적용이 적절하지 않다. 예를 들면, 눈을 깜빡이거나 폴짝폴짝 뛰거나 빙글빙글 도는 것과 같은 행동은 분명히 시작과 끝이 있지만, 그 빈도나 지속 시간을 측정하기는 쉽지 않다. 또한 자리이탈 행동의 경우에도 한 번은 3초 만에 제자리로 돌아오고 또 한 번은 4분 만에 돌아오는 것처럼 행동마다 지속 시간이 크게 차이가 나는 경우에는 그 행동을 빈도나 지속 시간으로 측정하는 것이 유아의 행동을 이해하는 데 크게 도움이 되지 않는다.

이와 같이 행동 특성 관찰기록법을 적용하는 것이 적절하지 않은 행동에 대해서는 시간을 중심으로 행동이 발생하고 있는지를 측정하는 시간 중심 관찰기록법을 사용하는 것이 바람직하다. 하지만 시간 중심 관찰기록법을 적용하기에 적절하지 않은 행동도 있다. 아주 드물게 발생하는 행동이나 내면의 감정처럼 겉으로 잘 드러나지 않는 행동이 그렇다. 1주일에 한두 번 정도 나타나는 행동을 관찰하기 위해 시간 중심 관찰기록법을 사용하여 하루 일과를 매일 여러 개의 시간간격으로 나누어 행동 발생 여부를 관찰하고 기록하는 것은 시간 낭비다. 또한 유아의 우울한 감정이 행동으로 드러나지 않는다면 정해진 시간간격에서 우울 행동이 발생했는지 확인하고 기록하기란 쉽지 않다.

시간 중심 관찰기록법은 관찰 결과를 수량화할 수 있어 통계적 처리가 가능하다는 큰 장점이 있다. 그리고 시간 중심 관찰기록법은 미리 관찰할 표적행동을 조작적으로 정의하고 범주를 나누어 관찰 시간간격에서 조작적으로 정의된 행동이 발생하는지를 확인하는 것이다. 따라서 객관성이 높고 시간간격별로 기록의 일치 정도를 확인하는 방법으로 신뢰도 측정이 가능하다. 또한 관찰 내용을 서술하는 것이 아니라 부호화하여 기록하기 때문에 비교적 짧은 시간에 다량의 자료를 수집할 수 있고 빠르게 결과를 해석할 수 있다는 효율성이 있다.

뿐만 아니라 시간 중심 관찰기록법은 한꺼번에 여러 유아들을 관찰하거나 한 유아에 대한 여러 행동을 관찰하는 것이 가능하다. 예를 들면, 첫 번째 관찰 시간간격 동안에 첫째 유아를 관찰하고, 두 번째 관찰 시간간격 동안에 둘째 유아를 관찰하는 식으로 여러 관찰 대상 유아들을 차례로 관찰하면 된다. 이렇게 여러 유아들을 돌아가면서 차례로 관찰할 수 있는 관찰기록지의 사용 예는 〈표 4-2〉나 〈표 4-3〉을 참고할 수 있다. 이런 식으로 하면 한 유아에 대해서 계속 관찰할 수는 없지만 결국은 관찰 대상 유아들을 고르게 동일한 시간 동안 관찰할 수 있고 행동의 일반적 경향을 찾아낼 수도 있다. 또한 한 명의 유아에 대한 여러 행동을 관찰하는 것은 하나의 시간간격에서일지라도 행동 범주를 다르게 부호화하여 표시하도록 하면 된다. 이렇게 한 유아에 대한 여러 행동을 관찰할 수 있는 관찰기록지의 사용 예는 〈표 4-4〉

를 참고할 수 있다.

그러나 시간 중심 관찰기록법은 정해진 시간간격에서 행동의 발생 여부만 보기 때문에 행동의 전후 관계를 통한 행동의 원인이나 상호 관계 등은 알 수 없다. 또한 표적행동에 대한 조작적 정의와 관찰 범주가 미리 정해져 있기 때문에 관찰자는 관찰 범주에 맞는 행동을 찾으려고 애씀으로써 중요한 다른 행동을 쉽게 간과해 버릴 수 있다.

2. 시간 중심 관찰기록법의 실행

1) 표적행동의 정의와 행동 범주의 설정

행동의 결과가 수량화되는 모든 관찰에서는 표적행동에 대한 조작적 정의가 요구된다. 표적행동이란 관찰자가 관찰하려는 행동을 의미한다. 주로 관찰 대상 유아의 문제가 되는 행동인 경우가 많다. 특히 시간 중심 관찰기록법의 사용에서 행동을 여러 범주로 나누어 관찰하고자 할 때, 관찰자는 그 행동이 어떻게 표현되는지를 구분하는 하위 행동 범주를 설정하고 정의해야 할 필요가 있을 때도 있다. 예를 들면, 수업 방해 행동을 관찰한다고 하자. 수업 방해 행동은 물건으로 소리내기, 옆 친구에게 말 걸기, 자리이탈하기, 허락 없이 큰 소리로 말하기 등의 하위 범주로 나눈 다음, 각 하위 범주 행동에 대한 조작적 정의를 가지고 관찰할 수 있다. 표적행동의 조작적 정의에 대해서는 제1장에서 자세히 설명하였다.

관찰할 표적행동을 여러 하위 범주로 나눌 때는 다음과 같은 점을 주의하여야 한다(김지은, 2008). 첫째, 표적행동의 한계 범위를 설정하여야 한다. 예를 들면, 유아의 공격행동에 관심이 있다면 공격행동 범위에 들어갈 수 있는 모든 신체적 · 언어적 공격행동을 포함할 것인지 결정해야 한다. 신체적 공격행동에는 얼굴표정, 몸짓, 도구를 사용하는 행동, 몸을 사용하는 행동 등이 있다. 언어적 공격행동에도 말로 하는 것, 글로 하는 것, 대면하는 것, 통신 매체를 사용하는 것 등이 있다. 이렇게 다양하고 넓은 범위 중에 어떤 행동을 공격행동으로 포함할 것인지 그 범위를 먼저 설정해야 한다.

둘째, 하위 행동 범주는 서로 배타적이어야 한다. 즉, 관찰자가 자신이 관찰한 행동이 두 개 이상의 범주에서 겹치는 중복 현상이 나타나지 않아야 한다. 즉, 유아가 어떤 행동을 하든지 그 행동은 하나의 하위 행동 범주에 속해야 하고 동시에 다른 하위 범주에는 해당하지 않아야 한다는 뜻이다. 예를 들면, 유아의 구어적 언어표현 행동의 하위 행동 범주를 자발적으로 말하기, 질문하기, 답하기로 나누었다고 하자. 그런데 유아가 자발적으로 질문을 한다면 '질문하기'와 '자발적으로 말하기'는 서로 중복될 수 있다. 그러므로 이런 식으로 하위 행동 범주를 나누는 것은 바람직하지 않다. 이를 위해서는 각 하위 행동 범주가 서로 정확히 구분되도록 명확한 조작적 정의가 필요하다.

셋째, 하위 행동 범주는 포괄적이어야 한다. 즉, 표적행동의 하위 행동 범주를 결정할 때 관찰자가 관찰한 행동이 어느 하위 행동 범주에도 속하지 않는 경우가 없어야 한다. 따라서 '기타' 또는 '결정할 수 없음'과 같은 항목을 만드는 것이 필요하다. 즉, 유아의 어떤 행동이라도 어느 한 하위 행동 범주에는 해당되도록 해야 한다는 뜻이다.

예를 들면, 유아교육기관에 통합되어 있는 지적장애 유아의 자해행동을 팔 물기, 얼굴 때리기, 머리 박기로 구분하여 관찰한다고 하자. '팔 물기'를 '손가락에서 팔꿈치까지의 부위를 윗니와 아랫니로 무는 것'으로, '얼굴 때리기'를 '얼굴이나 머리를 주먹이나 손바닥으로 소리 나게 접촉시키는 것'으로, '머리 박기'를 '고정된 물체(예: 책상, 바닥, 벽)에 머리의 어느 부위를 소리 나게 접촉시키는 것'으로 정의했다고 하자. 그런데 만약 유아가 허벅지를 꼬집는 행동을 한다면 어느 항목에 표시해야 하는가? 이렇게 평소 자주 보이던 자해행동이 아닌 새로운 자해행동도 보일 수 있으므로 '기타' 항목이 필요한 것이다. 그런데 관찰을 하다 보니 허벅지를 꼬집는 행동이 자주 나타난다면 표적행동의 하위 행동 범주에 '허벅지 꼬집기'를 새로 포함시키고 또 '기타' 항목을 만들어야 한다.

2) 시간간격의 결정

시간 중심 관찰기록법으로 관찰할 경우에 관찰할 표적행동의 범위와 조작적 정의가 정해지면, 전체 관찰 시간을 얼마나 짧은 시간간격으로 나눌 것인지 결정해야 한다. 즉, 표적행동을 한 번에 어느 정도의 시간 동안 관찰하고 기록할 것인지를 결정하는 것이다. Cooper, Heron 및 Heward(2010)는 6~15초의 시간간격을 추천했고, Alberto와 Troutman(2006)은 30초 미만의 시간간격을 추천하였다. 그러나 표적행동에 따라 적절한 시간간격의 길이는 달라질 수 있다. 정해 놓은 시간간격 동안에 표적행동이 여러 번 일어나는 경우가 많다면 시간간격의 길이를 짧게 하는 것이 좋고, 표적행동이 하나의 시간간격 동안에 끝나지 않고 지속되는 경우가 많다면 시간간격의 길이를 길게 하는 것이 좋다. 즉, 표적행동이 비교적 자주 짧게 발생하는 경우는 시간간격 길이를 짧게 하고, 한 번의 행동이 지속되는 시간이 상대적으로 긴 경우는 시간간격 길이를 길게 한다는 뜻이다. 시간간격을 길게 잡으면 관찰자는 편할 수 있지만 빈도가 높은 행동의 자료를 놓쳐서 정확성이 떨어질 수 있고, 시간간격을 너무 짧게 하면 자료를 놓칠 염려는 없지만 관찰자가 힘들게 된다. 시간간격의 길이를 결정할 때는 행동의 평균적 지속 시간 같은 특성 외에도 관찰 대상의 수, 기록 양식의 복잡성, 관찰자의 피로도, 기록의 상세 요구 정도 등을 고려하여 결정해야 한다.

시간간격을 결정할 때 하나의 관찰 시간간격과 또 다른 관찰 시간간격 사이에 관찰 결과를 기록할 수 있는 기록 시간간격을 집어넣으면 관찰의 신뢰도를 높일 수 있다. 예를 들면, 50초 관찰하고 10초 기록하거나 15초 관찰하고 5초 기록하는 것으로 정할 수 있다. 양명희(1996)는 비디오테이프 자기관찰법을 적용하여 교실에서의 문제행동을 감소시키는 연구에서 아동의 수업시간 방해 행동을 10초의 시간간격 동안 관찰하고 5초 동안 결과를 기록하는 것을 반복했다.

3) 시간 중심 관찰기록법의 종류와 절차

시간 중심 관찰기록법은 정해진 시간간격 동안에 어느 시점에서 행동이 발생하고 있을 때를 행동 발생으로 간주할 것인지에 따라 다음 세 종류로 나눌 수 있다.

- 전체 간격 관찰기록법(whole interval recording): 하나의 시간간격 동안 계속해서 행동이 지속되고 있어야만 그 시간간격에 행동이 발생한 것으로 보는 것이다.
- 부분 간격 관찰기록법(partial interval recording): 하나의 시간간격 동안 어느 순간에라도 행동이 나타난다면 그 시간간격에 행동이 발생한 것으로 보는 것이다.
- 순간 관찰기록법(momentary time sampling): 하나의 시간간격이 끝나는 순간에 행동이 관찰되면 그 시간간격에 행동이 발생한 것으로 보는 것이다.

시간 중심 관찰기록법의 종류별 특성과 실행 절차를 살펴보자.

(1) 전체 간격 관찰기록법

전체 간격 관찰기록법은 관찰 시간을 짧은 시간간격으로 나누어 행동이 각각의 시간간격 동안 지속적으로 발생하고 있었는지를 관찰하여 기록하는 방법이다. 이 방법에서는 관찰한 하나의 시간간격 동안 내내 행동이 계속 지속된 경우에만 그 시간간격에 행동이 발생한 것으로 인정한다. 즉, 정해진 하나의 시간간격 전체에서 행동이 계속 관찰되어야 한다.

전체 간격 관찰기록법으로 30초라는 하나의 관찰 시간간격에서 행동이 발생한 것으로 인정할 수 있는 경우와 그렇지 않은 경우를 그림으로 설명하면 각각 [그림 4-1]과 [그림 4-2]와 같다. 그림에서 색 부분은 표적행동이 지속되고 있음을 의미한다.

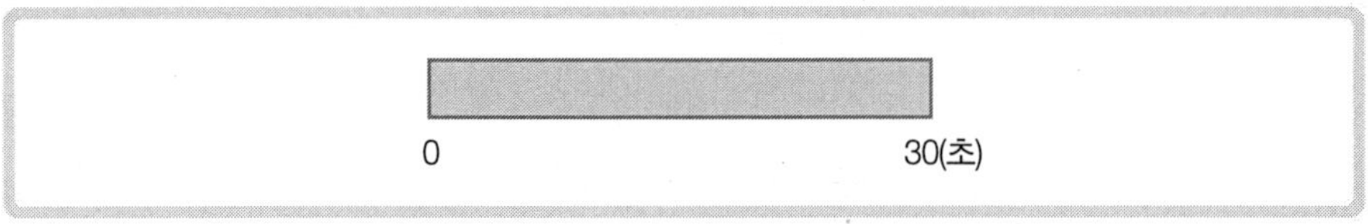

그림 4-1 전체 간격 관찰기록법에서 행동 발생으로 인정하는 경우

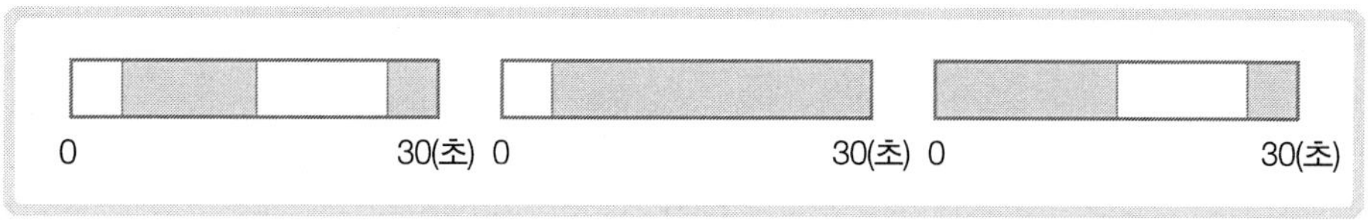

그림 4-2 전체 간격 관찰기록법에서 행동 발생으로 인정하지 않는 경우

[그림 4-1]에서 보는 것처럼, 하나의 관찰 시간간격 동안 모든 시간에 표적행동이 지속되고 있어야만 행동이 발생한 시간간격으로 인정한다. 하지만 [그림 4-2]처럼 하나의 관찰 시간간격 동안 어느 순간이라도 표적행동이 지속되지 않은 시간이 있다면 행동이 발생한 시간 간격으로 인정하지 않는다.

전체 간격 관찰기록법의 기본 절차는 다음과 같다.

① 시간간격의 크기를 결정한다.
② 하나의 시간간격 동안 유아의 행동을 관찰한다.
③ 그 시간간격 전체에 걸쳐 표적행동이 지속되었으면 '+'를 기록하고, 표적행동이 발생하지 않았거나 그 시간간격 전체 동안 표적행동이 지속된 것이 아니라면 '–'를 기록한다.
④ 다음 시간간격 동안 표적행동을 관찰하고 ③을 반복한다.
⑤ 시간간격 전체에 걸쳐 표적행동이 발생한 시간간격의 수를 관찰한 전체 시간간격의 수로 나누어 100을 곱하여, 표적행동이 관찰된 시간간격의 퍼센트를 기록한다.

(2) 부분 간격 관찰기록법

부분 간격 관찰기록법은 관찰 시간을 짧은 시간간격으로 나누어 각각의 시간간격 동안 행동이 발생했는지를 관찰하여, 관찰한 시간간격 동안 행동이 최소한 1회 이상 발생하면 그 시간간격에 행동이 발생한 것으로 기록하는 방법이다. 즉, 정해진 하나의 시간간격의 어느 부분에서라도 행동이 관찰되면 행동 발생으로 인정하는 것이다.

부분 간격 관찰기록법으로 30초라는 하나의 관찰 시간간격에서 행동이 발생한 것으로 인정할 수 있는 경우와 그렇지 않은 경우를 그림으로 설명하면 [그림 4-3]과 [그림 4-4]와 같다. 그림에서 색 부분은 표적행동이 지속되는 시간을 의미한다.

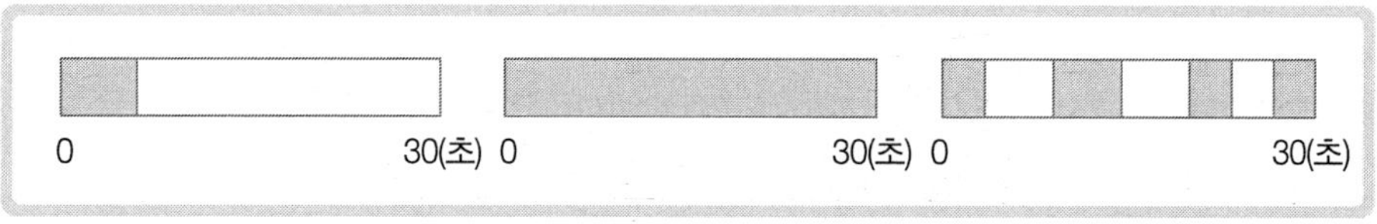

그림 4-3 부분 간격 관찰기록법에서 행동 발생으로 인정하는 경우

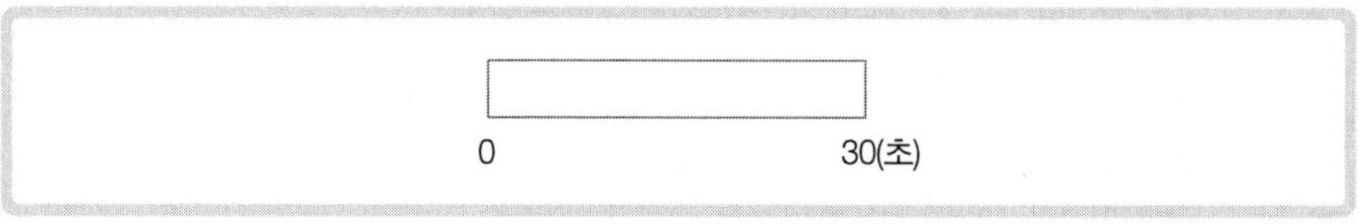

그림 4-4 부분 간격 관찰기록법에서 행동 발생으로 인정하지 않는 경우

[그림 4-3]에서 보는 것처럼, 하나의 관찰 시간간격 동안 표적행동이 어느 순간에라도 발생했다면 그 시간간격에는 표적행동이 발생한 것으로 인정한다. 그리고 [그림 4-4]처럼 하나의 관찰 시간간격 동안 표적행동이 전혀 나타나지 않았을 때만 행동이 발생하지 않은 시간간격으로 인정한다.

부분 간격 관찰기록법의 기본 절차는 다음과 같다.

① 시간간격 크기를 결정한다.
② 표적행동이 발생했다고 인정할 만한 행동 양의 기준치를 정의한다. 이는 표적행동의 조작적 정의에 해당한다.
③ 하나의 시간간격 동안 행동을 관찰한다.
④ 그 시간간격 동안 기준치만큼의 표적행동이 발생했으면 '+'를 기록하고, 표적행동이 기준치 이하로 발생했으면 '−'를 기록한다.
⑤ 다음 시간간격 동안 행동을 관찰하고 ④를 반복한다.
⑥ 표적행동이 기준치만큼 발생한 것으로 기록된 시간간격의 수를, 관찰한 전체 시간간격의 수로 나누어 100을 곱하여, 표적행동이 관찰된 시간간격의 퍼센트

를 기록한다.

(3) 순간 관찰기록법

순간 관찰기록법은 관찰 시간을 짧은 시간간격으로 나누고, 각각의 시간간격이 끝나는 순간에 유아를 관찰하여 표적행동의 발생 여부를 기록하는 방법이다. 즉, 시간간격이 끝나는 때 행동이 발생하고 있다면 그 시간간격 동안에 행동이 발생한 것으로 계산한다. 다시 말하면, 정해진 하나의 시간간격의 끝에서 행동이 관찰되면 된다. 이 방법이 전체 간격 관찰기록법이나 부분 간격 관찰기록법과 다른 점은 시간간격 끝에 한 번만 관찰하면 다음 시간간격이 끝날 때까지는 관찰하지 않아도 된다는 점이다.

순간 관찰기록법은 수업이나 활동을 방해하지 않고 사용할 수 있으며 관찰 시간을 절약해 준다는 장점 때문에 많은 교사에게 환영받고 있다. 시간간격이 끝나는 순간의 행동만 관찰한다는 특성 때문에 '순간 표집법'이라고도 한다. 시간간격이 시작하는 순간에 관찰하는 것도 동일한 관찰기록법이 될 수 있으나, 대부분 시간간격의 끝부분을 관찰하는 것을 선호한다. 동일한 시간간격의 시작이나 끝부분에 신호음이 나도록 하기 위해서는 녹음기를 사용할 수 있다. 또한 동일한 시간간격으로 벨이 울리도록 프로그램화한 핸드폰의 스톱워치를 사용할 수도 있다.

순간 관찰기록법으로 30초라는 하나의 관찰 시간간격에서 행동이 발생한 것으로 인정할 수 있는 경우와 그렇지 않은 경우를 그림으로 설명하면 [그림 4-5]와 [그림 4-6]과 같다. 그림에서 색 부분은 표적행동이 지속되는 시간을 의미한다.

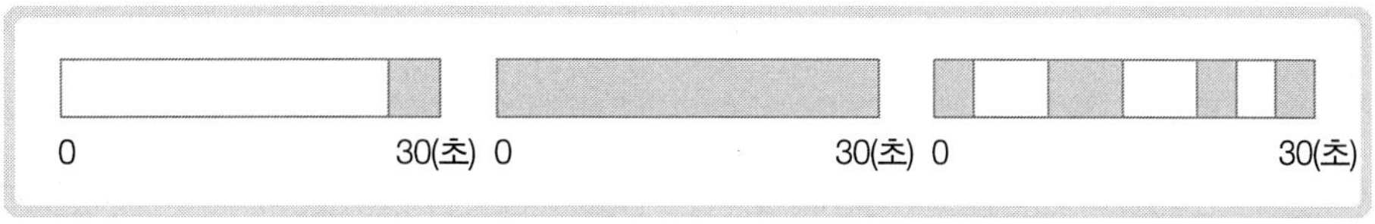

그림 4-5 순간 관찰기록법에서 행동 발생으로 인정하는 경우

그림 4-6 순간 관찰기록법에서 행동 발생으로 인정하지 않는 경우

[그림 4-5]에서 보는 것처럼, 하나의 관찰 시간간격 동안 관찰 시간간격이 끝나는 순간에 표적행동이 발생하고 있다면 그 시간간격에는 표적행동이 발생한 것으로 인정한다. 하지만 [그림 4-6]처럼 하나의 관찰 시간간격 동안 표적행동이 얼마나 많이 발생했는지는 상관없이 시간간격이 끝나는 순간에 행동이 발생하지 않고 있으면 그 시간간격은 표적행동 발생으로 인정하지 않는다.

순간 관찰기록법의 기본 절차는 다음과 같다.

① 시간간격의 크기를 정의한다.
② 하나의 시간간격 동안 행동을 관찰한다.
③ 그 시간간격 끝에 표적행동이 발생했으면 '+'를 기록하고, 발생하지 않았으면 '-'를 기록한다.
④ 다음 시간간격의 끝에 행동을 관찰하고 ③을 반복한다.
⑤ 시간간격 끝에 표적행동이 발생한 시간간격의 수를 관찰한 전체 시간간격의 수로 나누어 100을 곱하여, 표적행동이 관찰된 시간간격의 퍼센트를 기록한다.

4) 시간 중심 관찰기록법의 주의사항

앞서 살펴본 세 종류의 시간 중심 관찰기록법 중의 하나를 선택할 때는 제일 먼저 관찰자가 관찰에 어느 정도의 시간과 노력을 들일 수 있는지를 고려해야 한다. 전체 간격 관찰기록법을 사용하기 위해서는 관찰하는 시간간격 동안 행동이 지속되는지를 보아야 하기 때문에 관찰 대상 유아에게서 눈을 뗄 수 없다. 즉, 전체 간격 관찰기록법은 관찰자의 지속적 관찰이 가능할 때 사용할 수 있다. 부분 간격 관찰기록법을 사용할 때는 하나의 시간간격 동안 유아를 관찰하다가 표적행동이 나타나면 즉시 기록하고 다음 관찰 시간간격이 시작될 때까지는 유아를 눈여겨볼 필요가 없다. 부분 간격 관찰기록법은 전체 간격 관찰기록법보다는 상대적으로 사용하기 편하다. 순간 관찰기록법을 사용할 때는 시간간격의 끝을 알리는 신호음이 들리는 순간에만 유아를 관찰하고 기록하면 되기 때문에 관찰자가 유아를 교수하거나 활동에 함께 참여하면서도 관찰하는 것이 가능하다.

시간간격의 길이를 결정할 때나 시간 중심 관찰기록법 중 하나를 선택할 때 역시 관찰할 행동의 특성을 고려해야 한다. 표적행동이 비교적 오래 계속되는 행동이면 전체 간격 관찰기록법을 선택하는 것이 좋고, 표적행동이 비교적 짧게 나타나는 행동이라면 부분 간격 관찰기록법을 선택하는 것이 바람직하다. 순간 관찰기록법은 이러한 행동 특성과 관계없이 사용할 수 있다. 하나의 관찰 시간간격의 길이가 지나치게 긴 경우에 전체 간격 관찰기록법을 사용하면 표적행동이 발생했음에도 불구하고 기록상으로는 발생되지 않는 것으로 기록될 수 있다. 부분 간격 관찰기록법을 사용하면 표적행동이 여러 번 발생했어도 한 번의 시간간격에서 발생한 것으로 기록될 수 있다. 즉, 관찰 시간간격의 길이가 길면 관찰 자료가 실제보다 과소평가될 수 있다는 것이다. 이와 같이 시간간격의 길이와 시간 중심 관찰기록법의 종류에 따라 수집된 자료가 표적행동의 양을 얼마나 잘 대표해 주는지 결정되므로 주의해야 한다.

다음 [그림 4-7]을 통해 동일한 행동에 대해서 시간 중심 관찰기록법의 종류에 따라 관찰 결과의 자료가 어떻게 달라지는지 살펴보자. 1분의 관찰 시간을 4개의 15초 시간간격으로 나누어 행동을 관찰할 때, 표적행동이 5초에 발생하여 37초까지 지속되었다고 해 보자. 이것을 시각적으로 표현하면 [그림 4-7]의 맨 위의 그림처럼 어두운 색으로 표현할 수 있다. 이제 그 행동을 각각 다른 세 종류의 시간 중심 관찰기록 방법을 사용하여 행동이 발생한 것으로 간주되는 시간간격에는 '+'를 표시하고 발생하지 않은 것으로 간주되는 시간간격에는 '–'를 표시하면 [그림 4-7]과 같이 표현할 수 있다.

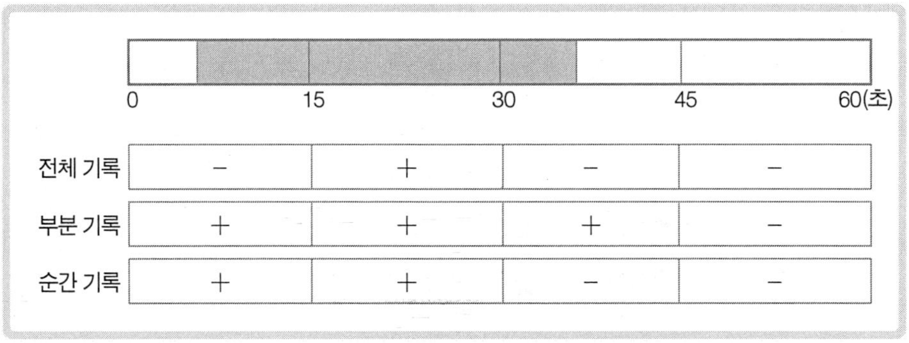

그림 4-7 행동 발생의 시각적 표현

먼저 전체 간격 관찰기록법을 사용한 경우를 살펴보면, 15초라는 하나의 시간간격 동안 행동이 지속적으로 발생한 것으로 표시된 시간간격은 관찰한 전체 시간간격 4개 중에서 두 번째 시간간격 하나뿐이므로 전체 시간간격 수의 25%에서 표적행동이 발생한 것으로 계산된다. 부분 간격 관찰기록법을 사용한 경우를 살펴보면, 나누어진 4개의 시간간격 동안에 표적행동이 발생한 것으로 표시된 것은 첫 번째부터 세 번째까지의 시간간격이므로 전체 시간간격 수의 75%에서 표적행동이 발생한 것으로 계산된다. 순간 관찰기록법을 사용한 경우를 보면, 4개의 시간간격 중에서 시간간격이 끝나는 부분에 표적행동이 발생한 것은 첫 번째와 두 번째 시간간격이므로 전체 관찰 시간간격의 50%에서 표적행동이 발생한 것이 된다. 이렇게 동일한 행동에 대해서도 관찰기록법의 종류에 따라 추정되는 행동 발생의 양이 달라질 수 있음에 주의해야 한다. 이와 같이 시간 중심 관찰기록법 중에서 한 가지를 선택할 때는 관찰자의 능력과 관찰할 표적행동의 특성을 고려하여야 한다.

시간 중심 관찰기록법을 사용할 때 또 하나 고려해야 할 것은 시간 중심 관찰기록법은 행동의 직접적 특성에 초점을 맞추는 것이 아니라 시간간격 동안 행동이 발생하느냐에 초점을 맞추기 때문에 행동의 직접적 양이 아닌 행동 발생률의 대략치를 측정한다는 것이다. 즉, 시간 중심 관찰기록법은 행동의 정확한 빈도나 지속 시간으로 요약하거나, 관찰 시간에 대해 표적행동 발생이 차지하는 백분율로 보고하면 안 된다. 반드시 관찰된 전체 시간간격 수에서 표적행동이 발생한 시간간격 수가 차지하는 백분율로 보고해야 한다. 예를 들면, 어떤 유아의 공격적 행동을 10분간 1분씩의 시간간격으로 나누어 관찰했는데 6개의 시간간격에서 공격적 행동이 발생했다고 하자. 이때 공격적 행동이 전체 관찰 시간의 60%만큼 발생했다고 하면 표적행동을 하고 있었던 시간이 총 6분이라는 뜻이 된다. 그러나 전체 간격 관찰기록법으로 관찰했다면 공격적 행동은 실제로는 6분보다 길었을 수도 있다. 그리고 부분 간격 관찰기록법이나 순간 관찰기록법으로 관찰했다면 공격적 행동을 하고 있었던 시간은 실제로는 6분보다 짧았을 수 있다. 그러므로 사용한 시간 중심 관찰기록법의 종류를 밝히고, 전체 관찰한 시간간격 수의 60%에 해당하는 시간간격에서 공격적 행동이 발생했다고 요약하는 것이 정확하다.

3. 시간 중심 관찰기록법의 사용 예

앞서 살펴보았듯이 시간 중심 관찰기록법에는 세 가지의 종류가 있지만, 이는 관찰 방법에서의 차이일 뿐 관찰기록지는 종류별로 구분하여 개발할 필요는 없다. 관찰 양식은 관찰자의 필요에 따라 다양한 형태를 따를 수 있다. 그런데 시간 중심 관찰기록법은 여러 명을 동시에 관찰하거나 한 유아의 여러 행동 범주를 동시에 관찰할 수 있기 때문에 관찰 기록을 실시하기 전에 미리 표적행동에 대한 정의와 하위 행동 범주에 대한 기호 체계를 갖춘 관찰기록지를 개발해야 한다.

이때 기호 체계는 논리적 · 규칙적이어서 관찰자가 쉽게 사용할 수 있어야 한다. 기호로는 행동 범주를 뜻하는 한글 단어의 첫 글자를 사용하거나(예: 〈표 4-6〉) 영어 단어의 첫 철자를 사용하는 경우(예: 〈표 4-2〉, 〈표 4-3〉)가 많다. 행동 범주에 대한 기호를 기록할 때는 직접 기호를 기록지에 기록하거나(예: 〈표 4-4〉), 이미 기록되어 있는 기호 위에 표시하거나(예: 〈표 4-2〉, 〈표 4-3〉, 〈표 4-6〉), 표적행동의 출현 유무만 '✓' 표시하는 방법(예: 〈표 4-1〉, 〈표 4-5〉) 등이 있다.

〈표 4-1〉은 전체 간격 관찰기록법을 적용하여 유아 한 명의 수업 참여 행동을 관찰하는 관찰기록지의 예를 보여 준다.

표 4-1 전체 간격 관찰기록지의 사용 예: 수업 참여 행동

관찰 시간: 대집단 활동 시간 (10:20 – 10:40 am)
관찰 유아: 해인 (여, 5세)

수업 참여 행동의 정의
- 교사가 말을 할 때는 조용히 교사를 바라본다.
- 교사가 가리킨 교구나 칠판, 화면을 바라보거나 지시한 활동을 한다.
- 교사의 허락을 받고 말을 한다.

1. 2분의 시간간격 동안 대상 유아의 수업 참여 행동을 관찰하세요.
2. 시간간격 동안 내내 수업 참여 행동을 지속했다면 해당 칸에 ✓표시를 하세요.
3. 관찰 후 수업 참여 행동이 발생한 시간간격 수를 합계에 기록하세요.
4. 표적행동 발생 시간간격 수를 총 관찰 시간간격 수로 나누고 100을 곱하여 백분율을 계산하여 기록하세요.

시간간격 / 날짜	1	2	3	4	5	6	7	8	9	10	합계	백분율
4월 12일		✓		✓						✓	3	3/10(30)%
4월 13일	✓	✓		✓		✓	✓	✓		✓	7	7/10 (70)%
4월 14일			✓	✓			✓		✓		4	4/10 (40)%

출처: 양명희(2012).

〈표 4-1〉에서 해인이는 4월 12일에 20분 동안의 대집단 활동 시간에 전체 시간간격 10개 중에서 3개의 시간간격 동안 수업 참여 행동을 보인 것으로 관찰되었다. 전체 관찰한 시간간격 수의 30%의 시간간격에서 수업 참여 행동이 발생한 것이다.

〈표 4-2〉는 부분 간격 관찰기록법을 적용하여 수업 방해 행동을 관찰한 관찰기록지를 보여 준다(Kim, 1994).

표 4-2 부분 간격 관찰기록지 사용의 예 1: 수업 방해 행동

날짜	6월 23일	시간	오전 10:10 – 11:00
유아	혜민, 동희, 신성, 현규		

T(Talking-Out): 허락 없이 말하기
S(Out-Of-Seat): 자리이탈
N(Making Noise): 소음 만들기
L(Looking Around): 다른 곳 쳐다보기
O(Touching Other Things or Children): 다른 유아 건드리기

1. 괄호 안에 관찰할 유아의 이름을 기록하세요.
2. 해당하는 시간간격 동안에 문제행동이 발생하면 알맞은 철자 위에 '/' 표시를 하세요.
3. 관찰 후 유아마다 각 문제행동 발생 시간간격 수를 기록하세요.
4. 유아마다 총 관찰 시간간격 수와 문제행동 발생 시간간격의 합을 기록하고, 행동 발생 백분율을 계산하여 기록하세요.

	(혜민)	(동희)	(신성)	(현규)	( )
1	~~T~~SNLO	TSNLO	T~~S~~NL~~O~~	~~T~~SNLO	TSNLO
2	TSNLO	TSNL~~O~~	T~~S~~NLO	TSNLO	TSNLO
3	~~T~~S~~N~~LO	TSNLO	T~~S~~NL~~O~~	TSNLO	TSNLO
4	~~T~~SNLO	TSNLO	TSNLO	~~T~~SN~~L~~O	TSNLO
5	TS~~N~~LO	TSNLO	TSNLO	TSNLO	TSNLO
6	TSNLO	TSNLO	T~~S~~NLO	TSNLO	TSNLO
7	~~T~~SNLO	TSNL~~O~~	T~~S~~NL~~O~~	~~T~~S~~N~~LO	TSNLO
8	TSNLO	TSNL~~O~~	TSNLO	TSNLO	TSNLO
9	~~T~~SNLO	TSNLO	TSNLO	~~TS~~NLO	TSNLO
10	TSNLO	TSNLO	T~~S~~NLO	TSNLO	TSNLO
합	T: 5 S: N: 2 L: O:	T: S: N: L: O: 3	T: S: 6 N: L: O: 3	T: 4 S: 1 N: 1 L: 1 O:	T: S: N: L: O:
%	6/10 (60)%	3/10 (30)%	6/10 (60)%	4/10 (40)%	__/__ ( )%

출처: Kim (1994).

〈표 4-2〉의 부분 간격 관찰기록지를 보면 유아의 수업 방해 행동을 다섯 가지로 구분하여 관찰했음을 알 수 있다. 혜민이의 경우를 보면, 총 10번의 시간간격 동안에 허락 없이 말하기가 관찰된 시간간격이 5개였고 소음을 만들어 낸 행동이 관찰된 시간간격은 2개였으므로, 이는 각각 관찰된 총 시간간격 수의 50%와 20%임을 알 수 있다. 그러나 3회기에서 두 가지 문제행동이 함께 발생했으므로, 전체적인 문제행동 발생 백분율은 관찰된 총 시간간격의 60%이다. 〈표 4-2〉의 관찰기록지는 각 유아의 구체적인 수업 방해 행동의 종류와 양을 알 수 있도록 제작되어 있다.

〈표 4-3〉은 부분 간격 관찰기록법을 사용하여 유아들의 사회적 상호작용 행동을 관찰한 관찰기록지의 사용 예를 보여 준다. 〈표 4-3〉을 보면 Kim(1995)은 유아의 사회적 상호작용 행동을 여섯 가지로 분류하여 정의했는데, 그 정의가 길어서 관찰기록지에 기록하지 않고 별도로 작성하여 사용하였다. 여섯 가지 사회적 상호작용 행동에 대한 각각의 조작적 정의는 이 책의 제1장 〈표 1-1〉에 제시하였다.

〈표 4-3〉의 관찰기록지를 사용할 때는 먼저 관찰할 유아의 이름을 C1, C2, C3 난에 각각 기록한다(C는 Child의 약자를 뜻한다). 이 관찰기록지에서는 유아의 행동을 또래와의 긍정적 상호작용 행동(+C), 또래와의 부정적 상호작용 행동(C-), 긍정적 고립행동(+A), 부정적 고립행동(A-), 성인과의 긍정적 상호작용 행동(+T), 성인과의 부정적 상호작용 행동(T-), 적용 불능(N)으로 구별하였다. 하나의 시간간격 동안에 발생한 행동에 대해서 해당하는 약자(C, A, T) 양 옆에 있는 기호(+ 또는 -) 위에 '/' 표시를 한다. 어느 경우에 해당하는지 확신이 서지 않거나 그 시간간격에 유아의 행동을 관찰하지 못한 경우는 적용 불능에 해당하는 N 위에 '/' 표시를 하면 된다. 예를 들면, 친구에게 욕을 하는 것과 같은 또래와의 부정적 상호작용 행동이 발생했다면 C의 오른쪽에 있는 - 위에 '/' 표시를 한다. 교사에게 인사하는 것과 같은 긍정적 상호작용 행동을 했다면 T의 왼쪽에 있는 + 위에 '/' 표시를 하면 된다. 관찰이 끝나면 각 유아의 여러 사회적 상호작용 행동의 발생 빈도를 아래 난에 있는 약자(C, A, T)의 양 옆에 있는 빈칸 '__'에 기록한다. 마지막으로, 맨 아래의 요약 부분에는 관찰한 전체 시간간격 수에 대한 각 행동이 관찰된 시간간격 수의 백분율을 기록하면 된다. 〈표 4-3〉의 부분 간격 관찰기록지는 다소 복잡해 보이지만 유아의 사회적 상호작용 행동 유형을 구체적으로 알고자 할 때는 매우 유용한 관찰기록지 양식이다.

표 4-3 부분 간격 관찰기록지의 사용 예 2: 사회적 상호 작용 행동

날짜	2011. 5. 9.	시간	12:30–13:10	관찰자	김수미
상황	점심식사 후 아이들이 운동장에서 놀고 있다.				

C1 주원	C2 동훈	C3 영아
+C−̸ +A− +T− N	+C− +̸A− +T− N	+C− +A− +T−̸ N
+C− +A−̸ +T− N	+C− +̸A− +T− N	+C− +A− +T−̸ N
+C− +A−̸ +T− N	+C− +̸A− +T− N	+C− +A− +T−̸ N
+C− +A−̸ +T− N	+C− +̸A− +T− N	+C− +A−̸ +T− N
+C−̸ +A− +T− N	+C− +̸A− +T− N	+C− +A−̸ +T− N
+C−̸ +A− +T− N	+C− +̸A− +T− N	+C− +A−̸ +T− N
+C−̸ +A− +T− N	+C− +̸A− +T− N	+̸C− +A− +T− N
+C− +A− +T−̸ N	+C− +̸A− +T− N	+C− +A−̸ +T− N
+C− +A−̸ +T− N	+C− +̸A− +T− N	+C− +A−̸ +T− N
+C− +A−̸ +T− N	+C− +̸A− +T− N	+C− +̸A− +T− N
+C−̸ +A− +T− N	+C− +̸A− +T− N	+C− +A−̸ +T− N
+C−̸ +A− +T− N	+C− +̸A− +T− N	+C− +A−̸ +T− N
+C− +A−̸ +T− N	+C− +̸A− +T− N	+C− +A−̸ +T− N
+C−̸ +A− +T− N	+C− +̸A− +T− N	+C−̸ +A− +T− N
+C−̸ +A− +T− N	+C− +̸A− +T− N	+C− +A−̸ +T− N
+C−̸ +A− +T− N	+C− +̸A− +T− N	+C− +A−̸ +T− N
+C− +A− +T−̸ N	+C− +A− +̸T− N	+C−̸ +A− +T− N
+C−̸ +A− +T− N	+C− +̸A− +T− N	+C− +̸A− +T− N
+C−̸ +A− +T− N	+C− +̸A− +T− N	+C−̸ +A− +T− N
+C−̸ +A− +T− N	+C− +̸A− +T− N	+C−̸ +A− +T− N
C 12 A6 T2 ___	C ___ 19A 1T ___	1C4 2A10 T3 ___

%C+	%C− 60	%C+	%C−	%C+ 5	%C− 20
%A+	%A− 30	%A+ 95	%A−	%A+ 10	%A− 50
%T+	%T− 10	%T+ 5	%T−	%T+	%T− 15

출처: Kim (1995).

〈표 4-3〉을 보면 점심식사가 끝나고 놀이터에서 놀고 있는 주원, 동훈, 영아를 각각 20개의 시간간격 동안 부분 간격 관찰기록법을 사용하여 관찰한 것을 알 수 있다. 세 유아에게서 가장 많이 관찰된 주된 행동을 중심으로 관찰 결과를 설명하면,

주원의 또래와의 부정적 상호작용 행동(C-)이 12개의 시간간격에서 관찰되었으므로 관찰한 전체 시간간격 수의 60% 만큼 또래와 부정적 상호작용 행동을 했음을 알 수 있다. 동훈의 긍정적 고립행동(+A)이 19개의 시간간격에서 관찰되었으므로 관찰한 전체 시간간격 수의 95%만큼 긍정적 고립행동을 보인 것이다. 영아의 경우, 부정적 고립행동(A-)이 10개의 시간간격 동안 관찰되었으므로 관찰한 전체 시간간격 수의 50%만큼 부정적 고립행동이 관찰된 것이다. Kim(1995)은 〈표 4-3〉의 부분간격 관찰기록지로 아동의 사회적 행동을 관찰하였지만, 동일한 관찰기록지로 전체간격 관찰기록법이나 순간 관찰기록법을 적용할 수도 있다.

시간 중심 관찰기록법의 관찰기록지는 준비형과 부호형이 있다. 앞서 제시한 〈표 4-2〉나 〈표 4-3〉에서 보는 것처럼, 관찰할 여러 행동에 대해 T, S, N, L, O나 +C-, +A-, +T-, N과 같은 문자 부호를 관찰기록지에 미리 써 놓는 것을 '준비형'이라고 한다. 그리고 〈표 4-4〉에 제시한 것처럼, 관찰할 행동에 해당하는 부호를 관찰한 시간간격의 빈칸에 직접 기록하도록 하는 것을 '부호형'이라고 한다(Alberto & Troutman, 2006). 어떤 형태이든지 사용자의 편리에 따라 만들면 된다.

〈표 4-4〉의 관찰기록지를 사용할 때는 유아를 15초 동안 관찰하면서 유아가 떠들기(N), 한눈팔기(O), 신체 접촉(P) 중 하나의 행동에 해당하는 행동을 하는 순간, 해당 부호를 관찰한 시간간격에 기록한다(관찰기록지의 세로겹줄(‖)은 1분이 지났음을 의미한다). 만약에 관찰한 15초 동안 세 가지의 모든 행동을 했다면 NOP라고 기록하면 된다. 그리고 세 가지 행동 중 어느 행동도 발생하지 않은 경우는 빈칸으로 두며, 이는 수업에 참여한 것으로 간주한다. 이렇게 기록하면 유아가 어떤 종류의 수업 비참여 행동을 가장 많이 하는지, 수업에 참여하지 않는 시간간격은 전체 시간간격에 비해 어느 정도인지 알 수 있을 것이다. 〈표 4-4〉를 보면, 은교는 대집단 활동 시간에 수업 비참여 행동 중에서 교사를 바라보지 않고 다른 곳을 보는 행동을 가장 많이 하고 있음을 알 수 있다.

표 4-4 부분 간격 관찰기록지의 사용 예 3: 수업 비참여 행동

유아: 이은교 (6세, 남)　　　　날짜: 5월 15일

관찰자: 오나완

관찰 장소: 강물 유치원 기린반 교실, 대집단 활동 시간 35분

표적행동: 수업 비참여 행동(떠들기, 한눈팔기, 신체 접촉)

표적행동의 조작적 정의:
떠들기(N): 유아가 낸 음성 또는 비음성(연필 두드리기 등)
한눈팔기(O): 교사를 바라보지 않고 다른 곳을 응시하는 행동
신체 접촉(P): 유아의 신체 일부로 다른 유아의 신체에 접촉하는 행동(예: 쓰다듬기, 때리기)

관찰 방법: 15초 동안 유아의 행동을 관찰하고 해당하는 행동이 발생한 경우 관찰한 시간간격에 해당 부호(N, O, P)를 적는다.

			1				2				3				4				5
	O	O	O				O	N	N	O	O	O	O	P	P	O	O		
			6				7				8				9				10
O	P	O			O	O	O	O			O	N	O	O		O	O	O	O
			11				12				13				14				15
O	O	O	P	O		O	O		O	O	O	O	N	N	O		O	O	O
			16				17				18				19				20

출처: 양명희(2012).

〈표 4-5〉는 순간 관찰기록법을 적용하여 자유선택활동 시간에 세 명의 유아의 반사회적 행동을 관찰한 순간 관찰기록지다.

표 4-5 순간 관찰기록지의 사용 예 1: 반사회적 행동

날짜: 4월 30일 관찰자: 정지수

반사회적 행동: 혼자 놀기, 물건 던지기, 물건 빼앗기, 나쁜 말 하기, 방해하기, 지시 따르지 않기

각 표적행동의 조작적 정의:
① 혼자 놀기: 다른 친구들과 상호작용하지 않고 곁에서 혼자 비슷한 놀이를 하거나 혼자 돌아다닌다.
② 물건 던지기: 친구나 교사에게 교구나 장난감을 던진다.
③ 물건 빼앗기: 다른 친구가 가지고 노는 장난감을 빼앗는다.
④ 나쁜 말 하기: 교사에게 대들거나 친구에게 욕과 같은 부정적인 언어를 사용한다.
⑤ 방해하기: 친구가 하는 활동을 제지하거나 작품을 건드리거나 망친다.
⑥ 지시 따르지 않기: 교사의 지시나 요구에 응하지 않는다.

* 시간간격을 알리는 벨 소리가 들리면 3명의 유아를 관찰하고 위에 기록된 표적행동 중에 한 가지 이상의 행동을 하는 경우, 해당 시간간격에 ✓표시를 하세요. 관찰 후 유아마다 ✓가 표시된 시간간격의 총수를 기록하고 관찰된 시간간격 수에 대한 백분율을 기록하세요.

유아 \ 시간간격	1	2	3	4	5	6	7	8	9	10	합계	백분율
수미(여, 6세)		✓		✓						✓	3	3/10(30)%
진섭(남, 6세)	✓	✓		✓		✓	✓	✓		✓	7	7/10 (70)%
상헌(여, 6세)			✓	✓			✓		✓		4	4/10 (40)%

〈표 4-5〉는 유아 3명의 반사회적 행동을 순간 관찰기록법으로 관찰한 내용이다. 시간간격의 끝을 알리는 소리가 들릴 때 동시에 3명의 유아를 관찰하고, 반사회적 행동을 하고 있다면 해당 란에 '✓' 표시를 한다. 시간간격의 길이는 필요에 따라 정할 수 있다. 이 경우에는 각 유아가 어떤 반사회적 행동을 했는지는 확인할 수 없다.

〈표 4-6〉은 순간 관찰기록법을 적용하여 자유선택활동 시간에 세 명의 유아의 놀이 행동을 관찰한 순간 관찰기록지다. 이 관찰기록지는 표시할 문자 부호가 기록지에 미리 쓰여 있는 준비형이다.

표 4-6 순간 관찰기록지 사용의 예 2: 놀이 행동

날짜: 6월 1일 관찰자: 정태우

놀이 행동: 비참여 행동, 방관자적 행동, 단독놀이, 병행 놀이, 연합 놀이, 협동 놀이

각 표적행동의 조작적 정의:

- 비참여 행동(비): 어떤 놀이에도 참여하지 않는다.
- 방관자적 행동(방): 다른 친구들의 놀이를 바라보기만 한다.
- 단독놀이(단): 친구와 상관없이 혼자서만 논다.
- 병행놀이(병): 다른 친구들과 비슷한 놀이를 하지만 서로 접촉이나 간섭이 없다.
- 연합놀이(연): 친구들과 함께 놀기는 하지만 놀이 내용이 조직적이지 않다.
- 협동놀이(협): 지휘권이 있는 아이가 있고 역할을 분담하여 공동 목표를 가지고 노는 조직적 놀이 형태다.

* 시간간격을 알리는 벨 소리가 들리면 세 명의 유아를 관찰하고 위에 기록된 놀이 행동 중에 한 가지 이상의 행동을 하는 경우, 해당 시간간격의 표적행동 첫 글자에 ○표 하세요. 관찰 후 유아마다 표시된 첫 글자의 수를 기록하고 전체 관찰한 시간간격의 수에 대한 첫 글자가 표시된 시간간격 수의 백분율을 기록하세요.

유아	시간간격					요약		
수진	1	2	3	4	5	비 3/10 (30)%	방 4/10 (40)%	단 3/10 (30)%
	비방단 병연협	**비**방단 병연협	비**방**단 병연협	**비**방단 병연협	비방**단** 병연협			
	6	7	8	9	10	병 0/10 (0)%	연 0/10 (0)%	협 0/10 (0)%
	비**방**단 병연협	비**방**단 병연협	비**방**단 병연협	비방**단** 병연협	비방**단** 병연협			
진영	1	2	3	4	5	비 1/10 (10)%	방 3/10 (30)%	단 4/10 (40)%
	비방**단** 병연협	비방**단** 병연협	비방**단** 병연협	**비**방단 병연협	비**방**단 병연협			
	6	7	8	9	10	병 2/10 (20)%	연 0/10 (0)%	협 0/10 (0)%
	비**방**단 병연협	비**방**단 병연협	비방단 **병**연협	비방단 **병**연협	비방**단** 병연협			
영범	1	2	3	4	5	비 2/10 (20)%	방 2/10 (20)%	단 3/10 (30)%
	비방**단** 병연협	**비**방단 병연협	**비**방단 병연협	비방**단** 병연협	비방**단** 병연협			
	6	7	8	9	10	병 3/10 (30)%	연 0/10 (0)%	협 0/10 (0)%
	비**방**단 병연협	비**방**단 병연협	비방단 **병**연협	비방단 **병**연협	비방단 **병**연협			

〈표 4-6〉에서 수진이의 경우 전체 관찰된 시간간격의 수에 대해서 놀이에 비참여 행동이 표시된 시간간격의 수는 30%이고, 방관자적 행동은 40%이고, 단독 놀이는 30%인 것을 알 수 있다. 수진이는 아직 낮은 수준의 사회적 놀이를 하고 있음이 관찰되었다. 이러한 관찰기록을 통해 각 유아의 사회적 놀이 수준을 알 수 있고, 연령별로 평균적인 놀이 수준이 무엇인지도 알 수 있을 것이다.

4. 시간 중심 관찰기록법의 신뢰도

시간 중심 관찰기록법을 사용한 두 명의 관찰자가 수집한 자료가 〈표 4-7〉과 같을 때, 관찰자 간 신뢰도는 다음 네 가지로 계산할 수 있다.

표 4-7 관찰자 간 행동 발생에 대한 일치도 결과

시간간격	1	2	3	4	5	6	7	8	9	10
관찰자 A	−	+	+	−	+	+	+	+	+	+
관찰자 B	+	+	+	−	+	+	+	+	−	+
일치 정도	불일치	발생 일치	발생 일치	비발생 일치	발생 일치	발생 일치	발생 일치	발생 일치	불일치	발생 일치

목적에 따라 아래의 네 가지 중의 한 가지 방법을 선택하여 사용할 수 있다.

1) 전체 일치도

전체 일치도(total agreement)는 두 관찰자 중에서 더 적은 수의 시간간격에서 행동이 발생한 것으로 보고한 시간간격의 수를 더 많은 시간간격에서 행동이 발생한 것으로 보고한 시간간격의 수로 나누어 100을 곱하여 백분율로 나타낸다. 〈표 4-7〉에서 관찰자 A와 B가 모두 행동이 8회 발생한 것으로 보고하였으므로, 전체 일치도는 8/8 × 100 = 100%가 된다. 그러나 전체 일치도를 보아서는 두 관찰자가 같은 행동에 대해 발생의 일치를 나타낸 것인지 알기가 어렵다. 〈표 4-7〉에서도 볼 수 있듯이 시간간격 1과 9에서 관찰자는 서로 행동 발생에 대한 의견이 일치하지 않았는데도 전체 일치도는 100%로 계산될 수 있다.

2) 시간간격 일치도

시간간격 일치도(interval agreement)는 두 관찰자가 행동의 발생 유무에 대해 서로 일치하는 시간간격의 수를 두 관찰자가 서로 일치한 시간간격의 수와 일치하지 않은 시간간격의 수를 합한 수로 나누어 100을 곱하여 계산한다. 〈표 4-7〉에서 두 관찰자는 시간간격 1과 9를 제외한 8개의 시간간격에서 행동 발생 유무에 대해 서로 일치한 의견을 나타냈으므로, 시간간격 일치도는 {8/(8+2)}×100 = 80%다. 일반적으로 이 계산방법이 관찰자 간 신뢰도로 가장 많이 사용되고 있다.

3) 발생 일치도

발생 일치도(occurrence agreement)는 두 관찰자가 행동의 발생에 대해 서로 일치하는 시간간격의 수를 행동 발생에 대해 일치하는 시간간격의 수와 일치하지 않는 시간간격의 수로 나누어 100을 곱하여 계산한다. 〈표 4-7〉에서 두 관찰자가 행동의 발생에 대해 일치한 시간간격은 2, 3, 5, 6, 7, 8, 10으로 7개의 시간간격이고 행동의 발생에 대해 불일치한 시간간격은 1과 9이므로, 발생 일치도는 {7/(7+2)}×100 = 78%다. 발생 일치도는 행동 발생에 대한 일치도를 보고자 하는 것이므로 행동의 발생 빈도가 낮은 행동에 사용할 수 있다.

4) 비발생 일치도

비발생 일치도(nonoccurrence agreement)는 두 관찰자가 행동의 비발생에 대해 일치한 시간간격의 수를 행동의 비발생에 대해 일치한 시간간격의 수와 일치하지 않는 시간간격의 수를 합한 수로 나누어 100을 곱하여 계산한다. 〈표 4-7〉에서 두 관찰자가 행동의 비발생에 대해 일치한 것은 네 번째 시간간격 하나이고 비발생에 대해 일치하지 않은 시간간격은 1과 9이므로, 비발생 일치도는 $\{1/(1+2)\}\times 100 = 33\%$다. 비발생 일치도는 행동의 비발생에 대한 일치도를 보고자 하는 것이므로 행동의 발생 빈도가 높은 행동인 경우에 사용할 수 있다. 앞에서 살펴본 방법들 외에 Cohen의 Kappa 공식으로 관찰자 간 신뢰도를 구하는 방법도 있다(Watkins & Pacheco, 2001). Watkins와 Pacheco(2001)는 Kappa는 일치에 대한 백분율을 구하는 것보다는 복잡하지만 Kappa를 사용하면 관찰자들의 우연의 일치값을 제외시킬 수 있다고 주장하였다. Kappa의 소개는 이 책의 범위를 벗어나므로 여기서는 다루지 않지만, 필요하다면 그들의 연구를 참고할 수 있다.

이 장에서는 한 명의 관찰자가 많은 유아를 관찰하거나, 한 유아의 여러 행동을 관찰하는 데 유용한 시간 중심 관찰기록법을 살펴보았다. 시간 중심 관찰기록법은 관찰하는 하나의 시간간격 동안에 행동이 어느 정도 지속되어야 행동 발생으로 인정할 것인지에 따라 전체 간격 관찰기록법, 부분 간격 관찰기록법, 순간 관찰기록법으로 분류한다. 그런데 시간 중심 관찰기록법을 사용할 때는 행동의 직접적 양을 측정하는 것이 아니기 때문에 전체 관찰 시간간격 수에 대한 표적행동 발생 시간간격 수의 백분율로 보고해야 함을 잊어서는 안 될 것이다.

토의 및 적용

- 행동 특성 관찰기록법과 시간 중심 관찰기록법의 차이를 설명하시오.
- 소집단별로 유아들의 놀이 상황을 촬영한 비디오테이프나 영상물을 구하여 관찰하고 시간 중심 관찰기록지를 개발해 보시오.
- 위의 활동에서 제작한 관찰기록지로 관찰한 결과에 대해 소집단 구성원끼리 두 명씩 짝을 지어 네 종류의 관찰자 간 신뢰도를 구해 보시오.

Chapter 5

행동 목록 관찰기록법

1. 행동 목록 관찰기록법의 정의
2. 행동 목록 관찰기록법의 장단점
3. 행동 목록 관찰기록법의 절차 및 유의사항
4. 행동 목록 관찰기록법의 활용 목적과 방법
5. 행동 목록 관찰기록법의 사용 예

제5장 행동 목록 관찰기록법

학습목표

- 행동 목록 관찰기록법의 정의와 특성을 설명할 수 있다.
- 행동 목록 관찰기록법의 활용 목적을 설명할 수 있다.
- 행동 목록 관찰기록지를 개발할 수 있다.

핵심용어의 정의

- **행동 목록**

  어떤 주어진 상황에서 나타날 가능성이 있는 행동을 항목별로 나열한 것이다.

- **행동 목록 관찰기록법**

  관찰할 행동의 목록을 미리 작성하여 목록에 있는 행동의 존재 유무를 표시하는 방법이다.

이 장에서 소개하는 행동 목록 관찰기록법은 앞의 제2장, 제3장 및 제4장에서 소개한 관찰기록법들과는 다른 점이 있다. 앞서 소개한 관찰기록법들은 대부분 현장에서 직접 관찰할 것을 요구한다. 때문에 많은 행동을 한꺼번에 관찰하기는 어렵다. 그런데 행동 목록 관찰기록법은 여러 행동의 유무 즉, 행동을 할 수 있는지에 대해 평가할 것을 요구하기 때문에 그 자리에서 직접 관찰하기보다는 주로 기억에 의존하여 기록하게 되어 있다.

1. 행동 목록 관찰기록법의 정의

행동 목록 관찰기록법(behavior checklist)은 관찰자가 관찰할 행동의 목록을 미리 작성하여 목록에 있는 행동의 존재 유무를 표시하는 방법으로, 영어 명칭대로 '체크리스트'라고도 한다. 관찰자가 관찰할 행동 목록은 어떤 주어진 상황에서 나타날 가능성이 있는 행동의 나열을 뜻한다. 행동 목록은 출석부나 쇼핑 목록을 예로 들어 설명할 수 있다. 출석부에는 출석을 부를 때 그 자리에 와 있을 법한, 즉 존재할 가능성이 있는 학생들의 이름을 나열하고, 쇼핑 목록에는 그 쇼핑 장소에 있을 수 있는 물건들 중에 사야 할 물건의 이름을 나열한다. 우리 반 출석부에 다른 학교 학생의 이름들을 나열할 이유가 없고, 식료품 가게에서 살 물건의 목록에 가구점에서 구입할 물건 이름을 나열하지 않는다. 이와 같이 행동 목록 관찰기록법은 관찰하는 장소에서 나타날 가능성이 있는 행동을 나열하고, 그 목록에 있는 행동의 출현을 그 자리에서 직접 목격하거나 이미 행동의 존재 유무를 알고 있다면 그 항목에 ✓표시를 하는 방법이다.

그런데 앞에서 예로 든 출석부와 쇼핑 목록의 차이는 출석부는 같은 장소에서는 매일 동일한 목록을 사용하지만 쇼핑 목록은 쇼핑 장소가 같더라도 매일 쇼핑 목록이 달라질 수 있다는 것이다. 출석부는 주기적으로 같은 출석부를 사용하면서 시간의 흐름에 따른 학생의 출석 변화를 보고자 하는 데 주로 사용된다. 한편, 쇼핑 목록은 그날 사기로 계획한 물건을 다 구입했는지 확인하는 데 주로 사용된다.

이와 같이 행동 목록 관찰기록법도 두 가지의 경우로 사용될 수 있다(이정환, 박은혜, 1995). 첫째, 시간에 따른 행동 변화를 알고자 하는 경우다. 예를 들면, 3월에 유아의 사회적 상호작용 수준을 알아보기 위해 행동 목록으로 관찰한 후 9월에 같은 행동 목록으로 다시 조사하여 행동의 변화를 보는 것이다. 이렇게 하기 위해서는 처음 행동 출현 유무를 표시했던 3월에 해당하는 난 옆에 9월에 관찰하고 기록할 수 있는 난을 한 칸 더 만들어 두면 된다. 둘째, 관찰 대상의 현재 상태를 평가하고자 하는 경우다. 즉, 어느 시점에서 어떤 행동이 존재하는지의 여부를 보고자 할 때 행동이 관찰되면 ✓표시를 하고 관찰되지 않으면 아무 표시도 하지 않는 것이다. 관찰할 행동의 목록은 관찰자가 미리 작성하거나 관찰의 목적에 따라 이미 행동 목록이 작성되어 있는 관찰기록지 중에서 골라 사용하면 된다.

살펴보았듯이, 행동 목록 관찰기록법은 주로 목록에 있는 행동을 수행할 수 있느냐, 관찰 대상이 그런 행동을 하는 것을 본 적이 있는지, 행동의 발생 여부에 관심이 있을 때 사용하는 것이다.

2. 행동 목록 관찰기록법의 장단점

1) 장점

행동 목록 관찰기록법의 장점은 다음과 같다(조윤경, 김경혜, 2010; 이윤옥, 2009).

첫째, 행동 목록 관찰기록법은 비교적 사용 방법이 쉽다. 특별한 훈련이나 지도 없이도 주어진 행동 목록에 따라 행동의 출현 여부를 표시하면 되므로 누구나 손쉽게 사용할 수 있다. 행동 묘사 관찰기록법이나 행동 특성 관찰기록법, 시간 중심 관찰기록법은 관찰의 객관성과 정확성을 위한 관찰자 훈련이 요구되는 반면, 행동 목록 관찰기록법은 관찰기록지의 지시에 따라 즉시 관찰 · 기록할 수 있는 단순한 방법이다.

둘째, 행동 목록 관찰기록법은 시간에 따른 자료 처리 측면에서 매우 효율적이다.

여러 가지 행동에 대해 신속하게 기록할 수 있고 수량화할 수 있다. 특히 논리적·체계적으로 잘 만들어진 행동 목록이라면 기록의 속도를 훨씬 더 빠르게 할 수도 있다.

셋째, 행동 목록 관찰기록법은 동일한 행동 목록의 반복 사용을 통해 일정 시간간격을 두고 행동의 발달단계를 확인하며 기록을 누적할 수 있다. 이때 관찰의 시간간격은 관찰자의 필요와 목적에 따라 주별, 월별, 분기별 등으로 자유롭게 사용할 수 있다. 누적된 기록 자료는 각 유아에 대한 발달 증거의 문서로서 가치가 있다.

넷째, 행동 목록 관찰기록법은 융통성이 있다. 관찰자가 현재 사용하는 행동 목록에 추가할 항목이 생겼을 때 얼마든지 첨가할 수 있다. 또한 행동 목록 관찰기록법은 행동 관찰 외의 배경 정보와 같은 단순 정보(예: 가족 구조, 주거 양식 등)를 수집하는 데도 사용할 수 있다. 행동 목록 대신에 수집하기 원하는 정보의 목록을 사용하면 된다.

다섯째, 행동 목록 관찰기록법은 더 자세한 관찰을 요하는 행동을 찾는 데 도움이 된다. 행동 목록에 있는 다양한 행동의 출현에 대해 표시하는 것은 전반적인 선별(screening)과 같아서 더 집중적으로 관찰할 필요가 있는 관심 관찰 영역을 발견하게 해 준다.

2) 단점

행동 목록 관찰기록법의 단점은 다음과 같다(조윤경, 김경혜, 2010; 이윤옥, 2009).

첫째, 행동 목록 관찰기록법은 행동의 빈도, 지속 시간, 형태와 같은 구체적 특성이나 행동이 발생한 상황의 맥락과 같은 질적 정보를 제공하는 데 제한이 있다. 즉, 관찰 기준이 행동 목록에 있는 내용만으로 한정되기 때문에 폭넓은 관찰이 되기 어렵다. 예를 들면, '옹알이를 한다.'는 항목을 통해 유아의 옹알이 유무는 알 수 있지만, 어떤 상황에서 어떻게 얼마 동안 옹알이하는지 알 수 없고, '원을 그린다.'는 항목을 통해 유아가 원을 얼마나 정확히 그리는지는 알 수 없다.

둘째, 체계적·논리적 행동 목록을 구성하는 것이 쉽지 않다. 관찰 목표에 따른 주제를 반영하는 모든 종류의 행동을 포함하면서도 각각의 행동이 서로 중복되지 않도록, 논리적 순서에 맞게 목록을 구성하는 것은 어려운 작업이 될 수 있다. 그러한 이유로 행동 목록 작성자의 경험과 능력에 따라 행동 목록 내용의 편차가 심하다. 물론 기존에 만들어진 행동 목록을 사용할 수 있기 때문에 반드시 관찰자가 행동 목록을 개발해야 할 필요는 없다.

3. 행동 목록 관찰기록법의 절차 및 유의사항

1) 행동 목록표 제작 절차와 유의사항

행동 목록 관찰기록법을 시행하는 것은 간단하고 쉽지만, 행동 목록표를 계획하고 작성하는 것은 그리 간단한 작업이 아니다. 관찰자가 관심 있는 영역에 대한 행동 목록을 직접 만들 경우, 다음과 같은 절차와 유의사항을 따라야 한다(조윤경, 김경혜, 2010).

첫째, 관찰 목표에 따라 관찰 영역과 그 하위 영역을 결정한다. 예를 들면, 유아의 기본생활습관 행동을 관찰하고자 한다면, 기본생활습관은 다시 식습관, 화장실 사용, 이 닦기, 착의 · 탈의와 신발 신기 등의 하위 영역으로 나누어 하위 영역별로 구분이 되도록 항목들을 묶어 나열한다. 하위 영역의 구성에서 유의할 것은 체계적이어야 한다는 것이다.

둘째, 관찰 영역과 하위 영역들이 결정되면, 하나의 하위 영역에 포함될 항목들을 결정한다. 행동 목록의 구체적 내용이 되는 각 항목을 작성할 때는 여러 가지를 유의해야 한다. 먼저, 각 항목은 하나의 하위 영역에서 발생할 수 있는 대표적 행동을 모두 포함해야 한다. 예를 들면, '도형 구분하기'라는 하위 영역이 있다면 연령 수준에 맞춰 기본적으로 알아야 할 대표적인 도형의 유형들(예: 세모, 네모, 동그라미 등)이 각 항목에 모두 나열되어야 한다. 대표하는 모든 행동을 포함시키기 위해서는 문헌 연구를 참고하거나 전문가의 자문을 받는 것이 필요하다.

다음으로 하위 영역의 항목 내용은 서로 중복되지 않도록 구성해야 한다. 예를 들면, 화장실 사용 행동을 관찰하려고 할 때, '혼자 변기의 물을 내릴 수 있다.'와 '용변 후 스스로 처리할 수 있다.'는 항목이 있다면 후자가 전자를 포함하기 때문에 내용이 중복된다. 뿐만 아니라, 각 하위 영역에 포함되는 항목들이 능력을 평가하는 경우에는 난이도 순으로 제시해야 한다. 각 항목은 단순하고 쉬운 순서로 시작하여 복잡하거나 어려운 순서대로 배열되어야 한다. 예를 들면, '두 발로 걸을 수 있다.'는 항목은 '혼자 설 수 있다.'는 항목보다 뒤에 제시되어야 하고, '그려진 직선을 가위로 자를 수 있다.'는 항목은 '그려진 곡선을 가위로 자를 수 있다.'보다 앞에 제시되어야 할 것이다. 즉, 행동 목록의 배열에서 가장 중요한 것은 논리적이어야 한다는 점이다.

마지막으로 하위 영역에 포함될 각 항목의 내용은 되도록 관찰 가능한 구체적 행동들을 명확하게 표현하도록 해야 한다. 예를 들면, '1~5의 수 개념을 안다.'라는 문항은 너무 포괄적이고 모호하다. 항목이 모호하면 관찰자들은 같은 행동에 대해 다른 해석을 할 가능성이 높아져서 관찰자 간 일치도가 낮아진다. 앞의 문항을 '다섯 손가락을 하나씩 차례로 접으며 1부터 5까지 말할 수 있다.' '다섯 개의 물건을 주고 몇 개인지 물으면 대답할 수 있다.' '여러 개의 구슬을 주고 다섯 개를 달라고 하면 정확하게 줄 수 있다.' 등으로 기술한다면 관찰자가 행동의 출현 유무를 판단하기도 쉽고 관찰자 간의 일치도도 높을 것이다.

셋째, 하위 영역에 포함할 항목을 결정하고 나서는 행동 목록 관찰기록법을 위한 기록 체계를 고안한다. 대부분의 행동 목록은 교과과정 내용이나 발달특성에 대한 목표를 나타낸다. 따라서 항목을 나열하고 그 항목의 행동이 존재할 경우만 '✓' 표시를 하도록 할 수도 있지만, 각 항목의 내용에 대한 현재 상태를 기록하는 난이 있는 것도 바람직하다. 즉, 기록란을 예/아니요 또는 숙달/미숙으로 구분하는 것이다. 이때 행동 목록 관찰기록법을 정기적으로 반복하여 실시할 것인지 1회로 한정하여 실시할 것인지 미리 결정하면 상태를 기록하는 난을 추가할 수 있다. 또한 행동 상태에 대해 없음/진행/숙달의 3단계로 나누어 중간 단계를 표기하도록 할 수도 있다. 이러한 방법은 행동 목록 관찰기록법과 행동의 수준을 평가하는 평정척도의 개념을 통합한 것이다. 〈표 5-1〉은 행동 상태를 3단계로 나누어 분기별로 관찰한 예를 보여 준다.

표 5-1 신체발달 행동 목록: 행동 상태를 3단계로 나눠 분기별로 관찰한 예

신체발달				
대근육 발달		1분기	2분기	3분기
1. 균형 있게 움직이며 신체 조절을 잘한다.	없음	☐	☐	☐
	진행 중	☐	☐	☐
	숙달	☐	☐	☐
2. 간단한 과제 수행을 위해 조화롭게 움직인다.	없음	☐	☐	☐
	진행 중	☐	☐	☐
	숙달	☐	☐	☐
소근육 발달		1분기	2분기	3분기
1. 간단한 과제 수행을 위해 힘을 조절하여 사용한다.	없음	☐	☐	☐
	진행 중	☐	☐	☐
	숙달	☐	☐	☐
2. 과제 수행을 위해 눈-손을 협응한다.	없음	☐	☐	☐
	진행 중	☐	☐	☐
	숙달	☐	☐	☐
3. 쓰기, 그리기, 미술 도구들을 조절할 줄 안다.	없음	☐	☐	☐
	진행 중	☐	☐	☐
	숙달	☐	☐	☐

출처: Marsden et al.(2001).

〈표 5-1〉은 대근육과 소근육의 신체발달에 대해 분기별로 세 가지 상태 중에서 선택하여 표시하도록 만든 행동 목록이다. 유아의 현재 행동 상태가 항목의 내용을 전혀 볼 수 없으면 '없음'에 표시하고, 부족하면 '진행 중'에, 능숙하게 잘하면 '숙달'에 표시하도록 한 것이다(Marsden et al., 2001).

넷째, 관찰기록 체계가 결정되면, 행동 목록을 수정한다. 행동 목록의 초안이 작성되면 전문가의 자문을 받거나 예비 검사를 통해 타당성을 점검하고 수정하면 행동 목록이 완성된다.

2) 행동 목록 관찰기록법 사용 시 유의사항

행동 목록 관찰기록법은 행동의 존재 유무에 관심이 있을 때 사용하는 관찰법이다. 따라서 좀 더 주의하여 관찰해야 할 행동을 찾거나 발견하는 선별 방법으로 아주 유용하다. 관찰자가 행동 발생 상황과 같은 질적 정보나 특정 행동에 대한 구체적인 양적 정보를 원한다면 다른 관찰법을 사용해야 한다.

행동 목록 관찰기록법을 사용하기 위해서는 관찰을 시작하기 전에 행동 목록이 미리 준비되어 있어야 한다. 기존에 이미 만들어진 행동 목록표를 사용할 수도 있겠지만, 교사는 기본적으로 앞서 설명한 행동 목록 제작의 유의사항을 지켜서 자신이 관찰하고자 하는 유아의 관심 영역에 대한 행동 목록표를 제작할 수 있는 능력이 있어야 한다. 또한 행동 목록 관찰기록지에는 행동 목록만 나열하면 안 되고, 관찰 대상의 이름, 성별, 나이, 관찰 날짜, 관찰자 이름 등을 기록할 난이 반드시 있어야 한다. 관찰 지침은 모호하지 않고 명확해야 하고, 기록 방법은 최대한 간단해야 한다.

행동 목록의 관찰기록법은 한 번에 한 명의 유아를 대상으로 이루어지도록 한다. 즉, 같은 행동 목록을 사용하더라도 각 유아마다, 시행할 때마다 독립적으로 적용해야 한다. 또한 관찰자는 행동 목록에 있는 것에 대해서 그 내용과 기준에 충실하게 관찰해야 한다. 예를 들면, '바른 자세로 앉을 수 있다.'는 항목이 있는데, 앉기는 앉는데 똑바로 앉지 못하고 기울어지게 앉는다면 그 항목은 출현하지 않은 것으로 표시해야 할 것이다.

행동 목록 관찰기록법은 행동의 존재 유무에 관심이 있을 때 사용하는 것이지만, 행동의 출현 자체를 아는 것에만 궁극적 목적이 있는 것이 아니므로, 관찰 결과는 반드시 유아의 미래 교육계획을 수립하는 데 적용되어야 함을 잊지 말아야 한다.

4. 행동 목록 관찰기록법의 활용 목적과 방법

1) 행동 목록 관찰기록법의 활용 목적

유아의 발달에 대한 행동 목록 관찰기록법은 유아의 일반적 발달에 대한 안내, 교과과정과 교수계획의 안내, 그리고 학습과 발달의 평가의 세 가지로 활용될 수 있다(Wortham, 2008). 첫째, 발달영역별 발달지표를 보여 주는 행동 목록은 일반적인 유아의 발달에 대한 안내 역할을 한다. 발달 행동 목록은 여러 발달영역, 즉 신체운동, 사회·정서, 인지, 언어 및 의사소통, 적응행동(자조기술) 영역에 대한 발달지표로 구성되어 있다. 발달영역마다 각 연령에 해당하는 목록들은 해당 연령대의 전형적인 유아들이 성숙과 경험을 통해 어떤 발달수준의 모습을 보이며 발달하고 있는지 설명해 준다. 때문에 교사나 부모가 이러한 행동 목록을 보면 모든 유아의 발달이 일반적으로 어떻게 일어나고 있는지를 한눈에 알 수 있으며, 특정 유아의 발달수준이 어느 정도 인지 알려 줄 수 있을 뿐 아니라 그에 대한 현실적 기대를 할 수 있도록 도와준다.

〈표 5-2〉는 만 5세의 발달 행동 목록을 보여 주는 행동 목록 관찰기록지다. 〈표 5-2〉의 발달지표는 이소현(2003)이 여러 가지 유아발달지표를 종합하여 제시한 0~만 5세 발달지표 중에서 만 5세에 해당하는 부분이다.

표 5-2 발달영역별 유아발달지표를 이용한 행동 목록 관찰지록지의 예

연령(개월)	운동 기능 발달지표	날짜		
대근육 운동 기술		/	/	/
60~72	발의 앞쪽으로 가볍게 달린다.			
	평균대 위로 걷는다.			
	양발 건너뛰기(skip)를 한다.			
	줄넘기를 한다.			
	스케이트를 탄다.			

(계속)

소근육 운동 기술		/	/	/
60~72	간단한 모양을 자른다.			
	세모를 그린다.			
	다이아몬드 모양을 따라 그린다.			
	이름을 쓴다.			
	1부터 5까지의 숫자를 쓴다.			
	선 밖으로 나오지 않게 색칠한다.			
	성인처럼 연필을 쥔다.			
	양손의 사용에 있어서 우열이 분명해진다.			
	적절하게 풀을 칠하고 붙인다.			
	교실의 도구들을 적절하게 사용한다.			
수용 언어		/	/	/
60~72	전학문적 기술을 보인다.			
	추상적인 개념을 이해하기 시작한다.			
표현 언어		/	/	/
60~72	성인의 문법과 유사한 문법을 사용한다.			
	대화 중 적절한 차례를 유지한다.			
	정보를 주고받는다.			
	가족, 친구, 또는 낯선 사람들과 의사소통을 잘한다.			
	그림책의 이야기를 정확하게 다시 이야기한다.			
	과거와 현재의 사건들을 논리적인 순서로 설명한다.			
인지 기술		/	/	/
60~72	몇 개의 글자와 숫자의 이름을 말한다.			
	10까지 셀 수 있다.			
	단순한 특성에 따라 사물을 분류한다(예: 색깔, 모양, 크기 등의 특성이 분명하게 구분될 때).			
	내일과 어제의 시간 개념을 정확하게 사용하기 시작한다.			
	3~6개의 부위로 구성된 신체를 그린다.			

(계속)

인지 기술		/	/	/
60~72	과제가 완성된 것을 안다.			
	동전을 구분한다.			
	3까지 읽고 쓴다.			
	글자와 숫자를 보고 쓴다.			
	간단한 글자를 그림과 짝짓는다.			
	시계 위의 숫자를 읽는다.			
	친구(들)를 선택한다.			
	간단한 테이블 게임을 한다.			
	경쟁 게임을 한다.			
	다른 유아들과 규칙을 정하고 역할을 맡아서 협동놀이를 한다.			
	변화나 실망 후에 다시 시도한다.			
	나중의 보상을 위해서 즉각적인 보상을 희생한다.			
	재미로 놀리는 것을 수용한다.			
	다른 유아와 동물을 보호한다.			
	다른 사람에게 자발적으로 도움을 제공한다.			
자조기술		/	/	/
60~72	혼자 옷을 잘 입는다.			
	리본을 맨다.			
	도움 없이 이를 닦는다.			
	안전하게 길을 건넌다.			
	화장실 사용 후 혼자 손을 씻고 닦는다.			
	혼자 목욕이나 샤워를 한다.			
	머리를 감는다.			
	뒤집어진 옷을 바로 한다.			

출처: 이소현 (2003).

⟨표 5-2⟩에서 보여 주듯이, 예컨대 수용언어영역을 보면 만 5세 유아는 추상적인 개념을 이해하기 시작하는 단계이고, 표현언어영역을 보면 성인과 유사한 문법을 사용할 뿐 아니라 대화 중 적절한 차례를 유지할 수 있음을 알 수 있다. 이와 같이 발달 행동 목록은 특정 연령대에 기대되는 행동이 무엇인지를 알려 주는 안내 역할을 한다. 따라서 이러한 발달지표 같은 것을 이용한 발달 행동 목록을 가지고 분기별로 유아를 관찰하면 유아가 바르게 성장하고 있는지 알 수 있으며, 다음에 기대할 수 있는 행동이 무엇인지도 알 수 있다.

두 번째로 행동 목록은 교과과정과 교수를 계획하는 안내의 역할을 할 수 있다. 발달 행동 목록의 경우, 발달에서 순차적 목표를 제시하는 것과 같기 때문에 발달 행동 목록을 보면 교사는 해당 연령 또래의 유아들에게 발달에 적합한 활동을 계획할 수 있다. 예를 들면, 교사가 유아의 소근육 운동기술의 사용에 대해 관찰할 때, 유아가 작은 물체를 잡기 위한 손가락 사용이 가능한 것이 관찰되면 그다음에 교사는 자르는 활동을 도입할 수 있을 것이다. 또 다른 예로, 유아의 언어발달을 위해 교사는 유아가 말하는 어휘와 구문의 사용에 대한 수준을 발달 행동 목록의 관찰을 통해 알게 되면, 유아에게 그다음에 들려줄 가장 적합한 이야기가 무엇인지 선택할 수 있다.

또한 발달 행동 목록이 아니라도 교사는 자신이 관심 있는 영역에 대한 행동 목록을 직접 만들어서 유아의 수행수준을 확인할 수 있으므로, 그 결과를 토대로 무엇에 대해 어떤 재료를 가지고 어느 순서로 가르칠 것인지에 대한 미래 교수계획을 세울 수 있다. ⟨표 5-3⟩은 유아에게 동화를 들려준 후에 다시 이야기해 보도록 하는 활동에 대한 평가지를 행동 목록 형태로 만든 것이다(Polakowski, 1993).

표 5-3 교과과정이나 교수 계획에 도움이 되는 행동 목록 관찰기록지의 예

유아 이름: ________ 연령: ________ 성별: ________ 관찰 교사: ________ 날짜: ________ 책 제목: ________ 저자: ________	
〈이야기 들려주는 형식〉 • 유아가 이야기 내용을 말로 들려준다. • 유아가 이야기를 글로 읽으며 들려준다. • 유아가 이야기의 그림을 보여 준다.	 예 / 아니요 예 / 아니요 예 / 아니요
〈배경, 등장인물〉 • 유아가 이야기의 처음 부분부터 말한다. • 유아가 중요 인물의 이름을 말한다.	 예 / 아니요 예 / 아니요
〈구성, 사건〉 • 유아가 모든 주요 사건을 말한다. • 유아가 사건을 순서대로 말한다. • 유아가 사건의 문제를 말한다.	 예 / 아니요 예 / 아니요 예 / 아니요
〈해결〉 • 유아가 이야기가 어떻게 끝났는지 말한다. • 유아가 문제가 어떻게 해결되었는지 말한다.	 예 / 아니요 예 / 아니요

출처: Polakowski (1993).

〈표 5-3〉에 있는 행동 목록을 관찰한 결과를 보면, 교사는 이제까지의 경험을 바탕으로 이루어진 유아의 이야기 나누기에 대한 현재 수행수준을 알 수 있고, 앞으로 무엇을 어떻게 가르쳐야 할지에 대한 구체적 목표와 계획을 세우는 데 도움을 받을 수 있을 것이다(제7장에 있는 〈표 7-7〉은 행동 목록 관찰기록을 교수계획을 세우고 평가하는 데 사용한 예다).

셋째로 행동 목록은 유아의 학습과 발달평가에 대한 안내 역할을 한다. 즉, 교사는 유아의 발달 진행 과정을 평가하고 기록하기 위해 행동 목록을 사용한다. 교사가 유아교육 프로그램을 짤 때 유아가 어떻게 성장하고 학습하는지를 아는 것은 중요한 정보다. 발달지표에 있는 행동 목록을 평가하면서 유아의 성장발달을 모니터하는 교사는 유아의 발달과 학습이 어떻게 진행되고 있는지를 알기 때문에 부모나 다른 교사들과 유아에 관해 앞뒤를 연계지어 논의할 수 있게 된다. 앞서 소개한 〈표 5-1〉의 신체발달에 대한 행동 목록은 이러한 목적을 위해 사용할 수 있는 발달 행동 목

록의 일부다(Marsden, Meisels, Jablon, & Dichtelmiller, 2001). 예를 들면, 큰 단추 채우기나 구슬 옮기기 등과 같은 활동에서 눈-손의 협응이 조금은 되는 것으로 판단되지만 숙달된 상태는 아닌 것으로 관찰되었다면 이는 쓰기 도구의 조절행동을 아직은 관찰할 수 없는 이유에 대한 설명이 될 수 있다.

앞서 설명한 세 가지 행동 목록의 활용 목적과 부합되도록 유아의 행동을 관찰하기 위한 대부분의 행동 목록은 학습목표나 발달지표로부터 구성된다. 그러한 행동 목록은 각 항목끼리 서로가 얼마나 연관이 있으며 연계되어 있는지를 한눈에 볼 수 있도록 정리되어 있고 체계적으로 조직화되어 있다. 따라서 진단과 평가, 교수계획, 기록 보존, 유아의 수행수준에 대한 부모와의 의사소통을 위한 자료로 사용될 수 있다.

2) 행동 목록 관찰기록법을 사용하는 방법

행동 목록에 있는 행동을 유아가 수행할 수 있는지 확인하는 방법은 다음과 같다(조윤경, 김경혜, 2010). 첫째, 일상생활에서 자연스럽게 직접 관찰을 통해서 확인하는 것이다. 발달 행동 목록의 어떤 항목들은 단지 유아를 지켜보기만 해도 평가할 수 있는 내용이 많다. 유아는 매우 활동적이므로 발달 행동 목록의 항목들을 검사도구를 사용해서 시험하고 검사하는 것보다 유아의 자연스러운 행동을 지켜보는 것을 우선할 필요가 있다. 예를 들면, 언어 및 의사소통의 발달 측면에서 유아가 완전한 문장을 사용하는지를 확인하려면 놀이 상황에서 자연스럽게 유아가 친구들에게 하는 말을 듣고 평가할 수 있다. 사회발달 측면에서 유아의 놀이수준을 확인하고 싶으면 실내·실외 놀이활동 중에 유아가 혼자 노는지, 병행놀이를 하는지, 또래와 연합놀이를 하는지, 그리고 친구들과 팀을 이루어 협동놀이를 하는지 관찰하면 된다.

둘째, 보고자 하는 행동을 수업활동의 한 부분에 포함시켜 수업활동을 통해 확인하는 것이다. 행동 목록의 어떤 항목들은 일상의 관찰만으로는 확인하기 어려운 것들이 있다. 예를 들면, 인지발달영역에서 수 개념의 이해나 도형의 이해가 되었는지 확인하기 위해서는 구체적 활동이 필요할 수 있다. 물론 일상생활 중에서도 확인이 되는 상황이 주어지기도 하겠지만 그 영역의 항목들이 모두 관찰되는 상황이 주어지는 경우는 매우 드물다. 그런 경우에 교사는 자신이 진행하는 수업의 한 활동으로 행동 목록에 있는 내용을 수행해 보도록 유아에게 요구할 수 있다. 예를 들면, 수업 중에 '친구 세 명씩 서로 짝지어 보세요' '자기 앞에 있는 색종이 중에서 세모 모양을 들어 보세요' '그림 속에 꽃이 몇 송이인지 말할 수 있는 친구 손 드세요.' 등의 다양한 활동을 포함시킬 수 있다. 이렇게 하면 별도의 평가 없이도 행동 목록에 있는 행동에 대한 유아의 수행능력 여부를 확인할 수 있다.

셋째, 일대일 상황에서 유아에게 행동 목록에 있는 행동을 직접 해 보도록 요구하여 확인하는 것이다. 정해진 제한 시간 안에 체계적 평가를 수행하기 위해서는 일련의 행동 목록의 항목들을 짧은 시간에 모두 확인해야 한다. 이런 경우에는 행동 목록에 있는 내용을 모두 확인할 수 있는 검사 도구를 사용하는 것이 바람직하다. 기존에 고안되어 있는 평가 도구를 사용할 수도 있고, 교사가 새로 만들어 사용할 수도 있다. 이때 교사는 유아에 대한 이전의 평가 결과에 근거하여 이미 통과한 항목의 다음 단계부터 수행해 보도록 하면 된다. 물론 상대적으로 사용 방법이 용이한 평가 도구도 있겠지만, 동일한 도구를 가지고 평가해도 유아들을 가르치면서 평가해 본 경험이 풍부한 교사일수록 더 빠르고 쉽게 평가할 수 있을 것이다.

5. 행동 목록 관찰기록법의 사용 예

1) ABC 행동 목록 관찰기록지

제2장에서 소개한 행동을 묘사하여 서술하는 ABC 관찰기록법을 행동 목록 관찰기록법으로 변형시킨 'ABC 행동 목록 관찰기록지'가 있다(Kern, O'Neil, & Starosta, 2008; Smith & Heflin, 2001). ABC 행동 목록 관찰기록지는 관찰자가 면담이나 평소의 관찰 등을 통해 이미 확인된 유아의 문제행동(B)에 대한 있을 수 있는 선행 사건(A)이나 후속 결과(C)를 행동 목록 관찰기록지에 미리 기록해 놓고, 해당하는 행동이

나타날 때마다 해당 칸에 '✓' 표시를 하여 기록하는 방법이다. 이는 문제행동의 전후 사건에 대한 관찰을 통해 문제행동의 유발 요인과 유지 요인을 찾을 수 있는 ABC 관찰기록법의 특성과 이미 행동 목록에 기록되어 있는 행동의 발생 유무만 '✓' 표시하는 행동 목록 관찰기록법의 특성을 통합한 것이다. ABC 행동 목록 관찰기록지는 행동이 발생한 상황의 맥락 등의 질적 정보를 제공하는 데 제한이 있다는 행동 목록 관찰기록법의 단점을 보완해 주는 방법이다.

ABC 행동 목록 관찰기록지의 이러한 특성 때문에 관찰기록지에 기록될 선행 사건, 문제행동, 후속 결과의 내용은 각 유아마다 다르게 작성되어야 할 것이다. 이 방법은 관찰자가 유아의 계속되는 행동에 크게 방해받지 않고 신속하게 기재할 수 있다는 장점이 있다. 반면, 행동에 대한 자세한 정보는 제공하지 못한다는 단점이 있다. 〈표 5-4〉는 ABC 행동 목록 관찰기록지를 사용한 예를 보여 준다.

표 5-4 ABC 행동 목록 관찰기록지의 사용 예 1

유아: 이효리 (정암유치원 개나리반) (여)　　　날짜: 2012년 5월 18일

시간	문제행동					선행 사건							후속 결과							기록자
	소리 지르기	또래친구 때리기	욕하기			교사가 타인 도움	일대일 대화	낮잠시간	집단활동	교사의 접근			교사의 관심	교사의 무시	또래의 관심	또래의 무시	물건 획득			
8:35	✓					✓							✓		✓					남궁세런
9:20	✓					✓							✓		✓					//
10:05		✓							✓				✓		✓		✓			//
10:30	✓	✓				✓							✓		✓					//
11:10		✓						✓					✓							//
11:21	✓												✓		✓					//

출처: 양명희(2012).

〈표 5-4〉에서 효리의 첫 번째 문제행동을 살펴보자. 효리가 소리를 지르기 직전에 교사는 다른 유아를 돌보고 있었고, 직후에는 교사와 또래의 관심이 주어졌음을 알 수 있다. 물론 관찰기록지를 통해서는 효리가 어떻게 소리를 질렀는지, 교사와 또래가 어떤 관심을 보였는지는 확인할 수 없다. 그런데 효리의 다른 문제행동 사례도 유사한 양상을 보이는 것을 알 수 있다. 즉, 효리의 문제행동은 주로 교사의 관심이 다른 유아들에게 주어질 때 발생하며, 문제행동의 결과로 효리는 교사나 또래의 관심을 얻게 된다는 것이다. 이렇게 ABC 행동 목록 관찰기록지를 통해서도 문제행동의 유발 요인과 유지 요인을 확인할 수 있다.

ABC 행동 목록 관찰기록지는 유아의 행동과 그와 관련된 선행 사건과 후속 결과를 표시할 수 있는 형식만 포함하고 있다면, 〈표 5-4〉와는 다른 다양한 양식으로 관찰자가 사용하기 편리하게 제작할 수 있다. 〈표 5-5〉처럼 Kern, O'Neil 및 Starosta (2008)가 제시한 행동 목록 관찰기록지 양식을 사용하여 유아의 행동에 해당하는 내용에 '✓' 표시하게 만들 수도 있다.

〈표 5-5〉에서 '✓' 표시된 항목을 보면 경일이는 다른 유아가 교사의 관심을 받고 있는 상황에서 울화를 터뜨리고, 경일이가 울화를 터뜨리면 교사는 말로 활동에 다시 임하도록 지시하는 관심을 주는 것을 알 수 있다. 〈표 5-5〉와 같은 행동 목록 관찰기록지는 〈표 5-4〉와 비교해 볼 때, 행동이 발생할 때마다 매번 한 장의 관찰기록지를 작성하도록 되어 있어서 발생 빈도가 높은 행동에 대해서는 그 실용성이 떨어진다.

표 5-5 ABC 행동 목록 관찰기록지의 사용 예 2

유아: 박경일 관찰자: 김선우

문제행동이 발생할 때마다 □ 안에 해당되는 선행 사건, 문제행동, 후속 결과에 체크하세요.

장소: 교실 날짜: 2011년 9월 8일 시각: 이야기 나누기 수업 오전 10:20

선행 사건(A) (행동 직전에 일어난 일)	행동(B)	후속 결과(C) (행동 직후에 일어난 일)
□ 교사의 지시 및 요구 □ 교재나 활동이 없음 □ 원하는 것을 얻지 못함 □ 좋아하는 활동을 제지 받음 □ 시끄러운 환경 □ 또래가 아동을 놀림 □ 한 활동에서 다른 활동으로 전환 ☑ 다른 아동이 교사의 관심을 받음 □ 불명확함 □ 기타: ________	□ 안절부절못함 □ 불순종 □ 자리이탈 □ 신체적 공격(차기, 꼬집기, 때리기) □ 언어적 공격(욕설, 고함) □ 기물 파괴 □ 다른 사람을 놀리거나 화나게 함 □ 달아나기 □ 소리 지르기 ☑ 울화 터뜨리기 □ 기타: ________	□ 문제행동에 대해 토의 □ 무반응/무시 □ 행동에 대한 제지 ☑ 활동에 임하도록 말로 재지도 □ 활동에 임하도록 신체적으로 재지도 □ 신체적 제지 □ 교실에서 나가게 함 □ 하던 활동을 계속 요구함 □ 타임아웃(시간:) □ 기타: ________

출처: Kern, O'Neil, & Starosta (2008).

2) 일과수행평가표

조윤경, 장지윤 및 유연주(2013)는 유아교육기관에서 모든 유아가 경험할 수 있는 등원에서 하원까지의 일과 활동을 관찰하는 것은 유아의 수행능력에 대한 좋은 관찰 평가 자료가 된다고 했다. 그들은 유아의 일과 활동을 6개의 하위 영역으로 나누고 하위 영역별로 주요 관찰 내용을 〈표 5-6〉과 같이 제안했다. 또한 그들은 〈표 5-6〉의 내용을 바탕으로 〈표 5-7〉과 같은 일과수행평가표를 만들어 표에 있는 행동 목록에 따라 유아의 수행을 관찰하고 기록할 것을 제안했다.

표 5-6 일과수행평가에 포함될 내용

영역	주요 관찰 내용
등원 · 하원	신발 신고 벗기, 겉옷 착의 · 탈의, 보호자와의 분리, 다른 사람과의 관계(인사하기, 눈 또는 얼굴 보기), 자신의 이름 및 자리 인식, 자신의 물건 관리 등에 대한 수행 여부 및 수준, 자신의 물건 정리 등
대집단활동	착석, 수업에 대한 관심 및 참여/태도/반응, 모방, 자신의 요구 또는 의사 표현 여부와 방식 등
자유선택 활동	의사 표현, 주 관심 영역 및 활동, 놀잇감에 대한 관심 및 용도 인식, 또래의 놀이에 대한 관심, 도구 사용 및 수준, 활동 참여 정도, 소근육적 활동에 대한 결과물 정도, 놀이 규칙 이해 및 수행 정도 등
실외활동	줄 서기 및 순서 기다리기, 이탈 여부, 대근육적 움직임 정도, 놀이 기구에 대한 관심 및 참여/이용 방법 수준, 의사 표현, 또래 모방, 지시 따르기, 규칙 이행 등
간식 및 점심식사	배식 시 태도, 줄 서기 및 순서 기다리기, 편식 여부(선호/비선호 음식), 의사 표현, 위생 및 청결, 식사 도구 사용 수준, 식사 시 태도, 정리 등
화장실 사용	줄 서기 및 순서 기다리기, 신발 신고 벗기, 의사 표현, 용변 처리, 옷 벗기, 손 씻기, 수건 사용, 자신의 칫솔 찾기, 양치질 수준 등

출처: 조윤경, 장지윤, 유연주(2013).

〈표 5-7〉을 살펴보면, 평가 항목은 교사가 지시하고 요구하는 것이라기보다는 유아가 스스로 교육기관에서 능동적으로 해 나갈 것으로 기대되는 행동임을 알 수 있다. 또한 일과 영역마다 목록의 아래쪽에는 빈칸을 두어 항목이 추가되는 경우에 기록할 수 있도록 했으며, 관찰 내용 란에는 행동의 특성에 대해서도 기록할 수 있도록 했음을 볼 수 있다. 일과수행평가표의 내용은 관찰자의 필요에 따라 수정할 수 있다. 수행도 칸에 평가 항목의 내용에 대한 유아의 수행 정도에 따라 ○, △, × 등의 기호로 표시하게 하면 행동 평정척도 관찰기록지가 된다.

표 5-7 일과수행평가표의 예: 만 3세용

유아가 수행하는 항목에 대해 ✓표시를 하세요.

반이름		유 아		평가일	년 월 일	평가자	

일과	평가항목	수행도	관찰 내용
등원	가방을 벗는다.		
	가방을 제자리에 정리한다.		
	겉옷을 벗는다.		
	겉옷을 바닥에 펼쳐 옷걸이에 건다.		
	교사에게 인사한다.		
	부모님께 인사한다.		
대집단 활동	정해진 자리에 모인다.		
	카펫에 바른 자세로 착석한다.		
	의자를 가져와 정해진 자리에 놓는다.		
	의자에 바르게 착석한다.		
	의자를 적절한 위치에 정리한다.		
	앞에 있는 교사를 바라본다.		
	노래와 손유희를 따라한다.		
	자신의 이름에 반응한다.		
	교사의 단서(예:빨간 옷)에 반응하여 전이한다.		
	질문에 적절하게 반응한다.		
	손을 들어 의사를 표현한다.		
자유 선택 활동	놀이하고 싶은 영역을 선택한다.		
	놀잇감을 영역 안에서 사용한다.		
	선택한 영역에서 5분 이상 놀이한다.		
	영역 이동 시 놀잇감을 정리한다.		
	놀잇감을 방법에 맞게 사용한다.		
	과제에 필요한 물건을 찾는다.		
	가위를 바르게 잡아 오린다.		
	풀을 바르게 사용한다.		
	주어진 작업을 완성한다.		
	필요한 놀잇감을 빌린다.		
	또래의 제안을 수용한다.		
	친구와 어울려 논다.		
	필요한 도움을 청한다.		
	음악이 나오면 놀이를 멈춘다.		
	정리시간에 정리에 참여한다.		
양치	자기 칫솔과 양치 컵을 찾는다.		
	칫솔로 바르게 양치질한다.		
	물을 입에 넣고 헹구어 뱉는다.		
	입가에 묻은 치약을 물로 닦아 낸다.		
	수건을 바르게 사용한다.		
	칫솔과 양치 컵을 제자리에 정리한다.		

일과	평가항목	수행도	관찰 내용
실외 활동	모자를 쓴다.		
	자신의 옷을 찾아 입는다.		
	줄을 서서 기다린다.		
	난간을 잡고 양발을 번갈아서 계단을 올라간다.		
	난간을 잡고 양발을 번갈아서 계단을 내려간다.		
	신발/실내화를 찾는다.		
	신발/실내화를 (좌우에 맞게) 신는다.		
	줄을 맞추어 이동한다.		
	상황에 맞게 '고마워' '미안해' 등의 인사말을 한다.		
	놀이기구를 적절한 방법으로 이용한다.		
	정해진 공간에서만 놀이한다.		
	신발/실내화를 벗는다.		
	신발의 좌우를 맞추어 신발/실내화를 제자리에 정돈한다.		
화장실 사용	화장실 간다는 의사 표현을 한다.		
	줄에 앉아 순서를 기다린다.		
	변기 의자를 올린다/내린다.		
	하의를 차례대로 벗고, 입는다.		
	용변을 본 후 물을 내린다.		
	긴팔 소매를 걷는다.		
	순서에 맞게 수도꼭지를 켜고 끈다.		
	거품비누를 눌러 손에 묻힌다.		
	비누를 손에 문지른다.		
	손을 깨끗이 헹군다.		
	수건(종이타월)으로 닦는다.		
간식 및 점심 식사	배식받는 곳에서 음식을 배식 받는다.		
	필요한 식사 도구를 챙긴다.		
	배식받은 후 빈 자리에 앉는다.		
	바르게 앉아서 먹는다.		
	숟가락을 바르게 잡아 사용한다.		
	포크를 바르게 잡아 사용한다.		
	정해진 시간 내에 식사를 마친다.		
	식기를 제자리에 정리한다.		
	책상에 흘린 음식물을 닦는다.		
하원	자신의 소지품(수첩)을 챙긴다.		
	자신의 가방을 찾아 맨다.		
	교사와 인사한다.		
	친구들과 인사한다.		

출처: 조윤경, 장지윤, 유연주(2013).

교사는 일과수행평가표를 이용하여 유아를 관찰한 내용을 일과 영역별로 〈표 5-8〉과 같이 요약할 수 있다.

표 5-8 유아의 일과수행에 대한 영역별 요약

유아명: 김영수	생년월일: 0000년 0월 0일	평가자: 000	평가일: 0000년 0월 0일
등원	스스로 신발을 벗어 제자리를 찾아 넣는다. 선생님께 스스로 인사하지 못하며, 옷과 가방 정리에 도움이 필요하다.		
자유선택놀이	원하는 놀이영역을 선택하고 이름표를 붙이며 친구들과 어울려 놀기를 좋아하며 블록, 소꿉놀이를 즐긴다. 또래의 놀이 제의에는 반응이 없고 다른 친구의 놀잇감을 말없이 가져오는 경우도 있고 그런 경우 울기도 한다.		
이동	교사의 요구에 따라 줄서는 장소로 가며, 한 줄 기차 시 빈자리를 찾아 줄서는 것은 교사의 지시가 있어야 다시 수행한다. 계단을 도움 없이 오르내리며 줄에서 이탈할 때가 있으나 주의를 주면 다시 줄을 선다.		
화장실 사용	대변, 소변 의사 표시를 하며 스스로 해결 가능하다. 물을 조절하여 틀고 잠근다. 혼자서 화장실을 찾아가며 다녀오는 도중 이탈하지 않고 다녀온다.		
간식 먹기	접시와 컵을 흘리지 않고 자리에 앉으며 흘릴 시 휴지를 가져와 닦으며 더 먹고 싶을 때 "더 주세요."라고 말한다. 장난은 치지 않고 가만히 앉아서 먹고 먹은 후 컵과 접시 및 쓰레기를 정리한다.		
전이 활동	정리 신호 시 활동을 중단하고 정리를 시작하며 정리 후 유아가 속한 팀이 앉아 있는 것을 보고 자기 자리를 찾아 앉는다. 교사 말에 주의집중한다.		
전체 활동	이야기 나누기 시 질문에 대답하며 작업 과정을 이해하고 도구를 바르게 이용하며 스스로 하려고 노력하고 자발성을 많이 지니고자 한다. 운동과 게임에 도움을 필요로 할 때가 있고 규칙 이해는 서투르다. 끝난 후 순서를 기다리는 것은 연습이 더 필요하다.		
점심식사	차례차례 숟가락 젓가락을 잡으며 식판을 바르게 받으며 식판을 흘리지 않고 제자리까지 이동한다. 바르게 앉아 흘리지 않고 먹으며 숟가락 사용은 잘 하나 젓가락은 미숙하다. 편식하지 않고 먹은 후 식판을 정리정돈한다.		
바깥놀이	차례대로 줄을 서서 이동하며 정해진 구역을 이탈하지 않고 위험 시 도움을 요청할 줄 안다. 신호에 따라 다시 모인다.		
양치질	칫솔로 이를 위아래로 닦는다. 치약을 먹지 않고 물로 입을 헹군다. 씻은 칫솔을 입에 넣지 않고 다시 교실로 들어간다.		

출처: 조윤경, 장지윤, 유연주(2013).

일과수행평가표를 이용하여 행동 목록에 있는 행동을 수행할 수 있는지 확인한 결과에 대해 유아의 강점과 지도점을 중심으로 일과 영역별로 요약해 놓으면 교사는 유아의 현재 수행수준과 앞으로 무엇을 가르쳐야 하는지 쉽게 알 수 있다. 교사가 바뀌는 상황에서도 새로운 교사가 유아의 일과수행에 대한 요약을 보면 시행착오 없이 이전 교사의 지도와 연계하여 유아를 잘 이해하고 지도하는 데 어려움이 적을 것이다.

3) 공식적 발달검사 도구

유아의 발달영역별로 현재의 수행수준을 평가할 수 있도록 행동 목록이 구성되어 있는 상용화된 검사 도구들이 있다. 대부분의 검사 도구는 항목마다 예/아니요 또는 예/가끔/아니요 등으로 구분하여 표시하도록 되어 있고, 검사 도구마다 검사 방법과 검사 결과의 계산 방법이 설명되어 있다. 이러한 검사 도구들은 유아가 발달지표대로 성장하고 있는지 확인할 수 있으며, 특별한 도움이 요청되는 유아를 선별하는 데 매우 유용한 검사들이다.

표준화된 발달검사 도구에는 '한국판 부모 작성형 유아 모니터링 체계(Korea-Age & Stage Questionnaires: K-ASQ)'(허계형, 이준석, Jane Squires, 이소영, 2012), '한국판 영유아 발달선별검사(Korean Children Development Review–Revised: KCDR–R)'(김정미, 신희선, 2011), '한국형 덴버발달선별검사–II(Korean-Denver Developmental Screening Test–II: K-DDST–II)'(신희선, 한경자, 오가실, 오진주, 하미나, 2010), '아동발달검사(Korean Child Development Inventory: K–CDI)'(김정미, 신희선, 2006) 등이 있다. '아동발달검사'는 15개월~만 6세 유아의 발달문제를 부모 보고를 통해 선별하는 도구다. 유아의 사회성, 자조행동, 대·소근육 운동, 표현언어, 언어이해, 글자와 숫자 영역 그리고 전체 발달을 진단하게 되어 있고, 문제행동은 부가적으로 보고하게 되어 있다. 이 검사는 유아의 발달이 정상 범위에 속하는지 사정하고 교육기관에서 발달에 적합한 개별 교육계획을 세우는 데 활용할 수 있다.

표준화되지 않은 발달검사 도구에는 '포테이지 아동발달지침서(Portage Guide to Early Education)'(강순구, 조윤경 역, 1990), '발달 레인보우(Developmental Rainbow)'(김정미 역, 2010) 등이 있다. 대부분의 공식적 검사 도구들을 사용하기 위해서는 특정 검사 도구마다 관찰자 훈련이 필요하지만 그렇지 않은 것도 있다. 예를 들면, '발달 레인보우'는 영유아의 5개 발달영역(인지, 언어, 사회, 운동, 적응)을 각 하위 범주로 구분하고 월령을 0~60개월 이상까지 11단계로 범주화하여 이에 해당하는 행동 목록들을 제시하고, 부모나 교사가 유아의 일상 활동을 관찰하여 현재 수준을 평가하고 앞으로 어떤 발달을 해 나갈 것인지를 안내할 수 있도록 되어 있다.

이 장에서는 관찰 가능성이 있는 행동 목록을 작성하여 목록에 있는 행동의 존재 유무를 표시하는 행동 목록 관찰기록법을 살펴보았다. 짧은 시간에 수십 가지 행동도 평가할 수 있는 행동 목록 관찰기록법은 선별 방법으로는 유용하지만, 행동에 대한 더 구체적 정보를 원할 때는 다른 관찰법을 사용해야 한다.

토의 및 적용

✤ 유아교육 영역에서 행동 목록 관찰기록법을 적용한 논문을 찾아, 연구에서 사용한 행동 목록 관찰기록법을 세 가지 활용 목적에 따라 어떻게 활용할 수 있는지 토의해 보시오.

✤ 3세 유아의 신체발달영역의 행동 목록을 구성해 보고 옆 사람과 목록의 내용을 비교하여 행동 목록표 제작의 유의사항들이 지켜졌는지 서로 확인해 보시오.

✤ 소집단으로 나누어 유아교육기관 내의 일과 중에서 등원・하원에 5세 유아에게서 나타나야 할 수행 행동과 관련된 행동 목록을 구성해 보고, 행동 목록의 항목들을 어떤 상황에서 어떻게 관찰할 것인지 의논해 보시오.

Chapter

6 행동 평정척도 관찰기록법

1. 행동 평정척도 관찰기록법의 정의
2. 행동 평정척도 관찰기록법의 장단점
3. 행동 평정척도 관찰기록법의 절차 및 유의사항
4. 행동 평정척도 표현양식의 유형
5. 행동 평정척도 관찰기록법의 사용 예

제6장 행동 평정척도 관찰기록법

학습목표

- 행동 평정척도 관찰기록법의 정의와 특성을 설명할 수 있다.
- 행동 평정척도 관찰기록법 사용의 유의사항을 설명할 수 있다.
- 행동 평정척도의 표현양식 유형별로 관찰기록지를 개발할 수 있다.

핵심용어의 정의

- **평정척도**

  정해진 판단 기준을 가지고 등급을 매기는 것을 의미한다.

- **행동 평정척도 관찰기록법**

  관찰 대상의 행동 특성에 대해 가치를 평가하거나 등급을 매기기 위해, 일정한 간격이나 단계를 두고 서로 연속되도록 주어진 등급이나 숫자 중에서 하나를 선택하도록 하는 방법이다.

- **기술 평정척도**

  평가와 판단의 기준을 글로 제시한 것으로, 행동의 한 차원을 연속성 있는 몇 개의 범주로 나누어 그 내용을 각각 기술한 진술문 중의 하나를 선택하도록 하는 방법이다.

- **숫자 평정척도**

  평가와 판단의 기준을 숫자로 제시한 것으로, 각 척도에 숫자를 부여하고 그 숫자 중 하나를 선택하도록 하는 방법이다.

- **도식 평정척도**

  평가와 판단의 기준을 도식으로 제시한 것으로, 척도에 도식을 제시하고 도식을 시각적 단서로 활용하여 행동을 판단하도록 하는 방법이다.

- **표준 평정척도**

  평가와 판단의 기준을 비율로 제시한 것으로, 관찰 대상을 다른 일반인과 비교할 수 있는 비율을 준거로 하여 행동을 판단하도록 하는 방법이다.

이 장에서 소개하는 행동 평정척도 관찰기록법은 제5장의 행동 목록 관찰기록법처럼 짧은 시간에 수십 가지에 이르는 여러 행동에 대해 평가하게 되어 있으므로 현장에서 직접 관찰하는 것보다는 주로 기억에 의존하여 기록하게 되어 있다. 다만 행동 평정척도 관찰기록법이 행동 목록 관찰기록법과 다른 점은 행동의 유무 외에도 행동의 정도나 수준에 대해 정해진 기준대로 등급을 따라 평가하도록 요구한다는 것이다.

1. 행동 평정척도 관찰기록법의 정의

행동 평정척도(behavior rating scale) 관찰기록법을 설명하기 전에 먼저 평정척도라는 용어를 살펴보고자 한다. '평정척도'는 '평정'과 '척도'라는 단어의 합성어다. 국어사전적 의미를 살펴보면, 평정(rate)은 "평가하여 결정함"이며, 척도(scale)는 "평가와 판단의 기준"(민중서림, 2001)이다. 즉, 평정척도의 사전적 의미는 정해진 판단 기준을 가지고 등급을 매기는 것이라고 할 수 있다.

유아의 행동 관찰 평가 방법으로서의 행동 평정척도 관찰기록법도 사전적 의미와 크게 다르지 않다. 즉, 행동 평정척도 관찰기록법이란 관찰 대상인 유아의 행동 특성에 대해 가치를 평가하거나 등급을 매기기 위해, 일정한 간격이나 단계를 두고 서로 연속되도록 주어진 등급이나 숫자 중에서 하나를 선택하도록 하는 방법이다. 한마디로, 행동 평정척도 관찰기록법은 관찰의 결과를 수량화하기 위한 것이라고 할 수 있다.

행동 평정척도 관찰기록법이 제5장에서 설명한 행동 목록 관찰기록법과 유사한 점은 사용하기 전에 관찰할 행동 목록이 미리 구성되어 있어야 한다는 것, 그리고 관찰자는 관찰할 행동이 출현하는지를 알 수 있어야 한다는 것이다. 즉, 행동 평정척도 관찰기록법은 행동 목록 관찰기록법과 마찬가지로 관찰자가 사전에 미리 관찰하려는 행동 영역을 알고 있을 때 사용할 수 있는 방법이다. 그러나 행동의 출현 유무에만 주된 관심이 있는 행동 목록 관찰기록법과는 달리, 행동 평정척도 관찰기록법은 어떤 행동의 출현 유무뿐 아니라 행동의 질적 특성 정도(얼마나 잘하는가)나 행동 출현 빈도의 정도(얼마나 자주 하는가)를 수량화할 수 있는 평가를 할 수 있다. 즉, 행동 목록 관찰기록법의 목록에 있는 행동의 출현 유무에 대한 정보뿐만 아니라 좀 더 구체적인 질적 정보까지 알 수 있도록 해 주는 것이라고 할 수 있다.

예를 들면, '병뚜껑을 돌려 열고 닫을 수 있다.'는 항목이 있다면, 유아가 병뚜껑을 열고 닫을 수 있느냐 또는 없느냐에만 관심이 있는 것이 아니라 병뚜껑을 여는 행동의 수준이 어느 정도인지에 대한 질적 정보까지 평가할 수 있도록 등급(예: 아주 못함, 못함, 보통, 잘함, 아주 잘함)을 나누어 적절한 곳에 표시하도록 하는 것이다. 또 다른 예로, '교사를 만나면 소리 내어 인사한다.'는 항목이 있다면, 교사를 만나는 경우에 얼마나 자주 인사하는지 등급(예: 전혀, 가끔, 보통, 대개, 항상)을 나누어 표시하도록 하는 것이다. 행동 평정척도 관찰기록법은 행동 목록 관찰기록법에 질적 수준의 정보를 더한 것이라고 할 수 있다.

설명한 것처럼, 행동 평정척도 관찰기록법은 유아의 행동을 관찰한 후 행동의 정도나 수준에 대해 점수나 값을 주어 평정하도록 하는 방법이다. 이때 점수란 각각의 행동 특성에 대해 수량적 정도의 차이를 나타낼 수 있도록 미리 정해진 일정 단계로 구분하여 할당된 등급 또는 숫자 등을 의미한다. 대부분의 척도는 일직선에 연속적이면서도 비교가 가능하도록 나누어 표시되어 있는데, 관찰자는 주어진 항목에 대해 가장 적합하다고 판단되는 등급이나 숫자에 표시하면 된다. 따라서 행동 평정척도 관찰기록법은 행동을 관찰하면서 동시에 행하기는 쉽지 않고, 관찰하고자 하는 영역에 대해 충분한 관찰이 이루어진 다음에 평가하는 것이 바람직하다. 즉, 관찰자는 사전에 관찰하려는 행동 영역에 대해 미리 알고 있어야 한다는 뜻이다.

행동 평정척도 관찰기록법은 그 특성상 대중성, 보편성 및 간편성 때문에 여러 분야에서 활용되고 있는데, 유아의 관찰에서는 인성, 사회적 적응, 신체발달 등을 미리 정해진 범주에 따라 평가하는 데 주로 사용할 수 있다.

2. 행동 평정척도 관찰기록법의 장단점

1) 장점

행동 평정척도 관찰기록법의 장점은 다음과 같다(김지은, 김진숙, 2006; 조윤경, 김경혜, 2010; 이윤옥, 2009).

첫째, 행동 평정척도 관찰기록법은 수량화가 가능하기 때문에 여러 사람을 비교하는 것도 가능하고, 한 사람에 대한 평가에서도 항목끼리의 비교나 하위 영역별로 평균 점수의 비교 등도 가능하다.

둘째, 행동 평정척도 관찰기록법은 짧은 시간에 여러 발달영역을 한꺼번에 평가할 수 있다. 관찰자가 평소에 유아의 여러 행동 영역에 대해 잘 알고 있다면 깊이 생각하지 않고도 항목마다 점수를 부여할 수 있으므로, 평가하는 데 오랜 시간이 요구되지 않는다. 평가 상황에서 행동 평정척도에 있는 모든 항목에 대한 관찰과 평가가 동시에 이루어져야 한다면 장시간의 관찰이 요구될 것이다. 하지만 행동 평정척도 관찰기록법은 직접 관찰하면서 기록할 필요가 없이 기억에 의존하여 평가할 수 있기 때문에 빠르게 평가할 수 있는 것이 장점이다. 업무량이 많은 유아교사가 환영할 만한 평가 도구다.

셋째, 행동 평정척도 관찰기록법은 관찰하면서 동시에 기록할 필요 없이 관찰자가 아무 때라도 편리한 시간에 기록할 수 있다. 유아교사의 경우, 자신의 교수활동을 방해받지 않는 좋은 평가 도구인 셈이다.

넷째, 행동 평정척도 관찰기록법은 행동 목록 관찰기록법과 달리 행동의 질도 평가할 수 있으므로 평정척도를 반복해서 사용하면 시간의 흐름에 따른 유아의 행동이나 발달수준의 변화에 대한 정보를 얻을 수 있다.

다섯째, 행동 평정척도 관찰기록법은 사용하기 편리하다. 평정자가 특별한 훈련을 받을 필요가 없으므로 손쉽고 편하게 사용할 수 있다.

2) 단점

행동 평정척도 관찰기록법의 단점은 다음과 같다(김지은, 김진숙, 2006; 조윤경, 김경혜, 2010; 이윤옥, 2009).

첫째, 행동 평정척도 관찰기록법은 행동에 대한 원인이나 전후 사정을 구체적으로 설명해 주지 못한다. 이는 각 행동이 관찰되는 상황에 대한 설명을 기록하지 않고 단지 행동의 수준만을 평가하고 기록하기 때문이다.

둘째, 행동 평정척도 관찰기록법은 객관성을 유지하는 것이 쉽지 않다. 관찰자가 유아를 현장에서 직접 관찰하면서 기록하는 것이 아니라 관찰 후에 판단하는 것이기 때문에 관찰자의 기억이나 지각적 속성이 평가에 영향을 줄 수 있다. 즉, 관찰자의 편견이나 주관성이 개입될 가능성이 높다.

셋째, 행동 평정척도 관찰기록법은 척도의 개발이 쉽지 않다. 관찰자가 관찰하고자 하는 것을 정확하고 객관적으로 표현하는 항목을 개발하는 것이 쉽지 않다. 관찰자가 관심 있는 영역에 대해 이미 개발되어 있는 평정척도를 이용하려고 할 때도 자신이 생각하고 있는 문항이 없는 경우가 종종 있다.

3. 행동 평정척도 관찰기록법의 절차 및 유의사항

1) 행동 평정척도 제작 절차와 유의사항

행동 목록 관찰기록법과 마찬가지로 행동 평정척도 관찰기록법을 시행하는 것은 간단하고 쉽지만, 행동 평정척도를 직접 제작하는 것은 쉬운 작업이 아니다. 행동 평정척도를 제작하는 것은 크게 두 부분으로 나뉜다. 먼저, 행동의 여러 차원에 대한 목록을 정해야 하고, 그다음으로 목록에 있는 행동을 평정하는 척도를 구성해야 한다. 제5장에서 행동 목록 제작 절차로 하위 영역과 영역별 포함 항목을 결정하고, 기록 체계를 고안한 후, 수정의 단계를 거치는 과정에 대해 설명했다. 행동 목록 제작 시 주의해야 할 사항은 모두 제5장에서 자세히 살펴보았으므로, 여기서는 제5장에서 설명한 유의사항과 중복되는 내용은 생략하고, 평정척도의 제작 절차에 따른 유의사항에 해당하는 부분을 중심으로 설명하고자 한다.

첫째, 척도를 몇 단계로 나눌 것인지 결정해야 한다. 단계를 너무 적게 나누면 평정하는 사람에게 평정 기회를 제한하는 셈이 되고, 단계를 너무 자세하게 많이 나누면 평정하는 사람에게 각 단계를 구분하는 데 어려움을 줄 것이다. 따라서 척도를 몇 단계로 나누어야 할지는 평정이 이루어지는 상황이나 조건, 평정에서 요구하는 정확성 또는 평정자의 훈련 정도에 따라 결정하여야 한다. 장휘숙(1989)은 7단계 이상의 척도를 사용하는 것은 평정자 간의 신뢰도를 감소시킨다고 했다. 일반적으로 5~7점 척도가 적합한 것으로 알려져 있다.

둘째, 척도의 단계를 짝수로 할지 홀수로 할지 결정해야 한다. 3, 5, 7과 같이 단계를 홀수로 하면 가운데 지점은 중간, 보통, 평균을 의미한다. 따라서 관찰자는 가운데 지점을 중심으로 관찰 대상의 행동이 어느 정도인지를 판단하게 된다. 그런데 관찰자는 판단이 힘들 경우에는 중심이 되는 '보통' 혹은 '중간'을 표시하려는 경향이 있다. 하지만 4, 6, 8과 같이 단계를 짝수로 하면 가운데 지점이 없으므로 관찰자는 관찰 대상의 행동이 긍정적인지 부정적인지 한쪽으로만 결정해야 한다. 그렇기 때문에 관찰자는 관찰 대상을 보다 심도 있게 관찰해야 한다. 따라서 관찰의 목적에 따라 척도를 홀수형으로 할 것인지 짝수형으로 할 것인지 결정해야 한다. 관찰 평가 결과에 보통 또는 평균이라는 특성도 넣어 주고 관찰자의 판단을 쉽고 용이하게 하고 싶으면 홀수형 척도를 사용하면 된다. 그러나 관찰 대상의 분명한 경향을 알고 싶고 보다 주의 깊은 관찰 결과를 원한다면 짝수형 척도를 사용하는 것이 좋다(황해익, 송연숙, 정혜영, 2008).

셋째, 평정척도에서 사용된 문항의 내용이 긍정적인 것과 부정적인 것을 섞어서 제시할 경우, 할당하는 값에 주의해야 한다. 즉, 긍정적 내용의 항목에서 '아주 그렇다'에 5라는 수를 할당하였다면 부정적 내용의 항목에서 '전혀 그렇지 않다'에 5가 할당되도록 해야 한다. 긍정적인 것과 부정적인 것을 섞어서 제시하는 이유는 평정자가 문항을 깊이 있게 읽지 않고 자신의 일반적 경향에 따라 한쪽으로 치우쳐 평정하는 것을 막기 위한 것이다.

넷째, 행동 평정척도를 만들 때 관찰자가 관찰하지 못한 문항에 대해서 이를 무리하게 평가하도록 하기보다는 판단을 보류할 수 있도록 척도의 한편에 '관찰 못함'이라는 칸을 만들어 두면 좋다. 이렇게 함으로써 관찰자가 관찰 기간을 더 연장할 수도 있고, 문항 자체가 관찰 불가능한 것인지 다시 검토해 볼 수도 있을 것이다.

다섯째, 척도로 제시하는 단어가 평정하고자 하는 특성과 일치할수록 좋다. 예를 들면, '바깥놀이 후에 손을 씻는다.'라는 항목이 있다면 이에 대한 척도는 '항상, 자주, 종종, 가끔, 전혀' 등으로 구분하는 것이 더 바람직하고, '손을 깨끗이 씻는다.'는 항목의 척도에 대해서는 '아주 잘함, 잘함, 보통, 못함, 아주 못함' 등으로 구분하는 것이 더 바람직할 것이다. 즉, 여러 척도에서 의미가 중복될 수 있는 평균, 우수 같은 일반적 용어보다는 항목의 내용을 평정하기에 가장 적절한 단어를 사용하는 것이 좋다. 그러나 하나의 평정척도를 작성하는 데 행동 목록의 항목마다 각기 다른 차원으로 평정하도록 하는 것은 바람직하지 않기 때문에 주의가 요구된다.

여섯째, 척도를 설명하는 단어로 가치 판단적 용어는 피하는 것이 좋다. 예를 들면, '좋은, 바람직한, 도덕적인 또는 나쁜, 부적절한, 비도덕적인'과 같은 단어는 가능한 사용하지 않도록 한다. 가치 판단적인 단어 자체가 평정에 영향을 줄 수 있기 때문이다. 따라서 평가 문항의 내용에 대해 관찰자가 동의하는 정도(예: 매우 그렇다, 그렇다, 보통이다, 그렇지 않다, 매우 그렇지 않다 등), 평가 문항 내용에 대한 수준(예: 아주 잘함, 잘함, 보통, 못함, 아주 못함 등)을 척도로 제시하는 것이 바람직하다.

2) 행동 평정척도 관찰기록법 사용의 유의사항

관찰의 결과를 양적으로 평가하는 행동 평정척도 관찰기록법을 사용하는 관찰자는 다음 사항을 주의해야 한다(김지은, 김진숙, 2006; 조윤경, 김경혜, 2010; 이윤옥, 2009).

첫째, 평정을 하기 전에 그 누구에게도 관찰 대상인 유아에 대한 의견을 물어보지 않도록 주의한다. 다른 사람의 의견을 들었을 경우에 평정에 영향을 미칠 수 있기 때문이다. 예를 들면, 유아의 사회적 행동에 대해 행동 평정척도 관찰기록법으로 평가한다고 하자. 그때 유치원을 방문했던 어떤 사람으로부터 그 유아가 자기에게 친절하게 대하고 매우 활발하고 사교적으로 다가오더라는 말을 듣게 되었다. 그러면 평정자는 자신이 관찰한 것을 토대로 평정하기보다는 그 사람으로부터 들었던 정보를 바탕으로 평가할 수 있다.

둘째, 평정을 하기 전에 평가척도에 있는 모든 항목을 다 읽어 보고 실시해야 한다. 모든 항목을 다 읽은 경우에는 전체적으로 자신이 무엇을 평가해야 하는지 알고 평가에 임할 수 있다. 그런데 전체를 읽지 않은 경우에는 하나의 항목을 읽는 순간마다 그때의 순간적 느낌에 따라 평정함으로써 비슷한 항목에 대해서도 상반되는 평점을 줄 수 있다. 예를 들면, '규칙을 잘 지킨다.'는 항목에 대해서는 '잘함'에 표시를 했는데, '차례를 잘 지킨다.'는 항목을 평정하려고 할 때 갑자기 얼마 전에 관찰 대상 유아가 미끄럼틀 앞에서 차례를 지키지 않고 또래와 크게 싸웠던 사건을 기억해 내고 '아주 못함'에 표시할 수 있다.

셋째, 평정을 할 때 관찰 대상 유아에 대해 평소에 가지고 있던 전반적인 인상이나 느낌에 의해 영향을 받지 않도록 주의해야 한다. 관찰자는 관찰 결과에 대한 판단을 내릴 때 개인적 편견이 개입될 수 있음을 늘 기억해야 한다. 주관적 평가가 되지 않도록 되도록 객관적 사실에 기초하여 평가하려고 노력해야 한다. 행동 목록 관찰기록법을 사용할 경우는 행동이 출현하는지만 보면 되지만, 행동 평정척도 관찰기록법을 사용할 경우는 행동 특성의 수준까지 판단해야 한다. 그러므로 객관성을 유지하기 위해 더욱 주의해야 한다. (평정척도를 사용할 때 주로 나타나는 평정자의 오류에 대해서는 뒤에서 자세히 설명한다.)

넷째, 행동 평정척도 관찰기록지의 마지막 부분에 관찰 결과에 대해 간단히 요약할 수 있는 칸을 마련하는 것이 좋다. 각 항목에 대한 평가와 함께 전체적인 평가를 하도록 되어 있으면 평가자는 평가영역에 대한 유아의 전반적 수준이나 강점과 약점 등을 생각해 보는 기회를 가질 수 있다.

다섯째, 동일한 행동 평정척도로 여러 명을 평정할 경우에는 한 가지 특성에 대해 모든 관찰 대상자를 평정한 후에 다음 특성을 평정하도록 한다. 그렇게 할 경우에 한 명의 관찰 대상 유아에 대한 편견에 의한 영향을 덜 받게 된다. 또한 여러 명에 대해 동시에 평가가 이루어지므로 대상 간의 차이를 변별하는 데 도움이 된다.

여섯째, 가능하면 평정할 대상이 모르는 상태에서 평정하도록 한다. 관찰 대상이 자신이 평정의 대상인 것을 안다면 평소대로 행동하기보다는 평가에 영향을 주는 다른 행동을 할 수 있기 때문이다. 물론 행동 평정척도 관찰기록법은 행동을 직접 보면서 평가하지 않는 경우가 많지만 평가하는 동안에 보이는 유아의 평소와 다른 행동이 평가에 영향을 줄 수도 있다.

행동 평정척도 관찰기록법은 사용하기가 비교적 용이하고 수량화하기에 편리한 점 때문에 다양한 범위의 행동 연구에 많이 사용된다. 그러나 행동 평정척도 관찰기록법은 관찰 내용을 직접 현장에서 기록하는 것이 아니라 관찰 결과에 따른 질적 판단을 요구하므로 개인적 편견이나 오류의 개입 가능성을 배제하기가 어렵다. 따라서 관찰자는 행동 평정척도를 적용할 때 나타날 수 있는 일반적 오류 경향에 대해서도 인식하고 있어야 할 것이다.

Guilford(1954)에 따르면, 평정척도는 다음의 여섯 가지 오류의 가능성을 내포한다(이은해, 1985). 첫째, 관대함이나 엄격함의 오류다. 즉, 각 사람의 평가 기준은 모두 다를 수 있기 때문에 나타날 수 있는 오류다. 일반적으로 타인에 대해 너그럽게 평가하는 사람에게는 거의 모든 항목에서 모두 높게 평정을 하는 관대함의 오류가 있을 수 있고, 반면에 타인에 대한 평가가 엄격한 사람에게는 대부분의 항목에서 낮은 점수를 부여하는 엄격함의 오류가 있을 수 있다. 이러한 오류를 줄이기 위해서는 평정에 필요한 판단 기준을 분명하게 제시하여야 한다.

둘째, 중심화 경향의 오류다. 첫 번째 오류와는 상반되는 것으로 평정자들이 부정이나 긍정의 양극단적 평가를 회피하고 중간 수준 정도로 평가하려는 경향을 의미한다. 특히, 자신이 평정하는 항목에 대한 지식이 없거나 평가 대상을 잘 알지 못할 때 더욱 그럴 수 있다.

셋째, 후광효과의 오류다. 후광이란 성인이나 천사를 그릴 때 그 인물의 영광을 나타내기 위해 표현하는 인물을 감싸는 금빛을 의미한다. 그림에 후광이 있으면 그 사람이 누구인지 모르면서도 후광 때문에 그 사람이 영광스럽게 느껴지고 그 사람에 대한 모든 점을 좋게 평가한다는 데서 유래한 표현이다. 후광효과는 유아를 평가할 때 관찰 대상 유아 주변의 어떤 요소가 평정하는 데 작용하는 것을 의미한다. 즉, 관찰 대상 유아에 대한 사전 정보나 평소의 호감, 첫인상 등이 평정에 영향을 주어 관찰 대상 유아를 주로 과대평가하게 되는 것을 말한다.

넷째, 논리성의 오류다. 논리적으로 서로 연관 있는 문항에 대해서는 문항 내용의 차이를 깊이 생각하지 않고 모두 같은 평점을 주게 되는 것을 뜻한다. 예를 들면, '주도적으로 행동한다.'는 항목에 높은 점수를 주면 '자기주장을 분명히 한다.'는 항목에 대해서도 높은 점수를 주게 된다는 것이다. 왜냐하면 두 항목은 서로 논리적으로 관련이 있다고 생각되기 때문이다.

다섯째, 비교의 오류다. 평정자가 유아를 어떻게 지각하느냐에 따라 발생할 수 있는 오류다. 즉, 어떤 면에서 자신과 유아를 유사하게 지각하면 모든 면에서 자신과 비교하여 유사하게 평정한다. 아니면 그 반대로 유아를 자신과 반대로 지각하게 되면 모든 면에서 자신과 반대되는 것으로 평가하는 현상이 나타나는 것이다. 그렇게 되면 유아를 사실대로 평가하기 어렵게 된다.

여섯째, 근접성에 의한 오류다. 평정척도상으로 서로 더 가까이 제시된 문항들은 유사하게 점수를 주는 경향이 있음을 의미한다. 실제로 평정자들의 문항 간의 상호상관을 알아보았을 때 가까이 제시된 문항들이 멀리 떨어뜨려 제시된 문항들보다 상관점수가 더 높게 나타나는 경향이 있다.

이러한 오류를 최소화하는 방법에는 앞에서 설명한 것처럼 한 관찰 대상씩 모든 항목을 평정하기보다는 한 가지 특성에 대해 모든 대상을 평정하고 그다음 특성에 대해 모든 대상을 평정하는 식으로 평정하는 것이 대상 간의 차이를 변별하는 데 도움이 된다.

4. 행동 평정척도 표현양식의 유형

1) 기술 평정척도

기술 평정척도(descriptive category rating scale)는 평가와 판단의 기준을 글로 제시한 것이다. 즉, 행동의 한 차원을 연속성 있는 몇 개의 범주(category)로 나누어 그 내용을 각각 기술하고, 관찰자로 하여금 대상의 행동을 가장 잘 나타내는 범주의 진술문을 선택하게 하는 방법이다. 이때 진술문은 되도록 관찰 가능하고 측정 가능한 용어로 기술되어야 하며 범주 간의 차이가 구별될 수 있도록 기술되어야 한다. 한 행동에 대해 흔히 3~5개의 기술적 범주에 따라 평정하게 된다. 기술 평정척도는 결과를 수량화하기 위해 다시 범주에 점수를 주어야 한다. 〈표 6-1〉, 〈표 6-2〉 및 〈표 6-3〉은 기술 평정척도의 예다.

표 6-1 기술 평정척도의 예 1

유아가 ○○이 들어 있는 음식을 어느 정도 먹는가?
□ 전혀 먹지 않는다.
□ 먹여 주면 조금 먹는다.
□ 언어적 지시에 따라 조금 먹는다.
□ 조금씩 천천히 먹는다.
□ 스스로 잘 먹는다.

표 6-2 기술 평정척도의 예 2

유아는 차례를 지키는가?
□ 차례를 지켜야 함을 모른다.
□ 차례를 지켜야 하는 것을 알지만, 거의 지키지 못한다.
□ 차례를 지키는 편이나, 지키지 못할 때도 있다.
□ 차례를 잘 지킨다.

표 6-3 기술 평정척도의 예 3

유아의 공간적 관계기술 능력은 어느 정도 발달되어 있는가?
□ 공간 개념이 아직 형성되어 있지 않으며 공간지각에 대해 이해하지 못한다.
□ 위, 아래, 앞, 뒤 등의 지시에 따르지만 정확히 말하지는 못한다.
□ 사람과 사물의 상대적 위치(위, 아래, 앞, 뒤)를 이해하며 지시를 따른다.
□ 사물의 움직이는 방향을 나타내는 용어를 사용한다.
□ 사물의 상대적 위치를 요하는 단어를 사용한다(예: "내 앞에 서란 말이야!")
□ 어디에도 해당하지 않음

〈표 6-1〉, 〈표 6-2〉 및 〈표 6-3〉에서 보는 것처럼, 기술적 범주를 몇 등급으로 하느냐는 정해져 있지 않다. 〈표 6-1〉은 다섯 등급, 〈표 6-2〉는 네 등급, 그리고 〈표 6-3〉은 여섯 등급으로 나뉘어 있음을 알 수 있다. 특히, 〈표 6-3〉에는 진술문 중에 해당하는 것이 없을 때 표시할 수 있는 등급까지 포함하고 있음을 볼 수 있다.

최근 유아들의 수행평가에서 형식적 평가가 어려운 영역에 대해 자주 사용되고 있는 루브릭(rubric)도 기술 평정척도에 해당한다. 루브릭이란 유아의 활동 또는 활동의 결과물에서 기대되는 기준이 무엇인지를 구체적으로 제시해 주는 척도를 의미한다(이은정, 이소현, 2005). 즉, 행동이나 성취 정도를 평가하기 위해 사용하는 명세화되고 사전에 공유된 기준이나 가이드라인이라고 할 수 있다. 가이드라인에는 유아의 수행 역량이 수행수준별로, 평가영역별로 세분화되어 제시된다. 예를 들면, 이차숙(2010)이 개발한 유아 언어 평가 루브릭은 듣기 영역을 태도, 이해 및 반응의 3가지 범주로 나누고, 각각의 범주에 대한 평가 기준을 제시하였다. 듣기 영역에서 듣기 태도에 관한 평가 기준으로 제시한 것은 〈표 6-4〉와 같다. 유아의 듣기 태도의 수준에 대해 네 가지 질문 중에 '예'라고 답할 수 있는 것을 선택하여 표시하면 된다.

표 6-4 루브릭에서 사용된 평정척도의 예

- ☐ 다른 사람이 말을 할 때 주의를 기울여서 끝까지 듣는가?
- ☐ 집단 토의 시간에 적극적으로 참여하는가?
- ☐ 다른 사람이 말을 할 때 말하는 사람 쪽으로 몸을 돌려서 바라보는가?
- ☐ 다른 사람이 말을 할 때 화자나 다른 청자를 방해하지 않는가?

루브릭에서 제시하는 척도의 내용은 평가하는 영역에서 유아에 대한 구체적이고 단계적인 교수목표로 바로 사용될 수 있는 장점이 있다. 〈표 6-4〉에서 유아의 현재 수행수준에 따라 네 가지 질문의 척도 중 현재 수준보다 높은 단계가 유아의 듣기 영역의 교수목표가 될 수 있다.

2) 숫자 평정척도

숫자 평정척도(numberical rating scale)는 평가와 판단의 기준을 숫자로 제시한 것이다. 즉, 각 척도에 숫자를 부여하고 평정자에게 그 숫자 중 하나를 선택하도록 하는 방법으로 사용하기에 가장 쉬운 유형이다. 이때 숫자는 일종의 점수로서 기능하기 때문에 평정된 자료를 수량화하고 통계적 분석을 가능하게 해 준다. 〈표 6-5〉는 유아의 일상생활에 필요한 신변 자립 행동에 대한 숫자 평정척도의 예다.

표 6-5 신변 자립 행동에 대한 숫자 평정척도의 예

항목	아주 못함	못함	보통	잘함	아주 잘함
신발 신고 벗기	1	2	3	4	5
신발 정리하기	1	2	3	4	5
옷 입고 벗기	1	2	3	4	5
화장실 가기	1	2	3	4	5
장난감 치우기	1	2	3	4	5
스스로 밥 먹기	1	2	3	4	5

〈표 6-6〉은 유아의 자유선택활동 시간에 관찰될 수 있는 소근육운동에 관한 숫자 평정척도 관찰기록지의 예다.

표 6-6 소근육운동에 대한 숫자 평정척도 관찰기록지의 예

대상 유아	이민지 (여)	생년월일	2008년 8월 16일
관 찰 자	○○○	관 찰 일	2013년 4월 29일
관찰 시간	자유선택활동 시간		
관찰 장면	쌓기영역, 조형영역		
기록 지침	다음 항목에 대하여 유아가 어느 정도 수행할 수 있는지 해당하는 숫자에 ○표시하여 주십시오.		

소근육운동 발달수준	매우 못함	⟷			매우 잘함
1. 최소한 다섯 개의 작은 블록으로 입체 건물을 지을 수 있다.	1	2	3	4	5
2. 10개 이상의 나무 조각으로 된 퍼즐을 맞춘다.	1	2	3	4	5
3. 연필이나 크레용으로 한 가지 이상 알아볼 수 있는 형태를 그릴 수 있다.	1	2	3	4	5
4. 가위를 사용하여 종이를 직선 따라 오릴 수 있다.	1	2	3	4	5
5. 가위를 사용하여 직선과 곡선이 포함된 복잡한 형태의 그림을 모양대로 오릴 수 있다.	1	2	3	4	5
6. 병뚜껑을 돌려 열고 닫을 수 있다.	1	2	3	4	5

〈표 6-5〉와 〈표 6-6〉의 차이는 〈표 6-5〉는 숫자에 해당하는 문구가 모두 주어진 것이고, 〈표 6-6〉은 주어진 행동 특성 내용에 대한 수준의 정도를 양 끝 숫자에만 제시한 것이다. 두 예에서 보는 것처럼, 숫자 평정척도는 숫자의 의미를 밝혀 주어야 이해가 쉽다. 왜냐하면 숫자만 주어지면 평정자마다 숫자의 의미가 모호하여 자신의 기준으로 평가하게 되므로 각 척도치가 의미하는 것을 기술하는 행동적 준거가 필요하기 때문이다.

또한 숫자 평정척도는 척도에 숫자를 배정하는 방법에 따라 단극척도와 양극척도로 나눌 수 있다. 단극척도는 일반적으로 가장 긍정적인 척도에 가장 높은 점수를 주는 것이다. 즉, 3점 척도인 경우 3, 2, 1로 배정하고, 5점 척도인 경우에는 5, 4, 3, 2, 1로 나누어 배정한다. 양극척도는 숫자를 양수와 음수로 나누어 배정하는 것이다. 즉, 5점 척도인 경우 +2, +1, 0, −1, −2로 숫자를 배정하여 숫자가 양극단으로 뻗어나가게 하는 것이다. 양 끝에만 동의 수준을 의미하는 용어를 사용한 단극척도와 양극척도의 예를 들면 〈표 6-7〉과 〈표 6-8〉과 같다.

표 6-7 단극척도를 사용한 숫자 평정척도의 예

항목	전혀 그렇지 않다 ←			→	매우 그렇다
교사나 친구를 도와준다.	1	2	3	4	5
교사나 친구에게 인사를 한다.	1	2	3	4	5

표 6-8 양극척도를 사용한 숫자 평정척도의 예

항목	전혀 그렇지 않다 ←			→	매우 그렇다
교사나 친구를 도와준다.	−2	−1	0	1	2
교사나 친구에게 인사를 한다.	−2	−1	0	1	2

3) 도식 평정척도

도식 평정척도(graphic rating scale)는 평가와 판단의 기준을 도식으로 제시한 것이다. 도식으로는 수평선, 수직선, 그림, 음영 등이 사용되는데, 가장 흔한 것이 수평선이다. 즉, 척도에 수평선으로 된 직선을 제시하고 관찰자에게 직선을 시각적 단서로 활용하여 직선의 위치를 기준으로 행동을 판단하도록 하는 방법이다. 직선은 관찰하는 행동의 등급이 연속성이 있음을 가정할 수 있도록 도와준다. 또한 시각적으로 동일한 길이의 간격은 평정의 각 등급이 동일한 차이임을 알려 준다. 이러한 특성 때문에 도식 평정척도는 평정을 쉽게 할 수 있다. 그러나 어떤 선과 같은 도식만 주어져서는 평가가 이루어질 수 없으므로 숫자나 문장 또는 구, 절의 기술이 함께 제시되어야 한다. [그림 6-1]과 [그림 6-2]는 각각 수평선과 음영을 이용한 도식 평정척도의 예다.

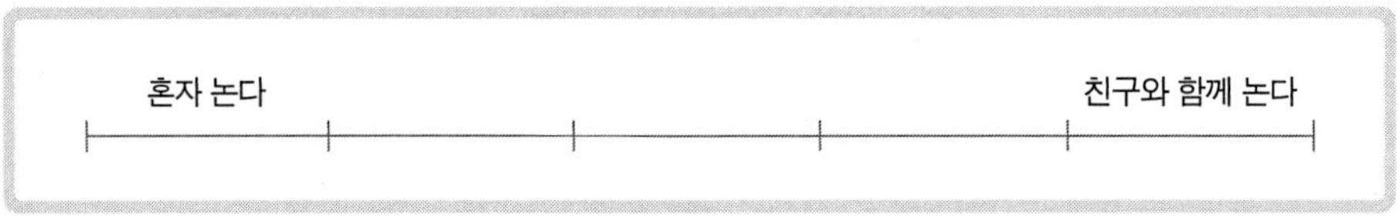

그림 6-1 수평선을 이용한 도식 평정척도의 예

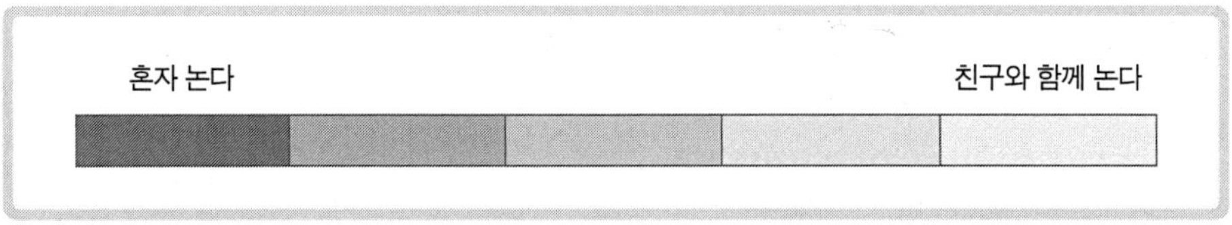

그림 6-2 음영을 이용한 도식 평정척도의 예

[그림 6-1]은 평정 값을 해당 수평선의 위치에 표시하고, [그림 6-2]는 해당 음영 부분에 표시하도록 되어 있다.

다음 〈표 6-9〉는 유아의 정서지능에 대한 도식 평정척도의 예다.

표 6-9 유아 정서지능을 측정하는 도식 평정척도 관찰기록지의 예

번호	항목	전혀 아니다	거의 아니다	보통 이다	거의 그렇다	아주 그렇다
1	어떤 만족스러운 일을 했을 때 자랑스러워하거나 기뻐한다.					
2	걱정스러울 때 그 감정을 잘 표현한다.					
3	심심할 때 그 감정을 잘 표현한다.					
4	즐거울 때 그 감정을 잘 표현한다.					
5	부끄러울 때 그 감정을 잘 표현한다.					
6	흥분하고 있을 때 그 감정을 잘 표현한다.					
7	선생님이 요구하는 사항을 잘 이해하고 따른다.					
8	게임에서 졌을 때 화내지 않고 결과를 수용한다.					
9	게임이나 어떤 활동을 할 때 자기를 제일 먼저 시켜 주지 않아도 수용할 수 있다.					
10	자기 순서가 될 때까지 참고 기다린다.					
11	놀이에서 따돌림당하여 혼자 놀게 되더라도 화내지 않는다.					
12	친구들이 별명을 부르거나 놀리더라도 화내지 않는다.					
13	화가 났을 때 참을 줄 안다.					
14	하던 일이 잘 안 되거나 실패해도 짜증이나 신경질을 내지 않는다.					
15	친구들과 게임을 할 때 자기가 지고 있는 상황이라도 규칙을 잘 지킨다.					
16	다른 사람의 표정을 보고 그 사람의 기분 상태를 잘 안다.					
17	상대방의 말을 듣고 그 사람의 기분 상태를 잘 안다.					
18	친구가 넘어져서 다쳤을 때 안타까워한다.					
19	친구가 다른 아이에게 장난감을 빼앗겼을 때 속상해한다.					
20	애를 쓰고 있는 친구를 보면 안타까워한다.					

(계속)

21	어떤 아이가 울고 있을 때 측은한 마음을 갖는다.					
22	친구가 아플 때 걱정을 해 준다.					
23	친한 친구를 만났을 때 반갑게 인사를 잘 한다.					
24	친하게 지내고 싶은 아이에게 친밀감 있게 접근한다.					
25	다른 친구를 자기가 하고 있는 놀이에 참여시킬 줄 안다.					
26	밖에서 선생님을 만났을 때 반갑게 인사를 잘한다.					
27	친구에게 도움을 받았을 때 고마움을 표현할 줄 안다.					
28	선생님이 화가 나 있을 때 자신의 행동을 조심할 줄 안다.					
29	친한 친구가 슬퍼하고 있을 때 위로할 줄 안다.					
30	자신이 잘못한 행동을 선생님이 지적했을 때 이를 잘 받아들인다.					
31	주변이 소란해도 개의치 않고 자기가 하던 일을 계속한다.					

출처: 임미혜(2005).

〈표 6-9〉에는 항목마다 동일한 크기의 직사각형을 나란히 제시하였고 직사각형의 맨 위에는 등급을 의미하는 표현이 적혀 있다. 평정자는 다섯 개의 직사각형 도식을 시각적 단서로 활용하여 사각형의 위치를 기준으로 행동을 판단하게 되어 있다.

〈표 6-10〉은 이윤옥(2009)이 제시한 유아의 사회적 행동에 관한 도식 평정척도 관찰기록지의 예를 수정한 것이다.

표 6-10 유아의 친사회적 행동을 측정하는 도식 평정척도 관찰기록지의 예

대상 유아		생년월일	
관 찰 자		관 찰 일	
관찰 시간			
관찰 장면			

〈기록 지침〉

각 항목을 읽고 항목마다 왼쪽 문장과 오른쪽 문장의 내용 중 유아의 행동에 가장 근접하다고 생각되는 수평선의 위치에 ✓표하세요.

1.	주로 혼자서 논다.	├─┼─┼─┼─┼─┤	주로 친구들과 논다.
2.	먼저 놀이를 제안하거나 시작하는 경우가 없다.	├─┼─┼─┼─┼─┤	대부분의 행동을 먼저 제안한다.
3.	친한 친구가 없다.	├─┼─┼─┼─┼─┤	친하게 지내는 친구가 많다.
4.	자신을 방어하지 못한다.	├─┼─┼─┼─┼─┤	자신을 잘 방어한다.
5.	친구들을 밀거나 때린다.	├─┼─┼─┼─┼─┤	대화나 이성적으로 해결한다.
6.	교사나 친구를 돕지 않는다.	├─┼─┼─┼─┼─┤	교사나 친구를 잘 돕는다.
7.	장난감을 나누어 쓰지 않는다.	├─┼─┼─┼─┼─┤	장난감을 잘 나누어 쓴다.
8.	큰 소리, 새로운 장소를 무서워한다.	├─┼─┼─┼─┼─┤	큰 소리, 새로운 장소를 겁내지 않는다.
9.	감정을 겉으로 드러내지 않는다.	├─┼─┼─┼─┼─┤	감정을 쉽게 드러낸다.
10.	언제나 우울한 표정을 짓는다.	├─┼─┼─┼─┼─┤	늘 웃고 다닌다.
11.	친구가 울고 있을 때 그냥 지나친다.	├─┼─┼─┼─┼─┤	친구가 울고 있으면 도와준다.
12.	차례를 기다리지 못한다.	├─┼─┼─┼─┼─┤	차례를 잘 지키고 기다린다.
13.	규칙을 거의 지키지 않는다.	├─┼─┼─┼─┼─┤	규칙을 잘 이해하고 지킨다.
14.	다치거나 좌절하면 쉽게 운다.	├─┼─┼─┼─┼─┤	웬만한 경우 거의 울지 않는다.
15.	오래 집중하지 못한다.	├─┼─┼─┼─┼─┤	집중력이 뛰어나다.
16.	모든 일에 자신이 없다.	├─┼─┼─┼─┼─┤	모든 일에 자신이 있다.
요 약			

〈표 6-9〉와 〈표 6-10〉의 두 가지 도식 평정척도는 비슷해 보이지만 서로 다른 면이 있다. 〈표 6-9〉는 항목을 설명하는 내용이 한 가지 항목에 대해서 긍정적 표현만 사용하였고, 다섯 개의 직사각형이 시각적 단서가 되어 직사각형의 위치를 기준으로 행동을 판단하도록 되어 있다. 그런데 〈표 6-10〉은 항목을 설명하는 내용이 한 가지 항목에 대해 긍정적 표현과 그에 상응하는 부정적 표현을 동시에 양극단의 위치에 제공하고 그 사이에 수평선을 제시하여 선의 특정 위치에 표시하여 평정하도록 했음을 볼 수 있다.

4) 표준 평정척도

표준 평정척도(standard rating scale)는 평가와 판단의 기준을 비율로 제시한 것이다. 즉, 관찰자에게 관찰 대상을 다른 일반인과 비교할 수 있는 비율을 준거로 제시하는 방법이다. 따라서 표준 평정척도는 유아의 행동이 다른 유아들과 비교했을 때 어느 정도의 위치인지 알고 싶을 때 사용할 수 있다. 대학의 과목별 학업 성적을 수강 인원의 비율에 따라 A, B, C, D로 나누어 상대평가하는 것도 표준 평정척도에 속한다고 할 수 있다. 〈표 6-11〉은 표준 평정척도의 예다.

표 6-11 표준 평정척도의 예

항목	하위 5%	하위 20%	중간 50%	상위 20%	상위 5%
교사나 친구를 도와준다.					
교사나 친구에게 인사를 한다.					

〈표 6-11〉은 유아의 행동이 다른 유아들과 비교했을 때 상위 또는 하위 어느 정도의 비율에 해당하는지를 평가하도록 되어 있다. 그러므로 '연필이나 크레용으로 한 가지 이상 알아볼 수 있는 형태를 그릴 수 있다.'와 같이 구체적 능력 정도를 묻는 항목은 표준 평정척도에 적합하지 않고, '수업활동에 잘 참여한다.'와 같이 유아의 행동이 다른 유아들에 비해 상대적으로 어느 정도인지 알고 싶은 경우에 사용하면 좋다.

지금까지 살펴본 행동 평정척도의 네 가지 유형의 표현양식에는 서로 차이가 있다. 그러나 관찰자에게 준거를 제시하여 되도록 객관적이고 일관성 있게 평정하도록 도와주고, 행동의 질적 특성을 수량화하도록 구성되어 있다는 공통점이 있다. 또한 앞서 제시한 예에서 보는 것처럼 행동 평정척도는 어느 한 가지 유형만 독립적으로 사용하는 것이 아니라 하나 이상의 유형을 병행하여 사용할 수 있다.

5. 행동 평정척도 관찰기록법의 사용 예

1) 행동 평정척도 관찰기록법을 적용한 일과수행평가

〈표 6-12〉는 제5장의 〈표 5-7〉에서 보여 준 일과수행평가표의 한 부분을 행동 평정척도로 바꾼 것이다. 또한 이 행동 평정척도에서는 일정 시간간격을 두고 반복해서 관찰 · 기록할 수 있도록 수행도를 기록하는 난을 여러 칸으로 늘렸음을 볼 수 있을 것이다. 뿐만 아니라 이 장에서 소개한 네 가지 행동 평정척도 유형과는 달리 수행 정도를 평정자가 직접 약자로 기입해 넣도록 되어 있는 점이 특이하다.

〈표 6-12〉를 살펴보면, 유아가 교사의 언어적 촉진(도움)을 주어서 수행했으면 '언'이라고 기록하고, 교사의 신체적 촉진(도움)으로 하게 되었으면 '신'이라고 기록하고, 교사가 시범을 보여서 하게 되었으면 '모'라고 기록하고, 유아가 스스로 독립적으로 했으면 '○'로 기록하고, 전혀 하지 못했으면 '×'로 기록하도록 되어 있음을 알 수 있다. 이때, 유아가 스스로 수행한 것으로 표시된 것은 유아의 강점이 된다. 그리고 수행하고 있지 못한 것으로 표시된 것은 유아가 앞으로 성취해야 할 목표가 되므로 유아에 대한 지도 사항이 될 것이다. 이와 같이 행동 목록 관찰기록법을 위해 만든 행동 목록은 언제라도 관찰자가 행동 평정척도로 바꾸어 사용할 수 있다.

표 6-12 일과수행평가를 위한 행동 평정척도 관찰기록지의 예

유아: 김영수 (남, 4세)

일 시	2013년 3/15	년 /	년 /	년 /
평가자	○○○			

〈평가 표시〉

각 평가 항목에 대하여 다음 평가 기준을 읽고 수행도란에 해당하는 글자나 표시를 기록하시오.

- 언: 유아가 교사의 언어적 촉진으로 수행했을 경우
- 신: 유아가 교사의 신체적 촉진으로 수행했을 경우
- 모: 유아가 교사의 모델링을 통해 수행했을 경우
- ○: 유아가 스스로 독립적으로 수행했을 경우
- ×: 유아가 전혀 수행하지 못했을 경우

일 과	평가 일시				관찰 및 계획
등원	3/15				
스스로 신발을 벗는다.	○				
신발장에서 이름을 찾는다.	×				글자를 모르므로 영수 사진을 신발장에 붙여야 할 것 같음
신발을 정돈한다.	신				
바로 교실로 향한다.	×				처음에는 현관에서 영수를 기다리고 있다가 언어적 촉진과 신체적 촉진을 주어서 교실에 들어갈 수 있게 해야 함
선생님께 인사한다.	○				
옷과 가방을 사물함에 정리한다.	언				
친구와 인사한다.	×				성인과 인사하는 것은 가능하나 또래와는 어려운 것 같음. 일과 안에서 계속 지도 필요함
출석카드에 도장을 찍는다.	신				

2) 행동 평정척도 관찰기록법을 적용한 행동 동기 평가

〈표 6-13〉은 Durand와 Crimmins(1988)가 만든 유아의 문제행동 평가를 위한 동기 평가척도다.

표 6-13 유아의 문제행동 평가를 위한 동기 평가척도

성명		평가자		평가일	
문제행동					
평가 장소					

평가 지침: 먼저 걱정되는 문제행동을 선택하여 최대한 구체적으로 기술하십시오. 예를 들면, '공격적이다'라고 표현하기보다는 '옆 친구를 때리다'로 기술하는 것이 좋습니다. 평가할 행동을 구체적으로 기술했으면 아래의 각 문항을 주의 깊게 읽고 그 행동을 가장 잘 묘사하는 것으로 생각되는 점수에 ○표 하십시오.

문항	전혀 그렇지 않다	거의 그렇지 않다	보통 그렇지 않다	중간 정도 그렇다	대개 그렇다	거의 항상 그렇다	항상 그렇다
1. 문제행동은 아동이 오랜 시간 혼자 있을 때 계속해서 반복적으로 일어납니까?	0	1	2	3	4	5	6
2. 문제행동은 어려운 과제를 수행하기를 요구한 후 일어납니까?	0	1	2	3	4	5	6
3. 문제행동은 다른 사람들과 이야기하고 있을 때 일어납니까?	0	1	2	3	4	5	6
4. 문제행동은 전에 아동이 가질(먹을/할) 수 없다고 들은 적이 있는 장난감(음식/활동)을 가지기(먹기/하기) 위해 일어납니까?	0	1	2	3	4	5	6
5. 문제행동은 주위에 아무도 없으면 아주 오랜 시간 동안 반복적으로 일어납니까? (예: 한 시간 이상 상체를 앞뒤로 흔듦)	0	1	2	3	4	5	6
6. 문제행동은 아동에게 어떤 요구를 할 때 일어납니까?	0	1	2	3	4	5	6
7. 문제행동은 아동에게 관심을 보이지 않을 때마다 일어납니까?	0	1	2	3	4	5	6
8. 문제행동은 아동이 좋아하는 장난감(음식/활동)을 철회할 때마다 일어납니까?	0	1	2	3	4	5	6

(계속)

9. 아동은 맛보거나 바라보거나 냄새 맡거나 듣는 것을 좋아합니까?	0	1	2	3	4	5	6
10. 아동에게 어떤 것을 요구할 때, 아동은 상대방을 당황스럽게 하는 행동을 합니까?	0	1	2	3	4	5	6
11. 아동에게 관심을 주지 않을 때, 아동은 상대방을 당황스럽게 하는 행동을 합니까?	0	1	2	3	4	5	6
12. 문제행동은 아동이 요구한 장난감(음식/활동)을 제공한 후 곧 중지됩니까?	0	1	2	3	4	5	6
13. 문제행동이 발생할 때 아동은 주위에서 일어나는 일을 의식하지 못합니까?	0	1	2	3	4	5	6
14. 문제행동은 아동의 요구를 들어준 후 곧(1~5분) 중지됩니까?	0	1	2	3	4	5	6
15. 문제행동은 상대방과 함께 시간을 보내기 위해 발생합니까?	0	1	2	3	4	5	6
16. 문제행동은 아동이 원하는 일을 할 수 없다는 말을 들었을 때 일어납니까?	0	1	2	3	4	5	6

구분	감각	회피	관심 끌기	선호 물건/활동
문항 점수	1. ______ 5. ______ 9. ______ 13. ______	2. ______ 6. ______ 10. ______ 14. ______	3. ______ 7. ______ 11. ______ 15. ______	4. ______ 8. ______ 12. ______ 16. ______
전체 점수				
평균 점수				
상대 순위				

출처: Durand & Crimmins (1988).

〈표 6-13〉을 살펴보면, 특정 문제행동에 관한 질문 문항에 부여한 척도 점수를 아래의 '문항 점수'에 번호에 맞게 기입하여 행동의 동기에 해당하는 항목별로 합산하게 되어 있다. 항목별 합산 점수를 비교하여 순위를 매기면 특정 문제행동에 대한 유아의 동기가 무엇인지 알 수 있도록 구성되어 있다. 〈표 6-13〉은 행동 평정척도 관찰기록법이 행동에 대한 원인이나 전후 사정을 구체적으로 설명해 주지 못한다는

단점을 보완하도록 만들어진 행동 평정척도 관찰기록지라고 할 수 있다.

3) 행동 평정척도 관찰기록법을 적용한 표적행동 발생 가능성 평가

〈표 6-14〉는 유아의 일주일 유치원 생활을 중심으로 해서 일과에 대한 정보를 수집하도록 되어 있는 것으로, 유아의 일과 중 문제행동 발생 가능성을 점검할 수 있도록 되어 있는 행동 평정척도 관찰기록지다.

표 6-14 문제행동 발생 가능성 평정척도 관찰기록지

※ 해당 칸에 유아 이름, 요일(요일마다 시간표가 다른 경우)을 적으시오.
해당 활동 시간의 문제행동 발생 가능성 수준을 의미하는 숫자에 ✓ 표하시오.
그 문제행동의 심각성 정도를 의미하는 숫자에 ○표 하시오.
(행동 발생 가능성과 심각성은 서로 다를 수 있습니다.)

유아: ________________ 요일: ________________

활동	문제행동 심각성 및 발생 가능성					
	없음	매우 낮음	낮음	보통	높음	매우 높음
등원	0	1	2	3	4	5
자유선택활동	0	1	2	3	4	5
오전 간식	0	1	2	3	4	5
대집단 활동	0	1	2	3	4	5
점심식사	0	1	2	3	4	5
양치질	0	1	2	3	4	5
실외활동	0	1	2	3	4	5
낮잠	0	1	2	3	4	5
대집단 활동	0	1	2	3	4	5
하원	0	1	2	3	4	5

〈표 6-14〉를 살펴보면, 등원 이후의 일과는 어떻게 진행되는지, 학급 시간표는 어떻게 짜여 있는지, 휴식시간과 점심시간은 언제인지 등의 정해진 일과를 알 수 있다. 하루 일과를 살펴보는 것은 일과 중의 어떤 요소가 문제행동의 감소나 증가에 영향을 미칠 수 있는지 알 수 있기 때문에 중요하다.

또한 일과에 대한 정보는 어떤 상황에서 문제행동이 많이 발생하는지뿐만 아니라 어떤 상황에서는 문제행동이 발생하지 않는지에 대한 정보도 알려 준다. 이렇게 수집된 일과에 대한 정보는 유아가 선호하는 활동이 무엇인지 알 수 있게 해 줄 뿐 아니라, 문제행동이 발생하지 않는 상황에 대한 특성도 분석하여 그 내용을 행동 지도 계획에 적용할 수 있도록 도와준다. 〈표 6-14〉는 개별 유아에게 적용할 수도 있고 학급별로 적용할 수도 있다.

4) 행동 평정척도 관찰기록법을 적용한 응용 그래프

[그림 6-3]은 유아의 편식 행동에 대한 행동 평정척도 관찰기록지인데, 행동 평정척도를 작성하면 바로 그래프가 되도록 만들어 놓은 것이다(이형복, 양명희, 2009).

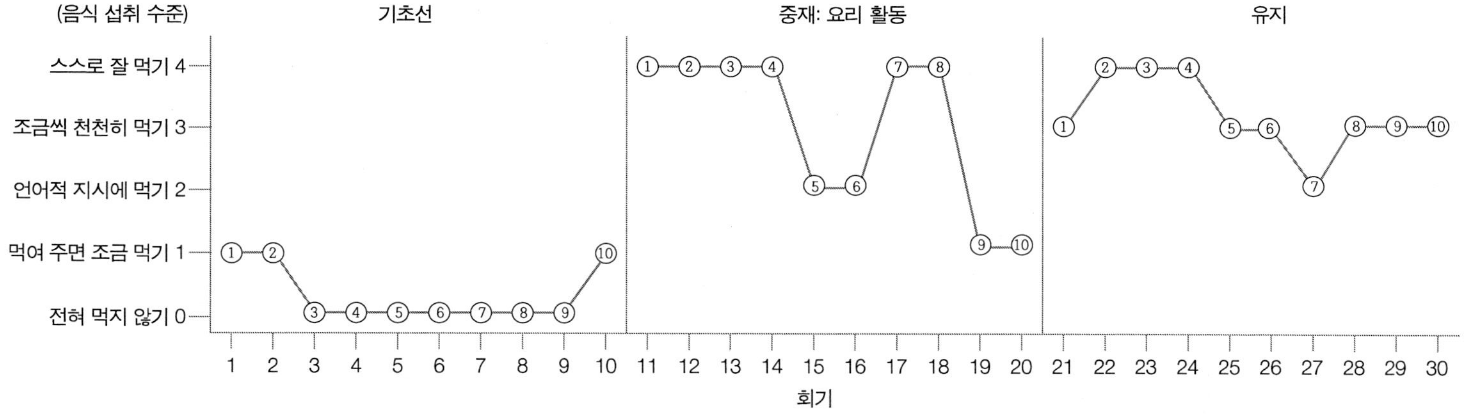

편식음식	1. 오이	2. 감자	3. 두부	4. 고등어	5. 바지락	6. 오징어	7. 버섯	8. 미역	9. 콩	10. 시금치
회기별 요리명	1. 오이무침	2. 감자된장국	3. 김치두부찌개	4. 고등어조림	5. 바지락국	6. 갑오징어초무침	7. 버섯전	8. 오이미역냉국	9. 콩자반	10. 시금치나물
	11. 오이무침	12. 감자볶음	13. 두부된장국	14. 고등어조림	15. 바지락미역국	16. 오징어야채전	17. 버섯볶음	18. 미역오이초무침	19. 검은콩밥	20. 시금치나물
	21. 오이소박이	22. 감자볶음	23. 감자두부된장국	24. 고등어구이	25. 바지락국	26. 오징어소면무침	27. 버섯볶음	28. 미역오이초무침	29. 검은콩밥	30. 시금치나물

그림 6-3 편식 행동 평정척도 관찰기록지의 예

[그림 6-3]의 그래프는 유아가 회기별로 먹은 음식이 무엇인지 알 수 있도록 그래프 밑에 표가 함께 제시되어 있고, 그래프의 자료점인 동그라미(○) 안에 유아가 그 회기에 먹은 음식이 무엇인지 알 수 있도록 숫자가 기재되어 있다. 그래프의 세로좌표에는 유아의 음식 섭취 수준의 정도를 척도로 구분하여 제시한 것을 볼 수 있다. 작성된 척도를 보면 유아가 몇 회기에 무슨 음식을 어느 정도 수준으로 먹었는지 알 수 있도록 되어 있다. 1회기 경우 유아는 오이무침을 먹여 주면 조금 먹었음을 알 수 있고, 요리 활동을 시작한 11회기에는 오이무침을 스스로 잘 먹었음을 알 수 있다.

5) 공식적 검사 도구

상용화되어 있는 공식적 검사 도구로서의 행동 평정척도는 수없이 많다. 예로, Fullard, McDevitt 및 Carey(1984)가 개발한 '영유아 기질척도'를 들 수 있다. 이 척도는 영유아 행동을 활동성, 접근-회피, 적응성, 반응 강도, 기분 구성 차원에 따라 56개 문항으로 설명하도록 구성되어 있다. 이 평정척도 문항의 예는 다음과 같다. ① 잠에서 깨어나면 찡그리거나 칭얼대거나 혹은 운다. ② 하던 일이 잘 안 되면 큰 소리로 울거나 발을 구른다. ③ 갖고 싶어 하는 것을 갖지 못하면 소리를 지르거나 크게 운다. ④ 집에 낯선 사람이 오면 그 사람에게 다가간다. ⑤ 감기에 걸렸거나 배가 아프면 보채고 언짢아한다. 이러한 행동 평정척도는 평가 후, 산출된 점수에 따라 유아가 어느 기질유형에 속하는지 알 수 있도록 되어 있다.

또 다른 예로 '영유아를 위한 사정, 평가 및 프로그램 체계(Assessment Evaluation, and Programming System for Infants and Children: AEPS)'(이영철, 허계영, 문현미, 이상복, 정갑순 역, 2008)에서 소근육운동영역을 평가하는 행동 평정척도식 검사 도구의 한 부분을 간략하게 편집하여 〈표 6-15〉에 제시했다.

표 6-15 '영유아를 위한 사정, 평가 및 프로그램 체계'의 소근육운동 평가 부분

소근육 영역(0~3세 미만)								
A. 도달하고, 잡고, 놓기	관찰 날짜							
	❶							
	❷	❸						
• 동시에 두 손 중앙으로 가져오기								
각 손을 유도된 방향으로 휘젓거나 때리듯 내밀기								
각 팔을 일정하지 않은 방향으로 움직이기								
• 두 개의 물건 중앙으로 가져오기								
물체를 한 손에서 다른 손으로 옮기기								
각 손에 물건 잡기								
각 손을 물건을 향해 뻗고 만지기								
• 양손 중 한쪽의 엄지, 검지, 중지 끝으로 주먹 크기의 물건 잡기								
양손 중 하나로 주먹 크기의 물건을 잡은 손의 엄지와 검지 쪽에 위치해 있도록 손바닥으로 잡기								
양손 중 하나로 원주모양의 물건을 손가락을 오므려서 잡기								
양손 중 하나로 주먹 크기의 물건을 손 전체를 사용하여 잡기								
• 양손 중 하나로, 손과 팔을 표면 위에 얹어 의지하지 않고, 엄지와 검지 끝을 사용하여, 콩 크기의 물건 잡기								
양손 중 한쪽의 손과 팔을 표면 위에 얹어 의지하고, 엄지와 검지 끝으로 콩 크기의 물건 잡기								
양손 중 한쪽의 엄지와 검지 옆면을 사용하여, 콩 크기의 물건 잡기								
양손 중 한쪽의 손가락을 갈퀴 모양 혹은 할퀴는 모양으로 만들어 콩 크기의 물건 잡기								
• 물건들 정렬하고 쌓아 올리기								
물건들 정렬하기								
양손 중 하나로 한 개의 물건 위에 다른 물건 균형 있게 쌓기								
양손 중 하나로 큰 물건 안이나 위에 손에 쥔 물건 놓기								
각 손에 쥐었던 물건 놓기								

출처: 이영철, 허계영, 문현미, 이상복, 정갑순 역 (2008).

〈표 6-15〉에 제시한 검사 도구를 실시하는 방법은 다음과 같다. 관찰자는 ❶에 관찰한 날짜를, ❷에 검사 점수를, 그리고 ❸에는 참조 사항을 기입한다. 검사 점수는 검사 대상 유아가 그 항목을 독립적으로 수행하면 2점을, 도움을 주었을 때 수행할 수 있으면 1점을, 그리고 도움을 주거나 쉽게 하도록 수정해 주어도 하지 못하면 0점을 주도록 한다. 참조사항은 A, B, D, M, Q, R로 구분되어 있다. 검사 대상 유아에게 검사에서 도움이 제공되었을 때는 A, 유아의 행동이 나타나는 것이 방해받았을 때는 B, 직접 해 보도록 검사했을 때는 D, 유아의 수행을 돕기 위해 수정이 가해졌을 때는 M, 유아가 그 항목을 수행하였더라도 수행능력의 질이 의심스러울 때는 Q, 그리고 관찰자가 관찰한 것이 아니라 누군가의 보고에 의해 수행할 수 있다는 것을 알게 되었을 때는 R로 표기한다. 이렇게 관찰한 결과를 보면 유아가 항목에 있는 행동을 어떤 상황에서 어느 수준 정도 할 수 있었는지 알 수 있을 것이다. 또한 정기적으로 항목들을 관찰하면 그 영역에 대한 유아의 발달 과정을 확인할 수 있을 것이다.

지금까지 살펴보았듯이, 행동 평정척도 관찰기록법은 행동이 얼마나 자주 일어나는지 또는 어느 정도 수준인지를 목록마다 척도에 따라 동의하는 정도를 평정자의 기억에 의존하여 작성하는 관찰 방법이다. 앞서 제시한 행동 평정척도의 예들을 살펴보면 알 수 있듯이 행동 평정척도는 다양한 모습으로 목적에 따라 개발할 수도 있고 공식적 도구를 사용할 수도 있다.

토의 및 적용

✤ 유아교육 영역에서 행동 평정척도 관찰기록법을 적용한 논문을 찾아, 연구에서 사용한 행동 평정척도가 행동 평정척도 제작의 유의사항들을 지켰는지 확인해 보시오.

✤ 소집단으로 나누어 행동 평정척도를 사용할 때 나타날 수 있는 여섯 가지 오류 중에서 자신에게 가장 해당할 것 같은 것은 무엇인지, 왜 그런지 이야기해 보시오.

✤ 유아의 식사 행동에 관한 내용으로 네 가지 유형의 행동 평정척도를 만들어 보시오.

Chapter

7

포트폴리오 평가

1. 포트폴리오 평가의 의미
2. 포트폴리오 평가의 절차

제7장 포트폴리오 평가

학습목표

- 포트폴리오 평가의 개념을 정의할 수 있다.
- 포트폴리오 평가의 특성과 목적을 이해할 수 있다.
- 포트폴리오 평가의 절차를 설명할 수 있다.

핵심용어의 정의

- **포트폴리오 평가**

시간의 흐름에 따른 개별 유아의 발달적 측면과 학습적 측면과 관련된 다양한 정보를 반영할 수 있는 각종 기록, 작품, 데이터를 조직적・체계적으로 수집하여 유아의 지식, 기술, 태도 등의 변화 과정을 검토할 수 있도록 변화와 우수성 등에 관해 평가하는 것이다.

유아의 학습 및 발달 평가 시 표준화된 검사 도구를 활용한 전통적인 평가 방법은 유아의 발달적 특성에 부합하지 않는다는 문제점들이 지적되고 있다. 이에 대한 대안평가의 한 방안으로 포트폴리오 평가 방법이 부각되었고, 유아교육 현장에서 포트폴리오 평가를 어렵지 않게 볼 수 있게 되었다. 이 장에서 소개하는 포트폴리오는 관점에 따라 행동 관찰 평가의 종류로 분류하는 경우도 있고, 행동 관찰 평가의 적용에 분류하는 경우도 있다. 여기서는 유아의 행동 관찰에 따른 자료와 정보를 수집하고 평가한다는 의미에서 평가의 한 종류로 분류하였다.

1. 포트폴리오 평가의 의미

1) 포트폴리오 평가의 개념 정의

'포트폴리오(portfolio)'의 사전적 정의는 "대표 작품을 모은 선집, 서류 가방 등(민중서림, 2001)"이다. 포트폴리오라는 용어는 최근에 새롭게 생긴 것이 아니라 교육계 이외의 여러 분야에서 오래전부터 활발하게 사용되어 왔다(Collins, 1992). 즉, 예술, 의류, 사진, 문학, 경제 등의 다양한 분야에서 작업의 결과나 작품을 모아 놓은 자료집이나 서류철을 의미한다. 예를 들면, 예술가의 포트폴리오는 최고의 작품을 대표적으로 선정한 것이며, 재정 포트폴리오는 모든 재정적인 거래 목록을 모은 것이고, 세일즈맨의 포트폴리오는 업무를 수행할 수 있는 능력의 근거를 제시하는 목록이다.

이러한 포트폴리오 개념을 교육에서 활용하게 된 것은 1980년대 후반부터 1990년대에 들어선 이후다. 포트폴리오는 Danielson과 Abrutyn(1997)이 포트폴리오를 수업과 평가의 효율성을 향상시킬 수 있는 전략으로 소개하면서 주목받기 시작하였다. 교육현장에서 포트폴리오는 학습자의 학습, 성장, 발달, 진전 등의 근거가 되는 학습자의 작품, 수행 결과, 기록물 등의 모음집으로 통용되어 오고 있다. 그러나 포트폴리오는 현재에도 발전하고 변화되어 가는 개념으로, 연구자에 따라 다양하게 정의내리고 있다. 포트폴리오의 의미를 좀 더 자세히 이해하기 위해, 여러 연구자들이 정의한 포트폴리오의 개념을 살펴보면 〈표 7-1〉과 같다.

표 7-1 여러 연구자들의 포트폴리오 개념 정의

이론가	포트폴리오 개념
Vavrus (1990)	유아들의 지식, 기술 및 태도의 성장을 점검하기 위하여 교사와 유아가 체계적 · 조직적으로 증거를 수집한 것
Northwest Evaluation Association (1990)	시간의 흐름에 따른 유아의 발달과 학습을 기록하는 증거를 조직하는 목적을 가지고 모아 놓은 것
Collins (1992)	학습자의 지식, 기능, 속성에 관한 근거를 제공하는 서류들을 의도적으로 수집해 놓은 것
Martin (1999)	유아에 대한 관찰 내용, 건강과 사회성의 진보, 검사 결과, 유아의 작품, 다른 유의미한 정보들을 모아 두는 방법
Gronlund & Engel (2001)	유아의 지속적인 발달을 기록하고 문서화하는 방법으로 유아의 작품을 저장하며 그의 상호작용을 일화적으로 쓰며, 교사가 유아의 학습과 업적의 증거를 함께 놓는 것
McAfee & Leong (2007)	유아의 계속적인 발달과 학습을 기록하는 증거의 조직화되고 의도적인 편집물로, 개별 유아의 변화와 발달 과정을 전체적, 지속적으로 평가하기 위한 방법
Kingore (2008)	유아교육과정을 통한 학습 기준으로 유아의 정서적 · 인지적 학습에 초점을 둔 가치 있는 도구로, 시간이 지남에 따른 각각의 유아의 성취 수준, 흥미, 학습 프로파일, 발달 준비의 정보를 보여주는 모음
Wortham (2008)	유아의 발달과 학습을 평가하기 위해 비형식적인 수행평가로부터 나온 교수 자료와 유아의 작품을 수집한 것

이와 같은 포트폴리오 평가에 대한 내용을 종합하면, 포트폴리오 평가는 시간의 흐름에 따라 개별 유아의 발달적 측면이나 학습적 측면과 관련된 다양한 정보를 반영할 수 있는 각종 기록, 작품 및 자료를 장기적 · 조직적 · 체계적으로 수집하여 하나의 모음집으로 만들어, 유아의 변화와 발달 과정에 대해 전체적이고 지속적으로 평가하는 방법이라 할 수 있다. 따라서 변화와 우수성 등에 관한 평가 없이, 유아와 관련된 자료를 수집해 놓은 것만을 포트폴리오 평가라고 하기는 어렵다. 표준화된 검사와 같은 전통적 방법과는 달리, 포트폴리오는 광범위한 맥락에서 유아를 관찰하고 정보를 수집하여 유아의 지식, 기술, 태도 등의 변화 과정을 검토할 수 있으므

로 유아를 효과적으로 평가하는 도구로서의 가치가 높다고 할 수 있다.

2) 포트폴리오 평가의 특성과 목적

대안평가의 한 방안인 포트폴리오 평가를 유아교육 현장에서 효율적으로 사용하기 위해서는 포트폴리오 평가의 특성을 숙지하는 것이 필요하다. 여러 연구자들이 제시한 포트폴리오의 평가의 특성을 종합해 보면 다음 다섯 가지로 요약할 수 있다(Barton & Collins, 1997; McAfee & Leong, 2007). 첫째, 포트폴리오 평가는 유아를 평가에 참여시켜 자기 주도적 학습을 가능하게 한다. 포트폴리오 평가는 유아 중심의 활동이기 때문에 학습을 자기 주도적으로 이끄는 것이 가능하다. 유아가 하루 동안 많은 활동 결과물을 만들어 내지만 모든 결과물들을 포트폴리오에 담는 것은 의미가 없으므로, 의미 있는 포트폴리오를 만들기 위해서는 활동 결과물을 선정하는 과정을 거쳐야 한다. 그 과정에서 유아는 주도적으로 포트폴리오에 들어갈 내용을 선택하고 정리하며, 포트폴리오를 조직한다. 그리고 자기 평가를 통해 부족했던 점을 반성하고 개선해야 할 점을 살펴봄으로써 미래의 과제에 대한 목표를 설정할 수 있다. 이런 과정을 통해 유아는 자기 주도적 학습을 경험하게 된다. 이렇게 평가 과정에 유아를 참여시키는 것은 포트폴리오 평가의 두드러진 특성이라고 할 수 있다.

둘째, 포트폴리오 평가는 유아의 발달과 학습에 대한 다양한 정보를 제공한다. 특히 시간의 흐름에 따라 자연스러운 유치원 일과를 통해 수집된 활동 결과물은 일 년 혹은 한 학기 동안 여러 발달영역에서 유아의 성장과 발전 과정을 보여 주는 좋은 자료다. 이러한 자료에는 종이에 남겨진 결과뿐 아니라 실제 작품과 활동 과정을 볼 수 있는 것까지 포함되므로 역동적 평가가 가능하다. 이를 통해 교사는 각 발달영역에서 유아의 실제적 기술과 지식의 발달수준과 학습양식을 찾아낼 수 있다. 뿐만 아니라 다른 유아와의 비교가 아닌 한 유아 안에서 서로 다른 영역의 능력을 비교하는 것을 통해 개별 유아의 관심사와 장점 혹은 독특한 능력을 발견할 수 있게 한다.

셋째, 포트폴리오 평가는 유아의 장점에 초점을 맞추어 평가한다. 포트폴리오는 활동 과정에서 얻어진 결과물들을 시간을 두고 지속적으로 수집하는 것이기 때문에 유아의 변화를 볼 수 있다. 그런데 대부분은 처음보다 향상되기 때문에 장점에 초점을 맞추는 것이 가능하다. 따라서 포트폴리오 평가에서 유아의 미래 발전 가능성을 제시하기가 쉽다.

넷째, 포트폴리오 평가는 융통성이 있다. 융통성이란 사전에 규정된 절대적인 준거, 절차, 내용에 따라 진행되지 않고 상황에 따라 다르게 진행될 수 있음을 의미한다. 그러므로 유아의 연령, 발달수준, 능력에 따라 포트폴리오를 유연하게 적용할 수 있어서 개별화된 교육과정을 적용하는 것이 가능하다. 즉, 수집된 결과물을 토대로 개별 유아의 특성을 파악하고 진단하여 개인적인 피드백을 제공할 뿐 아니라 개별 교수-학습을 계획하고 실행할 수 있다. 그렇기 때문에 개별 유아의 특성에 따라 한 유아에 대한 여러 개의 포트폴리오를 만들 수도 있다.

다섯째, 포트폴리오 평가는 결과에 대한 자연스러운 공유를 가능하게 한다. 교사, 또래, 부모의 조언이 포함되는 포트폴리오의 평가 과정을 통해, 같은 결과물을 보고 다르게 판단하는 사람들의 관점의 차이를 경험하면서 서로의 생각을 공유하게 된다. 그뿐 아니라 교사와 부모, 교사와 교사 간의 공유를 통해 유아 발달에 대한 의사소통이 활발히 이루어지게 한다. 특히, 작업 표본 선정 과정에서 유아의 의견을 묻는 과정이 요구되는 포트폴리오 평가는 교사가 유아를 더욱 깊이 이해할 수 있는 대화로 이끌어 주는 역할을 한다. 즉, 포트폴리오 평가는 유아와 의사소통할 수 있는 풍부한 자원을 제공한다는 것이다.

이러한 여러 특성을 지닌 포트폴리오 평가는 교육현장에서 다음 네 가지의 목적으로 사용될 수 있다(황해익, 정혜영, 2000; Harris, 2009). 첫째, 포트폴리오 평가는 발달과 학습에 있어서 유아의 현재 수준을 파악하여, 개별적인 교수-학습 방법을 계획하는 데 사용될 수 있다. 포트폴리오의 특성에서 설명한 것처럼, 포트폴리오는 유아가 발전하고 진보하는 과정을 볼 수 있는 풍부한 정보를 제공해 주기 때문에, 교사는 현재 유아의 발달 상태를 파악하고 자신의 교수활동이 개별 유아의 수준에 적절한지 살펴볼 수 있다. 이를 통해 유아의 필요를 발견하고 더 나은 중재를 계획할 수 있게 되는 것이다.

둘째, 포트폴리오 평가는 유아의 발달에 도움이 되는 중요한 타인들과의 의사소통과 그들의 활발한 교육 참여를 이끄는 데 사용될 수 있다. 포트폴리오는 유아의 발달과 학습에 중요한 역할을 하는 가족, 동료 교사 및 원장, 그리고 교육전문가들에게 유아에 대한 구체적인 증거를 제시해 주므로, 그들과 유아에 대한 정보 공유가 가능하다. 그러한 정보 공유를 통해 교육적 · 발달적 중재 프로그램의 개선이 가능해진다.

셋째, 포트폴리오 평가는 유아의 학습동기 증진과 자율성 향상을 위해 사용될 수 있다. 포트폴리오는 유아 스스로의 활동이기 때문에, 그 과정 내에서 성취감을 경험하여 자존감이 향상될 수 있다. 아울러 자기 평가를 가능하게 하는 포트폴리오 평가의 반복된 경험은 유아에게 자신의 학습활동에 대한 주도성, 자율성, 책임감을 갖게 해 줄 것이다.

마지막으로, 포트폴리오 평가는 연계성 있는 교육을 위한 정보 제공에 사용될 수 있다. 유아에 대한 종합적 정보를 포함하고 있는 포트폴리오는 새로운 교사가 짧은 시간에 한 유아에 대한 전체적 이해를 가능하도록 도울 수 있으므로 새로운 교사의 시행착오를 줄이고 더욱 효율적인 교육이 가능하도록 할 수 있을 것이다.

이와 같이 포트폴리오 평가는 유아교육현장에서 유아와 교사뿐 아니라 가족 및 유아교육 관계자 모두에게 매우 유용한 교육적 도구로 사용될 수 있다. 그러므로 포트폴리오 평가는 교육현장에서 그 특성이 바르게 이해되고 목적에 맞게 사용되어서 유아의 학습과 발달에 보다 더욱 긍정적인 영향을 미칠 수 있도록 활용되어야 한다.

3) 포트폴리오 유형

(1) 활동 과정의 수준에 따른 분류

활동 과정의 수준에 따른 포트폴리오의 분류란 어떤 활동 과정 전체를 마친 후 마지막 결과로서의 작품을 모을 것인지, 아니면 활동 과정 자체를 보여 주는 작품을 선정할 것인지에 따라 분류한다는 의미다. 활동 과정의 수준에 따른 분류는 〈표 7-2〉와 같다(Birenbaum & Dochy, 1996).

표 7-2 활동 과정의 수준에 따른 포트폴리오 분류

구분	포트폴리오 개념
전시 포트폴리오 (examplary portfolio)	학습자의 대표 작품이나 가장 우수한 작품, 수행 등을 나타낸 것이다. 견본들을 장기적으로 수집한 것이다.
과정 포트폴리오 (process portfolio)	학습자의 학습에서의 발달 및 진전 과정을 나타내는 본보기를 나타낸 것이다. 특정 학습과제에 대하여 진행된 학습활동 과정에 관한 완성 또는 미완성 작품을 수집한 것이다.
결합 포트폴리오 (combined portfolio)	전시 작품과 과정적 작품들로부터 선택된 작품을 수집한 것이다.

(2) 내용의 질적 수준에 따른 분류

내용의 질적 수준에 따른 분류란 포트폴리오 제작의 완성도 수준에 따른 분류를 의미한다. 즉, 포트폴리오를 통해 유아의 총체적 평가가 가능한지에 따른 분류다. 내용의 질적 수준에 따른 분류는 〈표 7-3〉과 같다(Paulson et al., 1991).

표 7-3 내용의 질적 수준에 따른 포트폴리오 분류

구분	포트폴리오 개념
수준 미달 포트폴리오 (off-track portfolio)	일정한 원칙 없이 학습자의 작품을 무조건 수합해 놓은 것이다. 학습이 어떻게 이루어졌는지에 관한 언급이 없고, 학습과제에 대한 학습자의 이해가 충분하지 않은 형태의 포트폴리오다.
초보적 포트폴리오 (emerging portfolio)	포트폴리오의 목적과 교사의 의도를 약간 파악하고 그에 따라 작품을 선정하는 것이다. 학습이 이루어진 것과 학습자에 관한 총괄적인 모습이 여전히 충분하지 않은 형태의 포트폴리오다.
정상적 포트폴리오 (on-track portfolio)	포트폴리오의 부분들 간의 관계와 작품 내용을 올바르게 파악하고, 작품 선정 이유를 정확히 표현한 것이다. 포트폴리오를 통하여 학습자들을 평가할 수 있고, 학습자 스스로도 자신을 평가할 수 있는 형태의 포트폴리오다.
완숙한 포트폴리오 (outstanding portfolio)	학습자가 포트폴리오의 목적을 정확하게 파악하고 구성 내용들 간이나 중심 목적과의 관계를 정확히 파악하고 있는 것이다. 평가자가 학습자의 학습 정도와 전반적인 모습에 관한 판단을 정확히 내릴 수 있는 형태의 포트폴리오다.

(3) 이용 방법에 따른 분류

이용 방법에 따른 분류는 포트폴리오를 사용 목적에 따라 분류하는 것이다. 즉, 사정(assessment)을 위한 것인지, 평가(evaluation)를 위한 것인지, 경과 보고를 위한 것인지에 따라 분류하는 것이다. 이용 방법에 따른 분류는 〈표 7-4〉와 같다(Shores & Grace, 1998).

표 7-4 이용 방법에 따른 포트폴리오 분류

구분	포트폴리오 개념
개인 포트폴리오 (private portfolios)	비밀이 보장되어야 하는 유아의 개인적 정보를 수집하는 것이다. 자료 수집의 주체가 교사인 포트폴리오를 뜻하며, 예로 부모면담기록, 가정환경조사서 등이 있다.
학습 포트폴리오 (learning portfolios)	장기간에 걸쳐 유아의 작품들을 의도적으로 수집한 것이다. 자료 수집의 주체가 유아인 포트폴리오를 뜻하며, 예로 작업표본, 자기반성기록 등이 있다.
인수 포트폴리오 (pass-along portfolios)	1년의 활동을 정리하고, 다음 해 교사에게 전달하기 위한 것이다. 교사, 유아, 부모가 함께 협의해서 유아의 대표 작품을 골라 구성하는 포트폴리오를 뜻한다.

4) 포트폴리오 평가의 장단점

(1) 장점

대안적 평가로서 다양한 측면에서 그 가치가 인정되는 포트폴리오 평가의 장점은 다음과 같다(전남련 외, 2007; Wortham, 2008).

첫째, 포트폴리오 평가를 통해 학습의 발달 과정에 대한 정보를 얻을 수 있다. 장기간에 걸쳐 수집된 결과물들과 유아의 반성적 사고 및 자기평가를 경험하게 되는 포트폴리오를 통해 유아가 학습과정에서 경험한 어려움, 학습 개념의 습득 정도, 기술 증진, 성취 정도, 발달상을 볼 수 있다.

둘째, 포트폴리오 평가는 유아의 자존감을 높여 줄 수 있다. 자신의 작품을 선택하고 이전 작품에 대해 반성해 보는 과정, 그리고 타인과의 비교가 아닌 자기 비교를 통해 유아는 자신의 진보를 확인하며 자신감 · 성취감 · 유능감을 경험할 수 있다. 교사와 협력하여 평가하는 과정 또한 유아의 자존감을 증진시킨다.

셋째, 포트폴리오 평가는 모든 일과와 수업 과정의 평가를 포함하는 총체적 평가이다. 인위적인 평가 상황이 아닌 친숙한 환경 속에서, 그리고 일상적인 수업 과정 속에서 평가가 진행되므로 단편적 평가가 아닌 총체적 평가가 가능하다.

넷째, 포트폴리오 평가는 유아의 장점에 초점을 맞춘다. 포트폴리오 평가는 유아가 잘못한 것이나 틀린 것을 평가하는 것이 아니라, 학기 초에 비해 어떤 점이 더 진보되고 향상되었는지, 그리고 유아가 무엇을 할 수 있게 되었는지에 초점을 맞춘다.

다섯째, 포트폴리오 평가는 개별 유아에게 적합한 평가다. 포트폴리오를 조직하고 수행하고 적용하는 것은 유아의 연령과 발달수준, 발달 및 교육과정 영역, 유아교육기관의 목적 및 그 밖의 여러 요인과 상황에 따라 유연하게 변화할 수 있다. 수집된 포트폴리오 평가 자료들은 유아마다 그 내용이 다르다. 이는 유아의 독특한 개성을 보여 준다. 즉, 포트폴리오 평가는 개별 유아에게 가장 적절하고 효과적이며, 발달적으로 적합한 평가를 실시할 수 있게 한다.

여섯째, 포트폴리오 평가는 평가 과정에 부모와 가족을 참여시킨다. 유아의 진보에 대한 구체적 증거를 제시하여 부모가 유아의 작품을 더 잘 이해할 뿐 아니라 유아의 성취 수준을 잘 파악하게 된다. 부모가 평가 과정에 참여하므로 유아교육에 대한 관심을 증진시키고 결국 교육 효과를 높일 수 있다.

일곱째, 포트폴리오 평가는 협동을 장려한다. 포트폴리오 평가 과정에서 유아와 유아, 유아와 교사 그리고 교사와 교사 간의 협력 관계가 요구되므로, 유아는 타인과의 협동을 경험하고 상호 간의 신뢰감 증진에 도움을 받을 수 있다.

여덟째, 포트폴리오 평가는 교수과정 계획과 수정에 바로 적용 가능하다. 교사는 자연스러운 환경에서 이루어지는 포트폴리오 평가를 통해 유아의 강점과 부족한 점을 알 수 있게 된다. 이러한 정보는 바로 다음 교수계획에 적용될 수 있다.

(2) 단점

포트폴리오 평가의 단점은 다음과 같다(전남련 외, 2007; Wortham, 2008).

첫째, 포트폴리오 평가는 비용과 시간이 많이 소요된다. 유아의 작품을 지속적으로 수집 · 정리 · 평가하는 데 교사의 시간과 노력이 많이 든다.

둘째, 포트폴리오 평가는 단순히 감상적인 기억물 보관이 될 수 있다. 포트폴리오 평가의 목적이나 방법에 대한 교사의 분명한 이해가 선행되지 않으면, 포트폴리오는 타당성 있는 사정 도구가 아닌 단순히 유아의 작품들을 모아 놓은 수집물이 될 수 있다.

셋째, 포트폴리오 평가는 기록물을 보관하기 위한 충분한 공간을 요구한다. 개별 유아의 작품을 수집하고 조직할 수 있는 상자나 파일 등을 보관할 충분한 공간이 마련되어야 한다.

넷째, 포트폴리오 평가는 교사의 편견이 작용할 가능성이 높다. 유아의 발달에 대해 갖고 있는 교사의 예비지식이나 개인 감정이 유아의 작품이나 행동을 평가하는 데 영향을 미쳐 과소평가나 과대평가하게 될 수 있다.

다섯째, 포트폴리오 평가는 내용 타당성의 확보가 쉽지 않으며, 평가 결과에 대한 신뢰성 · 객관성의 확보에 문제가 있을 수 있다. 자료를 수집하고 평가하는 과정에 교사의 판단과 주관이 개입되고, 각 교사마다 그에 대한 관점이 다를 수 있다. 이처럼 포트폴리오의 내용 타당성을 확보하는 것이 용이하지 않기 때문에 그에 따른 평가 결과의 신뢰성과 객관성의 확보가 더 어려울 수 있다.

2. 포트폴리오 평가의 절차

포트폴리오 평가는 그 내용과 방법이 다양하므로 정형화된 평가 절차가 있는 것이 아니다. 여기서는 일반적 절차인 포트폴리오 계획, 포트폴리오 자료 수집, 포트폴리오 조직과 관리, 그리고 포트폴리오 해석과 활용의 4단계를 살펴본다. 포트폴리오 평가 절차는 [그림 7-1]과 같다.

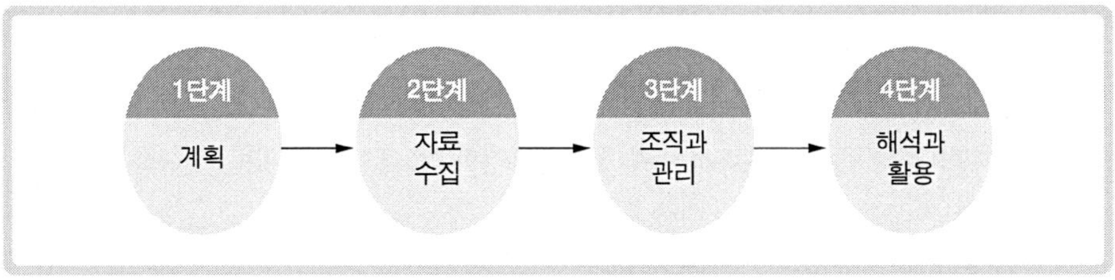

그림 7-1 포트폴리오 평가 절차

1) 1단계: 포트폴리오 평가 계획

포트폴리오 평가는 사전에 충분한 계획 없이 포트폴리오 평가를 실시한다면 단순한 자료 수집으로 이어져 포트폴리오의 신뢰성이 낮아질 수밖에 없다. 따라서 포트폴리오 평가에서 계획하기는 중요한 단계라 할 수 있다. 계획 단계에서는 포트폴리오 평가를 실시하기 위한 규정을 정하고, 관련된 모든 참여자들의 이해를 돕기 위해 유아와 가족에게 포트폴리오 평가에 대한 안내 및 연수를 제공해야 한다.

포트폴리오 평가를 위해 가장 먼저 선행되어야 하는 것은 포트폴리오를 만드는 목적을 정하고 그 목적의 달성 여부를 알 수 있는 규정을 만드는 것이다. 규정을 만들어야 하는 이유는 성공적인 포트폴리오 평가를 위해서 포트폴리오를 어떻게 구성하고 활용할 것인지에 대한 체계적이고 조직적인 준거가 필요하기 때문이다. 규정 설정이란 포트폴리오 평가를 위한 계획이나 약정을 만드는 것이다. 즉, 포트폴리오 평가를 실시하는 목적, 수집될 내용물, 채점 준거, 실시 방법과 포트폴리오의 활용 방법 등을 결정하는 것이다. 포트폴리오 규정은 아주 세부적 · 구체적이어야 하며, 일단 정해진 규정은 장기적인 포트폴리오 활동에 대한 지침이 되기 때문에 신중하게 결정해야 한다. 포트폴리오 계획 단계에서 설정한 규정은 활동 지침이 됨을 기억해야 한다. 〈표 7-5〉는 포트폴리오 평가 규정의 예다.

표 7-5 포트폴리오 평가 규정의 예

포트폴리오 평가 규정의 예

본 기관에서 포트폴리오 평가를 실시하기 위한 규정은 다음과 같다.

- 포트폴리오 평가는 유아의 발달수준 평가와 발달에 적합한 실제를 제공하기 위해 개별 유아에 대한 다양한 자료를 수집한다.
- 본 기관에서는 전반적인 포트폴리오 수행 과정과 방법에 대한 사항을 협의하기 위해서 포트폴리오 협의회를 둔다.
  - 포트폴리오 협의회는 연 2회를 기본으로 한다.
  - 기관의 여러 사정과 부모의 편의에 따라 일시와 장소는 변경될 수 있다.
  - 포트폴리오 협의회에는 원장, 교사, 부모, 유아를 포함시킨다.
- 포트폴리오에 수집될 항목은 누리과정 영역별로 구분하여 수집한다.
- 포트폴리오에서 수집될 항목은 연 3회(학년 초, 1학기 말, 2학기 말)에 걸쳐 수집하여 평가한다.
- 파일 하나에 시간의 흐름에 따라 수집될 내용을 추가해 나간다.
- 포트폴리오에 수집될 내용은 유아의 작품, 활동 결과물, 활동사진, 비디오나 오디오 녹화물, 관찰기록지 등을 포함시킨다.
- 유아의 작품에는 유아, 교사의 논평을 첨가하고, 부모의 논평이 필요할 때는 유아의 작품을 가정으로 보내어 부모의 논평을 기록한다.
- 포트폴리오에 포함시킬 내용은 유아가 선정하는 것을 원칙으로 한다.
- 포트폴리오에 넣을 자료에는 반드시 날짜를 기록한다.
- 다음 해로 인계할 포트폴리오에 넣을 항목은 유아, 교사 및 부모가 함께 결정한다.
- 교사는 학기 말에 포트폴리오의 내용을 서술적으로 요약하여 유아의 가정으로 보낸다.
- 학기 말에 유아의 학습활동 포트폴리오는 유아가 가정으로 가져가고, 인계할 포트폴리오는 유치원에 보관한다.
- 유아의 개인 정보들은 공개되지 않아야 하므로 유아의 학습활동 포트폴리오와 분리해서 보관한다.

포트폴리오 평가를 위한 규정을 만든 다음에는 포트폴리오 평가에 대한 이해를 돕기 위해 유아와 가족에게 포트폴리오 평가에 대한 안내 및 설명의 기회를 제공해야 한다. 즉, 부모에게 유아의 활동 결과물의 중요성을 설명하고 유아의 활동 결과물에 대해 어떻게 반응해 주어야 하는지 알려 주어야 한다. 유아에게도 활동을 통해 자기 반영을 하는 방법들을 전해 주어야 한다. 이러한 안내와 설명이 있을 경우, 관련 참여자들에게 포트폴리오 평가를 위한 협조를 더 쉽게 끌어낼 수 있을 뿐 아니라 포트폴리오에 포함된 내용들을 그 의미와 함께 충분히 이해시킬 수 있다. 이러한 설명이 없으면 포트폴리오는 목적대로 사용되지 못하고 자료 모음집밖에 되지 못할 것이다.

2) 2단계: 포트폴리오 평가의 자료 수집

(1) 포트폴리오 자료 수집 방법

포트폴리오 계획을 효율적으로 수행하기 위해서는 활동 시간에 따른 개별 유아의 활동 결과물을 포함한 다양한 평가 자료를 체계적으로 수집해야 한다. 시간의 흐름에 따른 작업 표본, 유아의 활동계획표 및 평가표, 다양한 맥락에서의 관찰 자료, 논평(유아의 작업에 대한 교사, 부모, 유아 자신의 견해를 기록한 것) 등 다양한 자료를 수집해야 한다. 이러한 자료를 수집할 때 교사는 다음과 같은 여러 가지 사항들을 고려해야 한다.

- 포트폴리오 자료를 수집하는 목적은 무엇인가?
- 포트폴리오를 누구에게 보고할 것인가?
- 포트폴리오 자료를 언제 수집할 것인가?
- 포트폴리오에 들어가는 항목은 누가 선정할 것인가?
- 포트폴리오에 무엇을 포함시킬 것인가?
- 포트폴리오에 몇 개의 항목을 포함시킬 것인가?
- 포트폴리오를 어디에 보관할 것인가?

포트폴리오 평가를 위해 다양한 자료를 수집할 때 안에 담겨 있는 내용물을 한눈에 파악하기 쉽도록 내용 목차를 작성하는 것이 좋다. 내용 목차는 〈표 7-6〉에 제시된 것처럼 누리과정 영역별로 작성된 포트폴리오 내용물에 대한 목록이다. 자료가 첨가될 때마다 해당 영역에 날짜와 자료 형태를 기록하면 된다. 이러한 내용 목차는 어떤 영역의 자료가 어떠한 형태로 언제 추가되었는지를 쉽게 볼 수 있게 해준다. 여기서 형태란 자료가 사진인지, 복사물인지, 오디오테이프인지 등을 의미한다. 예상치 못한 영역의 자료가 생길 수 있으므로 영역에 추가할 수 있는 난을 마련한다.

표 7-6 포트폴리오 내용 목차의 예시

영역	항목	날짜(형태)	날짜(형태)	날짜(형태)	날짜(형태)	날짜(형태)
I. 신체운동 건강	1. 대근육	3/16 (활동사진)	3/22 (활동사진)			
	2. 건강	4/16 (검사결과지)				
	3. 안전	3/30 (활동사진)	3/31 (활동평가안)			
	4. 기타					
II. 의사소통	1. 읽기/쓰기	3/14 (활동지)	3/20 (활동지)	3/30 (읽은 동화책목록)		
	2. 말하기/듣기	3/18 (녹음테이프)	3/24 (교사가 받아 적은 자료)			
	3. 기타					
III. 사회관계	1. 협동	3/20 (활동사진)				
	2. 상호작용	3/19 (활동사진)	3/20 (작품사진)			
	3. 기타					
IV. 예술경험	1. 음률	3/24 (활동지)				
	2. 조형	3/15 (그림)	3/16 (활동지)			
	3. 신체표현	3/9 (활동사진)	3/30 (동영상)			
	4. 기타					
V. 자연탐구	1. 수	3/16 (활동지)	3/24 (활동사진)			
	2. 과학	3/16 (활동지)	3/21 (활동지)			
	3. 탐구 태도	3/26 (활동사진)				
	4. 기타					

내용 목차를 작성한 다음, 교사는 유아의 활동 과정과 결과를 나타내는 증거물인 작업 표본을 체계적으로 수집해야 한다. 작업 표본에는 유아의 그림과 글, 유아가 한 이야기를 받아 쓰거나 녹음한 것, 유아가 읽은 책의 목록, 유아의 아이디어를 나타내는 사진, 상상적 작문, 개인적 이야기 등이 포함될 수 있다. 이때 교사는 다른 유아들과 비교하여 특정 영역의 작품 수가 부족하다고 판단되더라도 해당 영역의 활동을 유아에게 강요하여 활동 결과물을 수집하려고 하면 안 된다. 왜냐하면 포트폴리오는 개인 간 평가가 아니라 개인 내 평가이기 때문이다. 〈그림 7-2〉는 포트폴리오에 넣을 수 있는 작업 표본의 예들이다.

콜라주 작품

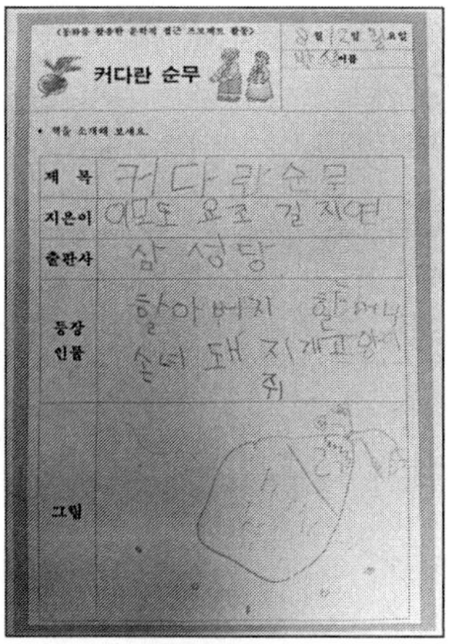

책 요약문

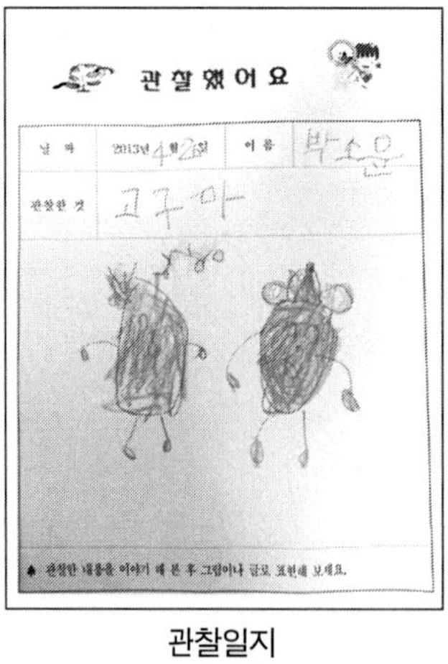

관찰일지

꾸미기 작품

그림 7-2 포트폴리오에 넣을 수 있는 작업 표본의 예

그리고 포트폴리오에는 유아의 활동 결과물뿐 아니라 반드시 그에 대한 평가 자료도 함께 수집되어야 한다. 평가 자료에는 활동 결과물에 대해 유아가 평가한 자료와 교사나 부모가 평가한 자료가 포함된다. 유아 자신의 평가는 포트폴리오 평가 활동의 핵심이라 할 수 있는 자기 반영 또는 자기평가로서, 유아 자신의 견해 · 논평 · 조언에 대한 기록의 수집을 포함한다. 즉, 유아 자신의 활동을 목표에 비추어 반성하거나 느낀 점, 새로 알게 된 점, 다음 목표 등을 스스로 정리하고 확인한 자료들이 포함되어야 한다. 유아의 자기반성적 사고를 돕기 위해 교사는 포트폴리오의 구성 내용, 유아와의 협의 내용, 학습한 내용, 전개한 활동 내용에 대해 유아에게 적절한 질문을 해야 한다. 〈그림 7-3〉은 유아의 작품과 그 뒷면에 자기 평가와 교사의 논평이 적혀 있는 작업 표본의 예다.

앞면

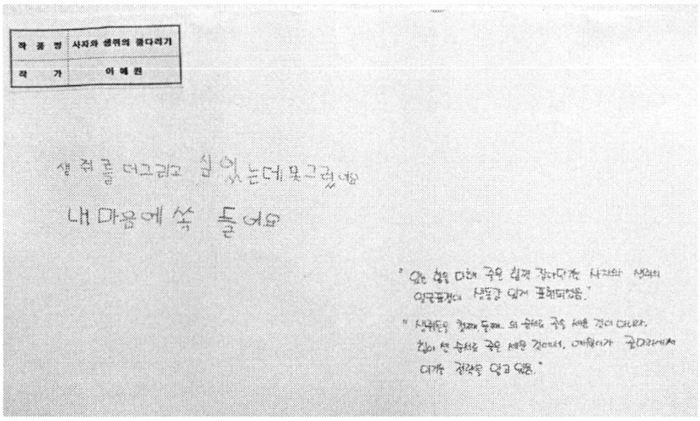

뒷면

그림 7-3 유아의 자기 평가와 교사 논평이 적힌 작업 표본의 예

다음은 유아의 자기 반영을 도울 수 있는 교사의 질문 내용이다(황해익 외, 2003).

- 제목을 무엇이라고 지었니?
- 어떤 재료들로 만들었니?
- 어떻게 만들었는지 이야기해 줄 수 있겠니?
- 어떤 점을 자랑하고 싶니?
- 어떤 점을 바꾸고 싶니?
- 어떻게 하면 다르게 해 볼 수 있을까?
- 다음에는 무엇을 만들고 싶니?
- 이것을 만들면서 힘든 점은 무엇이었니?
- 힘들 때 어떻게 해결했니?
- 처음에 쓰기 전에 네가 생각한 대로 되었니?
- 계획한 대로가 아니라면 달라진 점은 무엇이니?
- 왜 그렇게 되었니?
- 이것을 쓰는 동안 어떤 기분이 들었니?
- 이것을 만들면서 새롭게 알게 된 것이나 친구들에게 가르쳐 주고 싶은 것은 무엇이니?

뿐만 아니라 포트폴리오에는 교사의 관찰 자료도 포함되어야 한다. 관찰은 자연스러운 상황에서 유아에 대한 정보를 얻을 수 있는 좋은 자료 수집 방법이다. 이 책의 제1부에서 소개한 다양한 관찰기록법들을 사용하여 유아의 행동에 대한 다양한 정보를 수집한 결과를 포함해야 한다. 예를 들면, 〈표 7-7〉처럼 행동 목록 관찰기록법을 사용하여 수집한 유아의 신체 움직임에 관한 정보를 포트폴리오에 포함시킬 수 있다.

표 7-7 행동 목록 관찰기록법의 사용 예

<table>
<tr><td>유아 이름</td><td>○하영 (만 4세)</td><td>반</td><td>개나리 반</td><td>평가 시기</td><td colspan="2">2013. 4. 10.</td></tr>
<tr><td>생활 주제</td><td>봄</td><td>주제</td><td>봄의 동물</td><td>활동명</td><td colspan="2">나비의 봄나들이</td></tr>
<tr><td>평가 유형</td><td colspan="6">행동 목록 관찰기록법</td></tr>
<tr><td>평가 내용
및 관점</td><td colspan="6">신체운동 · 건강: 신체 인식하기 – 신체를 인식하고 움직이기
자신의 의도대로 신체를 움직여서 표현할 수 있는가?</td></tr>
<tr><td>평가 유형</td><td colspan="6">신체활동 – 실외</td></tr>
<tr><td>비 고</td><td colspan="6"></td></tr>
<tr><td rowspan="4">평가 내용</td><td colspan="3">행동 목록</td><td>예</td><td>아니요</td><td>비고</td></tr>
<tr><td colspan="3">1. 양팔을 동시에 위 아래로 움직일 수 있는가?</td><td>✓</td><td></td><td></td></tr>
<tr><td colspan="3">2. 양팔을 수평으로 들고 공간을 이동할 수 있는가?</td><td>✓</td><td></td><td></td></tr>
<tr><td colspan="3">3. 양팔을 위아래로 움직이며 공간을 이동할 수 있는가?</td><td></td><td>✓</td><td></td></tr>
<tr><td>활동 사진</td><td colspan="6"></td></tr>
<tr><td>발달적 요약</td><td colspan="6">자신의 의도대로 팔다리의 대근육 움직임을 조절할 수 있는 능력이 발달되었으나, 공간을 이동하면서 팔다리의 움직임을 동시에 조절할 수 있는 능력이 조금 미숙한 것으로 보임</td></tr>
</table>

(2) 포트폴리오 자료 수집 항목

다음은 교육과정 영역별로 수집할 수 있는 유아에 대한 다양한 포트폴리오 자료 내용이다(김희진, 박은혜, 이지현, 2011).

1 신체 및 표현 영역

- 율동, 실외놀이, 게임 등의 시간에 유아의 움직임을 체계적으로 관찰한 기록

- 유아가 제일 좋아하는 게임, 운동 등의 실외활동에 대한 자기 보고
- 대근육 활동에 참여하는 정도에 대한 증거 및 활동의 예
- 노래나 비디오테이프를 보면서 율동이나 손유희 등을 따라하는 것을 기록한 것
- 실 끼우기, 바느질한 것의 작업 표본
- 신발 끈, 단추나 지퍼 잠그기 등을 관찰한 것
- 손유희, 점토, 조작놀이, 쓰기 도구 등을 사용할 때 체계적으로 관찰한 것
- 가위질한 작업 표본
- 유아가 그림을 그릴 때 여러 가지 자료나 도구를 사용한 것의 예나 콜라주
- 긁적거리기, 글자나 숫자를 쓴 것의 예
- 책상 위에서 하는 레고, 퀴즈네어 막대, 패턴블록 등의 작품 예
- 자기를 그린 자화상(학기 초와 학기 말)
- 평소와 다르거나 독특하게 만든 쌓기물이나 프로젝트 사진

2 탐구영역

- 도표나 그림으로 정보를 표현할 수 있는 유아의 능력을 보여 주는 작품의 예
- 퍼즐, 해결된 문제들 그리고 어떻게 풀었는가를 보여 주는 예나 체계적 관찰자료
- 분류, 패턴, 서열, 상징부호의 사용, 순서, 수 개념 등의 기본적 사고과정을 수행하는 유아의 능력을 보여 주는 예
- 사물의 변화 혹은 일이 진행되는 순서에 대한 이해를 나타내는 자기 보고나 유도된 반응
- 프로젝트 접근법으로 얻어진 보고서, 전시한 것, 그림, 모형 등의 결과물들
- 자신의 생각이나 의사결정을 지지해 주는 보조 전략들(즉, 수 세기에서 열 손가락을 사용, 혼잣말, 사고과정을 모니터한 것)
- 유아가 문제를 해결할 때 조언해 준 힌트들의 예
- 유아가 가장 좋아하는 게임이나 퍼즐 등의 예
- 요리 활동을 할 때 요리 재료를 재거나 세기를 할 때의 사진
- 유아가 교실이나 놀이터에서 적은 기록지(물 주기, 햇빛의 길이)
- 수 개념을 이해했음을 보여 주는 활동 결과물(예: 사물의 집합을 세고 그 집합을

다시 합쳐서 새로운 집합을 세는 것으로, 이 활동은 유아가 더하기 개념을 이해하고 있는지를 보여줌)

- 유아의 개념적 이해, 탐구, 가설 세우기, 문제해결하기 등을 기록으로 나타내주는 사진 혹은 체크리스트나 면접에서 얻어진 자료들

3 언어영역

- 의사소통 능력을 보여 주는 체계적 관찰자료
- 이해력, 개념, 어휘에 대한 증거
- 책을 읽거나 보는 데 보내는 시간
- 집 또는 학교에서 유아가 읽은 책의 목록
- 유아가 선호하는 책의 목록
- 인쇄물의 기능에 대한 유아의 이해(지도, 글자, 신문, 목록, 책 등)
- 유아가 써 놓은 글
- 유아와 부모가 읽은 책의 목록
- 유아가 자신의 일이나 활동에 대해 평가한 글
- 동화나 음악을 듣고 그린 그림이나 묘사
- 유아가 만든 책, 자신들이 쓰거나 혹은 받아쓰기를 한 동화를 읽은 것을 녹음한 테이프
- 자신이 썼거나 교실에 있는 성인에게 써 달라고 했던 이야기를 다시 읽은 것을 녹음한 테이프
- 유아의 저널에서 뽑은 예
- 유아가 썼거나 혹은 교사가 받아써 준 이야기, 시, 노래의 예
- 책 읽기, 동극, 이야기하기, 주말 발표 등을 사진이나 비디오로 남겨 놓은 것

4 사회성 영역

사회성 영역에 대한 포트폴리오 자료는 구체물이기 보다는 주로 교사의 관찰기록으로 이루어진다.

- 또래와 상호작용하는 것에 대한 체계적인 관찰기록
- 친구관계에 대한 기록
- 소집단 프로젝트에서 협동을 잘하는지의 여부
- 유아가 주로 선택하는 활동
- 또래와의 상호작용을 요구하는 다양한 활동에 참여한 증거 자료
- 유아의 독특함, 성격, 흉내, 성향에 대한 증거
- 사회적 문제를 해결하는 능력을 보여주는 자료
- 다른 사람과의 관계에서 주도권을 쥐는지 혹은 주로 추종자의 역할을 하는지의 여부
- 자아 개념에 대한 자기 보고
- 다양한 형태의 활동을 하는 동안 나타나는 유아의 동기에 대한 자료
- 부모면담을 통해 얻은 자료

3) 3단계: 포트폴리오 평가의 조직과 관리

개별 유아의 포트폴리오 평가를 위한 자료가 수집되었다면, 교사는 포트폴리오 내용 목록에 따라 포트폴리오를 조직하게 된다. 포트폴리오를 조직할 때 교사가 고려해야 할 사항은 다음과 같다(이정환, 박은혜, 1996). 첫째, 포트폴리오를 조직하는 기준을 정한다. 예를 들면, 생활영역별, 흥미영역별, 활동 종류별 등과 같은 기준을 정할 수 있다. 둘째, 포트폴리오에 들어가는 자료의 내용마다 날짜를 기록한다. 셋째, 각 유아마다 똑같은 포트폴리오를 가지는지 파악한다. 넷째, 내용물을 넣을 장소 혹은 도구로 적합한 것(파일, 상자 등)을 결정한다. 다섯째, 교사가 당장 할 수 있는 것부터 시작한다. 즉, 복잡한 계획으로 시작하지 말고, 일단 한두 가지 평가 방법이나 발달영역에서 익숙해지면 다음으로 넘어간다. 여섯째, 평가가 하루 생활의 정규적인 일부가 되게 한다. 정보 수집은 규칙적으로 자주 해서 모든 유아가 이에 익숙해지게 하며 유아의 행동이나 대화를 방해하지 않도록 주의해야 한다. 일곱째, 유아의 주요 작품을 학기 초부터 수집해 놓는 습관을 기른다.

이렇게 수집된 자료들을 보다 효율적으로 관리하기 위해서 개별 유아마다 보관함을 준비한다. 보관함은 자료 구분을 위해 몇 부분으로 나뉘어 있고, 보관 공간을 적게 차지하며, 구입 비용이 저렴하고, 내용물 증가에 따라 확장할 수 있는 형태가 적절하다(MacDonald, 1997). 예를 들면, 파일 폴더, 큰 종이 상자, 큰 종이봉투, 사무용 상자, 서류가방, 플라스틱 상자 등에 보관하며, CD-ROM으로 보관하기도 한다.

4) 4단계: 포트폴리오 평가의 해석과 활용

앞의 세 단계 과정을 거쳐 수집한 자료들을 바탕으로 교사는 포트폴리오 요약서를 준비하고, 교사-부모 협의회를 개최하거나, 유아의 활동 및 발달 상황에 대한 정보 공유를 위한 전시회를 개최하거나, 인계를 위한 포트폴리오를 구성할 수 있다. 먼저 교사는 포트폴리오 요약서를 작성한다. 포트폴리오 요약서는 한 학기 혹은 한 해 동안 포트폴리오에 수집된 많은 정보들을 요약하여 서술문으로 작성한다. 이를 통해 포트폴리오의 내용을 시간의 흐름에 따라 체계적으로 살펴볼 수 있고, 외부의 표준이나 준거와 관련하여 유아의 활동에 어떤 변화가 있었는지에 초점을 맞출 수 있다. 포트폴리오 요약서와 함께 포트폴리오 평가는 학기 말이나 학년 말과 같은 시기에 총괄평가를 위해 사용되는 경우가 많다. 하지만 시간의 흐름에 따라 평가의 목적에 맞게 유아 행동의 결과물을 수집하는 것이므로 유아의 적절한 활동 계획을 결정하기 위해 주기적으로 검토할 필요가 있다.

다음 〈표 7-8〉은 누리과정 영역에 따라 작성된 포트폴리오 요약서 양식의 예다.

표 7-8 포트폴리오 요약서의 예

<table>
<tr><td>유아명</td><td colspan="2">정하은 (여)</td><td>생년월일</td><td>2009년 4월 6일 (만 5세)</td></tr>
<tr><td>기록자</td><td colspan="2">따랑반 교사</td><td>기록일</td><td>2013년 7월 9일</td></tr>
<tr><td colspan="2">구분</td><td colspan="3">내용</td></tr>
<tr><td colspan="2">신체운동 · 건강</td><td colspan="3">신체발달 수준이 만 5세 유아의 평균보다 높은 편임. 자신의 신체를 인식하고 조절하는 능력이 우수하며, 특히 대근육 조절과 통제능력이 우수함.</td></tr>
<tr><td colspan="2">의사소통</td><td colspan="3">질문과 상황에 적절하게 자신의 생각과 느낌을 말할 수 있으며, 다른 사람의 이야기를 듣는 태도가 좋음. 반면 자신의 생각을 글로 옮기는 것은 조금 힘들어 하는 편임.</td></tr>
<tr><td colspan="2">사회관계</td><td colspan="3">또래 친구들이 어려움에 처할 경우 위로하고 도와주는 친사회적 행동이 자주 나타남. 또래와 협동이 잘 일어남.</td></tr>
<tr><td colspan="2">예술 경험</td><td colspan="3">자신의 경험, 생각, 느낌을 창의적으로 표현함(생각하는 시간은 반드시 필요함).
단순한 그리기보다 만들기, 꾸미기를 더 좋아함. 타인의 작품에 대한 감상능력 좋음. 악기를 연주하는 것은 즐거워하나 음악에 맞춰 몸으로 표현하는 것은 어려워함.</td></tr>
<tr><td colspan="2">자연 탐구</td><td colspan="3">1-20까지의 수 세기와 서열화 가능, 단순한 패턴은 만들 수 있음. 꽃과 식물은 좋아하는 반면, 동물은 무서워함.</td></tr>
<tr><td colspan="2">전반적 발달에 대한 요약</td><td colspan="3">하은이는 대근육 조절능력이 우수하며, 언어표현력과 구사력이 좋은 편임.
또래와 우호적인 관계를 형성할 뿐 아니라 대인관계 능력이 뛰어남.
동물에 대한 두려움이 탐구적 태도에 부정적 영향을 미치는 것으로 사료됨.</td></tr>
<tr><td rowspan="3">부모님 의견</td><td>가정에서 발견되는 발달사항</td><td colspan="3">책 읽기를 좋아하고 즐거워하는데, 쓰기를 여전히 어려워하는 것 같아 보입니다.</td></tr>
<tr><td>관심 있는 주제</td><td colspan="3">하은이가 가장 잘하는 것이 무엇인지 알고 싶습니다.</td></tr>
<tr><td>유치원 활동에 대한 제언사항</td><td colspan="3"></td></tr>
</table>

다음으로 교사는 포트폴리오를 활용하여 주기적인 부모-교사 협의회를 계획할 수 있다. 이때 포트폴리오는 부모와 교사의 효과적인 의사소통을 돕는 도구가 된다. 즉, 포트폴리오는 부모에게 유아의 발달과 변화에 대해 이해시킬 수 있는 효과적인 증거 자료의 역할을 한다.

또한 교사는 포트폴리오 전시회를 준비할 수 있다. 교사는 포트폴리오 전시회에 대한 안내문을 가정으로 보내어 부모가 참석할 수 있게 한다. 포트폴리오 전시회는 각 유아교육기관의 상황에 따라 필요한 시기에 개최하기도 하지만, 한 해를 마무리하는 2월 초에 각 반의 교실 또는 큰 강당에서 진행하기도 한다. 이때, 모든 유아의 개별 포트폴리오를 전시할 수도 있고, 유아가 소개하고 싶은 대표 작품들을 선정하여 전시할 수도 있다. 각 유아의 전체 포트폴리오를 전시하는 것은, 연간 교육과정을 다시 기억하고 돌아볼 뿐 아니라, 그 해에 이루어진 유아의 발달을 한눈에 볼 수 있다는 이점이 있다. 대표적인 몇 가지만 선정하여 전시할지라도, 유아들은 성취감과 자부심을 느끼게 되어 자존감을 증진시키는 결과를 가져온다. 전시회에 참석한 부모들은 자녀의 포트폴리오를 통해 자녀들의 관심분야 또는 강점분야를 정확히 알게 되어 자녀를 이해하는 데 도움을 받는다. 또한 자녀의 장점을 키워 줄 수 있는 여러 가지 방법에 대해 생각해 보는 기회가 되기도 할 것이다. 전시회는 정보를 공유한다는 의미이므로 특히 다른 교사들의 조언을 들을 수 있는 좋은 기회가 되기도 한다.

인계를 위한 포트폴리오는 유아의 가장 대표적인 작업 표본을 선택하여 다음 교사에게 포트폴리오 요약서와 함께 넘겨 주기 위한 것으로 유아교육기관에 보관하도록 한다. 교사는 인수 포트폴리오에 어떤 것을 포함하고 싶은지를 유아와 부모와 함께 협의할 수 있다.

이 장에서는 일정 기간 동안 유아교육기관의 다양한 활동을 통해 수집된 유아의 활동 결과물들을 관찰하고 평가하는 포트폴리오 평가에 대해 살펴보았다. 교사는 포트폴리오에 대한 계획과 일정한 절차나 기준 없이 유아의 작품들과 수행 결과만을 의미 없이 수집하는 일이 없도록 주의해야 할 것이다.

토의 및 적용

- 포트폴리오 평가를 유아교육 현장에 적용할 때 무엇이 가장 어려울지 이야기해 보시오.
- 자신은 유아교육 현장에서 포트폴리오 평가를 어떠한 목적으로 사용할 것인지 이야기해 보시오.
- 포트폴리오가 단순한 자료의 모음집이 되지 않게 하기 위한 자신만의 전략을 만들어 보시오.

제2부

유아 행동 관찰 평가의 적용

Chapter

8

행동 관찰 평가와 부모면담

1. 부모면담의 개념과 필요성
2. 부모면담의 유형
3. 개인면담
4. 집단면담

제8장 행동 관찰 평가와 부모면담

학습목표

- 부모면담의 필요성을 설명할 수 있다.
- 개인면담과 집단면담의 특성을 설명할 수 있다.
- 개인면담과 집단면담의 진행 절차를 설명할 수 있다.

핵심용어의 정의

- **부모면담**

  부모와 교사가 직접 대면하여 유아의 학습, 생활 및 발달에 대한 여러 가지 정보를 교환하고 서로의 의견을 나눔으로써 가정과 유아교육기관이 함께 유아를 효율적으로 지도할 수 있는 바람직한 지도 방안을 모색하는 기회를 제공하는 활동이다.

- **개인면담**

  교사와 한 유아의 부모가 일대일의 관계에서 면담을 하는 것이다.

- **집단면담**

  교사와 여러 유아의 부모 다수가 함께 유아 지도에 대하여 의견을 나누는 것이다.

이 책의 제1부에서 설명한 다양한 행동 관찰 방법으로 유아를 관찰하고 평가한 결과를 활용하는 방법 중 하나가 부모면담이다. 유아의 놀이와 일과 활동에 대한 관찰 결과로 수집된 정보는 부모면담에서 부모가 유아를 이해하고 가정과 연계되는 교육이 되도록 돕는 데 중요한 자료로 사용될 수 있다. 이 장에서는 부모면담의 필요성과 부모면담의 유형별로 구체적인 절차를 살펴보고자 한다.

1. 부모면담의 개념과 필요성

부모면담에 대한 정의는 다양하다. 전남련 등(2007)은 부모면담이란 "특정한 목적을 가지고 특정한 내용에 관하여 부모와 교사가 직접 얼굴을 맞대고 일정한 시간에 언어를 매개로 하여 정보를 얻거나 의사나 감정을 전하는 양식"이라고 했다. 정갑순(2006)은 부모면담이란 "교사와 부모가 서로 대면하여 유아의 가정생활과 유아교육기관에서의 생활 전반에 대해 의견을 교환함으로써 유아교육기관과 가정이 상호 연계를 갖고 유아의 발달을 돕고자 하는 활동"이라고 했다. 한편, 황해익 등(2003)은 부모면담이란 "교사와 부모가 만나 유아에 대한 정보를 주고받음으로써 유아 지도의 방향을 정하고, 유아교육기관과 가정에서 최선의 방법으로 일관성 있게 교육하는 계기를 마련하는 시간"이라고 정의하고 있다.

종합해 보면, 부모면담은 만남, 정보와 의견 교환, 지도 방향 모색이라는 세 가지 요소가 있음을 알 수 있다. 즉, 부모면담이란 ① 부모와 교사가 직접 대면하여, ② 유아의 학습과 생활과 발달에 대한 여러 가지 정보를 교환하며 서로의 의견을 나누고, ③ 가정과 유아교육기관이 함께 유아를 효율적으로 지도할 수 있는 바람직한 지도 방안을 모색하는 기회를 제공하는 활동이라 할 수 있다.

현대의 부모들은 과거에 비해 자녀 양육에 필요한 정보를 접할 수 있는 다양한 기회를 가지고 있음에도 불구하고, 일반적인 자녀 양육에 대한 정보보다는 자기 자녀를 양육하는 데 필요한 개인적이고 구체적인 정보를 원한다(김현주 외, 2003). 그러므로 유아교육기관에서는 유아에게 어떠한 구체적인 문제가 있는지를 파악하여 실제로 자녀에게 적용하고 활용할 수 있는 구체적인 도움을 부모에게 줄 수 있는 것이 필요하다. 유아의 행동문제를 해결하기 위해서는 부모와 교사의 협력적인 대화가 가장 중요한 출발점이 된다(Koch & McDonough, 1989). 교사와 부모는 대화를 통해 유아에 대한 서로의 정보를 교환하면서 더욱 정확해진 정보를 갖게 되고 유아의 세계를 더 잘 이해하게 된다(Bredekamp & Shepard, 1989). 그러므로 효과적인 유아교육을 위해 부모와 교사의 면담은 필수다.

부모는 자녀가 유아교육기관에서 어떻게 생활하고 적응하는지에 대해 알고 싶어 하고, 교사는 유아 지도를 위해 부모의 도움이 요구되며, 무엇보다도 가정과의 연계교육이 필요하기 때문에 부모와의 면담이 필요하다. 강선화(2008)의 연구에 따르면, 연구 대상 대부분의 교사(99.3%)와 부모(96.8%)는 부모면담의 필요성을 높게 인식하는 것으로 나타났다. 구체적으로 부모면담이 필요한 이유에 대해 응답자 중 82%의 교사가 부모에게 유아에 대한 정보를 제공하기 위한 것으로, 55%의 부모가 교사에게 유아에 대한 정보를 수집하기 위한 것으로 응답했다.

교사는 부모와의 면담을 통해 가정생활에 대한 정보를 공유함으로써 가정에서 유아의 행동, 유아에 대한 부모의 기대, 부모의 양육 방법, 가족의 생태학적 관계 등 유아에게 영향을 미치는 다양한 정보를 얻을 수 있다. 또한 부모 입장에서는 교육기관에서의 자녀 행동에 관한 정보를 얻음으로써, 학습에서 유아의 발달수준, 성취능력 그리고 유아의 독특한 능력을 인식하게 된다. 또한 자녀 문제에 대해 합리적이고 효과적인 방법을 사용하는 기술을 전달받는 기회가 된다. 부모와 교사가 관계를 갖는 목적은 유아에 대한 서로의 이해를 증진시키고 유아교육에 관한 이해의 정도를 향상시켜서, 유아교육기관과 가정이 유아에게 일관성 있는 교육을 제공하는 데 있다.

이렇듯 부모면담을 통해 교사와 부모는 서로 여러 가지 이득을 얻을 수 있다. 첫째, 유아에 대한 정보를 공유하는 과정에서 부모와 교사 간에 상호 친밀감이 형성된다. 일반적으로 낯선 두 사람이 만났을 때에 서로가 동향 사람이라든지 동문이라는 정보를 갖게 되면 두 사람 사이에 친밀감이 형성된다. 마찬가지로 교사와 부모가 함께 알고 있는 유아에 대한 정보를 공유하게 될 때 서로 친밀감이 형성된다.

둘째, 면담을 통해 교사는 유아의 가정생활이나 가족관계에 대해 영향을 미치고 있는 요소를 파악할 수 있으므로 유아 지도에 도움을 받는다. 교육기관에서 보이는 유아의 행동을 가정이라는 환경과 연결하여 이해할 수 있는 정보는 유아의 전체적 이해에 큰 도움이 된다. 예를 들면, 면담을 통해 유아가 영아 시절에 적절한 정서적 자극을 받기 어려운 환경에서 자란 것을 알게 되면, 교사는 교육기관에서 보이는 유아의 미숙한 행동에 대해 잘 이해하고 지도하게 된다.

셋째, 유아에게 행동문제가 발생할 경우 부모와 함께 공유하며 해결 방안을 마련한다. 교육기관에서 유아가 행동문제를 보였을 때 교사 혼자서 해결하는 것이 아니라, 부모면담을 통해 부모와 협력적 관계를 맺음으로 교육기관과 가정에서 일관성 있는 지도를 가능하게 할 수 있다.

넷째, 부모는 유아에 대해 새로운 관점과 인식을 갖게 된다. 공동생활 장면에서 보이는 유아의 행동은 가정에서만 보아 오던 행동과 사뭇 다를 수 있다. 교사가 주는 객관적 관찰 자료와 정보를 통해 부모는 자녀에 대해 새롭게 이해하게 된다.

다섯째, 부모는 유아교육기관의 교육목적이나 프로그램에 대해 알게 된다. 면담을 통해 부모가 교육기관에서 하는 활동들의 구체적 목적과 이유를 이해하게 되면 더욱 협조적인 태도를 갖게 된다. 예를 들면, 주간 계획안이나 부모 협조문을 통해 요구받는 준비물(예: 빈 요구르트병, 솔방울 등)이 교육활동에서 탐색 · 조작 · 만들기 등의 유용한 교수 · 학습 자료로 사용됨을 알게 되면 부모는 보다 더 적극적이 될 것이다.

여섯째, 유아교육기관에서 이루어지는 행사에 대해 부모의 의견이 반영된다. 교사는 면담에서 교육기관의 지나간 행사나 다가올 행사에 대한 부모의 의견을 듣게 되면, 다음 행사를 계획할 때는 부모의 의견이 반영되도록 노력하게 된다.

이와 같은 부모면담의 여러 이득이 실현되기 위해서 교사는 부모면담을 실시하기 전에 개별 유아의 발달 정보에 대한 포괄적인 관찰 자료와 평가 결과들을 준비하여 부모면담에 활용해야 한다. 뿐만 아니라 유아교육기관에서 수행되는 부모면담이 정기적인 부모교육행사이건, 혹은 유아의 특별한 문제를 논의하기 위해 비정기적으로 계획된 것이건 간에, 교사는 부모와 협력적 관계임을 늘 기억해야 한다. 그래서 교사는 부모에게 이야기하도록 격려하고, 중요한 결단은 부모가 직접 할 수 있도록 기회를 제공해야 한다. 또한 유아의 문제를 다양한 각도에서 조망해 볼 수 있도록 돕는 여러 가지 전략을 사용해야 할 것이다.

2. 부모면담의 유형

유아의 생활, 학습 및 발달에 대한 여러 가지 관찰 자료와 평가 자료를 활용하는 방법 중의 하나인 부모면담에는 여러 종류가 있다. 부모면담은 유아와 부모의 상황, 유아가 가지고 있는 문제의 유형에 따라 적절하게 선택될 수 있다. 그러므로 유아교육기관의 상황과 부모의 형편에 맞추어 다양한 접근으로 실행되어야 한다.

부모면담의 유형은 면담 상황의 구조화 정도, 면담 시간의 계획성 여부, 참여하는 인원의 크기에 따라 구분된다. 첫째, 면담 상황이 얼마나 구조화되었는가에 따라 구조화 면접, 반구조화 면접, 비구조화 면접으로 나누어 볼 수 있다. 구조화 면접은 미리 준비한 질문 목록의 순서대로 차례차례 질문을 해 나가는 방법이다. 반구조화 면접은 미리 준비한 질문 목록을 사용하되 답변 내용에 따라 필요한 질문을 추가하고, 질문 순서를 바꾸기도 할 수 있는 방법이다. 마지막으로 비구조화 면접은 질문 내용을 머릿속에 간직한 채 대화 형식으로 질문해 나가는 방법으로 가장 이상적이지만 전문가가 아니면 실시하기 어렵다는 단점이 있다(한국교육평가학회, 2004).

둘째, 면담의 계획성 여부에 따라 정해진 시기에 이루어지는 정기면담과 필요할 때마다 이루어지는 수시면담으로 구분되기도 한다. 정기면담은 좀 더 정형적이고 구조적인 환경에서 이루어진다. 정기면담은 주로 모든 유아에게 해당되는 일반적인 주제(예: 발달 평가, 놀이 형태, 학습 성향 등)에 대한 객관적 정보를 부모에게 제공한다. 반면에 수시면담은 비정형화된 분위기에서 이루어질 수 있지만, 유아의 특별한 행동문제나 부모의 도움이 필요한 상황이 발생하거나 부모의 요청에 의해 이루어지며, 좀 더 심도 있는 정보 교환과 의사소통이 요구된다(Jordan & Maria, 1998).

셋째, 면담에 참여하는 인원의 크기에 따라 개인면담과 집단면담으로 나눌 수 있다. 개인면담은 교사와 한 유아의 부모가 일대일의 관계에서 면담을 하는 형태다. 집단면담은 교사와 여러 유아의 부모 다수가 함께 유아 지도에 대해 의견을 나누는 형태다. 개인면담은 일대일의 관계에서 면담하게 되므로 각 유아의 특징과 문제에 대해 구체적으로 의견을 교환할 수 있다는 장점이 있다. 반면, 집단면담은 비슷한 수준과 공통된 문제 혹은 관심사를 가진 부모들 간의 교류를 통해 자녀의 문제를 폭

넓게 볼 수 있다는 장점이 있다.

여기서는 부모면담 유형 중 유아교육 현장에서 가장 보편적으로 실시되고 있는 개인면담과 집단면담의 세부 내용을 살펴보고자 한다.

3. 개인면담

1) 개인면담의 특성

개인면담은 정기적으로 1년에 1~2회 정도 실시할 수 있으며, 유아에게 문제가 발생할 때마다 수시로 부모와 교사 간에 면담을 할 수 있다. 정기면담의 경우 면담 시기에 따라 면담 내용이 달라질 수 있다. 예를 들면, 교사와 부모의 긍정적인 관계를 형성하고자 하는 의도로 실시되는 학기 초 면담은 부모로부터 가정에서 유아 행동의 특성을 듣고, 유아교육기관의 특성을 설명하는 내용이 주를 이룬다. 반면 학기 중이나 학기 말 면담에서는 교사가 모든 유아들과 충분히 상호작용하고 유아들을 관찰한 이후이기 때문에 학기 초에 비해 유아의 발달이 어떻게 달라졌는지에 관한 정보와 지도 방향을 제시할 수 있다.

또한 개인면담은 교사 또는 부모의 요청에 의해 실시된다. 먼저, 유아교육기관의 계획과 행사 일정에 따라 교사가 부모에게 면담을 요청하여 실시할 수 있는데, 이때 교사는 면담 일정을 정하여 미리 부모면담의 일시 및 장소를 계획해야 한다. 다음으로, 부모가 자녀의 문제에 대해 면담을 하고 싶을 때 교사에게 요청하여 이루어질 수 있다.

유아교육기관의 교사와 부모는 다양한 면담 유형 중 개인면담을 가장 선호하고 있고, 그 효과성 또한 크다고 할 수 있다. 그러나 일회적인 경우가 많아서 부모의 다양한 요구를 충족하기는 어려운 한계성을 가지고 있다. 뿐만 아니라 부모와 교사 모두에게 많은 시간과 노력을 요구하는 제한점이 있다.

2) 개인면담의 절차

(1) 자료 수집과 정리하기

교사는 부모면담을 위해 제일 먼저 해당 유아에 대한 자료를 수집하고 면담 자료를 준비해야 한다. 여러 가지 관찰법을 사용하여 얻은 관찰 결과의 기록, 신체검사 결과표, 수업 활동 시 유아의 생활 모습을 담은 자료, 유아의 활동 결과물 등은 부모에게 유아의 발달 과정을 설명하는 객관적이고 신뢰성 있는 자료로 사용될 수 있다. 관찰기록을 정리하고 나면 교사는 유아의 발달을 종합 평가한 후, 각 유아별로 별도의 파일을 만들어 교사가 준비한 자료들과 유아의 작업 표본들을 정리하고 첨부한다.

교사는 부모에게 보여 줄 자료뿐 아니라 부모와 상의할 내용, 또는 가정에서의 양육태도나 유아의 행동 등의 면담 내용을 선별하여 준비한다. 뿐만 아니라 교사는 가정에 통신문을 보내 부모가 자녀의 행동과 발달을 기록하도록 한다. 교사는 그 자료들을 참고하여 부모와 교사 간에 유아를 보는 시각에 어떤 부분에서 차이가 있는지, 부모의 자녀에 대한 양육 신념과 가치는 어떤지 등을 미리 검토할 수 있다. 이를 통해 교사는 면담 시간을 단축하고, 유아에 대해 더 많은 정보를 확보할 수 있을 뿐 아니라, 부모와 더 원활하게 의사소통할 수 있게 된다.

특히 교사가 유아의 등급을 매기는 것이 아닌 유아의 전인적 성장에 도움을 줄 수 있는 자료를 준비하는 것은 매우 중요하다. 이를 통해 부모는 유아에 대한 이해력을 높일 수 있고, 가정에서 유아의 능력에 맞는 지도를 실시할 준비를 할 수 있게 된다.

(2) 면담 시간과 장소 준비하기

면담 일정이 정해지면 2주 전에 가정통신문이나 개별 연락을 통해 면담 일정을 부모에게 알려서 부모가 일정을 조정하여 잊지 않고 면담에 참여하도록 도와야 한다. 〈표 8-1〉은 부모면담에 대해 공지하는 안내문의 예다.

표 8-1 부모면담 공지 안내문의 예

학부모 면담 안내문

안녕하십니까?

만물이 소생하는 계절입니다. 귀댁에 평안이 가득하길 기원합니다.

귀 자녀를 저희 ○○○유치원에 보내 주셔서 감사합니다. 다름이 아니라 부모님과 담임교사의 면담 시간이 아래와 같이 마련되었습니다. 바쁘시더라도 정해진 날짜와 시간에 꼭 참석해 주시기 바랍니다. 이번 상담을 통해 가정과 효율적인 연계 교육이 이루어지길 기대합니다.

2013년 ○○월 ○○일 ○요일				(진달래반)
3:00~3:20	3:30~3:50	4:00~4:20	4:30~4:50	5:00~5:20
김 ○○	황 ○○	한 ○○	박 ○○	임 ○○
2013년 ○○월 ○○일 ○요일				
3:00~3:20	3:30~3:50	4:00~4:20	4:30~4:50	5:00~5:20
이 ○○	양 ○○	정 ○○	홍 ○○	강 ○○

- 면담 시간: (　　) 학부모님의 면담일은 2013년 ○○월 ○○일 ○요일입니다.
- 면담 시간은 20분입니다.
- 정해진 면담 시간에 맞추어 면담할 수 있도록 최소 5분 전에 도착해 주시기 바랍니다.
- 면담일과 면담 시간을 꼭 지켜 주시기 바랍니다.
- 부득이한 사정으로 시간을 변경하실 분은 사전에 연락해 주시기 바랍니다.

20○○년 ○○월 ○○일

○○ 유 치 원 장

개인면담 시간은 부모와 교사 모두에게 가능한 시간이면서 유아를 배석시키지 않아야 하므로, 통상적으로 유아교육기관의 일과가 끝난 이후로 정한다. 면담 시간이 어느 정도 지난 후에는 이야기가 반복되거나 대화가 방향을 잃을 수 있다. 그러므로 면담 시간은 한 부모당 20분 내외 정도가 적절하며, 교사가 다음 유아 부모의 면담을 준비할 수 있는 5~10분 정도의 쉬는 시간을 고려하여 면담표를 작성하는 것이 좋다. 특정 문제로 상담을 하는 경우에도 1시간을 넘지 않는 것이 좋으며, 더 논의할 것이 있거나 또 면담할 필요가 있으면 다시 만날 약속을 정하는 것이 바람직하다.

개인면담 장소는 부모가 편안하게 느끼면서 대화에 집중할 수 있어야 하므로, 교사는 다른 사람들이 왕래하지 않는 장소로 면담을 위한 별도의 환경을 마련해야 한다. 그러나 유아교육기관 사정상 장소가 협소할 경우 학급 교실을 면담 장소로 활용해도 좋다. 테이블에는 교사와 부모의 대화를 방해할 만한 것을 치우고 유아의 개인 정보 파일 정도만 올려놓는 것이 좋다. 테이블을 앞에 두고 마주 앉아서 면담할 수 있도록 의자를 배치한다. 이때 부모가 앉을 의자는 유아용 의자가 아닌 성인용 의자를 마련한다. 이런 식으로 부모를 기다리고 준비하고 있었음을 상징적으로 알려 주는 것도 부모의 마음을 열리게 하는 교사의 작은 배려임을 기억해야 한다. 〈그림 8-1〉의 사진은 면담 장소의 예다.

면담 장소 바깥에는 미리 도착한 부모들이 기다리면서 볼 수 있도록 유아교육에 관한 서적, 원내 행사 앨범이나 사진, 유아들의 작품 등을 배치해 놓아두고 간단한 다과를 준비한 면담 대기실을 마련하는 것이 좋다. 면담 환경을 준비할 때 교사가 기억해야 할 것은 교사 자신이 중요한 면담 환경이라는 것이다. 따라서 가능한 단정한 옷차림과 부모를 존중하는 언행 등으로 따뜻한 인상을 주도록 노력해야 한다. 나아가서 교사는 계속해서 상담에 관한 전문지식을 쌓아 더 나은 면담 환경으로서의 역할을 다 할 수 있도록 노력해야 할 것이다.

그림 8-1 면담 장소의 예

(3) 개인면담 진행하기

교사는 부모에게 앉을 자리를 안내하고 일상적인 대화로 간단히 인사를 나눈 후 면담을 시작한다. 일단 긍정적인 분위기가 형성되면 미리 준비한 부모면담 양식에 따라 면담을 진행해 간다. 면담의 서두는 반드시 그 유아만이 지닌 독특성과 장점을 중심으로 최근에 관찰된 중요한 성장 기록이나 친구들과 좋아하는 놀이 등을 중심으로 대화를 이끌어 부모가 면담에 적극적으로 참여할 수 있도록 유도하는 것이 좋다.

면담 내용은 유아가 유아교육기관에 와서 변화하고 발달한 것을 중심으로 유아의 현재 상태를 알리고, 특별히 앞으로 교사와 부모가 함께 역점을 두고 지도해야 할 부분을 의논하는 형태로 진행한다. 이때 교사는 면담을 위해 미리 준비한 관찰기록과 유아의 작업 표본, 활동사진 등을 이용하여 유아의 장점이나 최근에 관찰된 중요한 성장 기록을 이야기하는 것부터 시작한다. 학기 초 면담일 경우, 교사는 유아교육기관에 대한 정보와 교사의 지도 방법에 대한 정보를 제공하고 이에 대한 부모의 의견이나 조언을 민감하게 들을 필요가 있다. 부모의 이야기를 충분히 들은 후에 유아의 특성이나 문제 및 지도 방안에 대해 이야기하고 부모의 도움과 가정과의 연계가 필요함을 이야기한다. 2학기 면담일 경우 유아교육기관에서 유아의 성장 변화에 대한 관찰 내용과 평가 내용을 부모에게 알려 주고 앞으로의 방향에 대해 부모와 협의한다.

면담이 진행되는 동안 정보 전달은 명확하고 구조적인 방법으로 이루어져야 한다(Jordan & Maria, 1998). 교사는 긍정적인 이야기로 시작하되 개선되어야 할 점에 대해서도 이야기를 나누고, 앞으로 유아를 지도해야 할 부분에 중점을 두고 교사와 부모가 함께 의논하는 형식으로 면담을 진행한다. 계속적 지도가 필요한 부분을 말할 때는 지나치게 우회적이어서는 안 된다. 면담이 진행되어 가면서 부모 입장에서 문제라고 느껴지는 유아의 행동에 대화의 초점이 맞춰지는 경우가 많다. 이때 교사는 그 행동을 바르게 지도할 수 있는 방법을 부모와 함께 의논하여 일관성 있는 연계 지도 체제가 되도록 하는 데 주의를 기울여야 한다.

부모가 유아의 발달 과정을 이해하지 못해 문제라고 규정짓는 경우에는 교사가 각 연령의 발달 과정을 부모가 이해할 수 있도록 객관적 자료를 토대로 충분히 설명해 주어야 한다. 혹시 유아 혹은 부모에게 더 특별한 도움이 필요한 경우에는 개별적으로 다시 약속을 하여 더 자세히 면담해야 한다. 또한 교사의 면담으로 해결이 어렵다고 판단되거나 자신의 한계를 벗어나는 문제는 교사가 스스로 해결하려고 하는 것보다는 전문 상담기관이나 다른 기관에 의뢰할 수 있게 해야 한다. 이런 상황을 위해 교사는 전문 상담기관과 관련된 정보를 미리 준비하고 있어야 한다.

면담은 정시에 시작하고 약속된 시간을 넘기지 않아야 하며, 서두르는 인상을 주지 않고 적당한 시간 후에 종료하도록 한다. 종료 전에 주요 요점을 요약하고 부모가 잘 이해했는지 확인하여 필요한 사항을 기록하고, 교사에게 부탁하고 싶은 말을 할 기회를 제공하는 것이 필요하다.

부모면담에서 교사가 유의해야 할 내용은 다음과 같다.

- 부모를 미소로 맞이한다.
- 부정적인 표현보다 긍정적인 표현을 사용한다.
  (예: '공격적인, 산만한' → '에너지 많은, 활발한, 생동감 있는')
- 부모가 말할 수 있는 기회를 많이 주고, 교사는 주의 깊고 민감하게 듣는다.
- 전문 용어를 사용하지 않고 부모 수준에 맞추어 이야기한다.
- 교사는 부모가 제안하는 정보에 민감하게 반응해야 하며, 특히 교사의 생각을 강요하는 것은 피해야 한다.
- 질문은 개방적이고 간결하며 명확한 것이 좋다.
- 직접적 충고보다는 해결책 중에서 부모가 결정을 하게 한다.
- 언어적 표현뿐 아니라 비언어적 표현에도 주의를 기울여야 한다.
- 부모에게 유아에 대한 더 많은 정보를 원한다는 뜻을 표현해야 한다.

(4) 개인면담 결과의 정리와 평가하기

교사는 면담 내용을 기록하고 보관해 둘 수 있는 체계를 갖추어 면담 결과가 지속적으로 검토될 수 있게 해야 한다. 면담이 끝난 후에는 즉시 면담 결과에 따라 각 유아별로 필요한 내용을 평가하고 정리한다. 필요에 따라 전화를 하거나 유아 편으로 메모를 보내거나 혹은 등원 및 귀가시간에 일상적 대화를 통해 면담 때 했던 이야기들을 자연스럽게 확장시켜 나갈 수 있다. 이런 과정을 통해 면담 중에 제기되었던 문제와 제안을 위한 후속 활동을 진행할 수 있다. 〈표 8-2〉 〈표 8-3〉 〈표 8-4〉는 부모면담 내용을 기록하는 면담일지 양식의 예다.

표 8-2 학부모 개인면담 일지의 예 1

면담 일시	2013년 3월 28일	반	진달래반
유아명 (성별)	김○○ (남)	생년월일	2008년 4월 15일 (만 5세)
면담 참여자	모	면담 형태	방문(○) 전화( )
구분		교사 의견	부모 의견
발달사항	신체발달	신체검사에서 별다른 이상없이 정상 소견 보였음. 바깥놀이 활동을 즐거워함.	변비가 좀 있음. 놀이터에서 놀이하는 것 좋아함.
	인지발달	활동에 대한 이해가 빠른 편임. 퍼즐 맞추기를 잘하는 편임.	오후반을 싫어해서 미술학원을 보냈는데, 미술활동을 재미있어 하고, 잘 표현하는 것 같음.
	언어발달	목소리가 작으나 기다려주면 자신의 의견을 표현함. 동화책의 그림을 보면서 이야기를 구성할 줄 앎.	유치원에서 있었던 이야기를 집에 오면 재미있게 잘 함. 동화책 읽는 것을 즐김.
	사회성 발달	친구들과 활발하게 활동하나 교사나 어른들 앞에서는 수줍어하고 목소리가 작아짐. 쑥스러워서 손들고 발표하는 것 가끔식 함.	낯가림이 심하여, 낯선 어른 앞에서는 말을 거의 하지 않음. 그러나 형과 함께 놀이하는 것을 좋아하며, 친구와 놀이하는 것도 즐거워 함.
	정서발달	자신의 감정표현을 잘 하지 않음.	
생활습관		편식을 하며, 야채나 매운 음식을 안 먹으려고 함. 밥을 느리게 먹는 편임.	밥을 먹을 때 이야기를 하면서 즐겁게 먹음. 식사 시간은 긴 편임. 매운 것 뿐 아니라 케첩과 같은 빨간색을 먹지 않으려 함.
고려해야 할 사항		낯가림이 있음.	학기 초마다 새로운 환경의 적응에 어려움이 있음.
기타			왼손잡이를 교정하려 시도했으나, 현재는 하지 않고 있음.

표 8-3 학부모 개인면담 일지의 예 2

면담 일시	2013년 4월 9일	반	개나리반
유아명 (성별)	이 ○○ (남)	생년월일	2008년 5월 20일 (만 5세)
면담 참여자	부모	면담 형태	대면(○) 전화( )

구분		교사 의견	부모 의견
누리 과정	신체운동 · 건강	대소근육은 평균 범위에서 잘 발달하고 있음. 균형감각이 조금 부족해 보임. 잘 먹지 않으려고 함.	술래잡기, 달리기와 같은 놀이 좋아함. 식사 중 돌아다니는 버릇 있음.
	의사소통	다른 사람이 이야기할 때 경청하는 태도 좋음. 자신의 의견을 자신있게 말함. 단어 중심으로 쓰기를 하며, 문장 쓰기는 조금 힘들어 함.	글자를 잘 읽음. 쓰기를 할 때는 틀리는 글자가 조금 있음.
	사회관계	놀이 활동시 놀이를 주도적으로 이끌어 가는 편임.	형, 누나랑 싸우기도 하지만 대체적으로 잘 노는 편임.
	예술경험	그림을 그릴 때 다양한 도구를 사용함. 자신의 작품을 친구들에게 자랑함.	미술관에 가본 경험이 많아서 그런지 미술 표현력이 좋은 것 같음.
	자연탐구	기관에서 키우는 애완동물에 관심이 많음. 50까지 수 세기를 할 수 있음. 공간인식능력이 높은 편임.	집에서 강아지를 키우는데 강아지를 매우 좋아함. 레고 블록을 좋아하고, 긴 시간동안 집중하여 놀이함.
유아의 강점		자아존중감과 주도성이 높은 편임.	숫자를 또래에 비해 많이 앎.
유아의 현재 관심사		변신 로봇	레고 블록
기타			화가 날 때 소리를 지름.

표 8-4 학부모 개인면담 일지의 예 3

면담자: 태백산반 교사

- 대상: 태백산 (만 5세) 반 유아 이름: 배현 부( ), 모(✓), 기타( )
- 면담 동기: 부모의뢰(✓), 교사의뢰( ), 기타( )
- 면담 양식: 대면(✓), 전화( ), 서신( ), 기타( )
- 면담 일시: 2013 년 5 월 23일 오전( ), 오후(✓) 5:00-5:30
- 면담 내용: (5)
  ① 적응 ② 기본생활습관 ③ 건강 · 영양 ④ 언어 · 인지 ⑤ 사회 · 정서
  ⑥ 가정생활 ⑦ 기타:( )
- 주요 면담 내용

  (동생을 보고 난 후 보이는 퇴행행동과 공격성)
  1월에 남동생이 태어났는데, 그 이후로 현이의 행동에 변화가 생김. 대소변을 다 가렸는데, 대변 흔적물이 팬티에 살짝 묻어 있는 경우가 종종 있으며, 지난 주에는 거실 바닥에 대변을 보기도 함. 부모가 보지 않을 때 동생을 꼬집는 경우가 종종 있음.

- 다음 면담 약속
  ① 일 시: 2013년 6월 20일
  ② 장 소: 태백산반 교실
- 기 타

교사는 면담이 끝난 다음에는 면담 내용을 정리하는 과정을 거쳐, 면담이 성공적으로 진행되었는지 반성적 평가를 해야 한다. 교사 스스로 자신을 평가해 보도록 Berger(2004)가 제시한 질문들은 다음과 같다(김희진, 2006, 재인용).

- 유아의 가정적 배경에 대해 미리 숙지했는가?
- 학기 초부터 말까지 다양한 방법으로 유아에 대한 다양한 정보를 수집했는가?
- 기다리는 동안 부모가 볼 수 있도록 유아들의 작품이나 학습 결과물 등을 전시해 놓았는가?
- 부모가 기다리는 동안 마실 음료나 볼 책을 준비해 놓았는가?
- 부모를 따뜻하게 환영하면서 맞이했는가?
- 긍정적인 말로 시작했는가?

- 부모의 욕구와 이해 수준에 맞춰 면담을 조정했는가?
- 면담을 위한 목표가 분명했는가?
- 어려운 말이나 전문적인 용어는 부모가 이해할 수 있는 말로 풀어 주었는가?
- 반영적으로 경청했는가?
- 의사소통이 오고 가도록 했는가?
- 면담 내용을 요약하여 전달했는가?
- 면담에서 결정된 내용의 이행 여부를 점검했는가?
- 제시간에 시작하고 제시간에 끝냈는가?

4. 집단면담

1) 집단면담의 특성

집단면담은 부모들 간의 교류를 통해 자녀 문제를 폭넓게 볼 수 있고 서로가 쉽게 공감대를 형성할 수 있기 때문에 상담 효과를 극대화할 수 있는 방법이다. 집단면담은 집단 크기에 따라 대집단 면담, 소집단 면담으로 나눌 수 있다. 대집단 면담은 일종의 전체 부모 모임이며, 소집단 면담은 같은 문제로 고민하는 부모들 간의 모임을 의미한다.

집단면담은 여러 부모들과 함께 공개적으로 이루어지는 면담이므로 부모들끼리 서로 의견과 경험을 나눌 수 있다는 장점이 있다. 부모는 자기 자녀만의 문제라고 생각했던 것을 다른 유아에게서도 발견할 수 있음을 알고 위안받을 수도 있다. 자녀양육에서 느끼는 어려움을 공감하기도 하고 다른 부모들의 지도 방법을 간접 경험하면서 시사점을 얻을 수도 있다. 또한 자녀양육 과정에서 경험한 성공과 실패 사례를 들음으로써 유아교육방법을 더 잘 이해하게 되고 자신의 자녀에게도 좋은 영향을 줄 수 있다. 그러나 공개된 자리이므로 경우에 따라서는 솔직한 문제 제기와 각 유아에 대한 깊이 있는 대화가 이루어지기 어려운 단점이 있다. 그러므로 집단면담을 진행하는 교사는 이에 대한 민감성을 가지고 있어야 한다.

2) 집단면담의 절차

(1) 집단면담의 주제와 목적 정하기

집단면담의 주제는 대다수 부모들의 관심과 요구가 반영된 것이 좋다. 부모의 관심과 요구는 유아의 연령에 따라 다를 수 있다. 24개월 미만의 자녀를 둔 부모는 주로 이유식, 배변 훈련, 기본생활습관이나 성장 개월 수에 맞는 발달과업 등이나 유아 기질에 맞는 육아법 또는 안정 애착 형성법 등의 주제에 관심이 많을 것이다. 학령 전기의 유아를 둔 부모는 학습과 관련된 인지발달이나 또래관계와 관련한 사회성에 대한 주제에 관심이 많을 것이다.

또한 집단면담 시기에 따라 주제를 정할 수도 있다. 학년 초에는 부모들에게 유아교육기관의 교육이념과 교육과정, 지도 방법, 유아교육기관의 1년 동안의 행사와 활동 내용, 또는 일과 진행 과정과 활동 목표에 관해 설명하는 것이 좋다(이재연, 김경희, 1989). 물론 이런 설명 뒤에는 부모가 자녀나 유아교육기관에 대해 바라는 점을 말할 수 있는 기회를 주는 것이 바람직하다. 그리고 학기 중간 혹은 학기 말에 집단면담을 할 경우는 학기 초와 비교해서 유아의 성장발달을 이야기하고, 부모가 인식하는 유아와 교사가 인식하는 유아에 대한 의견을 교환할 수 있다. 학년 말에는 초등학교로 진학할 유아의 부모들을 대상으로 학교 적응 문제에 관한 집단면담을 하는 것도 좋다.

(2) 집단 크기, 시간과 장소 정하기

집단면담에 참여하는 인원이 너무 많으면 제대로 된 면담 진행이 어려우므로 참여 인원을 적절히 조절해야 한다. 집단 구성원의 크기는 5~10명 정도가 적당하며, 자녀 연령이 비슷한 부모로 제한하는 것이 바람직하다. 그러나 일반적으로 유아교육기관에서는 인원 수에 따라 한 학급의 부모들을 한 집단 혹은 두 집단으로 나누어 면담한다. 면담 시간은 1시간~1시간 30분 정도로 계획하여 너무 지루하지 않도록 배려하며, 소요 시간을 미리 알려 주어 부모들이 시간을 예측하고 조절할 수 있게 하는 것이 좋다. 면담 장소는 교실 등을 활용하되 주변이 산만하지 않도록 환경을 조성한다.

(3) 가정통신문 및 안내문 발송하기

집단면담은 일반적으로 학기 초와 학기 말에 갖는 것이 적절한데, 유아교육기관의 특별활동과 연계하여 집단면담을 실시하면 좋다. 집단면담을 통해 교사나 유아교육기관의 입장에서 부모에게 부탁하거나 알리고 싶은 내용은 구두로 전달하거나 별도의 안내문을 준비하면 된다. 집단면담과 관련된 사항은 약 일주일 전에 가정에 통신문을 보내서 부모가 준비할 수 있도록 하고 참석 여부를 확인하는 것이 필요하다. 〈표 8-5〉는 집단면담을 위한 부모 면담 안내문의 예다.

표 8-5 집단면담을 위한 부모 면담 안내문의 예

부모면담 안내문

부모님께 알립니다.

아래와 같이 집단면담을 실시할 예정입니다. 귀댁의 자녀에게 보다 나은 교육을 제공하기 위해 부모님들의 의견을 듣고자 하오니 아래와 같은 내용을 준비하시고 바쁘시더라도 한 분도 빠짐없이 참석하여 주시기 바랍니다.

1. 면담 주제
   1) 부모가 알아두어야 할 자녀의 건강문제
      (질병, 알레르기 등)
   2) 가정에서 고쳐지지 못한 습관
   3) 부모님께서 유치원에 기대하는 사항

2. 일 시: 20○○년 ○○월 ○○일(○요일)
   (오전/오후) 2:00 - 3:30

20○○년 ○○월 ○○일
○ ○ 유 치 원 장

* 집단면담 참석 가능 여부를 표시하시어 ○○월 ○○일까지 제출하여 주십시오.

············ 절 ············ 취 ············ 선 ············

반 이름

◎ 참석할 수 있다 ( )
◎ 참석할 수 없다 ( )

(4) 집단면담 진행하기

집단면담은 유아교육기관의 전통이나 교사의 신념에 따라 다양한 순서로 진행할 수 있다. 부모가 오는 대로 인사를 나누고 차를 마실 수 있도록 안내한다. 좌석은 참석자 모두가 서로 얼굴을 볼 수 있는 배치가 좋다. 같은 반 부모들끼리 실시하는 경우에는 서로 소개하는 시간을 갖거나 약간의 레크리에이션을 통해 긴장감을 없애고 안정되고 화기애애한 분위기를 조성하는 것도 필요하다.

집단면담 중에 부모가 교사의 견해를 요구할 때 유아에 대한 교사의 주관적 평가를 제시하는 것보다 객관적이고 일반적인 예를 제시하는 것이 좋다. 가장 좋은 방법은 교사가 직접 의견을 피력하기보다는 경험 있는 다른 부모에게 자문을 구해서 부모의 참여를 높이고 공감대를 확대하며, 우호적 분위기를 마련하도록 하는 것이다. 의견 교환이 자유롭게 이루어지도록 하되, 교사는 부모들끼리 비판이나 상처를 주는 말을 할 경우에 화제를 적절히 돌려 중재 역할을 해야 한다. 또한 한 유아에게 인신공격이 되지 않도록 주의하면서 토론을 진행하되, 독점 발언자가 생기지 않도록 주의해야 한다.

집단면담을 진행하면서 교사는 다음과 같은 사항을 고려해야 한다. 첫째, 교사는 부모들에게 자신을 소개하며 인사한다. 부모들끼리의 인사는 시간 관계상 이름표를 참고하고 다 함께 목례하는 것으로 대신할 수도 있다. 둘째, 전체의 학급 수, 연령별 학급 수와 학급 명칭, 담임, 학급의 남녀 비율 등 유아교육기관 구성에 대해 간단히 안내한다. 셋째, 부모들에게 집단면담의 이유를 간략히 설명하고 면담 진행 방법을 안내하여 순조롭게 진행되도록 한다. 넷째, 부모들이 어떤 주제로 이야기를 해야 하는지 안내한다. 교사가 알아 두어야 할 생육 과정에서 나타난 유아의 건강문제나 가정에서 아직 고치지 못한 나쁜 습관, 부모가 유아교육기관에 기대하는 사항을 중심으로 이야기해 달라고 요청할 수 있다. 다섯째, 교사는 참석한 전체 부모들이 골고루 참여할 수 있도록 유도한다. 정해진 시간을 지켜야 하므로 이야기하지 못한 부모가 있더라도 예정되었던 시간에 끝날 수 있게 진행한다. 여섯째, 교사는 이야기에 충분히 참여하지 못했거나 앞으로 더 보충하고 싶은 이야기가 있을 때는 언제든지 전화나 유아 편에 쪽지 편지로 알려 주거나 유아교육기관을 방문할 때 말해 줄 것을 당부한다.

(5) 집단면담 마무리하기

유아교육기관에서 모든 부모에게 부탁하고 싶은 내용을 알리고 집단면담을 마친다. 부모들에게 알리고 싶은 내용이 많을 경우 유인물, 자료집, ppt 등을 준비하여 한 항목씩 교사가 읽어 가며 이야기하면 효과적이다. 일반적으로 학년 초 집단면담은 부모 참석률이 높으므로 모든 부모의 의견을 물어야 할 것이 있을 때는 이 시간을 이용하는 것이 좋다. 또한 교사는 집단면담 과정에서 이루어진 부모면담 내용을 잘 정리하여 다음 면담에 활용할 수 있어야 한다. 〈표 8-6〉은 집단면담 일지 양식의 예다.

표 8-6 집단면담 일지의 예

반: 무궁화 교사: 박은영

- 면담 일시: 2013년 6월 14일 (오후) 4:00–5:00
- 장 소: 무궁화반 교실

1. 참석자: (10)명

반	유아 이름	관계	부모 성함	반	유아 이름	관계	부모 성함
무궁화	김관성	부	김종성	무궁화	유혜원	모	정영숙
〃	장두철	모	김금순	〃	박혜미	모	김은별
〃	장경화	모	정향란	〃	조수아	부	임재식
〃	김은혜	모	박지영	〃	김태환	모	왕가영
〃	이사랑	모	김정희				
	박환희	모	이주희				

2. 관련 자료: 유인물, ppt

3. 면담 내용: 유아의 행동문제 유형별 원인 및 지도 방안

ㅇ가정에서 부모가 다루기 힘든 자녀의 행동문제에 대한 사례 나누기
ㅇ유아의 행동문제의 유형에 따른 원인 살펴보기
ㅇ유아의 행동문제의 유형에 따른 다양한 지도 방안 살펴보기

4. 향후 모임 계획

① 일 시: 2013년 9월 13일
② 장 소: 무궁화반 교실
③ 주 제: 자녀와의 효과적인 의사소통을 위한 대화법("감정 코칭")

집단면담이 끝난 후 교사는 다음과 같은 질문으로 면담에 대해 반성적 평가를 할 수 있다(이정환, 박은혜, 1995).

- 면담 분위기는 긍정적이었는가?
- 부모들이 편안해했는가?
- 교사와 부모가 입장을 서로 이해했는가?
- 부모들이 교사 의견을 잘 받아들였는가?
- 부모들의 의견이 면담에서 충분히 토의되고 받아들여졌는가?
- 유아의 장단점이 모두 토의되었는가?
- 면담 자료를 적절하게 충분히 준비했는가?
- 면담 결과에 따라 유아를 위한 활동 계획 목표가 정해졌는가?
- 다시 면담을 한다면 보충하거나 수정해야 할 점이 무엇인가?

이 장에서는 유아와 관련된 제반사항에 대한 정보를 교환하고 지도 방향을 모색하기 위해, 특정 시간과 장소를 정해 교사와 부모가 만나서 의사소통하는 부모면담에 대해 살펴보았다. 특히 개인면담과 집단면담을 중심으로 그 특징과 절차와 유의사항을 살펴본 내용이 유아교육 현장에서 교사들의 전문적이고 효율적인 부모면담 수행을 위한 기초 자료로 사용될 수 있을 것이다.

토의 및 적용

✤ 개인면담과 집단면담에서 가장 중요한 교사 태도는 무엇인지 토의해 보시오.

✤ 유아에 대해 잘못된 기대와 신념을 지닌 부모와 면담할 경우, 교사가 부모의 기대와 신념을 어떻게 변화시킬 수 있는지 토의해 보시오.

Chapter

9 행동 관찰 평가와 누리과정

1. 누리과정의 평가 내용
2. 신체운동 · 건강영역
3. 의사소통영역
4. 사회관계영역
5. 예술경험영역
6. 자연탐구영역

제9장 행동 관찰 평가와 누리과정

학습목표

- 누리과정의 각 영역을 구분할 수 있다.
- 누리과정의 각 영역에 따라 유아를 평가할 수 있다.
- 누리과정의 각 영역 교수에서 행동 관찰 평가를 적용할 수 있다.

핵심용어의 정의

- **신체운동 · 건강영역**

  유아가 자신의 신체를 긍정적으로 인식하고 신체 활동에 즐겁게 참여함으로써 유아기에 필요한 기본 운동 능력과 기초 체력을 기르고, 건강하고 안전한 생활을 실천하는 능력과 태도를 기르기 위한 영역이다.

- **의사소통영역**

  언어의 기본 형태인 구어와 문어를 활용하여 나와 다른 사람의 느낌이나, 생각, 경험을 상황과 상대방에 알맞게 소통할 수 있는 능력을 기르기 위한 영역이다.

- **사회관계영역**

  유아가 자신을 알고 소중하게 여기며 가족, 또래와 함께 원만하게 지내는 방법뿐 아니라 공동체에서 함께 살아가는 방법을 익히고 사회에 관심을 가지며 적응해 나갈 수 있는 기초 능력과 인성을 기르기 위한 영역이다.

- **예술경험영역**

  유아가 친근한 주변 환경에서 발생하는 소리, 음악, 움직임과 춤, 모양과 색 등의 미술 요소에서 아름다움을 느끼고, 또래와 교사, 부모, 지역사회의 주민이나 작가가 표현한 예술 작품을 가까이 접하면서 이를 탐색하고 창의적으로 표현하는 것을 즐기며 감상하기 위한 영역이다.

- **자연탐구영역**

  유아가 자신을 둘러싸고 있는 주변 세계에 대해 호기심을 가지고 궁금한 것을 해소하기 위해 탐구하며, 일상생활에서 부딪치는 현상이나 문제해결을 통해 수학적 · 과학적으로 생각하는 기초 능력과 태도를 기르기 위한 영역이다.

1. 누리과정의 평가 내용

최근 교육계의 평가 동향 중 한 가지는 교육과정에 기초한 평가를 실시하는 것이다. 또한 교육의 질 향상이라는 평가의 궁극적 목적에 비추어 볼 때, 유아에 대한 평가는 국가수준 누리과정의 5개 영역별 목표 및 내용과 연계될 필요가 있다. 3~5세 누리과정은 만 3~5세 유아의 심신의 건강과 조화로운 발달을 도와 민주 시민의 기초를 형성하는 것을 목적으로 하고 있다. 그리고 다섯 가지 영역별로 만 3, 4, 5세에 대해 동일한 목표를 제시하고, 내용은 유아의 발달수준을 고려하여 연령별로 다르게 구성되어 있다. 각 유치원과 어린이집에서는 국가수준 누리과정을 기초로 기관 실정에 맞게 계획 · 운영 · 평가해야 한다. 누리과정에 기초해서 유아를 평가하는 영역은 신체운동 · 건강, 의사소통, 사회관계, 예술경험, 자연탐구 영역이다. 각 영역에서 유아를 관찰 · 평가하는 방법은 앞서 제1부에서 제시한 다양한 관찰 방법으로 이루어질 수 있다.

3~5세 누리과정에서 강조하는 유아 평가 내용을 살펴보면 다음과 같다(교육과학기술부, 보건복지부, 2013). 첫째, 누리과정 목표와 내용에 근거하여 유아의 특성과 변화 정도를 평가해야 한다. 유아가 누리과정의 내용을 경험하면서 어떤 영역에서 얼마나 발달하고 있는지, 어떤 능력이나 태도를 나타내고, 얼마나 개별적으로 변화하고 있는가를 주기적으로 관찰하여 평가해야 한다.

둘째, 유아의 지식, 기능 및 태도를 포함하여 평가해야 한다. 지식이란 활동을 수행한 결과로 획득된 유아의 핵심 지식을 의미하는 것으로 특정 사실이나 개념 및 원리를 말한다. 예를 들면, '생활 속에서 사용되는 수의 여러 가지 의미를 안다.'로 표현될 수 있다. 기능이란 활동 수행의 결과로 획득된 유아의 핵심 기능을 뜻하는 것으로 절차나 과정, 적용 방식들이 포함된다. 예를 들면, '일상생활의 문제를 해결하는 과정에서 탐색, 관찰 등의 방법을 활용해 본다.'로 표현될 수 있다. 태도란 주어진 과제나 활동에 대한 유아의 흥미, 관심, 가치 등을 의미한다. 예를 들면, '생명체가 살기 좋은 환경에 관심을 갖는다.'로 표현될 수 있다(이미화 외, 2012).

셋째, 유아의 일상생활과 누리과정 활동 전반에 걸쳐 평가해야 한다. 누리과정 운영이 일과 속에서 자연스럽게 이루어지듯이, 평가 또한 일과에서 분리되지 말아야 한다. 그러므로 유아를 평가하고자 할 때는 특정 활동이나 영역에 초점을 맞추기보다 일과 전반에 걸쳐 관찰한 것에 기초하여 평가해야 한다.

넷째, 관찰, 활동 결과물 분석, 부모면담 등 다양한 방법을 사용하여 종합적으로 평가하고, 그 결과를 기록한다. 일과에서 유아가 참여하는 놀이의 종류나 수준, 친구관계, 활동 몰입 정도, 일상생활 수행 정도 등 관찰 가능한 여러 행동을 구체적으로 기록하고 그 자료를 기초로 평가해야 한다. 이때 유아들의 활동 자료만 수집하는 기계적인 포트폴리오 같은 것은 평가의 의미가 없다.

다섯째, 유아 평가의 결과는 유아에 대한 이해와 누리과정 운영 개선 및 부모면담 자료로 활용할 수 있다. 유아의 평가 결과를 부모면담 자료로 활용하여 유아에 대한 정보를 가정과 공유하고, 가정에서도 이에 기초하여 일관성 있게 지도하고 기관과 가정이 함께 유아의 전인발달을 적극 지원하도록 해야 한다.

교사들이 유아교육 현장에서의 누리과정 영역을 중심으로 관찰 평가를 실시할 때는 유아의 발달이 각각의 영역별로 상호 연관되어 있음을 고려해야 한다. 또한 유아 행동 관찰법은 유아를 평가하기 위한 자료 수집의 한 방법이지, 평가를 위한 절대적인 방법이 아님을 잊지 않아야 한다. 다음에서는 누리과정의 영역별로 어떻게 관찰 평가를 할 수 있는지 살펴보고자 한다. 여기에서 제시하는 관찰기록지의 예들은 유아정책연구소 연구원들(이미화 외, 2012)이 개발한 평가척도들의 일부임을 밝힌다.

2. 신체운동 · 건강영역

1) 신체운동 · 건강영역의 목표

신체운동 · 건강영역은 유아가 자신의 신체를 긍정적으로 인식하고 신체 활동에 즐겁게 참여함으로써 유아기에 필요한 기본 운동 능력과 기초 체력을 기르고, 건강하고 안전한 생활을 실천하는 능력과 태도를 기르기 위한 영역이다. 따라서 신체운동 · 건강영역의 큰 목표는 기본 운동 능력과 건강하고 안전한 생활 습관을 기르는 것이 된다. 이에 대한 구체적인 목표를 누리과정에서는 다섯 가지로 제시하고 있다(교육과학기술부, 보건복지부, 2013). 첫 번째 목표는 감각 능력 향상과 긍정적 신체 인식이다. 유아가 감각기관을 활용하여 사물과 주변 세계를 인식하고, 신체 각 부분의 특성을 이해하며 움직이는 활동을 통해 자신의 신체적 특성을 이해하고 활용할 수 있게 하는 것이다. 두 번째 목표는 신체 조절과 기본 운동 능력 향상이다. 유아가 다양한 자세와 움직임을 통해 신체 균형과 여러 가지 움직임 요소를 경험해 봄으로써 신체 조절력과 균형감, 민첩성을 키울 수 있도록 하는 것이다. 세 번째 목표는 신체 활동에 즐거운 참여다. 유아의 발달 정도와 능력에 적합한 운동기회를 제공하여 유아가 즐겁게 신체활동에 참여함으로써 성취감과 긍정적 자아 개념을 형성할 수 있도록 지원하는 것이다. 네 번째 목표는 건강한 생활 습관 형성이다. 유아가 신체와 주변을 청결히 유지하고 적절한 수면과 휴식을 취하며 바른 식습관을 가질 수 있도록 지도하는 것이다. 다섯 번째 목표는 안전한 생활습관 형성이다. 유아가 일상생활에서 경험하는 잠재적 위험 요소를 인식하고 비상시 적절히 대처할 수 있는 능력과 태도를 기르도록 지도하는 것이다.

2) 신체운동 · 건강영역의 내용 체계

신체운동 · 건강영역의 내용 범주는 다섯 가지 목표에 따라 '신체 인식하기' '신체 조절과 기본 운동하기' '신체 활동에 참여하기' '건강하게 생활하기' '안전하게 생활하기'로 구성되어 있다. '신체 인식하기' '신체 조절과 기본 운동하기' '신체 활동에 참여하기'는 주로 기본 운동 능력과 신체 활동의 내용이며, '건강하게 생활하기'와 '안전하게 생활하기'는 건강하고 안전한 일상생활을 위한 기본생활습관에 관한 내용을 포함한다. 이 다섯 가지 하위 영역은 신체 건강 및 신체 활동이라는 차원에서 상호 통합된다. [그림 9-1]은 신체운동 · 건강영역의 내용 체계를 보여 준다.

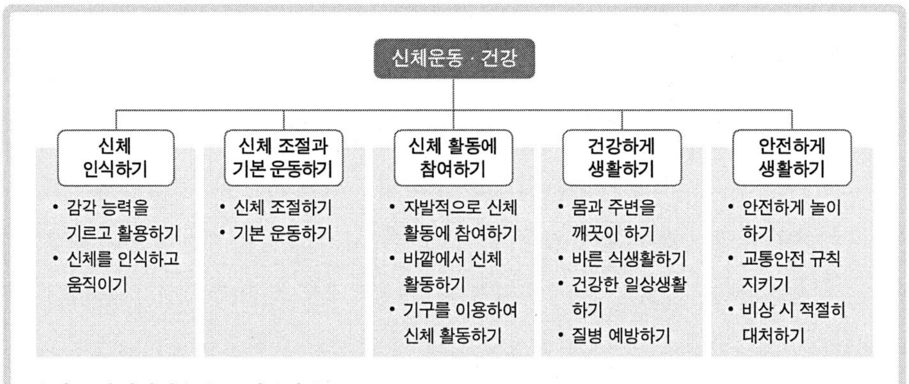

출처: 교육과학기술부, 보건복지부(2013).

그림 9-1 신체운동 · 건강영역의 내용 체계

[그림 9-1]의 신체운동 · 건강영역의 내용 범주는 유아의 교육 내용이 되고, 교육 내용은 곧 유아를 관찰하고 평가하는 내용이 된다. 따라서 신체운동 · 건강영역의 내용 체계는 실제 교육현장에서 유아의 발달과 학습을 관찰하고 평가하는 준거가 될 수 있다.

3) 신체운동 · 건강영역 관찰의 실제

신체운동 · 건강영역은 주변 사물을 이용하거나 또래와 놀이를 통해 여러 가지 감각적 활동을 경험해 보고 발달에 적합한 대근육 활동과 유아기에 필요한 신체건강에 관련된 활동에 유아들이 규칙적으로 참여한 후 평가를 실시하는 것이 효과적이다. 〈표 9-1〉, 〈표 9-2〉, 〈표 9-3〉은 유아의 신체운동 · 건강영역을 관찰 · 평가할 수 있는 양식을 보여 준다.

〈표 9-1〉은 전체를 평가할 수 있도록 신체운동 · 건강영역의 각 내용 체계에 대한 유아의 발달수준을 평가할 수 있는 관찰 척도를 제시하고 있다. 〈표 9-1〉은 행동 평정척도 관찰기록법의 기술 평정척도(예: 〈표 6-1〉)에 해당하는 것으로, 평정척도에 있는 1, 2, 3항목의 내용 중 유아의 현재 수준에 해당하는 항목의 숫자에 ✓표시하도록 되어 있다.

표 9-1 신체운동 · 건강영역의 전체적 행동 관찰 평가

유아명	○○○	나이		
반		평가 일시	20○○. ○. ○○	
영역 내용	평가 문항(평가 요소)	평정척도		
감각기능을 기르고 활용하기	감각으로 대상이나 사물을 구분한다. (감각을 통한 식별력)	1	감각으로 대상이나 사물을 구분하는 것을 어려워한다.	
		2	교사의 도움이 있으면 감각으로 대상이나 사물을 구분한다.	
		3	감각으로 대상이나 사물을 스스로 구분한다.	
신체를 인식하고 움직이기	신체의 명칭과 기능을 알고 움직인다. (신체 명칭과 기능에 대한 이해력)	1	신체 주요 부분의 명칭을 안다	
		2	신체의 주요 명칭과 세부 명칭을 알고 교사의 도움이 있으면 따라 움직인다.	
		3	신체의 다양한 명칭과 기능을 알고 활용하여 움직인다.	
신체를 인식하고 움직이기 + 자발적으로 신체 활동에 참여하기	자신의 신체적 특성이나 다른 사람과의 차이를 긍정적으로 이해한다. (신체 자아상, 신체 능력의 다양성에 대한 이해력)	1	자신의 신체적 특성과 다른 사람과의 차이에 대한 이해가 부족하다.	
		2	자신의 신체를 긍정적으로 인식하기 시작하며, 다른 사람과의 차이에 관심을 보이기 시작한다.	
		3	자신의 신체적 특성을 긍정적으로 인식하고 다른 사람과의 차이를 존중한다.	
신체 조절하기	균형감과 조절 능력을 보이며 대근육을 협응한다. (균형과 조절력)	1	단순한 대근육 협응과 활동을 수행한다.	
		2	대근육 활동에서 균형감과 조절 능력이 나타난다.	
		3	균형감 있고 안정감 있게 움직이며 대근육을 협응한다.	
신체 조절하기	도구를 사용하여 소근육 활동을 수행하고 소근육을 협응한다. (협응력, 소근육 기술)	1	단순한 소근육 협응과 활동을 수행한다.	
		2	복잡한 소근육 활동을 수행하기 시작한다.	
		3	스스로 조절력을 갖고 정교한 소근육 활동을 수행하며 소근육을 협응한다.	

출처: 이미화 외(2012).

〈표 9-2〉는 3점 평정척도 관찰기록법을 이용하여 신체운동 · 건강영역의 세부내용을 평가하는 관찰기록지의 예다. 교사는 일과 및 교육활동에서 관찰된 유아의 '감각을 통한 식별력', '협응력, 소근육 기술'에 대해 평정척도 1, 2, 3 중 유아의 현재 수준에 해당하는 숫자에 ✓표시한다. 그런 후, 평정의 근거가 된 행동 및 사례를 일화관찰기록법으로 기술하도록 되어 있어서 유아 행동의 질적인 부분까지 관찰할 수 있게 하는 양식이다.

표 9-2 신체운동 · 건강영역의 세부 내용을 평가하는 관찰기록지

내용	세부 내용	평가 문항 (평가 요소)	평정척도		
			1	2	3 ✓
감각기능 기르고 활용하기	감각으로 대상이나 사물의 특성과 차이를 구분한다.	감각으로 대상이나 사물을 구분한다 (감각을 통한 식별력)	감각으로 대상이나 사물을 구분하는 것을 어려워한다.	교사의 도움이 있으면 감각으로 대상이나 사물을 구분한다.	감각으로 대상이나 사물을 스스로 구분한다.
			관찰 및 활동 사례		
					'과일화채 만들기'를 하면서 유아가 화채에 들어 있는 사과, 배, 감을 먹어보고 먹은 과일의 이름을 모두 말하였다.
			1 ✓	2	3
신체 조절하기	눈과 손을 협응하여 소근육을 조절해 본다.	도구를 사용하여 소근육 활동을 수행하고 소근육을 협응한다. (협응력, 소근육기술)	단순한 소근육 협응과 활동을 수행한다.	복잡한 소근육 활동을 수행하기 시작한다.	스스로 조절력을 갖고 정교한 소근육 활동을 수행하며 소근육을 협응한다.
	도구를 활용하여 여러 가지 조작운동을 한다.		관찰 및 활동 사례		
			손바닥 오려붙이기를 하며, 가위로 직선은 오리지만 작은 곡선은 오리지 못한다.		

출처: 이미화 외(2012).

〈표 9-2〉에서는 '과일화채 만들기' 활동, '손바닥 오려붙이기' 활동에서 나타난 유아의 행동을 중심으로 신체운동 · 건강영역의 발달수준을 평정하고, 그에 해당하는 근거를 사례로 제시하였다. 감각기능 평가에서는 '과일화채 만들기' 활동에서 유아가 먹은 과일 이름을 모두 말하였으므로 3점으로 평정했다. 만일 유아가 한두 가지 과일 이름을 말하거나 교사의 도움을 받아 모두 말한다면 평정척도 2의 숫자에 ✓표시하고, 과일 이름을 전혀 맞히지 못했다면 평정척도 1에 ✓표시하고 그 내용을 기록하면 된다. 신체 조절 평가에서는 '손바닥 오려붙이기' 활동에서 유아가 반듯하게 직선을 오리는 것만 가능했으므로 교사는 1점으로 평정하였다. 만일 유아가 곡선까지 오릴 수 있다면 평정척도 2에 ✓표시하고, 직선과 곡선을 오릴 수 있고 색종이를 붙이고 구멍을 뚫는 것까지 수행하였다면 평정척도 3에 ✓표시하고 일화를 기록하면 된다.

〈표 9-3〉은 특정 활동을 통해서 신체운동 · 건강영역에서 유아의 발달수준을 관찰할 수 있는 관찰 양식의 예다.

〈표 9-3〉은 신체운동 · 건강영역의 구체적 활동인 평균대 걷기에서 관찰될 수 있는 유아의 신체 조절과 움직임에 대한 현재 수준을 평정척도에 따라 1단계, 2단계, 3단계 중 하나에 ✓표시하도록 되어 있다. 또한 정기적으로 평가할 수 있도록 평가시기가 나뉘어 있어서 발달의 변화를 확인할 수 있게 되어 있다.

표 9-3 신체운동 · 건강영역에서 유아의 평균대 걷기 신체 활동 평가

신체운동 · 건강영역–평균대 걷기				
유아명	○○○	활동명	신체 활동	
평가 시기	1차: ______년 ___월 ___일 2차: ______년 ___월 ___일	평가 유형	행동 평정척도	
평가 내용 및 관점	신체 조절과 기본 운동하기–신체 조절하기: • 평균대에서 균형을 잃지 않고 다양한 동작을 할 수 있는가?			
평정척도			1차	2차
걷기	1단계	천천히 걸으며 몸이 많이 흔들린다.		
	2단계	흔들림 없이 자연스럽게 걷는다.		
	3단계	균형을 잃지 않고 빠른 속도로 걷는다.		
방향 바꾸기	1단계	평균대 위에서 신호에 맞추어 방향을 바꾸지 못한다.		
	2단계	평균대 위에서 신호에 맞추어 방향을 바꾸어 움직인다.		
장애물 넘기	1단계	장애물을 떨어뜨리거나 평균대에서 균형을 잃고 떨어진다.		
	2단계	장애물 앞에 오면 멈춰서 거리를 조정한 후 장애물을 넘는다.		
	3단계	장애물 앞에서 멈춤 없이 자연스럽게 넘는다.		
뒤로 걷기	1단계	발을 바꾸거나 떼지 않고 한쪽 방향으로 걷는다.		
	2단계	발을 바꾸어 걸으나 균형을 잃고 몸이 흔들린다.		
	3단계	균형을 잃지 않고 안정적으로 걷는다.		
평균대 점프 하기	1단계	평균대에서 점프를 하지 못하거나 점프 후 평균대에서 떨어진다.		
	2단계	점프 후 착지 시 균형을 잃고 몸이 흔들린다.		
	3단계	평균대에서 점프 후 안정적으로 착지한다.		
균형 잡기	1단계	평균대를 걷다가 신호가 울리면 멈춘 후 한 발을 들고 균형을 잡는다.		
	2단계	신호가 울리면 멈춤 동작 없이 걷는 동작 그대로 한 발을 들고 균형을 잡는다.		
해석	1차:			
	2차:			

출처: 심성경 외(2012).

3. 의사소통영역

1) 의사소통영역의 목표

의사소통영역은 언어의 기본 형태인 구어와 문어를 활용하여 나와 다른 사람의 느낌이나, 생각, 경험을 상황과 상대방에 알맞게 소통할 수 있는 능력을 기르는 영역이다. 또한 말과 글의 관계를 알고 읽기와 쓰기에 흥미를 가져 언어 사용을 즐기도록 하는 영역이다. 따라서 의사소통영역의 큰 목표는 일상생활에 필요한 의사소통 능력과 바른 언어 사용 습관을 기르는 것이 된다. 이에 대한 구체적인 목표를 누리과정에서는 네 가지로 제시하고 있다(교육과학기술부, 보건복지부, 2013). 첫 번째 목표는 듣기 태도와 이해 능력 향상이다. 교사나 친구들과의 일상 대화와 다양한 듣기 활동을 통해 유아가 낱말, 문장, 문장과 문장의 관계 등을 이해하고, 말하는 사람의 표정, 시선, 몸짓 등 비언어적인 표현을 통해서도 상대방이 전하는 의미와 의도를 파악할 수 있도록 하는 것이다. 두 번째 목표는 느낌과 생각의 구어적 표현능력 향상이다. 유아가 일상생활 속에서 경험하는 것들을 자유롭고 편안하게 말로 표현할 수 있도록 지원하며, 유아가 낱말과 문장으로 말하고 상황에 맞게 바른 태도로 말하는 능력을 기르도록 하는 것이다. 세 번째 목표는 글자 모양 인식과 읽기 흥미의 진전이다. 일상생활과 관련된 친근한 인쇄물이나 글자들을 접하거나 그림책이나 동시, 동요 등의 내용을 자주 듣게 하며 즐거움을 경험하여 읽기에 흥미를 가지도록 하는 것이다. 네 번째 목표는 말과 글의 관계 이해와 글 표현에 대한 관심 형성이다. 유아가 주변에서 성인의 쓰기 모델을 자주 접하면서 말과 글의 관계를 자연스럽게 알고 가장 친숙한 자신의 글자를 써 보는 것을 즐기도록 하며, 자신의 생각과 느낌, 경험을 글자와 비슷한 형태나 글자로 나타내는 과정에 중점을 두고 쓰기에 관심을 가지도록 하는 것이다.

2) 의사소통영역의 내용 체계

의사소통영역은 네 가지 목표에 따라 '듣기' '말하기' '읽기' '쓰기'의 내용 범주로 구성되어 있다. 의사소통영역은 '듣고 말하며, 읽고 쓰기'라는 방법을 통해서 유아가 전달하고자 하는 의미를 구성하고, 상황에 맞게 표현하며, 타인이 보낸 의미를 잘 해석하여 이해하는 능력을 기르는 내용이 포함되어 있다. '쓰기 도구 사용하기'는 4~5세에게만 해당한다. [그림 9-2]는 의사소통영역의 내용 체계다.

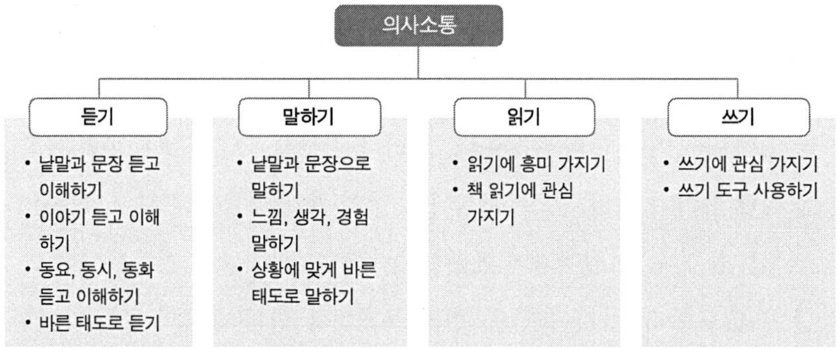

출처: 교육과학기술부, 보건복지부(2013).

그림 9-2 의사소통영역의 내용 체계

[그림 9-2]의 의사소통영역의 내용 범주는 유아를 교육하는 내용이 되고, 교육 내용은 곧 유아를 관찰하고 평가하는 내용이 된다. 따라서 의사소통영역의 내용 체계는 실제 교육현장에서 유아의 발달과 학습을 관찰하고 평가하는 준거가 될 수 있다.

3) 의사소통영역 관찰의 실제

유아가 즐겁게 듣고 말하고 읽고 쓰는 일에 관심을 가지고 있는지 관찰·기록하고, 이를 분석하여 유아가 말소리 언어와 글자 언어에 대한 관심과 기초적인 언어 능력이 있는지, 일상생활에서 자신의 생각과 의견을 표현하고 다른 사람과의 대화를 즐기는지 평가해야 한다. 또한 책 읽기에 관심을 가지고 즐기는지, 유아가 글자와 글에 대한 관심을 가지고 쓰기까지 연결되는지 살펴보고 이를 확장하고 지속시킬 수 있는지도 관찰해야 한다.

〈표 9-4〉, 〈표 9-5〉, 〈표 9-6〉은 유아의 의사소통영역을 관찰 · 평가할 수 있는 양식이다.

〈표 9-4〉는 의사소통영역의 전체 내용 체계에 대해서 유아의 발달수준을 평가할 수 있도록 되어 있는 관찰 척도다. 〈표 9-4〉는 행동 평정척도 관찰기록법의 기술평정척도에 해당하는 것이다. 평가 문항마다 평정척도에 있는 1, 2, 3항목의 내용 중 유아의 현재 의사소통 수준에 해당하는 항목의 숫자에 ✓표시하도록 되어 있다.

〈표 9-5〉는 3점 평정척도 관찰기록법을 이용하여 의사소통영역의 세부 내용을 평가하는 관찰기록지의 예다. 교사는 일과 및 교육활동에서 관찰된 유아의 '이해력, 주제 관련성, 자발성', '발음의 정확성, 표현의 적절성'에 대해 평정척도 1, 2, 3 중 유아의 현재 수준에 해당하는 숫자에 ✓표시한다. 그런 후, 평정의 근거가 된 유아의 행동 및 사례에 대해 질적인 부분까지 관찰할 수 있도록 일화 관찰기록법으로 기술하게 되어 있는 양식이다.

〈표 9-5〉에서는 이야기 나누기 시간에 나타난 유아의 행동을 중심으로 의사소통영역의 발달수준을 평정하고, 그에 해당하는 근거를 사례로 제시하였다. 듣기 평가에서는 견학하고 온 '동물원'에 관한 교사의 질문에 적절하게 대답했으므로 3점으로 평정하였다. 만일 교사의 질문에 "생각이 안 나요", "호랑이는 무서워요"식의 대답을 한다면 평정척도 1에 ✓표시하고, 교사의 질문에 모두 대답할 뿐 아니라 "곰은 왜 두 발로 서 있어요?" 등의 새로운 질문을 한다면 평정척도 3에 ✓표시하고 그 내용을 기록하면 된다. 말하기 평가에서는 주말 지낸 이야기 나누기에서 교사의 질문에 다양한 어휘(꾸불꾸불한 엄청 긴 롤러코스터)와 문장을 사용해서 말했으므로 3점으로 평정하였다. 만일 교사의 질문에 정확한 상황을 대답하지 못한다면 평정척도 1에 ✓표시하고, 단문으로 정확하게 대답한다면 평정척도 2에 ✓표시하고 일화를 기록하면 된다.

〈표 9-6〉은 특정 활동을 통해 의사소통영역에서 보이는 유아의 발달수준을 관찰할 수 있는 관찰 양식이다.

표 9-4 의사소통영역의 전체적 행동 관찰 평가

유아명		나이	
반		평가 일시	
영역 내용	평가 문항(평가 요소)	평정척도	
듣기: 낱말과 문장 듣고 이해하기	비슷한 발음을 듣고 구별하며 문장을 듣고 뜻을 이해한다. (발음 구분, 문장 이해)	1	비슷한 낱말의 발음을 구별하지 못하거나 여러 가지 낱말을 포함한 단순한 문장의 뜻을 이해하지 못한다.
		2	비슷한 낱말의 발음을 모두 구별하고 여러 가지 낱말을 포함한 단순한 문장의 뜻을 이해한다.
		3	비슷한 낱말의 발음을 모두 구별하고 여러 가지 낱말을 포함한 복잡한 문장의 뜻을 이해한다.
듣기: 이야기 듣고 이해하기	이야기를 듣고 이해하며 궁금한 것에 대해 질문한다. (이해력, 주제 관련성, 자발성)	1	이야기 내용을 이해하지 못하여 질문에 적절하게 대답하지 못한다.
		2	이야기 내용을 이해하여 질문에 적절하게 대답한다.
		3	이야기 내용을 이해하여 질문에 적절하게 대답하고 궁금한 것을 자발적으로 질문한다.
듣기: 동요·동시·동화 듣고 이해하기	동요·동시·동화를 듣고 이해하며 우리말의 재미를 느낀다. (이해력, 흥미 수준)	1	동요·동시·동화의 내용에 대해 부분적으로 이해하고 흥미를 거의 보이지 않는다.
		2	동요·동시·동화의 내용을 이해하고, 흥미를 나타낸다.
		3	동요·동시·동화의 내용을 이해하고, 재미있는 표현을 활용하는 것을 즐긴다.
듣기: 바른 태도로 듣기	다른 사람의 이야기를 끝까지 주의 깊게 듣는다. (관심 표현, 지속성)	1	다른 사람의 이야기에 관심을 보이지만 끝까지 주의 깊게 듣지 못한다.
		2	다른 사람의 이야기에 관심을 가지며 교사의 도움이 있으면 끝까지 주의 깊게 듣는다.
		3	다른 사람의 이야기에 관심을 가지고 스스로 끝까지 주의 깊게 듣는다.
말하기: 낱말과 문장으로 말하기	정확한 발음으로 말하고 다양한 낱말과 문장으로 말한다. (발음의 정확성, 표현의 적절성)	1	부정확한 발음으로 말하거나 단순한 낱말과 문장을 사용하여 상황에 맞게 말한다.
		2	정확한 발음으로 말하고 단순한 낱말과 문장을 사용하여 상황에 맞게 말한다.
		3	정확한 발음으로 말하고 다양한 낱말과 문장을 사용하여 상황에 맞게 말한다.

출처: 이미화 외(2012).

표 9-5 의사소통영역의 세부 내용을 평가하는 관찰기록지

내용	세부 내용	평가 문항 (평가 요소)	평정척도		
			1	2 ✓	3
듣기: 이야기 듣고 이해하기	다른 사람의 이야기를 듣고 이해한다. 이야기를 듣고 궁금한 것에 대해 질문한다.	이야기를 듣고 이해하며 궁금한 것에 대해 질문한다. (이해력, 주제 관련성, 자발성)	이야기 내용을 이해하지 못하여 질문에 적절하게 대답하지 못한다.	이야기 내용을 이해하여 질문에 적절하게 대답한다.	이야기 내용을 이해하여 질문에 적절하게 대답하고 궁금한 것을 자발적으로 질문을 한다.
			관찰 및 활동 사례		
				'동물원' 견학을 마친 후, "어떤 동물을 보았니?"라는 교사의 질문에 "호랑이, 곰, 사자, … 기린을 봤어요."라고 답하고, "곰이 어떤 모습을 하고 있었니?"라는 질문에, "곰이 두 발로 서서 손을 모으고 인사를 했어요."라고 질문에 적절하게 대답하였다.	
			1	2	3 ✓
말하기: 낱말과 문장으로 말하기	정확한 발음으로 말한다. 다양한 낱말을 사용하여 상황에 맞게 말한다. 일상생활에서 일어나는 일들을 다양한 문장으로 말한다.	정확한 발음으로 말하고 다양한 낱말과 문장을 상황에 맞게 말한다. (발음의 정확성, 표현의 적절성)	부정확한 발음으로 말하거나 단순한 낱말과 문장을 사용하여 상황에 맞게 말하지 못한다.	정확한 발음으로 말하고 단순한 낱말과 문장을 사용하여 상황에 맞게 말한다.	정확한 발음으로 말하고 다양한 낱말과 문장을 사용하여 상황에 맞게 말한다.
			관찰 및 활동 사례		
					주말 지낸 이야기를 말하는 시간에, "일요일에 놀이동산에 갔는데, 꾸불꾸불한 엄청 긴 롤러코스터를 세 번이나 타고 회전목마를 탔어요. 나중에 다시 가면 또 탈 거예요."라고 말했다.

출처: 이미화 외(2012).

표 9-6 의사소통영역에서 동화책 읽기 활동의 수준 평가

<table>
<tr><th colspan="8">의사소통영역–읽기</th></tr>
<tr><td>유아명</td><td colspan="3">○ ○ ○(만 5세)</td><td>활동명</td><td colspan="3">동화책 읽기</td></tr>
<tr><td>평가 시기</td><td colspan="3">1차: ______년 ___월 ___일
2차: ______년 ___월 ___일</td><td>평가 유형</td><td colspan="3">검사</td></tr>
<tr><td>평가 내용 및 관점</td><td colspan="7">읽기–책 읽기에 관심 가지기:
• 주변의 글자에 관심을 가지는가?
• 여러 가지 맥락을 활용하여 글의 내용을 추측할 수 있는가?</td></tr>
<tr><td colspan="6">평정척도</td><td>1차</td><td>2차</td></tr>
<tr><td rowspan="9">내용</td><td rowspan="4">1 단 계</td><td rowspan="4">그림 중심 읽기 시도 단계</td><td>하위 1단계</td><td colspan="2">이야기를 형성하지 못하는 단계</td><td></td><td></td></tr>
<tr><td rowspan="3">하위 2단계</td><td colspan="2">이야기를 형성할 수 있는 단계</td><td></td><td></td></tr>
<tr><td>하위 2–1단계</td><td>구어식으로 읽기를 시도하는 단계</td><td></td><td></td></tr>
<tr><td>하위 2–2단계</td><td>문어식으로 읽기를 시도하는 단계</td><td></td><td></td></tr>
<tr><td rowspan="5">2 단 계</td><td rowspan="5">글자 중심 읽기 시도 단계</td><td>하위 1단계</td><td colspan="2">글자를 인식하고 읽기를 거부하거나 마음대로 지어 읽는 단계</td><td></td><td></td></tr>
<tr><td>하위 2단계</td><td colspan="2">한두 가지 요소에 집중하여 읽는 단계
• 글자만 들여다보면서 아는 글자를 찾아 읽는 단계
• 글자를 손으로 짚어 가며 아는 글자는 읽고 모르는 글자는 글자 수에 맞추어 지어 읽는 단계</td><td></td><td></td></tr>
<tr><td rowspan="3">하위 3단계</td><td colspan="2">총체적으로 읽기를 시도하는 단계</td><td></td><td></td></tr>
<tr><td>하위 3–1단계</td><td>전략적 읽기 단계: 모르는 단어를 익숙한 다른 단어로 만들어 읽는 형태/글자 수를 맞추어 읽는 형태</td><td></td><td></td></tr>
<tr><td>하위 3–2단계</td><td>정확하게 읽는 단계(독립적으로 읽기)</td><td></td><td></td></tr>
<tr><td rowspan="2">해석</td><td colspan="7">1차:</td></tr>
<tr><td colspan="7">2차:</td></tr>
</table>

출처: 심성경 외(2012).

〈표 9-6〉은 의사소통영역의 구체적인 활동인 동화책 읽기 활동에서 관찰될 수

있는 유아의 읽기 수준과 관심의 정도가 어느 단계인지 해당하는 단계 중 하나에 표시하도록 되어 있다. 또한 형성평가가 가능하도록 평가 시기가 두 칸으로 나뉘어 있어서 발달의 변화 정도를 확인할 수 있게 되어 있다.

4. 사회관계영역

1) 사회관계영역의 목표

사회관계영역은 유아가 자신을 알고 소중하게 여기며 가족, 또래와 함께 원만하게 지내는 방법뿐 아니라 공동체에서 함께 살아가는 방법을 익히고 사회에 관심을 가지며 적응해 나갈 수 있는 기초능력과 인성을 기르기 위한 영역이다. 따라서 사회관계영역의 큰 목표는 자신을 존중하고 다른 사람과 더불어 생활하는 능력과 태도의 형성이 된다. 이에 대한 구체적인 목표를 누리과정에서는 다섯 가지로 제시하고 있다(교육과학기술부, 보건복지부, 2013). 첫 번째 목표는 자신의 소중함 인식과 자율성 향상이다. 유아가 자신에 대하여 알아보고 스스로를 소중하게 여기며, 자신이 스스로 해야 할 일을 알아보고 계획하여 실천하도록 하는 것이다. 두 번째 목표는 자신과 타인의 감정인식과 자신의 감정표현과 조절이다. 유아가 자신의 감정을 알고 표현하며, 타인의 감정에 대하여도 관심을 갖고 공감할 수 있도록 하고, 자신의 감정을 상황에 적합하게 조절할 수 있도록 하는 것이다. 세 번째 목표는 가족의 소중함 인식과 가족과 협력 증진이다. 유아가 가족에 대한 이해를 바탕으로 가족 구성원과 화목하게 지내며 가족을 기쁘게 하는 일을 찾아보고, 가족이 어려움에 처했을 때 서로 위로하며 협력할 수 있도록 하는 것이다. 네 번째 목표는 공동생활 기술의 향상이다. 유아가 사회적 관계를 형성하는 데 필요한 질서, 배려, 협력 등 바른 인성을 기르고, 교사나 이웃과 화목하게 지내도록 하고, 정직, 배려, 예절, 공공규칙 등 사회적으로 중요하게 공유되는 가치를 실천하며 공동체 의식을 갖춘 민주 시민으로 성장하도록 하는 것이다. 다섯 번째 목표는 우리 동네, 우리나라, 다른 나라에 관심 갖기다. 유아가 자신이 속한 동네에 대해 알아보고, 직업의 종류에 대하여 알아보도록 하며, 우리나라의 전통에 대한 이해와 자부심을 토대로 편견 없이 다양한 나라와 인종과 문화에 관심을 갖고 존중할 수 있도록 하는 것이다.

2) 사회관계영역의 내용 체계

사회관계영역은 다섯 가지 목표에 따라 '나를 알고 존중하기' '나와 다른 사람의 감정 알고 조절하기' '가족을 소중히 여기기' '다른 사람과 더불어 생활하기' '사회에 관심 갖기'의 내용 범주로 구성된다. '나를 알고 존중하기' 범주는 유아가 스스로를 존중하는 것과 관련된 내용이고, '나와 다른 사람의 감정 알고 조절하기' 범주는 자신 및 타인의 정서에 대한 이해를 바탕으로 상황에 맞게 감정을 조절하는 데 필요한 내용으로 구성되어 있다. 나머지 세 개의 범주에서는 유아가 주변 사람들과의 신뢰를 바탕으로 사회를 편견 없이 바라보도록 하는 내용을 다룬다. 이러한 내용은 유아가 가족, 친구와 교사, 지역사회, 우리나라 그리고 세계로 점차 관심을 확장해 나갈 수 있도록 동심원적 접근 방식으로 구성되어 있다. '세계와 여러 문화에 관심 갖기'는 4~5세에게만 해당된다. [그림 9-3]은 사회관계영역의 내용 체계를 보여 준다.

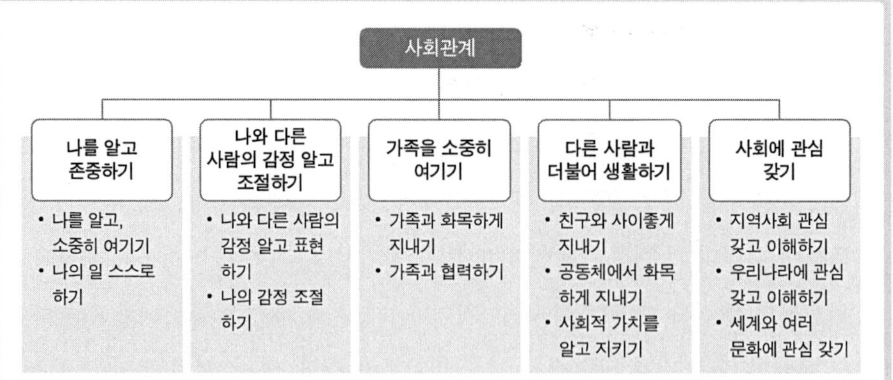

출처: 교육과학기술부, 보건복지부(2013).

그림 9-3 사회관계영역 내용 체계

[그림 9-3]의 사회관계영역의 내용 범주는 교육의 내용이 되고, 교육 내용은 곧 유아를 관찰하고 평가하는 내용이 된다. 따라서 사회관계영역의 내용 체계는 실제 교육현장에서 유아의 발달과 학습을 관찰하고 평가하는 준거가 될 수 있다.

3) 사회관계영역 관찰의 실제

사회관계영역에서는 자신에 대한 긍정적 개념을 기초로 자신의 일을 계획하고 실천하며, 자기의 감정을 알고 조절하는 능력이 있는지 관찰 · 평가해야 한다. 나와 다른 사람, 좀 더 나아가 공동체 내에서의 관계를 이해하고 서로 협력하는지 파악해야 한다. 이때 개별 유아만 다루는 것이 아니라 유아와 상호작용하는 대상도 고려해야 한다. 상호작용하는 대상의 반응에 따라 유아 행동이 변할 수 있기 때문에, 관찰할 때 상대방의 말과 행동까지 주의 깊게 살펴야 한다. 〈표 9-7〉, 〈표 9-8〉, 〈표 9-9〉, 〈표 9-10〉은 유아의 사회관계영역을 관찰 · 평가할 수 있는 양식을 보여 준다.

〈표 9-7〉은 사회관계영역의 다섯 가지 내용 범주를 모두 포함하는 전체 내용 체계에 대해 유아의 수준을 평가할 수 있게 되어 있는 관찰 척도다. 〈표 9-7〉은 행동 평정척도 관찰기록법의 기술 평정척도에 해당하는 것으로, 평가 문항별로 평정척도에 있는 1, 2, 3항목의 내용 중 유아의 현재 사회관계 수준에 해당하는 항목에 ✓표시하도록 되어 있다.

표 9-7 사회관계영역의 전체적 행동 관찰 평가

유아명		나이	
반		평가 일시	
영역 내용	평가 문항(평가 요소)	평정척도	
나를 알고 소중히 여기기	자신에 대해 알고 소중히 여기며, 서로의 차이를 다양한 측면에서 존중한다. (자아 존중, 차이 존중)	1	자신의 장단점을 잘 알지 못하고, 서로의 차이를 신체 등 부분적인 측면에서만 인식한다.
		2	자신의 장단점을 어느 정도 알고, 서로의 차이를 비교적 여러 가지 측면에서 인식한다.
		3	자신의 독특함과 소중함을 알고, 누구나 다양한 측면에서 차이가 있다는 것을 존중한다.
나의 일 스스로 하기	자기 일을 계획하여 스스로 한다. (자율성, 주도성)	1	나의 일을 하는 데 수동적이어서 교사의 지시를 따르거나 또래의 행동을 따라 한다.
		2	나의 일을 스스로 하려 하나 자주 지원이 필요하고, 자기 의도대로 계획하여 해 보지만 여전히 소극적이다.
		3	나의 일을 자율적으로 해내고, 하고 싶은 일을 적극적으로 계획하여 시도해 본다.
나와 다른 사람의 감정 알고 표현하기	자기 감정을 적절하게 표현하며, 다른 사람의 감정에 공감한다. (감정 표현, 공감능력)	1	자기 감정 표현에 다소 미숙하고, 다른 사람의 감정을 잘 알아채지 못한다.
		2	자기 감정 표현에 어느 정도 능숙하고, 다른 사람의 감정에 공감하지만 의례적인 수준에 그친다.
		3	자기 감정 표현에 상당히 능숙하고, 다른 사람의 감정에 적절하게 공감한다.
나의 감정 조절하기	자신의 감정을 잘 참고 적절하게 표현한다. (감정 조절, 적절한 표현력)	1	자신의 감정을 참지 못하고 터뜨리며 상황에 맞지 않게 표현한다.
		2	자신의 감정을 어느 정도 참을 수 있으나 상황에 맞는 표현에는 약간 미숙하다.
		3	자신의 감정을 잘 참고 상황에 맞추어 적절하게 표현한다.
가족과 화목하게 지내기	가족이 소중한 이유를 알고, 가족과의 경험을 즐겨 표현한다. (가족의 의미 인식, 가족애)	1	가족이 소중한 이유를 잘 알지 못하고, 화목하게 지내는 가족의 모습에 익숙하지 못한 편이다.
		2	가족이 소중한 이유를 수단적인 측면에서만 설명하고, 가족과의 경험을 단순하게 표현하는 데 그친다.
		3	가족이 소중한 이유를 구체적으로 설명하고, 가족과의 여러 가지 경험을 즐겨 표현한다.

출처: 이미화 외(2012).

〈표 9-8〉은 3점 평정척도 관찰기록법을 이용하여 사회관계영역의 세부 내용을 평가하는 관찰기록지의 예이다. 교사는 일과 및 교육활동에서 관찰된 유아의 '자아 존중, 차이 존중'과 '감정 조절, 적절한 표현'에 대해 평정척도 1, 2, 3 중 유아의 현재 수준에 해당하는 숫자에 ✓표시한다. 그런 후, 평정의 근거가 된 유아의 행동 및 사례를 일화 관찰기록법으로 기술하도록 되어 있는 양식이다.

표 9-8 사회관계영역의 세부 내용을 평가하는 관찰기록지

<table>
<tr><th rowspan="2"></th><th rowspan="2">세부 내용</th><th rowspan="2">평가 문항
(평가 요소)</th><th colspan="3">평정척도</th></tr>
<tr><th>1 ✓</th><th>2</th><th>3</th></tr>
<tr><td rowspan="3">나를 알고
소중히
여기기</td><td rowspan="3">나에 대해
알아본다.

나와 다른
사람의 신체적,
사회적,
문화적 차이를
존중한다.

나에 대해
긍정적으로
생각하고
나를
소중하게
여긴다.</td><td rowspan="3">자신에 대해
알고 소중히
여기며,
서로의
차이를
다양한
측면에서
존중한다.
(자아 존중,
차이 존중)</td><td>자신의 장단점을 잘 알지 못하고, 서로의 차이를 신체 등 부분적인 측면에서만 인식한다.</td><td>자신이 장단점을 어느 정도 알고, 서로의 차이를 비교적 여러 가지 측면에서 인식한다.</td><td>자신의 독특함과 소중함을 알고, 누구나 다양한 측면에서 차이가 있다는 것을 존중한다.</td></tr>
<tr><td colspan="3">관찰 및 활동 사례</td></tr>
<tr><td>친구들은 서로 어떻게 다를까 얘기해보는 시간에, '나는 키가 크고, 영미는 작아요.'라고 신체적인 특징만 말했다.</td><td></td><td></td></tr>
<tr><td></td><td></td><td></td><td>1</td><td>2</td><td>3 ✓</td></tr>
<tr><td rowspan="3">나의 감정
조절하기</td><td rowspan="3">자신의
감정을
상황에 맞게
조절한다.</td><td rowspan="3">자신의
감정을 잘
참고
적절하게
표현한다.
(감정 조절,
적절한 표현)</td><td>자신의 감정을 참지 못하고 터뜨리며 상황에 맞지 않게 표현한다.</td><td>자신의 감정을 어느 정도 참을 수 있으나 상황에 맞는 표현에는 약간 미숙하다.</td><td>자신의 감정을 잘 참고 상황에 맞추어 적절하게 표현한다.</td></tr>
<tr><td colspan="3">관찰 및 활동 사례</td></tr>
<tr><td></td><td></td><td>쌓기 영역에서 쌓아놓은 블록을 지나가던 친구가 치고 지나가면 "야, 조심해 내꺼 다 부서졌잖아." 라고 말한 후, 다시 세웠다.</td></tr>
</table>

출처: 이미화 외(2012).

〈표 9-8〉에서는 이야기 나누기 시간과 쌓기 영역 활동에서 나타난 유아의 행동을 중심으로 사회관계영역의 발달수준을 평정하고, 그에 해당하는 근거를 사례로 제시하였다. 자신을 잘 인식하는지에 대한 평가에서는 '친구들과 다름'에 관한 이야기 나누기 시간에 신체적인 특징만 인식하였으므로 1점으로 평정하였다. 만일 유아가 '나는 달리기를 잘하는데 영미는 잘 못하지만, 영미는 착하다.'고 서로의 차이를 여러 측면에서 인식하면 평가척도 2에 ✓표시하고, 유아가 '나는 얼굴이 길고, 영미는 얼굴이 동그래요. 근데 똑같이 잘생겼어요.'라고 서로의 차이를 인식하되 친구를 존중하는 표현을 한다면 평가척도 3에 ✓표시하고 그 내용을 기록하면 된다. 감정조절에 대한 평가에서는 다른 친구에게 놀이를 방해받는 상황에서 자신의 감정을 참고 적절하게 반응하였으므로 교사는 3점으로 평정하였다. 만일 유아가 친구에게 소리치며 달려들었다면 평정척도의 1에 ✓표시하고, 감정을 참으려고 노력하지만 씩씩거리며 노려보는 행동을 한다면 평가척도 3에 ✓표시하고 일화를 기록하면 된다.

〈표 9-9〉는 사회관계영역에서 자기 가족을 소개하는 활동 중에 관찰될 수 있는 행동 목록에 있는 행동의 존재 유무를 표시하는 행동 목록 관찰기록 양식과 일화 관찰기록 양식을 합해 놓은 관찰기록지다.

표 9-9 사회관계영역의 우리 가족 소개하기 행동 관찰기록지

유아명	○○○	반	○○	평가 시기	5월 20일
생활 주제	나와 가족	주제	우리 가족	활동명	우리 가족을 소개해요
평가 내용 및 관점	가족을 소중히 여기기: • 가족 구성원의 수, 명칭 및 역할을 안다. • 다양한 가족 구조가 있음을 알고, 편견을 가지지 않는다.				
평가 상황	이야기 나누기, 자유선택활동				
평가 유형	행동 목록 관찰기록, 일화 관찰기록				

〈행동 목록〉

평가 내용	예	아니요	비고
1. 가족 구성원의 명칭을 말할 수 있는가?			
2. 가족 구성원의 수를 알고 있는가?			
3. 가족 구성원의 역할을 알고 있는가?			
4. 친구와 자신의 가족 구성원을 비교할 수 있는가?			
5. 가정에 따라 가족 구성원이 다름을 이해하고 있는가?			

〈일화 관찰기록〉

출처: 심성경 외(2012).

〈표 9-10〉은 동일한 가족 소개 활동에 대해서 행동 평정척도 관찰기록을 적용하게 되어 있는 관찰기록지다.

표 9-10 사회관계영역의 우리 가족 소개하기 행동 관찰기록지: 행동 평정척도

행동 평정척도 관찰기록			
평가 내용			
1. 가족 구성원의 명칭을 말할 수 있는가?	1 가족의 명칭을 모른다.	2 가족의 명칭을 부정확하게 안다.	3 가족의 명칭을 정확히 안다.
2. 가족 구성원의 수를 알고 있는가?	1 가족 구성원의 수를 모른다.	2 가족 구성원의 수를 부정확하게 안다.	3 가족 구성원의 수를 정확히 안다.
3. 가족 구성원의 역할을 알고 있는가?	1 가족 구성원의 역할을 모른다.	2 가족 구성원의 역할을 부정확하게 안다.	3 가족 구성원의 역할을 정확히 안다.
4. 친구와 자신의 가족 구성원을 비교할 수 있는가?	1 친구의 가족과 비교할 수 없다.	2 친구의 가족과 부정확하게 비교한다.	3 친구의 가족과 정확하게 비교한다.
5. 가정에 따라 가족 구성원이 다름을 이해하고 있는가?	1 다름을 이해하지 못한다.	2 다름을 부정확하게 이해한다.	3 다름을 정확히 이해한다.

5. 예술경험영역

1) 예술경험영역의 목표

예술경험영역은 유아가 친근한 주변 환경에서 발생하는 소리, 음악, 움직임과 춤, 모양과 색 등의 미술 요소에서 아름다움을 느끼고, 또래와 교사, 부모, 지역사회의 주민이나 작가가 표현한 예술작품을 가까이 접하면서 이를 탐색하고 창의적으로 표현하는 것을 즐기며 감상하기 위한 영역이다. 따라서 예술경험영역의 큰 목표는 아름다움에 관심을 가지고 예술 경험을 즐기며, 창의적으로 표현하는 능력을 기르는 것이 된다. 이에 대한 구체적인 목표를 누리과정에서는 세 가지로 제시하고 있다(교육과학기술부, 보건복지부, 2013). 첫 번째 목표는 주변 아름다움과 예술적 요소 탐색

하기다. 유아가 아름다움과 예술적 요소에 관심을 갖고 적극적으로 탐색하는 경험의 기회를 가짐으로써 미적 감각과 심미감을 높이고 창의적인 표현과 감상 능력이 발달되도록 하는 것이다. 두 번째 목표는 생각과 느낌을 예술을 통해 창의적으로 표현하기다. 유아가 자신의 생각과 느낌을 자발적이고 창의적으로 표현하는 과정을 경험하고 즐기며 결과물인 작품을 통해서도 성취감과 자신감을 경험할 수 있도록 하는 것이다. 세 번째 목표는 자연과 예술작품 감상하기다. 유아가 자연과 다양한 예술작품을 자연스럽게 감상함으로써 아름다움을 인식하고, 다른 사람의 예술작품을 이해하고 존중할 수 있도록 하는 것이다.

2) 예술경험영역의 내용 체계

예술경험영역은 세 가지 목표에 따라 '아름다움 찾아보기' '예술적 표현하기' '예술 감상하기'의 내용 범주로 구성되어 있다. 이 세 가지 범주는 구분되기보다는 서로 밀접하게 연관되어 있어, 아름다움을 찾고 표현하며 감상하는 것은 유아의 예술경험을 지속적으로 새롭게 재구성한다. 따라서 인위적인 구분에 따라 별개의 독립된 활동으로 다루기보다 유아가 일상생활 속에서 다양한 예술 매체를 통해 아름다움을 찾고 표현하며 감상하는 활동들이 자연스럽게 통합되도록 한다. [그림 9-4]는 예술경험영역의 내용 체계다.

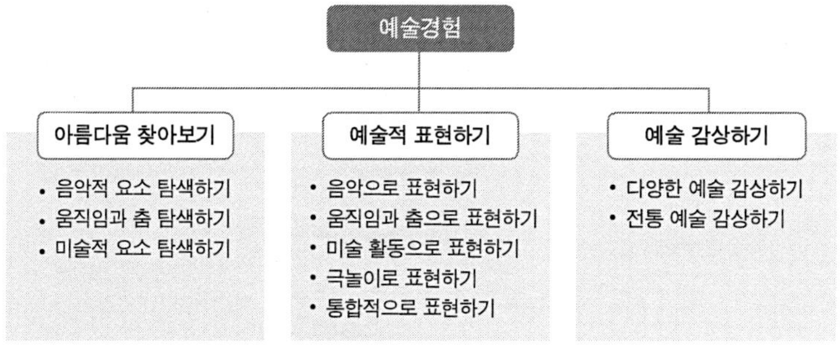

출처: 교육과학기술부, 보건복지부(2013).

그림 9-4 예술경험영역의 내용 체계

[그림 9-4]의 예술경험영역의 내용 범주는 유아를 교육하는 내용이 된다. 그리고 교육 내용은 곧 유아를 관찰하고 평가하는 내용이 된다. 따라서 예술경험영역의 내용 체계는 실제 교육현장에서 유아의 발달과 학습을 관찰하고 평가하는 준거가 될 수 있다.

3) 예술경험영역 관찰의 실제

예술경험영역에서는 특정한 예술적 개념이나 기능을 익혔는지를 평가하는 것이 아니라 사물을 직접 보고, 만지고, 느껴 보는 능동적인 활동 과정으로 이루어져야 한다. 예술경험의 내용 체계는 아름다움 찾아보기, 예술적 표현하기 및 예술 감상하기로 구분되어 있다. 하지만 서로 분리되어 개별적으로 활동이 이루어지기도 하고, 상호 연계성을 가지고 순차적으로 실시되기도 하므로, 관찰 평가에서 이를 고려해야 할 것이다. 뿐만 아니라 예술경험을 하는 동안 유아의 흥미 · 관심 · 태도와 같은 정의적 측면에 대한 평가도 통합적으로 실시되어야 한다. 〈표 9-11〉, 〈표 9-12〉, 〈표 9-13〉은 유아의 예술경험영역을 관찰 · 평가할 수 있는 양식이다.

〈표 9-11〉은 예술경험영역의 세 가지 내용 범주를 포함하는 전체 내용 체계에서 유아의 수준을 평가할 수 있는 관찰 척도다. 〈표 9-11〉은 행동 평정척도 관찰기록법의 기술 평정척도에 해당한다. 평가 문항별로 평정척도에 있는 1, 2, 3항목의 내용 중 유아의 현재 예술경험 수준에 해당하는 항목에 ✓표시하도록 되어 있다.

표 9-11 예술경험영역의 전체적 행동 관찰 평가

유아명		나이		
반		평가 일시		
영역 내용	평가 문항(평가 요소)	평정척도		
음악적 요소 탐색하기	음악적 요소를 자발적으로 탐색한다. (음악적 요소에 대한 자발적 탐색)	1	다양한 소리, 악기 등을 활용하여 셈여림, 빠르기, 리듬 등 음악적 요소에 관심을 보이지 않는다.	
		2	다양한 소리, 악기 등을 활용하여 셈여림, 빠르기, 리듬 등 음악적 요소를 주의깊게 탐색한다.	
		3	다양한 소리, 악기 등을 활용하여 셈여림, 빠르기, 리듬 등 음악적 요소를 자발적으로 탐색하고 변화를 시도한다.	
움직임과 춤 요소 탐색하기	움직임과 춤의 요소를 자발적으로 탐색한다. (움직임과 춤 요소에 대한 자발적 탐색)	1	모양, 힘, 빠르기, 흐름 등 움직임과 춤의 요소에 관심을 보이지 않는다.	
		2	모양, 힘, 빠르기, 흐름 등 움직임과 춤의 요소를 주의 깊게 탐색한다.	
		3	모양, 힘, 빠르기, 흐름 등 움직임과 춤의 요소를 자발적으로 탐색하고 변화를 시도한다.	
미술적 요소 탐색하기	미술적 요소를 자발적으로 탐색한다. (미술적 요소에 대한 자발적 탐색)	1	자연과 사물에서 색, 모양, 질감, 공간 등 미술적 요소에 관심을 보이지 않는다.	
		2	자연과 사물에서 색, 모양, 질감, 공간 등 미술적 요소를 주의 깊게 탐색한다.	
		3	자연과 사물에서 색, 모양, 질감, 공간 등 미술적 요소를 자발적으로 탐색하고 변화를 시도한다.	
음악으로 표현하기 (1)	생각이나 느낌에 리듬을 붙여 노래로 표현하며 즐겨 부른다. (음악 표현력, 즐기는 태도)	1	자신의 생각이나 느낌을 노래로 표현하는 것이 서툴거나 노래 부르기에 관심이 없다.	
		2	자신의 생각이나 느낌을 살려서 노래로 표현한다.	
		3	자신의 생각이나 느낌을 노래에 따라 변화를 주며 노래로 표현하기를 즐긴다.	
음악으로 표현하기 (2)	리듬이나 음악을 리듬악기로 표현하고, 즉흥적으로 만든다. (리듬악기 표현력, 악기 연주나 노래의 즉흥성)	1	음악이나 리듬을 악기로 표현하는 것에 어색하거나 관심이 없다.	
		2	기존에 있는 노래나 리듬을 즉흥적으로 연주하거나 만들기를 시도한다.	
		3	다양한 리듬과 노래로 연주하고 즉흥적으로 만드는 것을 즐긴다.	

출처: 이미화 외(2012).

〈표 9-12〉는 3점 평정척도 관찰기록법을 이용하여 예술경험영역의 세부 내용을 평가하는 관찰 양식의 예이다. 교사는 일과 및 교육활동에서 관찰된 유아의 '음악적 요소에 대한 자발적 탐색', '미술적 요소에 대한 자발적 탐색'에 대해 평정척도 1, 2, 3 중 유아의 현재 수준에 해당하는 숫자에 ✓표시한다. 그런 후, 평정의 근거가 된 유아의 행동 및 사례를 일화 관찰기록법으로 기술하도록 되어 있는 양식이다.

〈표 9-12〉에서는 마라카스 만들기와 산책 활동에서 나타난 유아의 행동을 중심으로 예술경험영역의 발달수준을 평정하고, 그에 해당하는 근거를 사례로 제시했다. 음악적 요소 평가에서는 유아가 마라카스를 만들면서 자발적으로 탐색하고 여러 가지 시도를 했기 때문에 3점으로 평정하였다. 만일 유아가 마라카스를 만들기는 하지만 별 관심을 보이지 않는다면 평정척도 1에 ✓표시하고, 마라카스에 관심을 기울이고 탐색한다면 평정척도 3에 ✓표시하고 그 내용을 기록하면 된다. 미술적 요소 평가에서는 담쟁이의 모양, 색상, 형태에 관심을 가지고 질문을 했으므로 교사는 2점으로 평정하였다. 만일 유아가 관심을 보이지 않았다면 평정척도 1에 ✓표시하고, 담쟁이를 탐색 관찰할 뿐 아니라 담쟁이로 무엇인가를 하려는 시도를 보였다면 평정척도 3에 ✓표시하고 일화를 기록하면 된다.

표 9-12 예술경험영역의 세부 내용을 평가하는 관찰기록지

내용	세부 내용	평가 문항 (평가 요소)	평정척도 1	평정척도 2	평정척도 3 ✓
음악적 요소 탐색하기	다양한 소리, 악기 등으로 음악의 셈여림, 빠르기, 리듬 등을 탐색한다.	음악적 요소를 자발적으로 탐색한다. (음악적 요소에 대한 자발적 탐색)	다양한 소리, 악기 등을 활용하여 셈여림, 빠르기, 리듬 등 음악적 요소에 관심을 보이지 않는다.	다양한 소리, 악기 등을 활용하여 셈여림, 빠르기, 리듬 등 음악적 요소를 주의 깊게 탐색한다.	다양한 소리, 악기 등을 활용하여 셈여림, 빠르기, 리듬 등 음악적 요소를 자발적으로 탐색하고 변화를 시도한다.
			관찰 및 활동 사례		
					마라카스 만들기 활동 중에 재료를 다양하게 넣고 소리를 즐겼다. "선생님! 쌀을 넣어 만든 마라카스는 바닷소리가 나요. 딴 것도 넣어 봐야지!" 하며 즐거워했다.
			1	2 ✓	3
미술적 요소 탐색하기	자연과 사물에서 색, 모양, 질감, 공간 등을 탐색한다.	미술적 요소를 자발적으로 탐색한다. (미술적 요소에 대한 자발적 탐색)	자연과 사물에서 색, 모양, 질감, 공간 등 미술적 요소에 관심을 보이지 않는다.	자연과 사물에서 색, 모양, 질감, 공간 등 미술적 요소를 주의 깊게 탐색한다.	자연과 사물에서 색, 모양, 질감, 공간 등 미술적 요소를 자발적으로 탐색하고 변화를 시도한다.
			관찰 및 활동 사례		
				바깥놀이의 자연물에서 나뭇잎 모양, 색의 상태를 주의 깊게 바라본다. "담쟁이가 벽을 타고 올라가요." "담쟁이 잎 키가 나란해요."라며 관심을 보인다.	

출처: 이미화 외(2012).

〈표 9-13〉은 특정 활동을 통해서 예술경험영역에서 유아의 발달수준을 관찰할 수 있는 관찰 양식이다.

표 9-13 예술경험영역에서 유아의 표현능력 평가

<table>
<tr><td colspan="5">예술경험영역-평면표현능력</td></tr>
<tr><td>유아명</td><td colspan="2"></td><td>활동명</td><td>그림 그리기</td></tr>
<tr><td>평가
시기</td><td colspan="2">1차: ______년 ___월 ___일
2차: ______년 ___월 ___일</td><td>평가 유형</td><td>행동 평정척도</td></tr>
<tr><td colspan="3">행동 평정척도</td><td>1차</td><td>2차</td></tr>
<tr><td rowspan="4">주제
표현
하기</td><td>1단계</td><td>주제와 관련되는 내용을 표현하지 못한다.</td><td></td><td></td></tr>
<tr><td>2단계</td><td>정형화된 표현을 하고 주제와 관련된 내용을 설명한다.</td><td></td><td></td></tr>
<tr><td>3단계</td><td>주제와 관련되는 내용을 표현한다.</td><td></td><td></td></tr>
<tr><td>4단계</td><td>주제와 관련된 생각과 느낌을 창의적으로 표현한다.</td><td></td><td></td></tr>
<tr><td rowspan="4">색
사용
하기</td><td>1단계</td><td>묘사한 대상과 관련성이 없이 한 가지 색으로 그리고 칠한다.</td><td></td><td></td></tr>
<tr><td>2단계</td><td>사실적 색채에 대한 고려 없이 두세 가지 색을 사용하여 부분적으로 색칠한다.</td><td></td><td></td></tr>
<tr><td>3단계</td><td>여러 색을 사용하며 나무, 꽃과 같은 자연은 사실적 색으로 칠한다.</td><td></td><td></td></tr>
<tr><td>4단계</td><td>사실과 유사한 객관적인 색채를 사용하려 한다.</td><td></td><td></td></tr>
<tr><td rowspan="4">공간
표현
하기</td><td>1단계</td><td>종이의 위, 아래에 관계없이 여러 방향으로 나열하여 그린다.</td><td></td><td></td></tr>
<tr><td>2단계</td><td>물체가 공간에 흩어져서 떠 있으며 사물의 각 부분을 따로 그리기도 한다.</td><td></td><td></td></tr>
<tr><td>3단계</td><td>종이 아래 부분을 기저선으로 사용한다.</td><td></td><td></td></tr>
<tr><td>4단계</td><td>하늘과 땅이 표현되며 위쪽과 아래쪽, 안과 밖의 개념이 명확하게 나타난다.</td><td></td><td></td></tr>
<tr><td rowspan="4">형태
표현
하기</td><td>1단계</td><td>긁적거리기도 하고 이름을 붙인다.</td><td></td><td></td></tr>
<tr><td>2단계</td><td>확실한 형태를 분간하기 어려운 그림에 집, 동물 등의 이름을 붙인다.</td><td></td><td></td></tr>
<tr><td>3단계</td><td>물체의 주요 특징을 단순하게 표현한다(예: 눈, 코, 입, 귀, 팔, 다리 등).</td><td></td><td></td></tr>
<tr><td>4단계</td><td>물체의 상세한 특징을 표현한다(예: 손톱, 눈썹, 신발 등).</td><td></td><td></td></tr>
<tr><td>해석</td><td colspan="4">1차:
2차:</td></tr>
</table>

출처: 심성경 외(2012).

〈표 9-13〉은 예술경험영역에서 그림 그리기 활동을 통해 평면표현능력을 평가하게 되어 있다. 그림 그리기 활동에서 관찰될 수 있는 유아의 표현 수준이 어느 단계인지 해당 단계에 ✓표시하도록 되어 있다. 또한 형성평가가 가능하도록 평가 시기가 두 칸으로 나뉘어 있어서 발달의 변화를 확인할 수 있게 되어 있다.

6. 자연탐구영역

1) 자연탐구영역의 목표

자연탐구영역은 유아가 자신을 둘러싸고 있는 주변 세계에 대해 호기심을 가지고 궁금한 것을 해소하기 위해 탐구하며, 일상생활에서 부딪치는 현상이나 문제해결을 통해 수학적 · 과학적으로 생각하는 기초 능력과 태도를 기르기 위한 영역이다. 따라서 자연탐구영역의 큰 목표는 호기심을 가지고 주변 세계를 탐구하며, 일상생활에서 수학적 · 과학적으로 생각하는 능력과 태도를 기르는 것이 된다. 이에 대한 구체적인 목표를 누리과정에서는 세 가지로 제시하고 있다(교육과학기술부, 보건복지부, 2013). 첫 번째 목표는 주변의 사물과 자연 세계에 대한 호기심과 탐구태도의 형성이다. 유아가 궁금한 점을 알고 싶어 하는 마음을 가지고 의문을 풀기 위해 지속적으로 필요한 것을 조사하여 찾아내거나 얻어 내는 탐구과정을 즐기도록 하고, 관찰, 분류, 측정, 예측, 추론 등의 탐구기술을 활용하는 능력을 기르도록 하는 것이다. 두 번째 목표는 논리 · 수학적 이해와 해결 능력의 향상이다. 유아가 놀이, 게임, 생활 속의 문제 해결과 같은 구체적 경험을 통해 수량관계, 공간과 도형, 측정, 규칙성, 자료수집과 정리 등에 관한 기초 지식을 구성하고 논리적 · 수학적으로 사고하는 능력을 기르도록 하는 것이다. 세 번째 목표는 주변 사물과 생명체 및 자연현상 탐구능력의 향상이다. 유아가 주변의 다양한 물체와 물질을 탐색하고, 생명체와 자연환경과 자연현상을 알아보고, 간단한 도구와 기계를 활용하는 능력을 기르도록 하는 것이다.

2) 자연탐구영역의 내용 체계

자연탐구영역은 세 가지 목표에 따라 '탐구하는 태도 기르기' '수학적 탐구하기' '과학적 탐구하기'의 내용 범주로 구성된다. '수학적 탐구하기'와 '과학적 탐구하기'가 무엇을 탐구하는가, 즉 탐구의 내용을 제시하고 있다면, '탐구하는 태도 기르기'는 어떻게 탐구하는가, 즉 탐구 과정에 중점을 두고 있다. 탐구의 내용과 탐구의 과정은 서로 분리되는 것이 아니라 연결된다는 점에 유념해야 한다. '탐구 기술 활용하기'는 4~5세에게만 해당된다.

다음 [그림 9-5]는 자연탐구영역의 내용 체계다.

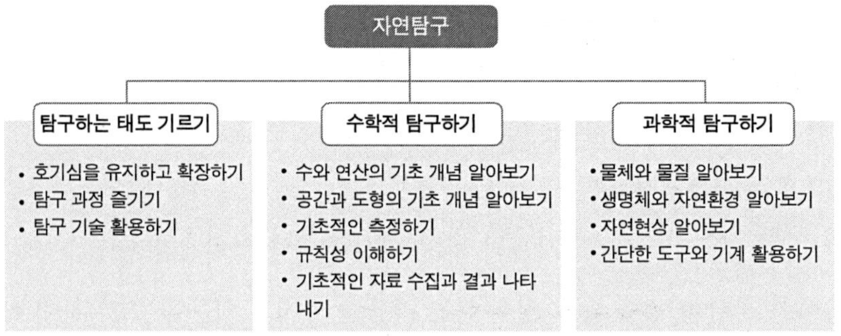

출처: 교육과학기술부, 보건복지부(2013).

그림 9-5 자연탐구영역의 내용 체계

[그림 9-5]의 자연탐구영역의 내용 범주는 교육 내용을 의미하고, 교육 내용은 유아를 관찰하고 평가하는 내용이 된다. 따라서 자연탐구영역의 내용 체계는 실제 교육현장에서 유아의 발달과 학습을 관찰하고 평가하는 준거가 될 수 있다.

3) 자연탐구영역 관찰의 실제

자연탐구영역은 유아가 경험하게 되는 세계 중에서 특히 사물이나 자연현상과의 만남으로 이루어지는 물리적 세계의 경험을 주 내용으로 한다. 그렇기 때문에 유아의 탐구활동이 과학활동 영역이나 수학활동 영역에서 활발히 이루어질 수 있다. 자연탐구영역을 평가할 때는 지식의 암기 정도를 중심으로 평가하지 않고 정의적 · 인지적 · 기능적 측면을 모두 포함하여 유아의 능력에 대한 포괄적 평가가 되도록 해야 한다.

〈표 9-14〉, 〈표 9-15〉, 〈표 9-16〉은 유아의 자연탐구영역을 관찰 · 평가할 수 있는 양식이다.

〈표 9-14〉는 자연탐구영역의 세 가지 내용 범주를 포함하는 전체 내용 체계에서 유아의 발달수준을 평가할 수 있는 척도다.

〈표 9-14〉는 행동 평정척도 관찰기록법의 기술 평정척도에 해당하는 것으로, 평가 문항별로 평정척도에 있는 1, 2, 3항목의 내용 중 유아의 현재 자연탐구 수준에 해당하는 항목에 ✓표시하도록 되어 있다.

표 9-14 자연탐구영역의 전체적 행동 관찰 평가

<table>
<tr><td>유아명</td><td></td><td colspan="2">나이</td></tr>
<tr><td>반</td><td></td><td colspan="2">평가 일시</td></tr>
<tr><td>영역 내용</td><td>평가 문항(평가 요소)</td><td colspan="2">평정척도</td></tr>
<tr><td rowspan="3">탐구하는 태도 기르기: 호기심을 유지하고 확장하기</td><td rowspan="3">주변 사물과 자연세계에 대해 지속적으로 호기심을 가진다.
(주변 환경과 자연세계에 대한 호기심, 호기심의 지속성, 탐구 의지)</td><td>1</td><td>주변 사물과 자연세계에 대해 일시적인 관심을 보인다.</td></tr>
<tr><td>2</td><td>주변 사물과 자연세계에 대해 지속적으로 호기심을 가진다.</td></tr>
<tr><td>3</td><td>주변 사물과 자연세계에 대해 호기심을 가지고 지속적으로 알고자 한다.</td></tr>
<tr><td rowspan="3">탐구하는 태도 기르기: 탐구 과정 즐기기</td><td rowspan="3">탐구 과정에 즐겁게 참여하고 자신과 다른 생각에 관심을 가진다.
(탐구 과정 참여, 흥미, 개방성)</td><td>1</td><td>탐구 과정에 소극적으로 참여하거나 다른 사람의 생각에 대한 관심이 부족하다.</td></tr>
<tr><td>2</td><td>교사의 도움이 있으면 탐구 과정에 참여하는 것을 즐기고, 다른 사람의 생각에 관심을 가진다.</td></tr>
<tr><td>3</td><td>궁금한 점을 알아보기 위해 스스로 탐구하는 것을 즐기며, 나와 다른 생각에 관심을 가진다.</td></tr>
<tr><td rowspan="3">탐구하는 태도 기르기: 탐구 기술 활용하기</td><td rowspan="3">일상생활의 문제를 해결하는 과정에서 관찰, 분류, 비교, 예측 등의 탐구 기술을 활용한다.
(탐구 기술 활용, 자발성)</td><td>1</td><td>교사의 도움이 있으면, 문제해결 과정에서 관찰, 분류, 비교, 예측과 같은 탐구 기술을 부분적으로 활용한다.</td></tr>
<tr><td>2</td><td>교사의 도움이 있으면 문제해결 과정에서 관찰, 분류, 비교, 예측 등의 탐구 기술을 활용한다.</td></tr>
<tr><td>3</td><td>스스로 문제해결 과정에서 관찰, 분류, 비교, 예측 등의 탐구 기술을 활용한다.</td></tr>
<tr><td rowspan="6">수학적 탐구하기: 수와 연산의 기초개념 알아보기</td><td rowspan="3">20까지 물체의 수량을 안다.
(수량 인식)</td><td>1</td><td>10까지 수를 순서대로 말할 수 있지만, 수량을 정확히 알지 못한다.</td></tr>
<tr><td>2</td><td>10까지 수를 순서대로 말할 수 있고, 이에 해당하는 수량을 안다.</td></tr>
<tr><td>3</td><td>20까지 수를 순서대로 말할 수 있고, 이에 해당하는 수량을 안다.</td></tr>
<tr><td rowspan="3">구체물을 가지고 더하기와 빼기를 한다.
(더하기와 빼기 능력)</td><td>1</td><td>10개의 구체물을 가지고 더하기는 하지만 빼기는 어려워한다.</td></tr>
<tr><td>2</td><td>10개의 구체물을 가지고 더하기와 빼기를 모두 한다.</td></tr>
<tr><td>3</td><td>20개의 구체물을 가지고 더하기는 하지만 빼기는 어려워한다.</td></tr>
</table>

출처: 이미화(2012).

〈표 9-15〉는 3점 평정척도 관찰기록법을 이용하여 자연탐구영역의 세부 내용을 평가하는 관찰기록지의 예다. 교사는 일과 및 교육활동에서 관찰된 유아의 '주변 사물과 환경에 대해 호기심 가지기', '더하기와 빼기 능력'에 대해 평정척도 1, 2, 3 중 유아의 현재 수준에 해당하는 숫자에 ✓표시한다. 그런 후, 평정의 근거가 된 유아의 행동 및 사례를 일화 관찰기록법으로 기술하도록 되어 있는 양식이다.

〈표 9-15〉에서는 개구리 그림 관찰과 간식을 이용한 수 세기 활동에서 나타난 유아의 행동을 중심으로 자연탐구영역의 발달수준을 평정하고, 그에 해당하는 근거를 사례로 제시하였다. 탐구 태도 평가에서는 활동 이후 개구리에 대해 별 관심을 보이지 않았으므로 1점으로 평정하였다. 만일 유아가 개구리의 생김새나 특징에 대해 궁금증을 가지고 친구들이나 교사에게 질문하며 다음날까지 지속적인 관심을 가지고 개구리를 관찰한다면 평정척도 2에 ✓표시한다. 그리고 유아가 과학영역에서 키우는 개구리를 지속적으로 관찰하고, 개구리의 움직임, 먹이 등 관찰한 내용에 대해 이야기하거나 새롭게 궁금한 것을 질문해 나간다면 평정척도 3에 ✓표시하고 그 내용을 기록하면 된다. 수학적 탐구 평가에서는 간식시간에 포도 알의 개수를 정확히 세었으므로 교사는 2점으로 평정하였다. 만일 유아가 포도 알의 개수를 정확하게 세지 못했다면 평정척도 1에 ✓표시하고, 20개의 수 세기가 가능하면 평정척도 3에 ✓표시하고 일화를 기록하면 된다.

표 9-15 자연탐구영역의 세부 내용을 평가하는 관찰기록지

내용	세부 내용	평가 문항 (평가 요소)	평정척도		
			1 ✓	2	3
탐구하는 태도 기르기: 호기심을 유지하고 확장하기	주변 사물과 자연세계에 대해 지속적으로 호기심을 갖고 알고자 한다.	주변 사물과 자연세계에 대해 지속적으로 호기심을 가진다.	주변 사물과 자연세계에 대해 일시적인 관심을 보인다.	주변 사물과 자연세계에 대해 지속적으로 관심을 가진다.	주변 사물과 자연세계에 대해 호기심을 가지고 지속적으로 알고자 한다.
			관찰 및 활동 사례		
			이야기 나누기 시간에 개구리를 주제로 이야기를 나눌 때 제시된 그림 자료를 보고 또래의 발표를 잘 들었다. 그러나 교사의 질문이나 자극이 없으면 개구리에 관심을 기울이지 않았다.		
			1	2 ✓	3
수학적 탐구하기: 수와 연산의 기초개념 알아보기	구체물을 가지고 수량의 부분과 전체를 알아본다.	구체물을 가지고 더하기와 빼기를 한다. (더하기와 빼기 능력)	10까지의 수를 순서대로 말할 수 있지만, 수량을 정확히 알지 못한다.	10까지 수를 순서대로 말할 수 있고, 이에 해당하는 수량을 안다.	20까지의 수를 순서대로 말할 수 있고, 이에 해당하는 수량을 안다.
			관찰 및 활동 사례		
	구체물을 가지고 더하고 빼는 경험을 해 본다.			오늘 간식은 "포도10알"이라고 말해주자 포도 10개를 세어 가져왔다.	

출처: 이미화 외(2012).

〈표 9-16〉은 특정 활동을 통해서 자연탐구영역에서 유아의 발달수준을 관찰할 수 있는 관찰 양식이다.

표 9-16 자연탐구영역에서 유아의 과학적 태도 평가

유아명		관찰자				
연령		평가 일시				
관찰 요소	평가 내용	전혀	별로	그저	상당히	매우
호기심	1. 질문을 자주 하는가?	1	2	3	4	5
	2. 새로운 대상에 관심을 기울이는가?	1	2	3	4	5
	3. 문제가 있을 때 원인을 찾으려고 하는가?	1	2	3	4	5
적극성	1. 실험이나 활동에 스스로 참여하는가?	1	2	3	4	5
	2. 문제 해결에 적극적으로 임하는가?	1	2	3	4	5
	3. 의문하는 점을 해결하려고 시도하는가?	1	2	3	4	5
솔직성	1. 자신이 예상한 점이나 관찰한 점을 그대로 나타내는가?	1	2	3	4	5
	2. 어려운 점이나 안 되는 점을 그대로 나타내는가?	1	2	3	4	5
	3. 활동결과를 그대로 나타내는가?	1	2	3	4	5
객관성	1. 사물을 자기가 본대로 정직하게 표현하는가?	1	2	3	4	5
	2. 결론을 내릴 때 실험결과를 근거로 하고 있는가?	1	2	3	4	5
	3. 문제해결에 있어서 몇 가지 가능한 해결책을 고려하는가?	1	2	3	4	5
개방성	1. 자기주장에 대한 비판을 수용하는가?	1	2	3	4	5
	2. 실패한 것에 대해서 좌절하거나 의기소침해하지 않는가?	1	2	3	4	5
	3. 한 가지 문제에 대해서 여러 가지 의견을 듣는가?	1	2	3	4	5

출처: 라정숙(2002).

〈표 9-16〉은 자연탐구영역에서 과학 활동 속에 나타난 유아의 과학적 태도를 관찰하여 평가하도록 되어 있는 행동 평정척도다. 과학 활동에서 관찰되는 유아의 호기심, 적극성, 솔직성, 객관성, 개방성 등의 과학적 태도가 어느 정도인지 5점 Likert 척도를 사용하여 유아의 현재 수준에 해당하는 숫자에 ✓표시하게 되어 있다.

이 장에서는 누리과정 5개 영역에서 다양한 관찰기록지를 이용하여 각 영역에서 유아의 성취수준이나 발달수준을 어떻게 평가하는지 살펴보았다. 그뿐 아니라 누리과정 영역과 관련된 특정 활동에서 유아의 발달수준을 평가할 수 있는 여러 관찰기록지도 살펴보았다. 그런데 어떤 관찰기록지를 사용하느냐에 따라 질적인 평가가 될 수도 있고 양적인 평가가 될 수도 있으므로 주의하여야 한다.

토의 및 적용

❖ 실외놀이 활동 한 가지를 선정하여 신체운동 · 건강영역에서 유아 행동을 관찰 · 평가할 수 있는 방법을 세 가지 이상 구체적으로 설명하시오.

❖ 사회관계영역에서 유아의 자아 개념과 관련된 활동 중 한 가지를 선정하여, 행동 평정척도 관찰기록법을 이용하여 3점 평정척도로 평가해 보시오.

❖ 예술경험영역의 관찰계획표를 작성해 보시오.

Chapter

10 행동 관찰 평가와 행동지원

1. 행동지원의 필요
2. 행동지원의 실제

제10장 행동 관찰 평가와 행동지원

학습목표

- 행동지원의 필요와 개념을 설명할 수 있다.
- 행동지원의 절차를 설명할 수 있다.

핵심용어의 정의

- **행동지원**

  행동의 기능을 파악하여 문제행동의 원인이 될 수 있는 환경을 재구성하는 것으로 문제행동을 예방하고, 문제행동을 대체할 수 있는 긍정적인 행동을 가르치고, 문제행동에 대해 적절히 반응하는 종합적이고 체계적인 문제해결 접근을 의미한다.

- **행동의 기능**

  문제행동과 환경(물리적 · 사회적 · 시간적 · 인적 환경)의 예측 관계를 통해 알 수 있는 것으로, 행동을 통해 이루려는 목적을 의미한다.

- **행동문제에 대한 가설**

  행동문제가 가장 잘 발생하는 상황을 묘사할 수 있는 것으로 행동의 유발 요인과 같은 변인의 체계적 조작을 통해 행동의 변화를 확인할 수 있도록 진술된 가설이다.

- **선행 사건/배경 사건 중재**

  문제가 되는 행동과 시간이나 공간적으로 떨어져 발생하지만 문제행동에 영향을 미치는 배경 사건이나 문제행동 직전에 일어나는 선행 사건을 행동 발생 전에 조절하는 것으로, 문제행동의 발생을 예방할 수 있도록 환경을 재구성한다는 의미를 갖는다.

- **대체 기술 교수**

  문제행동을 대체할 바람직한 행동을 가르치는 것을 뜻한다. 이러한 대체 기술에는 문제행동과 동일한 기능을 지닌 바람직한 행동 기술을 의미하는 교체 기술, 힘들고 재미있지 않은 상황에서 문제행동을 하지 않고 인내하며 대처할 수 있는 기술을 의미하는 대처 및 인내 기술, 문제행동을 예방할 수 있으면서 유아의 의미 있는 생활을 향상시킬 수 있는 기술을 의미하는 일반적인 적응 기술이 있다.

- **후속 결과 반응 전략**

  행동 뒤에 유쾌한 자극이나 혐오적인 자극을 제시하거나 제거하여 행동의 미래 발생 가능성에 영향을 미치는 것으로, 문제행동이 덜 효과적이 되도록 하는 목적을 갖고 있다.

이 책의 제1장에서 설명하였듯이, 유아를 관찰·평가하는 목적은 유아의 흥미, 필요, 발달수준 등을 파악하여 유아에게 더욱 적합한 교육 활동 및 환경을 제공하는 데 있다. 유아의 행동에 대한 관찰·평가를 통해 유아의 행동문제가 무엇인지 파악하고, 유아의 필요를 찾아서 구체적인 중재를 통한 지원을 하고, 관찰 결과의 분석을 통해 행동 변화에 따라 대처할 수 있는 능력은 교사가 갖추어야 할 대단히 중요한 기술이다. 이 장에서는 유아의 행동문제가 지원이 필요한 이유를 설명하고, 행동지원의 각 절차에서 관찰이 어떻게 활용될 수 있는지 예를 들면서 설명하고자 한다.

1. 행동지원의 필요

유아의 행동문제는 언제부터 시작될까? Coie와 Dodge(1998)에 따르면, 대부분의 영아는 생후 1년경이면 어떤 물건을 갖고 싶거나 자기가 원하는 행동을 하고자 할 때 신체적 공격성을 사용하는 방법을 알게 된다. 또한 대부분의 영아는 생후 2년경이 되면 깨물고, 물어뜯고, 잡아당기고, 때리는 공격적인 성향을 보인다. 이러한 영아들의 공격적 행동은 유아교육기관에 들어갈 무렵이 되면 사라지는 경우가 많지만, 유아의 3~15% 정도는 여전히 공격적이고 반사회적 행동을 지속한다(조윤경, 김경혜, 2010).

이러한 유아의 행동문제는 적절한 지도가 주어지지 않을 경우, 유아 자신의 학습이나 발달, 또래와의 놀이 활동을 방해하며, 유아 주변에 있는 다른 유아들 또는 어른들에게까지 부정적인 영향을 끼친다. 더 나아가서 이후에 유아로 하여금 학교생활에서 부적응이나 따돌림과 같은 사회적 부적응을 초래하게 한다. 그런데 교사들은 교육현장에서 유아들의 다양한 행동문제를 지각하고 있고 매일 직면하고 있음에도 불구하고, 행동문제에 대한 대처 방안은 전문적이지 못하고 그 효과 또한 매우 미흡한 것으로 조사되고 있다(이대식, 2003). 심지어 교사가 유아의 행동문제를 악화시키는 경우까지 있다. 평소에 행동문제가 있던 유아는 올바른 행동을 보일 때에도 교사로부터 칭찬과 격려를 받는 경우가 드물고, 수업이나 활동 중에 교사로부터 긍정적인 관심을 받는 횟수도 적다(Webster-Stratton & Herbert, 1994). 사실 교사들은 유아의 적절한 행동은 간과하고, 바람직하지 못한 행동에 대해서는 관심을 보이는 경우가 많다. 이런 현상은 가정의 부모도 예외가 아니다. 이렇게 되면 유아는 자신이 부적절하게 행동할 때만 관심을 받게 되므로 부모나 교사의 관심을 끄는 최고의 방법이 그들을 화나게 하는 것이라고 학습하게 되는 셈이다. 더 나아가서 유아의 행동이 바람직하지 않은 정도가 심할수록 유아는 더 많은 관심과 주의를 받게 된다. 그런 아이들은 바람직한 방법으로 긍정적 관심을 받는 방법을 배울 기회가 점점 없어지는 것이다.

또한 교사가 단순히 어떤 종류의 문제행동에 대해서는 특정 종류의 중재를 사용하면 된다는 식으로 접근한다면 일시적 효과는 있을지 모르지만 장기적 효과를 기대하기는 어렵다. 따라서 유아의 행동문제는 체계적 · 전문적 접근이 요구된다. 행동문제를 체계적으로 지원하는 것이 처음에는 힘들어 보여도 유아의 행동문제가 개선되면 문제를 보이는 유아뿐 아니라 다른 유아들의 생활까지 안전하고 행복하게 되는 보상이 주어진다. 또한 교사는 유아의 행동문제에 쏟던 시간과 에너지를 아이들을 교수하는 데 온전히 쓸 수 있게 되므로 참으로 가치 있는 일이라 할 수 있다.

2. 행동지원의 실제

1) 행동문제에 대한 새로운 접근

유아의 행동문제가 지속되면 그 근본 원인을 알고 싶어 하게 마련이다. 유아의 행동문제에 대해서는 다양한 이론적 관점이 있다. 생물학적 관점에서는 행동문제의 원인을 부모로부터 받은 유전적 특성이나 유아가 지니는 생물학적 결함 또는 타고나는 기질의 문제로 본다. 발달적 관점에서는 유아가 신체적 · 인지적 · 언어적 · 사회적 발달상의 결함이 있는 경우 행동문제를 유발한다고 본다. 행동주의적 관점에서는 행동문제는 학습된 것으로서 잘못된 행동도 학습된 것으로 본다. 인본주의적 관점에서는 행동문제란 인적 · 물리적 환경 때문에 아이의 잠재력이 실현되지 못한 것으로 본다. 인지주의적 관점에서는 행동문제의 원인은 잘못된 인지 때문이라고 본다. 마지막으로, 생태학적 관점에서는 행동문제는 유아가 속한 가족과 환경에 원인이 있다고 본다.

이와 같이 행동문제에 대한 다양한 이론적 관점이 있지만, 일반적으로 교사는 유아가 행동문제를 보일 때 특정한 이론에 근거하여 그 문제를 다루기보다는 동료 교사들의 조언이나 자신의 신념이나 지금까지의 시행착오를 거친 경험에 근거하여 접근하는 경우가 많다. 지금까지 교사들이 주로 사용하는 행동문제에 대한 접근은 부적절한 행동이 발생한 뒤에 무언가 조치를 취하는 방법이 주를 이루었다. 그런데 최근에는 유아의 행동문제가 발생할 가능성이 높은 상황에서 미리 조치를 취하여 행동문제가 발생하지 않도록 막으려는 데 더 많은 초점이 모아지고 있다. 이렇게 행동문제의 예방에 초점을 두는 접근으로 환영받고 있는 것이 '긍정적 행동지원(positive behavior support)'이다(양명희, 2012).

그런데 긍정적 행동지원은 행동에 대한 어떤 새로운 중재나 이론을 의미하는 용어가 아니다. 긍정적 행동지원이란 연구를 통해 그 효과가 입증된 중재 방법들이 유아교육 현장의 교수-학습 환경에 잘 연결되도록 하는 체계를 적용하여 교육기관과 가정과 사회의 능력을 신장시키는 것을 의미한다(Sugai et al., 2000). 따라서 긍정적 행동지원이란 행동문제는 덜 효과적이게 만들고, 바람직한 행동은 더 잘 기능하도록 만들어서 유아의 실제 생활에 향상을 가져다주는 환경을 만들고 유지하는 것에 초점을 둔다. 즉, 유아가 문제행동을 해도 이전처럼 자기가 원하던 것을 더 이상 이룰 수 없게 되고, 바람직한 행동을 하면 즉각 원하던 것이 이루어지는 환경을 만들어 준다는 것이다.

그러한 환경을 만들어 주려면 무엇보다도 먼저 유아가 현재 보이고 있는 행동문제를 통해 이루고 싶어 하는 것(문제가 되는 행동의 기능)이 무엇인지를 알아야 하고, 유아가 이루고 싶어 하는 것을 사회적으로 수용되는 방법(문제행동을 대체할 수 있는 긍정적 행동)으로 성취하도록 돕는 방법을 적용할 수 있어야 한다. 이렇게 이루어지는 긍정적 행동지원은 단순히 유아의 행동문제만 변화시키는 것이 아니라 유아의 삶의 질을 향상시키고 유아를 지도하는 교사와 교육기관의 체계에도 긍정적 변화를 가져올 수 있게 하는 것이다.

이와 같이 긍정적 행동지원은 행동에 대한 어떤 새로운 중재나 이론이 아니다. 그런데 긍정적 행동지원이라는 용어를 사용하면 그것이 특별한 프로그램이라고 오해하는 독자가 있을까 염려하여, 이 책에서는 일반적인 용어인 행동지원이라는 용어를 사용하여 설명하기로 한다. 이때 지원에 포함될 수 있는 내용은 바람직한 행동을 가르치고 강화하고 확장시키는 데 사용되는 모든 교육적 방법들과 적절한 행동을 할 수 있는 기회들을 증가시키는 데 사용될 수 있는 체계의 변화까지를 의미한다.

2) 행동지원 절차

행동문제의 예방을 강조하는 Sugai 등(2000), Kerr와 Nelson(2006), Bambara와 Kern(2008) 등이 제안한 행동지원 절차를 종합해 보면 다섯 단계로 요약할 수 있다. ① 행동문제가 무엇인지를 찾아서 행동문제가 중재를 필요로 할 만큼 심각한지를 결정한다. ② 체계적 관찰을 하면서 행동문제를 통해 유아가 이루고 싶어 하는 것이 무엇인지를 알아낸다. ③ 행동문제에 대한 가설을 수립한다. ④ 행동지원을 위한 구체적 계획을 세우고 적용하면서 유아 행동의 변화를 관찰한다. ⑤ 행동지원에 대한 효과를 평가한다. [그림 10-1]은 행동지원 절차의 다섯 단계를 보여 준다.

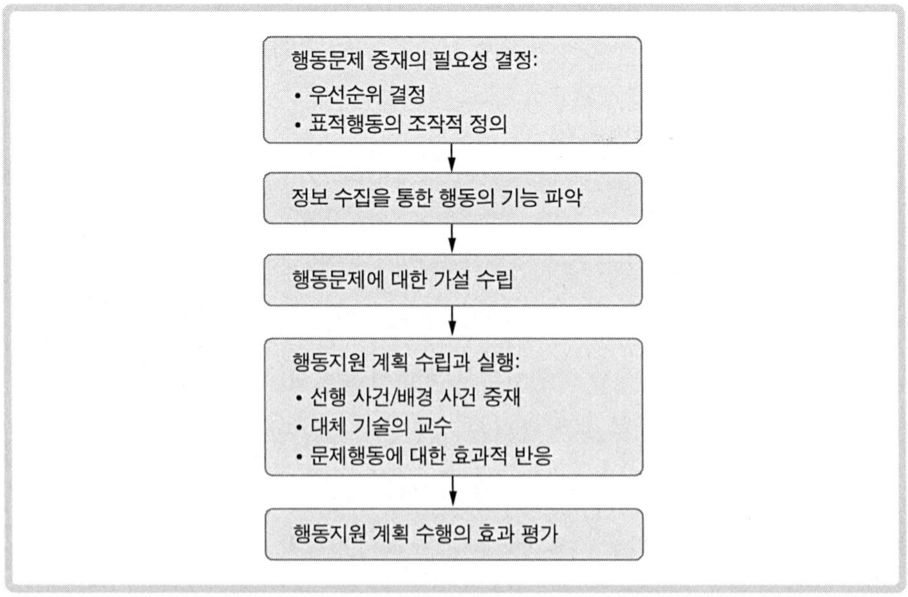

그림 10-1 행동지원 절차

(1) 중재의 필요성 결정과 표적행동 선정

첫 번째 단계는 유아의 행동문제가 중재할 필요가 있는 것인지를 결정해야 한다. 다시 말하면, 행동문제가 유아 자신이나 또래의 학습 및 활동을 방해하거나, 가정이나 유아교육기관과 사회에 적응하는 것을 저해하거나, 자신과 타인의 안녕에 해를 끼칠 만큼 위험한지를 판단하는 것이다. 모든 면에서 완벽한 아이는 없기 때문에 유아는 누구나 행동문제에서 자유롭지 못하다. 그러나 한 명의 교사가 여러 유아를 지도해야 하는 실정에서, 교사는 어떤 유아의 행동문제가 발생했을 때 그 행동이 중재를 필요로 할 만큼의 수준인지 판단하는 것이 필요하다. 여기에서 설명하는 행동지원의 절차는 유아의 어떠한 행동문제에도 적용할 수 있지만 모든 행동에 대해서 이런 절차를 적용하기는 어려운 것이 현실이다. 그러므로 중재가 필요한 수준인지 판단하는 것은 대단히 중요하다.

유아들의 여러 행동문제 중에서 어떤 행동부터 중재해야 할지 우선순위를 정하는 기준으로 가장 많이 받아들여지고 있는 것은 유아의 행동이 자신이나 타인에게 직접적으로 해가 되는 파괴행동을 일순위로 다루고, 자신이나 타인의 학습 및 활동에 방해가 되는 방해행동을 다음 순위로, 유아의 사회적 수용을 어렵게 하는 분산행동을 그 다음 순위로 다루는 것이다(Janney & Snell, 2000).

〈표 10-1〉은 중재의 필요성을 결정하는 우선순위 기준과 각각의 예를 보여 준다.

표 10-1 중재의 필요성을 결정하는 우선순위 기준

우선순위	행동문제	기준의 정의와 행동의 예	
1	파괴행동	정의	자신이나 다른 사람에게 해가 되거나 위협적인 행동
		예	꼬집기, 할퀴기, 때리기, 깨물기, 발로 차기, 눈 찌르기, 머리 흔들기, 머리 박기, 아무거나 먹기 등
2	방해행동	정의	지속된다면 학습 참여에 부정적 영향을 미치거나 타인과 긍정적 상호작용에 방해가 될 뿐 아니라 파괴행동으로 발전할 가능성이 있는 행동
		예	옷이나 책을 찢기, 징징거리며 울기, 함께 사용할 물건을 나누어 쓰지 않기, 말 안 하기, 소리 지르기 등
3	분산행동	정의	타인으로부터 사회적 수용을 어렵게 하거나 자신의 이미지에 부정적 영향을 주기 때문에 계속된다면 방해행동으로 발전할 수 있는 행동
		예	이상한 옷차림, 수업 중에 혼잣말하기, 몸을 앞뒤로 흔들기 등

이러한 우선순위에 의해서 변화되어야 할 행동이 결정된 뒤에는 그 행동의 현재 수준을 알기 위한 관찰이 이루어져야 한다. (변화되어야 할 행동을 표적행동이라고 한다.) 관찰을 하려면 변화되어야 할 표적행동은 관찰이 가능하고 측정이 가능한 용어를 사용하여 정의하는 것이 필요하다(Sugai & Tindal, 1993). 이러한 정의를 '조작적 정의(operant definition)'라고 한다(행동의 조작적 정의에 대해서는 제1장에서 객관적 관찰을 위한 기초 전략으로 자세히 소개했다). 조작적 정의는 유아와 관련된 사람들이 유아의 행동에 관해 같은 이해를 가지고 접근할 수 있도록 도와준다. 그뿐 아니라 행동에 대해 어떤 중재가 실행된다면 그 효과에 대해서도 같은 기준으로 평가할 수 있도록 도와줄 것이다.

조작적 정의를 가지고 이 책의 제1부에서 소개한 여러 관찰법 중에서 적합한 방법을 선택하여 문제가 되는 행동의 현재 수준을 측정해야 한다. 예를 들면, 교사가 수업을 진행하는 중에 유아가 자기 자리를 이탈하여 돌아다니는 수업 방해행동을 표적행동으로 선정했다고 하자. 이때 자리이탈 행동은 '교사의 허락 없이 자기 의자나 자리를 떠나는 행동으로, 유아의 엉덩이가 의자 바닥이나 자리에서 떨어진 모든 상태로 의자 위에 무릎 세워 앉기나 다른 자리로 이동하기 등을 포함한다.'라고 정의할 수 있다.

이 표적행동을 측정하기 위해서는 수업시간에 자리이탈을 하는 행동이 짧게 자주 발생한다면 빈도를 확인하는 빈도 관찰기록법(〈표 3-5〉 참조)을, 수업시간 중 자리를 이탈하면 한참 있다가 제자리로 오는 것과 같이 자리이탈 시간이 길다면 자리를 이탈한 시간의 길이를 측정하는 지속 시간 관찰기록법(〈표 3-11〉 참조)을 사용할 수 있다. 이렇게 행동의 특성에 맞게 관찰기록법을 택하여 사용하여 행동의 현재 수준을 측정하면 된다.

(2) 정보 수집을 통한 행동의 기능 파악

우선순위에 따라 표적행동이 선정되면, 두 번째 단계로 행동에 대한 정보를 수집해서 행동이 지니는 기능을 파악해야 한다. 이는 행동문제가 발생하는 상황이나 더 적절한 행동이 요구되는 상황은 어떤 것인지에 대한 정보를 수집하여 환경(물리적 · 사회적 · 시간적 · 인적 환경)과 행동문제의 예측 관계를 찾아 행동의 기능을 분석하려는 것이다.

행동문제가 지속되고 있는데 그 행동의 기능을 조사하지 않은 채 행동 자체만 제거하려 한다면, 그러한 중재효과는 지속되지 못하며, 일반화되지도 않을 뿐 아니라 또 다른 행동문제를 일으킬 가능성이 있다. 그러나 행동의 기능, 즉 행동을 통해 이루려는 목적이 무엇인지를 알게 되면 문제가 되는 행동에 대한 접근 과정에서 단순한 추정에 의해 오히려 그 행동을 악화시킬 수도 있는 위험 요인을 찾아내고 그러한 실수를 감소시킬 수도 있다.

예를 들면, 주어진 과제가 어려워서 하지 않으려고 종이를 찢고 크레파스를 부러뜨리는 행동을 하는 철민이의 행동문제에 대해서 단순히 찢고 부러뜨리는 행동만을 감소시키기 위해서 철민이를 교실 한쪽으로 보내는 타임아웃을 중재로 사용한다면, 이는 철민이의 행동문제를 더욱 강화한 셈이 된다. 왜냐하면 철민이는 주어진 과제를 하고 싶지 않아서 찢고 부러뜨리는 행동을 했는데 그 행동을 한 결과로 과제를 하지 않아도 되는 곳으로 보내졌기 때문이다. 즉, 철민이는 앞으로도 하고 싶지 않은 일이 주어지면 그러한 행동을 계속할 가능성이 높아진 셈이다. 교사가 타임아웃이라는 중재를 적용하기 전에 철민이 행동의 기능이 무엇인지 파악하여 행동문제가 과제 회피의 목적이 있음이 밝혀진다면, 타임아웃보다는 어려울 때 도움을 요청하는 적절한 의사소통 방법을 철민이에게 가르치는 것이 우선되어야 할 것이다. 아니면 교사는 철민이에게 주어지는 과제를 좀 더 쉬운 것으로 바꾸어 줄 수도 있을 것이다.

교사는 유아들의 문제행동이 외형상으로는 같은 형태일지라도 그 행동을 하는 목적은 각기 다를 수 있음을 기억해야 한다. 어떤 유아는 과제를 회피하기 위해서 또 다른 유아는 관심을 끌기 위해서 소리 지르는 행동을 할 수 있다. 그렇다면 그에 따른 중재 내용도 달라져야 할 것이다. 따라서 행동문제를 없애려는 중재를 적용하기 전에 반드시 행동문제를 통해 유아가 성취하려는 것이 무엇인지 그 기능을 밝히고, 그 행동을 유발하거나 유지되게 하는 원인을 찾으려는 노력이 선행되어야 한다. 행동의 기능이 밝혀지고 유발 또는 유지 요인을 알게 되면, 행동을 유발 또는 유지시키는 요인이 되는 환경은 제거하거나 바꾸어 줄 수 있고 행동의 기능을 쉽게 이룰 수 있는 적절한 행동을 가르칠 수 있을 것이다.

그렇다면 먼저 문제가 되는 행동이 갖는 기능에는 어떤 것들이 있는지 알아보자. 예를 들면, 어떤 4세 유아가 교실과 같이 넓은 공간에서 발을 구르며 소리를 지르고 울고 있다고 가정해 보자. 공간의 환경이 어떠한지, 누가 곁에 있는지를 고려하지 않은 채 이 유아가 울 수 있는 이유들을 생각해 보자. 유아는 울음을 통해서 자신의 환경의 어떤 부분을 바꾸고 싶은 것일까? 울음을 통해 하고 싶은 말이 무엇일까? 유아의 울음은 다음과 같은 말로 바꾸어 볼 수 있을 것이다.

- 심심해요. 나하고 같이 놀아 주세요.
- 배고파요. 먹을 것 좀 주세요.
- 쉬 마려워요. 화장실 가고 싶어요.
- 여기는 너무 더워요. 어떻게 좀 해 주세요.
- 다른 사람들이 나만 쳐다보는 게 너무 힘들어요.
- 이 교실에 있고 싶지 않아요. 나갈래요.
- 시끄러워요. 저 소리 좀 막아 주세요.

이렇게 한 가지 행동을 가지고도 그 행동으로 전하고 싶은 메시지를 여러 가지로 생각해 볼 수 있다. 행동문제를 통해 유아들이 이루고 싶은 목적, 즉 문제행동의 기능은 일반적으로 크게 두 가지로 생각해 볼 수 있다. 유아가 원하는 정적 자극(예: 관심, 활동, 구체적 사물, 자기 자극)을 얻으려는 것과 유아가 원하지 않는 자극(예: 과제, 요구, 사회적 상호작용, 과다한 감각 자극)을 피하려는 것이다.

그런데 문제가 되는 행동의 기능을 단순히 짐작하는 것이 아니라 정확히 알아보기 위해서는 행동의 전후로 무슨 일이 있었는지 조사해야 한다. 어떤 행동도 그냥 저절로 일어나는 것이 아니라 반드시 행동의 전후에는 그 행동이 일어나도록 작용하는 선행 사건이나 그 행동을 유지시키는 후속 결과가 있기 마련이다. 따라서 행동의 기능을 알기 위해서는 문제행동과 기능적 관계가 있는 선행 사건이나 후속 결과에 관한 정보를 수집해야 한다.

여기에서 기능적 관계란 선행 사건(A)이 주어지면 행동(B)이 발생할 것을 예측할 수 있고, 행동이 발생하면 결과(C)가 나타날 것을 예측할 수 있는 것과 같이 두 변인 간의 예측 가능한 관계를 의미한다. 그러므로 행동의 기능을 알기 위해서는 언제나 다음과 같은 질문을 해야 한다(Lennox & Miltenberger, 1989). 첫째, 행동을 일으키는 선행 사건이 무엇인가? 둘째, 행동이 유지되게 하는 후속 결과가 무엇인가? 셋째, 행동을 하는 목적이 무엇인가? 넷째, 문제행동의 기능과 동일한 기능을 하는 바람직한 대체 행동을 유아에게 가르칠 수 있는가? 이러한 질문을 통해 행동문제의 기능을 찾으려는 목적은 행동을 유발 또는 유지되게 하는 환경적 원인을 찾아 그에 대해 가장 효과적인 중재를 적용하는 데 있음을 기억해야 한다.

앞의 세 가지 질문에 대한 답을 찾기 위한 정보 수집을 통해서 얻을 수 있는 결과는 다음과 같다. 첫째, 문제행동을 예측하게 하는 사건, 문제행동, 그리고 문제행동이 유지되게 하는 사건에 대한 가정적 진술인 가설을 만들 수 있다. 둘째, 그러한 가설을 지지하는 관찰 자료를 얻을 수 있다. 셋째, 행동지원의 계획을 세울 수 있다.

표적행동의 기능을 알기 위한 정보 수집을 위해서는 제2장과 제3장에서 설명한 일화 관찰기록법이나 일과분석, ABC 관찰기록법, 행동 분포 관찰기록법이나 부모 면담 등을 사용할 수 있다. 예를 들면, 형선이가 친구들의 팔을 깨물고, 넘어뜨리고, 머리를 내리치는 것과 같은 공격적 행동을 하기 때문에 자유선택놀이와 같은 구조화되지 않은 활동시간에는 다른 유아들이 형선이 곁에 오지 않으려 하고 형선이에게 당한 유아들의 울음과 상처로 교사도 어려움을 겪고 있는 경우를 생각해 보자. 교사는 문제행동 발생 가능성 평정척도 관찰기록지(〈표 6-14〉 참조)나 행동 분포 관찰기록법([그림 3-1]과 〈표 3-3〉 참조)으로 형선이의 공격적 행동은 주로 하루 일과 중에 어느 시간대에 자주 발생하는지 확인할 수 있고, 일화 관찰기록법(〈표 2-1〉 참조)을 통해 문제행동이 발생하는 상황에 일관된 패턴이 있는지 확인할 수 있으며(예: 주변에 누가 있을 때 공격적 행동이 발생하는지 등), ABC 행동 목록 관찰기록지(〈표 5-4〉 〈표 5-5〉 참조)나 ABC 관찰기록법(〈표 2-4〉 참조)을 통해 공격적 행동 직전에 어떤 일이 있는지, 공격적 행동 뒤에는 형선이에게 어떤 결과가 주어지는지 등을 관찰하여 표적행동의 기능을 찾을 수 있을 것이다.

(3) 행동문제에 대한 가설 세우기

세 번째 단계는 두 번째 단계에서 얻은 정보를 종합하고 분석하여 행동문제가 가장 잘 발생하는 상황을 묘사할 수 있는 검증 가능한 가설을 만드는 것이다. 검증 가능한 가설은 문제행동을 끌어내는 선행 사건, 문제행동, 문제행동을 유지되게 하는 후속 결과, 영향을 주는 상황 등을 시사해 줄 수 있어야 한다.

흔히 우리는 어떤 사람의 행동을 설명할 때, 검증이 가능하지 않은 '설명조의 가설(explanatory fictions)'을 사용하는 경우가 많다. 예를 들면, '왜 형근이는 자리이탈이 잦을까?'라는 질문에 대해 사람들은 형근이는 충동성이 강하기 때문에 자리이탈을 자주 한다는 식의 답을 한다. 그런데 이러한 설명은 주로 문제행동의 순환적 설명일 뿐이다. 또 다른 순환적 설명의 예는 '주의집중을 못하기 때문에 교사의 지시를 잘 듣지 못한다.'는 것이다. 그 외에도 행동을 '우울' 또는 '불안'과 같은 관찰 불가능한 용어로 설명(예: '우울하면 책상 위에 엎드려 있다.')하거나 광의의 구성적 개념으로 설명(예: '정서장애아동이기 때문에 자주 괴성을 지른다.')하는 경우는 검증이 어려운 설명조의 가설이다. 이런 설명조의 가설은 객관적 자료에 근거하기보다는 개인적 경험이나 신념에 바탕을 두는 경우가 많고, 문제행동과 관련된 환경적 변인을 구체적으로 밝히고 있지 않기 때문에 유아의 문제행동을 직접 다루는 중재로 이끌어 줄 수 없는 가설이다.

그런데 검증 가능한 가설이란 행동의 유발 요인과 같은 변인의 체계적 조작을 통해 행동의 변화를 확인할 수 있도록 진술된 가설이다. 예를 들면, '성진이가 소집단 시간에 소리를 지르는 이유는 뭘까?'라는 질문에 대한 검증 가능한 가설의 예는 '교사가 성진이에게 "퍼즐 맞추기를 해 보자."라고 지시하면, 성진이는 큰 소리를 지른다.'는 것이 될 수 있다. 이 진술을 검증하려면 교사의 지시 내용을 조작해 볼 수 있다. 즉, 교사가 성진이에게 "퍼즐 맞추기를 해 보자."라는 지시를 하고 성진이의 행동을 관찰해 보고, "산책 나가자."는 지시를 하고 성진이의 행동을 관찰하는 것이다. 그런데 성진이가 "퍼즐 맞추기를 해 보자."라는 지시에 대해서는 큰 소리를 지르고, "산책 나가자."라는 지시를 할 때는 성진이가 큰 소리 지르는 행동을 나타내지 않는다면, 교사의 "퍼즐 맞추기를 해 보자."라는 지시와 성진이가 큰 소리를 지르는 행동 간에는 예측 관계가 있다고 할 수 있다. 요약하면, 가설 검증은 문제행동과 관련이 있을 것 같은 변인이 있을 때와 없을 때의 상황에서 문제행동의 빈도를 관찰하는 것으로 이루어질 수 있다. 즉, 가설의 정확성과 예언의 정도를 입증하기 위해 행동을 직접 관찰한 자료에 근거한 정보가 있으면 문제행동에 대한 검증 가능한 가설을 세우기가 쉽다.

검증 가능한 가설을 세울 때는 행동을 유발하는 선행 사건과 문제행동에 대한 진술 외에도 관찰 평가에서 얻은 정보를 통해 알게 된 문제행동의 추정되는 기능을 포함시키는 것이 바람직하다. 앞에서 예로 든 검증 가능한 가설은 다음과 같이 완성할 수 있다. '교사가 성진이에게 "퍼즐 맞추기를 하자."라고 지시하면, 성진이는 교사의 지시 내용의 수행을 피하기 위해 큰 소리를 지를 것이다.' 이러한 가설은 문제행동이 발생하는 환경에 대한 정보와 문제행동의 기능에 대한 정보를 주기 때문에 행동문제에 대한 지원 계획을 세울 때 환경에서 무엇을 변화시키고 유아에게 무엇을 가르쳐야 할지에 대한 유익한 정보를 제공해 준다. 즉, 가설은 행동의 기능을 알기 위해 수집한 정보와 행동지원 계획 간의 관련성을 확인해 주어 행동지원 계획을 안내하는 역할을 한다. 예를 들면, 앞의 예에서는 교사의 어렵고 싫은 지시를 피하고자 하는 기능이 감지되었으므로, 가설이 확정된다면 지금까지 시행해 온 단순 지시 방법이 아닌 흥미 있는 다른 교수법으로 퍼즐을 맞추게 한다거나, 퍼즐 조각 수가 적은 퍼즐을 제시한다거나, 원하는 퍼즐의 종류를 고르게 하는 등 유아가 즐겁고 쉽게 할 수 있는 환경을 만들어 주는 계획을 세울 수 있을 것이다.

성진이의 예에서 보여 준 바와 같이, 문제행동에 대한 검증 가능한 가설 문장에는 반드시 네 가지 요소가 포함되어야 한다. 첫째, 가설은 유아의 이름(성진)을 포함해야 한다. 행동지원은 개별화되어야 하기 때문에 누구의 문제행동인지 밝혀야 한다. 둘째, 가설에는 선행 사건(교사가 "퍼즐 맞추기를 하자."라고 지시)이 포함되어야 한다. 이는 문제행동 전에 일어난 사건으로 직전 사건뿐 아니라 문제행동과 관련이 있다면 시간과 공간적으로 좀 더 떨어져서 발생한 배경 사건도 포함되어야 한다. 셋째, 가설에는 문제행동(큰 소리 지르기)을 기술해야 한다. 구체적이며 관찰이 가능한 용어로 문제가 되는 행동을 기술해야 한다. 마지막으로, 가설에는 추정되는 문제행동의 기능(교사의 지시 내용의 수행을 피하기)을 밝혀 주어야 한다. 이는 추정된 기능이기 때문에 반드시 확정하는 과정을 필요로 한다.

위의 네 가지 요소를 포함하는 가설 문장의 예는 다음과 같다.

- 아침을 먹지 않고 등원한 날은 하기 싫은 과제를 하라고 하면, 보미는 지시 수행을 피하기 위해 지시받은 과제 물건을 집어 던진다.
- 진수는 친구가 안경에 대해 얘기하면, 그 얘기를 듣지 않기 위해 크게 소리 지른다.
- 보라는 바깥놀이에서 돌아온 후에는 수업 참여를 피하기 위해 책상에 엎드려 있다.
- 은서는 다른 친구가 자기가 좋아하는 장난감을 갖고 놀고 있으면, 그 장난감을 갖기 위해 친구의 팔을 깨문다.

(4) 행동지원 계획 수립과 실행

네 번째 단계는 파악된 문제행동의 기능에 따라 문제행동에 대한 지원 계획을 작성하고 실행하는 것이다. 행동지원 계획은 단순히 문제행동의 감소를 목적으로 하는 중재만을 찾는 것이 아니라, ① 문제행동을 일으키는 상황을 제거하거나 약화시킬 예방 계획, ② 문제행동을 대체할 바람직한 행동을 가르칠 교수계획, ③ 문제행동 발생에 대한 효과적 반응 계획 등도 함께 고려해야 한다. 그러한 계획은 언제, 어디에서, 누구에 의해 어떻게 실행될 것인지 구체적으로 작성되어야 한다.

1 문제행동을 일으키는 상황을 제거하거나 약화시킬 예방 계획

먼저, 문제행동을 유발하는 상황을 제거하거나 약화시킬 예방 계획이 필요하다. 어떤 문제이든지 발생 전에 예방하는 것이 발생 후에 일을 처리하는 것보다 훨씬 바람직하기 때문이다. 이는 마치 불이 난 후에 효과적으로 빨리 소화하는 것보다 불이 나지 않도록 예방하는 것이 더 중요한 것과 마찬가지다. 이런 목적을 지닌 중재를 '선행 사건/배경 사건의 중재'라고 한다.

여기에서 배경 사건이란 문제가 되는 행동과 시간이나 공간적으로 떨어져 발생하지만 문제행동에 영향을 미치는 사건을 의미한다(예: 아침 식사 거르기, 지난밤에 잠 못 자기 등). 즉, 배경 사건은 선행 사건이 문제행동의 촉발 요인으로 작용할 가능성에 영향을 미치는 사건으로 선행 사건에 대한 반응 가치를 높임으로써 문제행동의 발생 가능성을 높여 주는 사건을 의미한다(Bambara & Kern 2005). 예를 들면, 교사의 지시를 잘 따르지 않는 유아가 지난밤에 잠을 충분히 자지 못하고 유치원에 왔다면 부족한 수면은 교사의 지시에 대한 불이행의 배경 사건이 될 수 있다. 선행 사건이란 문제행동의 발생에 직접적으로 관련이 있는 것으로, 주로 문제행동 직전에 발생한다. 선행 사건은 문제행동을 하면 자신이 원하는 것을 얻을 수 있다는 신호와 같기 때문에 문제행동을 예측할 수 있는 것이기도 하다.

선행 사건/배경 사건의 중재란 문제행동의 선행 사건/배경 사건을 행동이 발생하기 전에 중재하는 것으로, 문제행동의 촉발 요인으로 작용할 가능성에 영향을 주는 것을 뜻한다. 즉, 문제행동이 발생하기 전에 처음부터 문제행동의 발생을 예방할 수 있도록 환경을 재구성하자는 것이다. 따라서 문제행동의 기능이 평가된 후에는 행동을 유발하는 특정 선행 사건/배경 사건을 파악하여 수정하거나 제거해야 한다.

선행 사건 중재의 예를 들면, 교사의 관심을 끌기 위해 수업을 방해하는 행동을 자주하는 유아가 있다면 교사는 주기적으로 유아에게 다가가거나 이름을 불러 주는 등의 관심을 계획할 수 있다. 또 어려운 과제를 피하기 위해 파괴적 행동을 하는 유아가 있다면 과제의 난이도를 조절해 주거나, 수행 시간을 단축시켜 주거나, 새로운 방법으로 제시하는 등의 계획을 세울 수 있다. 또한 새로운 활동으로 전이하는 상황마다 문제행동을 보이는 유아가 있다면 지시 내용을 구체적으로 설명하기(예: "이제 다섯 개 더 하면 마칠 거예요."), 전이에 대해 시각적 단서를 이용하여 설명하기(예: "여기 모래시계의 모래가 다 내려가면 다음 활동을 시작할 거예요.") 등을 계획할 수 있다. 또한 배경 사건 중재의 예를 든다면, 유아가 지난밤에 충분한 수면을 취하지 못한 날에 문제행동을 자주 보일 때, 유치원에 도착해서 조용히 쉬거나 잘 수 있는 시간과 공간을 마련해 주거나 부모에게 알려서 집에서 일찍 재울 수 있도록 협조를 구하는 방법을 택할 수 있다.

이러한 선행 사건/배경 사건 중재는 유아가 아닌 유아 주변의 물리적·사회적·교수적 환경의 변화를 의미하는 것이다. 그런데 교사가 언제나 유아들 곁에서 이러한 선행 사건/배경 사건 중재를 계속 제공해 주는 것은 어렵기 때문에 유아에게 문제행동이 아닌 바람직한 방법으로 자신이 원하는 것을 요구할 수도 있고, 원하지 않는 것을 피할 수도 있는 기술을 직접 교수하는 것도 문제행동에 대한 중요한 행동지원 방법이다.

〈표 10-2〉는 Scheuermann과 Hall(2009)이 문제행동을 예방하는 선행 사건 중재로 제안한 내용이다.

표 10-2 선행 사건 중재의 예

선행 사건 중재의 예
• 교실 환경에 대한 규칙과 절차를 가르치기 • 명확하고 구체적인 지시를 제공하기 • 요구되는 과제 수행 시간을 알 수 있도록 타이머를 사용하기 • 좀 더 짧은 과제를 제공하기 • 자료의 선택, 과제의 순서 또는 학습과제를 할 때 어느 부분에서 과제를 끝마칠 것인지에 대한 선택을 제공하기 • 과제의 형태를 변경시켜 주기(예: 책을 소리 내어 읽게 하기보다는 유아가 책 읽는 것을 녹음하게 하기 등) • 할당된 과제를 수행하는 데 필요한 기술을 가지고 있는지 확인하기 • 과제의 흥미 수준을 높이기 • 수업과 수업 이동 시간 등을 구조화하기 • 물리적 환경을 수정하기(예: 알맞은 유아 수의 배치, 주의 끄는 자극물 제거 등) • 과제를 더 흥미롭게 하여 참여 수준을 높이기 • 교사가 문제행동을 보이는 유아 가까이 다가가기 • 기억하게 하는 표시를 제공하기(예: 책상이 놓여 있어야 할 곳을 바닥에 테이프로 표시하기, 교실의 놀이 영역의 경계 표시 등)

출처: Scheuermann & Hall (2009).

〈표 10-3〉은 Bambara와 Kern(2008)이 제안한 문제행동의 기능과 관련된 선행 사건 중재의 예를 제시한 것이다.

표 10-3 문제행동의 기능과 관련된 선행 사건 중재의 예

문제행동의 기능	선행 사건 중재의 예
얻고자 함 (관심, 물건, 감각자극)	• 성인과 함께 작업 • 성인이 주기적으로 관심 제공 • 또래와 짝을 지어 주기 • 또래 교수 • 좌석 배치를 바꾸어 주기 • 교사가 주기적으로 교실을 돌아다니기 • 교사가 다른 일을 해야 할 때는 유아가 선호하는 과제를 하도록 하기 • 좋아하는 활동을 마칠 시간이 되었음을 미리 알려 주기 • 아주 좋아하는 활동과 좋아하지 않는 활동 사이에 보통으로 좋아하는 활동 넣기 • 선호 물건을 손 닿는 곳에 두기 • 흥미로운 자극이 있는 활동으로 환경 구성 • 청각적 또는 시각적 자극 제공
피하고자 함 (활동)	• 쉬운 과제 제시 • 유아에게 선택의 기회 제공(과제 순서, 재료, 장소, 시기 등) • 유아의 취미나 관심사를 포함하기 • 의미 있고 가치 있는 성과가 이루어질 수 있는 활동 제공 • 짧은 활동 제공 • 쉬는 시간 자주 주기 • 자료의 변경 • 필기도구 대신 컴퓨터 사용 허락 • 어려운 과제 전에 쉬운 과제 제시 • 활동의 변화에 대한 단서 제공 • 교사가 즐거운 목소리 사용하기

출처: Bambara & Kern (2008).

2 문제행동을 대체할 바람직한 행동을 가르칠 교수계획

다음으로 생각할 수 있는 지원 계획은 유아에게 문제행동을 대체할 바람직한 행동을 가르치는 계획이다. 이러한 대체 기술에는 교체 기술, 대처 및 인내 기술, 일반적인 적응 기술이 있다(Bambara & Knoster, 1998).

첫째, '교체 기술'이란 문제행동과 동일한 기능을 지닌 바람직한 행동 기술을 의미한다. 즉, 문제행동과 교체할 수 있으면서 사회적으로 바람직한 기술을 뜻한다. 예를 들면, 친구가 가지고 노는 장난감을 갖고 싶을 때 그냥 빼앗거나 친구를 때리는 부적절한 행동을 대신하여 교체할 수 있는 적절한 행동인 갖고 놀고 싶은 장난감을 친구에게 요청하는 기술이 뺏거나 때리는 행동에 대한 교체 기술이다. 그러므로 교체 기술을 가르치기 위해서 교사는 문제행동과 동일한 결과를 가져오는 바람직한 기술이 무엇인지 알고 있어야 한다. 또한 이런 기술은 문제행동이 발생된 뒤에 가르칠 것이 아니라 문제행동이 발생하기 전에 가르쳐야 한다. 문제 상황이 아닌 평소 적절한 시간에 친구에게 요청하기 기술을 교사의 설명과 모델링, 역할놀이 등을 통하여 가르칠 수 있다. 그리고 문제행동이 발생할 수 있는 가능성이 높은 활동이 시작되려고 하면 그 전에 배웠던 교체 기술이 기억나도록 유아에게 상기시켜 줄 수 있다. 예를 들면, 유아가 친구들과 놀기 시작하면 곧바로 "갖고 놀고 싶은 장난감이 있으면 친구에게 가지고 놀아도 되는지 물어보는 거야."라고 말해 줄 수 있다.

유아에게 가르칠 교체 기술을 선택할 때 교사는 다음 내용을 고려해야 한다. ① 교체 기술은 수행하기가 문제행동보다 덜 힘들어야 한다. ② 교체 기술을 통해 얻을 수 있는 결과는 문제행동을 통해 얻을 수 있는 결과와 같거나 더 나은 결과를 얻을 수 있어야 한다. ③ 교체 기술은 문제행동보다 조금이라도 더 빨리 원하는 결과를 얻을 수 있어야 한다. ④ 교체 기술은 언제든지 일관된 반응을 얻을 수 있어야 한다. ⑤ 교체 기술 사용 뒤에는 불쾌한 사건이 따르지 않는 것이 좋다.

둘째, '대처 및 인내 기술'이란 힘들고 재밌지 않은 상황에서 문제행동을 하지 않고 인내하며 대처할 수 있는 기술을 의미한다. 대처 및 인내 기술을 가르치는 이유는 자신이 상황을 변화시킬 수 없을 때에도 문제행동이 아닌 사회적으로 받아들여지는 대처 기술을 사용할 수 있도록 하기 위함이다. 예를 들면, 친구에게 장난감을 요청하는 교체 기술을 사용했으나 거절당했을 때 친구의 거절을 수용하고 기다릴 수 있어야 한다. 이렇게 원하는 것이 즉각 이루어지지 않았을 때 기다리고 견디는 것은 강화를 지연시키는 방법을 통해 훈련할 수 있다. 힘들고 어려운 상황을 참고 기다리는 인내하기는 무작정 기다리라고 유아에게 요청하기보다는 직접적 · 체계적으로 가르쳐져야 한다. '강화지연법'이란 유아가 요구하는 것에 대해 필요한 교체 기술을 가르치면서 점진적으로 시간간격을 늘려가며 강화를 지연시키는 것이다. 예를 들면, 교사의 관심을 받고자 소리를 지르고 책상을 두드리는 유아에게 교사는 먼저 교체 기술(예: "선생님!" 하고 부르고 손들기)을 사용하도록 요구한다. 이때 유아가 교체 기술을 사용하면 교사는 "잠깐만요!"라는 말과 함께 신호를 주고, 정한 시간만큼 1~2초 정도 기다린 후에 바로 가서 관심을 주면 된다. 이때에 기다리는 시간은 점점 증가시켜 간다. 불편한 상황에 대처하는 대처 및 인내 기술 훈련에는 화가 난 상황에서 화를 조절할 수 있도록 하는 분노 조절 훈련, 깊은 호흡을 하거나 근육의 긴장을 이완시켜서 흥분을 가라앉히도록 하는 긴장 완화 훈련, 문제 상황이나 문제 유발 요인을 파악하고 문제에 대한 해결 방안을 찾고 평가한 후 대안적 방법으로 반응하도록 하는 사회적 문제해결 훈련 등이 있다(양명희, 2012).

셋째, '일반적 적응 기술'이란 문제행동을 예방할 수 있으면서 유아의 의미 있는 생활을 향상시킬 수 있는 기술을 뜻한다. 예를 들면, 어려운 학습문제를 피하기 위해 문제행동을 하는 유아에게는 학업 기술이 일반적 적응 기술에 해당한다. 왜냐하면 학업 기술을 갖게 되면 문제행동을 해야 할 이유가 없어지므로 문제행동을 예방하게 될 뿐 아니라 유아에게 성취를 경험하게 해 주기 때문이다. 마찬가지로, 또래와 상호작용의 어려움 때문에 문제행동을 하는 유아에게는 사회성 기술이 일반적 적응 기술이다. 사회성 기술이 향상되면 문제행동을 예방하고 친구들과 원만히 지낼 수 있게 되므로, 사회적 상호작용의 어려움에 따른 스트레스도 감소될 것이기 때문이다.

사회성 기술은 구체적으로 계획하고 체계적으로 가르쳐야 한다. 여기서는 사회성 기술을 가르치는 방법을 좀 더 자세히 살펴보자. 사회성 기술은 일반적으로 설명, 모델링, 시연, 피드백, 연습과 같은 요소들을 중심으로 가르친다(김황용, 1996). 먼저, 가르쳐야 할 사회성 기술에 대해 유아에게 설명해야 한다. 사회성 기술의 중요성과 습득해야 할 사회성 기술의 구체적인 내용과 실행 단계를 설명해야 한다. 그 다음에는 모델링(시범)을 통해 사회성 기술을 유아에게 보여 주어야 한다. 다음 단계로 유아는 시연을 통해 역할을 나누어 새로 배운 행동을 실행하고 연습해 보아야 한다. 모델링과 시연을 통해 유아가 바람직한 사회성 기술을 정확하게 이해하고 바르게 행동하게 되면, 교사는 부적절한 행동의 예도 시범 보일 필요가 있다. 왜냐하면 부적절한 행동의 예들은 유아로 하여금 적절한 행동을 구별할 수 있도록 돕는 역할을 하기 때문이다. 유아의 시연이 끝나면 교사의 피드백이 주어져야 한다. 피드백은 상황에 맞게 최대한 구체적인 설명과 칭찬이 함께 주어져야 한다. 피드백은 교사뿐 아니라 또래도 함께 참여할 수 있다. 이를 위해서 교사는 시연을 관찰하는 유아들에게 친구가 사회성 기술을 시연할 때 무엇을 관찰해야 하는지 구체적 기준을 제시해 줄 필요가 있다. 예를 들면, 인사하기를 배우는 중이라면, 한 유아에게는 ○○가 인사할 때 목소리 크기가 적당했는지를 보도록 하고, 다른 유아에게는 ○○가 상대와 눈을 맞추었는지 보도록 하며, 또 다른 유아에게는 ○○가 미소를 보였는지를 보게 할 수 있다. 이렇게 하는 것을 통해 시연을 지켜보는 유아들에게 사회성 기술의 구성 요소를 복습하는 기회를 주며, 각 요소가 실행되었는지를 눈여겨보는 관찰 연습의 기회도 제공할 수 있다. 마지막으로, 배운 사회성 기술은 주기적으로 반복하여 연습할 기회가 주어져야 한다. 예를 들면, 유아에게 친구들과의 갈등 상황의 예를 제시해 주고 역할놀이를 통해 이미 배운 사회성 기술을 연습하게 할 수 있다.

지금까지 살펴본 문제행동을 대체할 바람직한 대체 기술(교체 기술, 대처 및 인내 기술, 일반적인 적응 기술)을 구체적으로 계획하고 체계적으로 가르치면 유아들의 대부분의 문제행동은 감소될 것이다. 이러한 대체 기술 교수는 즉흥적 · 일시적으로 이루어져서는 안 되고 체계적인 계획과 일관성 있는 교수로 이루어져야 한다.

3 문제행동 발생에 대한 효과적 반응 계획

마지막으로 생각할 수 있는 행동지원 계획은 문제가 되는 행동이 발생한 뒤에 어떻게 효과적으로 반응할 것인가에 대한 내용이다. 즉, 유아의 문제행동이 덜 효과적이 되도록 반응하는 전략을 의미한다. 앞에서 타임아웃을 적용한 철민이의 예에서 살펴보았듯이, 문제행동에 대한 잘못된 반응은 오히려 문제행동을 더욱 증가시키는 결과를 가져올 수 있다. 철민이는 어려운 과제가 하기 싫어서 종이를 찢고 크레파스를 부러뜨렸는데, 그 결과로 교사가 철민이를 교실 한쪽으로 보내는 타임아웃을 중재로 사용한다면, 철민이는 앞으로도 하고 싶지 않은 일이 주어지면 찢고 부수는 행동을 계속할 가능성이 많아지는 것이다. 따라서 유아의 문제행동에 대한 기능을 잘 알고 적절하게 반응하는 것은 대단히 중요하다. 이렇게 행동이 발생한 뒤에 반응하는 것을 '반응 전략' 또는 '후속 결과 반응 전략'이라고도 한다.

행동 뒤에 반응하는 전략은 반드시 문제가 되는 부적절한 행동 뒤에만 후속 결과를 주는 것이 아니라 적절한 행동 뒤에도 줄 수 있다. 후속 결과 반응 전략을 통해 얻을 수 있는 결과로는 문제행동이 덜 효과적이 되게 할 수 있고, 문제행동의 증가를 예방할 수 있으며, 자연스럽고 합리적인 후속 결과를 경험하게 하고, 적절한 행동을 교수하고 증가시킬 수도 있는 것이다(Bambara & Kern, 2008). 이런 후속 결과 반응 전략은 주로 행동주의 이론에 입각한 중재 방법들이다. [그림 10-2]는 후속 결과 반응 전략의 원리를 보여 주고 있다.

	유쾌자극 ☺	혐오자극 ☹
자극 제시 (+)	정적 강화 행동 증가(↑) ①	정적 벌 행동 감소(↓) ②
자극 철회 (-)	부적 벌 행동 감소(↓) ③	부적 강화 행동 증가(↑) ④

그림 10-2 후속 자극의 조작이 행동에 미치는 영향

사람의 행동은 행동의 결과에 의해 미래에 그 행동을 다시 하게 될 가능성이 달라질 수 있다. 행동의 결과란 후속 자극, 즉 행동 뒤에 따라오는 자극을 의미한다. 이 자극은 긍정적일 수도 있고(유쾌자극) 부정적일 수도 있으며(혐오자극), 제시(+) 또는 제거(-)라는 조절이 가능하다. 이렇게 체계적 후속 자극의 조절에 따라 행동의 미래 발생 가능성은 증가(↑)하기도 하고 감소(↓)하기도 한다.

[그림 10-2]에서 보는 것처럼, 행동 뒤에 유쾌자극을 제시(+)하거나(①) 혐오자극을 제거(-)하면(④) 미래 행동 발생 가능성은 증가(↑)한다. 이렇게 유쾌자극을 제시하거나 혐오자극을 제거하여 미래 행동 발생 가능성을 높이는 것을 '강화'라고 한다. 반대로 행동 뒤에 유쾌자극을 제거(-)하거나(③) 혐오자극을 제시(+)하면(②) 미래 행동 발생 가능성은 감소(↓)한다. 유쾌자극을 제거하거나 혐오자극을 제시하는 것은 '벌'이라고 한다.

후속 결과 반응 전략을 사용할 때는 전략에 따른 부작용은 없는지 유아에게 적용 가능한 상황인지 등이 고려되어야 한다. 특히, 벌은 앞서 설명한 모든 다른 중재를 적용하고도 여전히 행동문제가 남아 있을 때 가장 늦게 적용해야 하는 것이며, 부작용에 주의해야 한다.

다음 〈표 10-4〉는 행동의 후속 결과의 조절로 행동을 증가, 감소시키는 중재들과 변별학습 원리로 행동을 습득시키는 여러 중재 방법들의 정의와 간단한 예를 소개한 것이다. 더욱 자세한 후속 결과 반응전략의 내용은 『행동수정 이론에 기초한 행동지원』(양명희, 2012)을 참고할 수 있다.

표 10-4 후속 결과 반응 전략의 소개

전략	정의와 예	
정적 강화	정의	증가시키고자 하는 바람직한 행동이 발생하면, 즉시 유쾌하고 정적인 자극을 제시함으로써 그 목표 행동의 미래 발생 가능성이 증가되는 것
	예	가지고 놀던 장난감을 제자리에 갖다 놓은 유아에게 하이파이브를 하면서 "보람아! 네가 갖고 놀던 장난감을 제자리에 갖다 놓았구나! 놀던 자리가 깨끗해져서 보기 좋지? 고맙다."라고 칭찬하기
부적 강화	정의	증가시키고자 하는 바람직한 행동이 발생하면, 즉시 부정적이고 불유쾌한 자극을 제거(철회)함으로써, 그 목표 행동의 미래 발생 가능성이 증가하는 것
	예	글쓰기 숙제를 다 해온 유아에게는 다음 날 숙제를 면제해 주는 것(숙제가 유아에게 혐오자극이어야 함)
반응 대가	정의	문제행동을 하였을 때 그 대가로 이미 지니고 있던 강화물이나 권리를 잃게 함으로써 문제행동의 발생률을 감소시키는 절차
	예	차례를 지키지 않은 유아에게 간식을 주지 않는 것
타임아웃	정의	문제행동이 발생했을 때 정적 강화를 받지 못하도록 일정 시간 동안 강화받을 기회를 차단하여 문제행동의 미래 발생률을 감소시키는 것
	예	반원 모양으로 앉아 수업을 하는 경우에, 문제행동을 보이는 유아를 반대 방향으로 잠시 동안 돌려 앉혀 놓는 것
소거	정의	강화되어 온 행동이 발생해도 더 이상 강화하지 않음으로써 그 행동의 미래 발생 가능성을 감소시키는 것
	예	유아가 문제행동을 보여도 아무런 관심을 주지 않는 것
과잉 교정	정의	부적절한 행동에 대한 후속 결과로 적절한 행동을 반복적으로 하게 하여 문제행동의 미래 발생률을 감소시키는 절차
	예	자기가 읽은 책을 제자리에 꽂지 않은 유아에게 교실 바닥에 흩어진 모든 책을 제자리에 꽂게 하는 것

(계속)

혐오 자극 제시	정의	문제행동을 했을 때 싫어하는 자극을 제시함으로써 그 행동의 미래 발생 가능성을 감소시키는 것
	예	문제행동 뒤에 신체적 체벌을 가하는 것
차별 강화	정의	바람직한 행동에는 강화를 제공하고, 바람직하지 못한 행동에는 강화를 제공하지 않음으로써 강화를 받지 못하는 행동을 감소시키는 것
	예	유아가 소리 지를 때는 무시하고, "선생님!" 하고 부르는 행동을 하면 미소를 보이며 긍정적 관심을 주는 것
행동 형성	정의	최종 목표 행동에 점진적으로 근접한 행동들을 체계적으로 차별 강화하여 새로운 행동을 형성시키는 것
	예	'엄마'라는 단어의 발음을 배워가는 과정: 유아의 옹알이 → '음음' → '마마마' → '음마' → '엄마'라는 단계로 나누어 각 단계에 근접할수록 강화하고 이미 발음하게 된 단계의 소리는 더 이상 강화하지 않는 것
행동 연쇄	정의	가르치고자 하는 행동의 최종 목표를 찾아서 그 행동을 구성하는 단위 행위를 분석하여 연속적으로 이루어지는 행동을 일어나는 순서에 따라 단계별로 나누어 하나씩 가르쳐서 새로운 행동을 습득시키는 것
	예	신발 신는 행동을 여러 단계로 과제 분석하여 각 단계의 행동들을 처음 단계부터 마지막 단계까지 순차적으로 또는 역순으로 가르치는 것
모델링	정의	가르치고자 하는 행동을 정확하게 시범 보여 새로운 행동을 습득시키는 것
	예	교사가 유아에게 인사하기 행동을 보여 주고 유아로 하여금 따라 하게 하는 것
촉구	정의	지시에 바람직한 반응을 보이는 데 실패했을 경우, 바람직한 반응을 보일 수 있도록 도와주는 부가 자극을 제시하여 새로운 행동을 습득시키는 것
	예	유아가 퍼즐을 하는 경우에 퍼즐 조각과 조각이 들어갈 판에 같은 색의 스티커를 붙여 주는 것(자극 촉구의 예) 처음 숟가락으로 밥을 떠먹는 유아에게 유아의 손목을 잡고 숟가락질을 가르치는 것(반응 촉구의 예)

※ 행동 연쇄, 모델링, 촉구에서는 바람직한 반응 뒤에 정적 강화가 주어져야 한다.

〈표 10-4〉의 후속 결과 반응 전략을 사용할 때는 정의와 몇 가지 사례만 보고 그대로 적용해서는 안 된다. 반드시 각 전략에 대한 원리를 충분히 이해하고 주의사항을 고려하여 올바르게 적용해야만 목표하는 행동의 증가, 감소, 습득의 효과를 가져올 수 있다. 예를 들면, 유아의 인사 행동을 증가시키고자 유아의 인사 행동이 보일 때마다 유쾌자극이라고 생각하는 머리 쓰다듬기를 해 주었는데, 유아가 다문화 가정의 아이로 머리를 만지는 것이 금기시되는 환경에서 자란 아이라면 전혀 효과가 없을 것이다. 정적 강화를 사용하기 전에 교사는 반드시 유아에게 해당하는 유쾌자

극이 무엇인지 조사해야 한다.

또 다른 예로, 교사가 모델링을 사용하여 새로운 행동을 유아에게 습득시키고자 한다면 사전에 유아가 모델의 행동을 이해하고 기억할 만한 인지능력이 있는지 확인해야 한다. 또한 유아가 구슬을 끈으로 엮는 것이 힘들어서 자기 앞에 놓인 구슬 그릇을 던져서 구슬을 바닥에 흩어 버린 행동에 대해 타임아웃을 시킨다면, 오히려 교사는 유아에게 하기 싫거나 힘든 일을 피하게 해 준 결과를 가져온 것이다. 그럴 경우 유아는 앞으로도 힘든 일이 주어지면 던지는 행동을 통해 과제를 피하려는 행동이 증가될 수도 있다. 그러므로 교사는 타임아웃을 적용하기 전에 유아 행동의 기능이 무엇인지 파악하여서 타임아웃 중재가 적절한 것인지 확인해야 한다. 이와 같이 후속 결과 반응 전략은 단순히 각 절차만 순서대로 적용하는 것이 아니라 그 원리를 충분히 이해하고 바르게 적용될 때에 바람직한 결과를 가져올 수 있다.

[그림 10-2]에서 후속 결과 반응 전략들을 간략하게 소개했는데, 이런 원리와 전략을 배우지 않은 교사들도 유아의 행동에 대해서 일반적으로 말로서 칭찬을 하거나 야단을 쳐서 유아의 행동에 영향을 미치고자 하는 경우가 많다. 사실은 그러한 구어적 표현도 효과적인 후속 결과 반응 전략이 될 수 있다. 즉, 칭찬은 강화로서, 야단은 벌로서 작용될 수 있다. 다만 교사의 구어적 표현이 강화와 벌로 효과적으로 작용하기 위해서는 각별한 주의가 필요하다. 말은 우리가 의식을 기울이지 않고도 매일 사용하는 것이기 때문에 쉽게 생각할 수 있다. 그러나 성경에서도 말에 실수가 없는 사람이면 온전한 사람이라고 했다. 적절한 말의 사용은 결코 쉽지 않다는 뜻으로 해석될 수 있다. 그러므로 교사는 유아에게 언어적으로 칭찬하거나 꾸중하는 바람직한 방법을 배워야 한다.

교사가 유아에게 긍정적 강화로서 칭찬을 적용할 때 다음 사항을 유의해야 한다 (Alberto & Troutman, 2006; Scheuermann & Hall, 2009).

- 유아의 바람직한 행동 직후에 칭찬하라. 유아의 행동과 교사의 칭찬이 연관되어야 목표하는 행동의 증가를 기대할 수 있기 때문이다.
- 일반적 진술보다는 구체적이며 행동의 내용을 묘사하는 표현으로 칭찬하라. 유아는 칭찬을 받을 때 자신이 왜 교사의 칭찬을 받는지 알아야 한다. 일반적

진술로 이루어진 칭찬은 "성준아, 오늘 정말 훌륭했어." "착하네!" 또는 "영호야, 멋진데!"와 같은 표현이다. 구체적으로 행동을 지적하는 칭찬의 예는 다음과 같다. "예진아, 오늘 이야기 나누기 시간에 선생님을 잘 쳐다보고 발표도 큰 목소리로 하니까 정말 보기 좋더라. 너도 기분 좋지?" "송이야, 그림 그린 종이에 이름 쓰는 것을 잊지 않았구나. 참 잘했다!" "현아야, 성철이하고 싸우지 않고 블록을 같이 가지고 놀았구나. 너도 자랑스러울 거야. 고맙다!" "영경아, 가지고 논 장난감을 모두 제자리에 정리했구나. 뿌듯하지? 수고했다!" 이처럼 구체적 내용의 칭찬은 유아에게 자신이 칭찬받는 내용이 무엇인지 알려 주므로, 이러한 칭찬을 통해 유아는 스스로 자기 행동과 성취를 평가하게 한다.

- 칭찬은 다양하게 하라. 어른들은 아이들을 칭찬할 때 "착하네." 또는 "잘했어."라는 표현만 주로 사용하는데, 칭찬은 상황에 따라 표현 문구나 어조도 다양해야 한다.
- 개별적 칭찬을 할 때는 유아의 이름을 불러서 칭찬하라. 이렇게 하면 유아는 칭찬 내용에 주의를 기울이게 되고 자기 것으로 가져가게 된다. 일반적으로 교사나 부모는 칭찬할 때는 이름을 사용하지 않고, 꾸중할 때는 이름을 큰소리로 부르는 경우가 많은데, 주의해야 할 점이다. 자신의 이름이 긍정적인 맥락에서 불리는 것이 유아의 자존감에 도움이 되기 때문이다.
- 진심으로 마음을 담아 칭찬하라. 지나치게 열광하는 과장적인 표현도, 의례적이고 진부한 표현도 진실하게 들리지 않으므로 피해야 한다. 칭찬은 마음에서 우러나오는 자연스러운 목소리로 칭찬해야 하며 그 상황에서 바로 해야 한다.
- 행동의 결과보다는 과정을 강조하여 칭찬하라. 실수는 학습의 과정이라는 것을 칭찬을 통해서도 알게 해 주어야 한다.
- 비교를 통해 칭찬하지 마라. 칭찬을 통한 유아들 간의 비교(예: "철현이보다 잘 만들었네!")는 비교를 통한 우월의식을 갖게 하므로 피해야 한다. 그것보다는 유아의 행동이 또래에게 어떤 긍정적인 영향을 주었는지를 강조하는 것이 좋다. 예를 들면, "보람아! 네가 읽던 책을 제자리에 정리해 놓았구나! 이제 다른 친구들이 자기가 읽고 싶은 책을 찾기가 정말 쉬울 거야. 고맙다!" 또는 "기쁨아! 창록이가 빌려 달라고 말한 빨간 블록을 주었구나. 덕분에 창록이가 불자

동차를 다 만들 수 있어서 정말 기뻤을 거야. 그렇지?"와 같은 표현들이다.

- 꾸중보다 칭찬을 더 많이 하라. 문제행동이 많은 유아일수록 칭찬의 비율이 높아야 한다. 교사는 칭찬의 목표 횟수를 정하고 자신이 하루 동안 유아를 얼마나 자주 칭찬하는지 점검하는 것이 좋다.

뿐만 아니라 교사가 유아에게 지시를 하거나 꾸중을 할 때도 다음과 같은 점을 주의하면 유아들의 순응 행동을 이끌기가 훨씬 쉬워진다(Jensen, 1996).

- 질문 형식을 사용하지 않는다. 유아에게 하려고 하는 질문에 대해 유아의 "안 해요." "아니요."라는 대답을 용납할 수 없다면 질문 형식은 사용하지 않는다. 예를 들면, "시작할 시간이지?"라고 하기보다는 "시작할 시간이다."라고 하고, "조용히 좀 해 줄래?"라기보다는 "조용히 하자."라고 하는 것이 좋다.
- 유아에게 가까이 가서 말한다. 거리가 멀수록 소리 지르게 되므로 팔 길이 정도로 다가가서 말한다. 어린 유아일수록 어깨에 손을 얹고 얘기하는 것이 좋다.
- 큰 소리보다는 부드럽지만 단호하게 나지막한 소리로 말한다.
- 유아의 눈을 보면서 말한다.
- 유아에게 반응할 시간을 준다. 요구나 꾸중에 순응할 시간은 5~10초 정도가 적당하다. 기다릴 때는 말한 내용을 반복하거나 새로운 내용의 지시나 꾸중을 하지 않는다. 다만 유아를 바라보며 유아가 지시를 따르기를 기다린다.
- 두 번 이상 요구/꾸중하지 않는다. 두 번 말해서 듣지 않을 때에는 계획된 후속 결과를 바로 실행한다.
- 여러 가지를 한꺼번에 요구하지 않는다. 한 번 요구하고 반응할 시간 동안 기다려주고 순응하면 강화물이나 칭찬을 제공하고 불순응하면 다시 요구하고 반응을 기다린 다음 순응하면 강화/칭찬을 제공하고 불순응하면 다른 중재를 선택한다.
- 지시를 구체적으로 진술한다. 유아에게 기대하는 행동을 구체적으로 말한다. 예를 들면, "떠들지 마세요."라는 말보다는 "얘기하고 싶으면 손을 들어요."라고 하거나, "바로 앉으세요."라기보다는 "발은 바닥에 붙이고, 손은 책상 위에

놓고, 선생님을 보세요."라고 말하는 것이 좋다.

- 감정적이어서는 안 된다. 감정적인 표현은 소리 지르기, 위협하는 몸짓, 인상 쓰기, 큰 소리로 이름 부르기, 죄책감을 불러일으키는 말 등이다. 부정적인 감정적 표현은 순응 행동을 하게 하기보다는 상황을 악화시킨다.
- 긍정적 표현을 사용한다. "~하지 마라."라고 말하기보다는 "~하라."고 지시한다.
- 유아의 능력 범위 내에 있는 것을 요구해야 한다. 화가 나 있을 때 유아에게 불가능하거나 너무 지나친 요구를 하게 되는 것을 주의해야 한다. 예를 들면, 시간의 제한 없이 "내가 됐다고 할 때까지 꼼짝 하지 마!"라고 요구하는 것은 좋지 않다.

(5) 행동지원에 대한 평가

마지막 단계에서는 행동지원 계획의 효과와 효율성을 평가하고 그 결과에 근거하여 행동지원 계획을 수정하거나 새로 만들어야 한다. 이때에 이루어지는 평가는 자주 정기적으로 직접 관찰을 통해 이루어지는 형성평가이어야 한다. 이를 위해 제1부에서 소개한 다양한 관찰 방법들이 사용되어야 할 것이다.

지원 계획이 성공적으로 이루어졌는지 평가하기 위해서는 다음과 같은 질문을 해보아야 한다(조윤경, 김경혜, 2010).

- 기록상 긍정적 변화가 있는가? (행동 관찰기록법을 통해 확인해야 함)
- 예방 전략, 대체 기술 교수 전략, 후속 결과 반응 전략 등의 지원 계획을 잘 실행하는가?
- 어떤 전략이 가장 적합한가?
- 수정되어야 하는 전략이 있다면 무엇인가?
- 중단해도 되는 전략이 있는가?

이와 같은 질문은 행동지원의 계획이 전반적으로 잘 수행되었는지 알아보는 총괄평가의 내용처럼 보이지만, 행동지원의 평가는 형성적으로 이루어져야 한다. 제1장에서 설명한 것처럼, 형성적 관찰 평가는 중재나 교수가 종료되지 않고 실행하고 있는 동안에 실시되기 때문에 유아 행동의 패턴 변화나 경향을 알려주어서 도중에라도 중재의 효과를 평가할 수 있고 더욱 효율적이고 시기적절한 내용으로 수정할 수 있도록 도와준다.

이런 형성적 관찰 평가를 위해서는 유아의 행동을 직접 관찰하고 측정한 자료를 그래프에 옮겨야 한다. 매번 관찰하고 측정한 행동에 대한 자료는 그때마다 그래프에 옮겨서 연속적인 행동의 변화를 볼 수 있게 하는 것이 좋다. 자료를 그래프에 제시하는 목적은, 간단히 말하면, 중재에 대한 평가를 위한 의사소통을 하기 위한 것이다.

Kerr와 Nelson(1989)은 그래프를 사용하는 이유를, ① 의사결정하기에 편리한 방법으로 자료를 요약하기 위해서, ② 중재효과를 전달하기 위해서, 그리고 ③ 중재에 참여한 자들에게 피드백을 제공하기 위해서라고 했다. 한마디로 그래프는 평가와 의사소통을 위한 것이라고 볼 수 있다. 그래프는 유아의 문제행동이 중재 적용과 함께 시간의 흐름에 따라 변화한 내용, 즉 교사가 문제행동에 대해 수행한 중재의 결과를 효율적으로 한눈에 볼 수 있도록 해 주기 때문에 교사와 전문가 또는 부모와의 의사소통에 유용하게 사용될 수 있다.

뿐만 아니라 그래프에 있는 자료의 분석을 통해 중재효과를 지속적으로 평가할 수 있기 때문에, 그래프는 교사가 평가에 근거한 의사결정(예: 중재의 계속 또는 중단, 새로운 중재의 실행)을 할 수 있도록 도와준다. 그래프에 옮겨진 자료는 시각적으로 분석하는데, 그 기준은 자료의 수준, 경향, 변화율, 중첩도, 즉각성의 정도 등이다.

지금까지 설명한 행동문제에 대한 다섯 단계의 지원 절차의 전체적 내용을 쉽게 이해할 수 있도록 은서의 예를 들어 간단히 설명해 보자. 은서의 행동문제는 친구를 꼬집고 할퀴는 행동이다. 그런데 관찰을 통해 알게 된 것은 은서의 이런 행동은 은서가 갖고 놀고 싶은 장난감을 다른 친구가 가지고 놀고 있는 상황에서 발생한다는 것이다. 은서가 친구에게 다가가 친구를 할퀴고 꼬집으면 공격을 당한 친구는 울게 된다. 그사이에 은서는 원하는 장난감을 가지게 된다. 이런 은서의 행동문제는 은서가 아침을 먹지 못하고 등원하게 되는 날 더 빈번히 발생하는 것을 관찰하게 되었다.

이러한 행동문제에 대한 가설은 다음과 같이 세울 수 있다. '놀이시간에 은서는 자기가 갖고 싶은 장난감을 다른 친구가 갖고 있으면 그 장난감을 갖기 위해 친구에게 다가가 꼬집고 할퀼 것이며, 아침식사를 하지 못한 날은 그 가능성이 더욱 높아진다.' 이 가설에 대한 선행 사건/배경 사건 중재 계획은 놀이시간 전에 은서에게 장난감을 선택할 기회를 주는 것과 부모에게 아침식사를 거른 날은 꼭 통지하도록 하여서 유치원에 와서라도 식사를 할 수 있도록 하는 것이 될 수 있다. 은서에게 가르칠 수 있는 대체 행동은 친구에게 가서 장난감을 갖고 놀고 싶다고 말로 요청하는 법과 친구가 주지 않으면 교사에게 와서 도와 달라고 말로 요청하는 법이 될 수 있다. 뿐만 아니라 은서에게는 기다리는 대처 기술이나 친구와 상호작용하는 사회적 기술 등이 교수되어야 할 것이다. 만약에 은서가 가르쳐 준 대체 행동을 바르게 했다면 칭찬과 함께 은서가 좋아하는 스티커 등을 보상으로 주는 후속 결과 반응 전략의 정적 강화를 수행할 수 있다. 그런데 은서가 대처 기술을 행하지 못하고 꼬집고 할퀴는 문제행동을 했다면 주었던 보상을 회수하는 반응 대가를 실시하거나 친구에게 친절하게 요청하는 바람직한 행동을 반복하여 연습하도록 하는 과잉 교정을 실시하고 친구에게 사과를 하도록 지시할 수 있다. 각각의 중재효과는 일과 속에서 교사의 관찰을 통하여 기록되고 평가될 수 있다. 평가의 결과는 반드시 다음 행동지원 및 교수계획에 적용되어야 한다.

지금까지 살펴본 것처럼, 문제가 되는 행동을 지원하는 방법과 제1부에서 소개한 관찰 방법들은 무관하지 않다. 교사는 유아의 행동을 관찰하고 기록하는 기술뿐 아니라 그 결과를 유아의 행동지원에 적용하는 능력이 요구된다. 이 장에서는 유아의 문제행동이 발생했을 때 관찰기록을 통해 문제행동을 정의하고 그 심각성과 함께 문제행동이 지니는 기능을 찾아서, 문제행동에 대한 가설을 수립하여 구체적인 행동지원 계획을 세우는 것을 살펴보았다. 행동지원 계획은 체계적으로 적용하면서 행동 변화의 관찰을 통해 효과를 평가하고, 평가 결과는 다음 교수계획에 적용되어야 한다.

토의 및 적용

❖ 유아교육 현장에서 교사에게 가장 힘든 유아의 행동문제는 무엇일지, 그러한 행동문제에 대해서 교사들은 일반적으로 어떻게 접근하고 있는지 이야기해 보시오.

❖ 유아교육 현장에서 행동지원이 필요한 이유와 그 의의를 토의해 보시오.

❖ 행동지원에서 행동 관찰의 역할과 중요성은 무엇인지 토의해 보시오.

❖ 재윤이는 자주 자유선택놀이 시간이 끝나갈 무렵 등원하여서 놀고 있는 친구들을 방해하고, 자유선택놀이 시간이 끝나서 다음 활동을 지시하면 장난감을 정리하지 않고 계속 놀려고 한다. 이러한 행동문제에 대해 가상의 관찰 자료를 만들어 다섯 단계의 행동지원 계획을 세워 보시오. 또한 각 단계에서 필요한 관찰 방법을 계획해 보시오.

Chapter

11 행동 관찰 평가와 현장연구

1. 교육현장에서 개별대상연구가 필요한 이유
2. 개별대상연구의 기초 개념
3. 개별대상연구의 특징
4. 개별대상연구 설계의 종류
5. 개별대상연구 실행 체크리스트

제11장 행동 관찰 평가와 현장연구

학습목표

- 교육현장에서 개별대상연구의 필요성을 논할 수 있다.
- 개별대상연구의 종류와 특성을 설명할 수 있다.
- 개별대상연구의 특징을 설명할 수 있다.

핵심용어의 정의

- **개별대상연구**

  개별 대상에게 중재를 실시하여 중재 전과 중재 적용 이후에 대상의 행동 수행수준의 변화를 지속적으로 관찰하여 중재와 행동 변화의 기능적 관계를 밝히고자 하는 실험연구 방법이다.

- **중재제거 설계**

  중재효과를 입증하기 위한 개별대상연구 방법으로, 실험 기간 중 하나 이상의 단계에서 중재를 제거하여 목표행동에 미치는 영향을 알아보고자 하는 설계다.

- **복수기초선 설계**

  연속적인 A-B설계에서, 기초선(A)을 각각의 다른 행동이나 연구 대상 또는 상황 등에 대해 중재(B)가 시작될 때까지 연장시키는 설계다.

- **기준변동 설계**

  기준의 단계적 변화에 따라 행동이 일관성 있게 변화하는 것으로 행동의 변화가 중재 때문임을 입증하는 설계다.

- **중재교대 설계**

  여러 중재효과를 서로 비교하기 위한 설계로, 한 대상자에게 여러 중재를 교대로 실시하여 그 중재들 간의 효과를 비교하는 방법이다.

사실 오래전부터 연구는 교육 전문가에게 요구되는 중요한 능력 중의 하나로 인식되어 왔다. 교육현장이야말로 지속적으로 새로운 연구를 이해하고 적용하는 능력이 절실히 요구되는 곳이다. 연구는 개인적 상식이나 논리적 사고 수준에서 이루어지는 것이 아니라 공적으로 실행되는 분명하게 구별되는 과정을 가지고 문제에 대한 답을 찾는 과정을 의미한다. 연구는 기준에 따라 다양하게 분류할 수 있는데, 일반적으로 유아교육 영역에서 많이 볼 수 있는 연구로는 실험연구, 상관연구, 조사연구, 질적 연구 등이 있다. 유아의 행동 관찰을 통해서 교사가 교육현장에서 사용하기 좋은 연구 방법으로 실험연구에 속하는 개별대상연구(single subject research)가 있다. 개별대상연구는 유아에 대해 교사가 실시한 교육과 행동 지도 등을 평가하는 유용한 방법이기도 하다. 이 장에서는 교육현장에서 개별대상연구가 필요한 이유를 설명하고, 다른 연구와 구별되는 개별대상연구의 특성과 개별대상연구의 종류를 소개하고, 교사가 개별대상연구를 수행할 때 스스로 점검해 볼 수 있도록 안내해 줄 개별대상연구 실행 체크리스트를 소개한다.

1. 교육현장에서 개별대상연구가 필요한 이유

교사에게는 연구 결과를 읽고 해석하는 능력, 연구가 수행되는 과정에 대한 지식, 그리고 연구 활동을 수행할 수 있는 기술이 요구된다(Lewis & Blackhurst, 1983). 교육현장에서 일하는 교사가 현행 연구 결과를 읽고 해석할 수 있다면 현장 전문가로서 가장 최신의 지식을 보유할 수 있게 될 것이다. 또한 현장연구에 관한 절차에 대한 지식과 기술을 갖추고 있을 경우 자신이 일하는 현장에서 손쉽게 연구를 수행하면서 자신이 일하는 영역에서 새로운 전문지식을 확장하는 일에 참여할 수 있게 될 것이다. 즉, 연구와 현장을 연결시키는 역할을 감당하며 훌륭한 연구 생산자가 될 수 있다. 그러므로 현장 전문가인 교사들의 현장연구에 대한 지식과 기술 습득이 절실히 필요하다. 현장 실험 연구 방법도 다양하지만 교사 같은 현장 전문가가 자신의 직업을 충실히 수행하면서 동시에 자신에게 오는 유아나 학생을 대상으로 실행하기 쉬운 연구가 바로 개별대상연구다. 사실, 미국의 경우에는 학생들의 문제행동에 대한 중재 연구로 가장 보편적으로 사용되는 연구 방법이 개별대상연구 방법이다(Mooney, Epstein, Reid, & Nelson, 2003). 뿐만 아니라 미국의 많은 교사는 연구와 교수에 대해 긍정적 관심과 태도를 가지고 있다(Cooke, Test, Heard, Spooner, & Courson, 1993). 실재로 미국에서는 계속해서 교육현장에서 개별대상연구의 사용이 증가하고 있지만(Hammond & Gast, 2010), 우리나라는 아직도 특정 학문영역에서만 조금씩 수행되고 있는 실정이다(박은영, 김삼섭, 조광순, 2005).

교사가 개별대상연구 방법을 알면 연구와 교육현장 사이의 간극을 줄일 수 있다. 즉, 교사는 여러 전문 학술지에서 현장연구로 끊임없이 발표되고 있는 수많은 실험연구 결과를 더욱 쉽게 이해하고 자신의 현장에 적용할 수 있을 뿐 아니라 유아의 행동 변화를 위해 자신이 노력한 모든 과정과 결과를 객관적 자료로 입증하는 실천적 연구자가 될 수 있다.

유아교육 현장에서 개별대상연구 방법이 필요한 이유는 다음과 같다. 첫째, 교육현장에서는 실험집단을 구성할 동질집단을 충분히 구하기 어렵다. 유아의 개별성과 다양성을 고려할 때 교육현장에서 동일한 행동문제를 지닌 비슷한 부류의 다수를 찾기란 쉽지 않다. 이러한 경우 소수 대상자로 실험연구가 가능한 개별대상연구가 필요하다.

둘째, 교육현장에서 이루어지는 행동문제에 관한 연구 질문은 대부분 매우 구체적이다. 예를 들면, 교육현장에서 다루는 연구 주제는 '음식 만들기 놀이를 통한 편식 행동의 향상' '자기 관찰 기법을 통한 함묵 유아의 말하기 행동의 향상' 등 매우 구체적인 경우가 대부분이다. 이렇게 개별 대상에게 실시하는 구체적 행동에 대한 중재효과를 입증하고자 하는 경우 개별대상연구가 유용하다.

셋째, 교육현장에서 통제집단을 구하기가 쉽지 않다. 첫 번째 이유와 동일하게 통제집단을 위해 동일한 문제를 가진 다수를 구하기도 어렵지만, 어떠한 개입이라도 해야 하는 교육현장에서 아무런 중재도 실시하지 않는 통제집단을 만든다는 것은 윤리적으로도 옳지 않다. 이렇게 통제집단을 구성하기 어려운 경우에도 개별대상연구는 유용한 연구 방법으로 사용될 수 있다.

넷째, 교육현장에서는 연구 도중에라도 연구 내용(즉, 중재 내용)을 수정해야 하는 경우가 많다. 교육현장에서는 연구만을 위한 연구 진행은 이루어질 수 없으며, 연구 도중에라도 연구 내용을 바꾸거나 그 외의 다른 결정을 해야 하는 경우가 있다. 이런 경우에 연구 도중에도 중재효과가 없는 것으로 나타나면 중재 내용을 바꾸거나 설계 자체의 수정이 가능한 유연성을 지닌 개별대상연구를 사용할 수 있다. 개별대상연구는 중재와 측정 방법이 대상에게 개별적으로 적용되고, 절차의 특성상 연구 대상 유아와 중재를 수행하는 동안에 연구를 진행하는 교사에게 중재 과정 동안 지속적인 피드백을 줄 수 있다. 이는 피드백에 따라 중재 방법(독립변수)이 바뀔 수 있음을 의미하는데, 개별대상연구는 이렇게 중재 방법의 변화가 있더라도 연구를 중단 없이 진행할 수 있는 장점이 있다.

2. 개별대상연구의 기초 개념

1) 독립변수와 종속변수

개별대상연구를 간단히 표현하자면 독립변수와 종속변수의 기능적 관계를 입증하는 것이라고 할 수 있다. 이때 '변수'란 여러 가지 다른 값을 갖는 속성으로 연구자가 연구하는 개념들을 의미한다. '독립변수'란 행동의 원인, 행동에 대한 설명, 행동에 영향을 주는 자극, 또는 행동을 변화시키기 위해 사용되는 중재나 교수 방법으로서 교사나 연구자가 조정할 수 있는 것을 의미한다. '종속변수'란 변화되어야 할 유아의 표적행동을 의미한다. 그리고 '기능적 관계'란 독립변수의 변화에 따라 종속변수가 체계적으로 변화하는 관계, 즉 독립변수의 변화로 종속변수의 변화를 예측할 수 있는 관계를 말한다.

예를 들면, 공격적 행동을 보이는 경수에게 타임아웃이라는 중재를 적용했다고 하자. 여기에서 교사가 조정할 수 있는 타임아웃이라는 중재는 독립변수가 되고, 경수의 공격적 행동은 종속변수가 되는 것이다. 타임아웃을 적용하기 전에는 높은 수준의 공격적 행동을 보이던 경수가 타임아웃을 적용하면서부터 공격적 행동이 감소했다면, 타임아웃과 공격적 행동은 기능적 관계일 가능성이 높다. 기능적 관계를 이룬다는 것은 종속변수의 변화는 전적으로 독립변수의 변화에 종속되어 있다(의존하고 있다)는 것이다. 그러므로 독립변수와 종속변수의 기능적 관계를 밝힌다는 것은 연구 대상인 유아의 행동 변화가 다른 요인 때문이 아니라 중재만의 효과임을 입증하는 것이다.

2) 내적 타당도와 외적 타당도

'내적 타당도'란 독립변수를 적용하여 나타난 행동의 변화(종속변수의 변화)가 독립변수 때문인지 아니면 다른 것 때문인지를 나타내는 것이다. 내적 타당도가 높다는 것은 종속변수의 변화가 독립변수에 의한 것임을 뜻한다. 앞서 제시한 예에서 연구를 통하여 경수의 공격적 행동이 감소한 것은 다른 것 때문이 아니라 타임아웃 때문임이 입증된다면 그 연구 결과는 내적 타당도가 높다고 할 수 있다. 그러나 경수에게 타임아웃을 적용하기 시작하던 날부터 교사가 바뀌었다면 경수의 공격적 행동 감소는 새로운 교사 때문인지 타임아웃 때문인지 밝히기 어려워진다. 이렇게 새로운 교사라는 변수가 연구 결과에 영향을 줄 수 있는 경우는 내적 타당도가 높다고 하기 어렵다. 이처럼 내적 타당도를 높이기 위해서는 연구와 관련된 변수들을 연구의 처음부터 끝까지 일관성 있게 유지하는 것이 필요하다. 연구자는 내적 타당도를 위협하는 요인들을 최대한 통제해야 하지만 실재로 내적 타당도를 위협하는 모든 변수를 연구자가 통제한다는 것은 불가능한 일이다.

'외적 타당도'란 연구 결과를 일반화할 수 있는 정도를 말한다. 즉, 연구에서 얻은 결과를 다른 상황에도 적용할 수 있다면 이는 외적 타당도가 높다고 할 수 있다. 개별대상연구에서는 연구 결과의 일반화를 입증하기 위해 연구에 사용된 실험 처치를 연구 대상 외의 다른 사람들에게 적용해 보는 체계적 반복 연구 방법을 실시한다. 앞서 제시한 예에서 다른 연구자나 교사들도 타임아웃을 사용하여 다른 유아들의 공격적 행동이 감소했다면 처음 경수에게 실시한 연구의 외적 타당도를 입증한 결과가 된다.

3) 신뢰도

실험연구에서 객관성은 대단히 중요한 요소다. 측정한 자료가 객관적이라는 것은 한 명 이상의 관찰자에 의해 동일한 결과를 얻는 것이 가능하다는 것을 의미한다(Pellengrini & Bjorklund, 1998). 측정한 자료의 객관성을 의미하는 종속변수 신뢰도는 수집된 자료가 정확한지, 믿을 만한지를 알아보는 것이다. 종속변수를 관찰을 통해 측정했다면 관찰자의 연구 대상에 대한 종속변수의 관찰과 측정이 얼마나 일관성 있게 이루어졌는지를 측정해야 한다.

관찰자 신뢰도는 관찰자가 종속변수를 측정할 때 일관성 있게 같은 측정치를 산출해 내는 정도를 말한다. 제1장에서 설명한 것처럼, 관찰자 신뢰도는 관찰자 내 신뢰도와 관찰자 간 신뢰도가 있다. 관찰자 간 신뢰도란 관찰 결과가 관찰자들 사이에서 얼마나 유사한가를 의미하므로 관찰자 간 신뢰도를 검증하는 절차는 관찰연구에서 필수적이다. 또한 관찰자 간 신뢰도를 검증하기 전에 관찰자 내 신뢰도를 먼저 검증해야 한다. 관찰자 내 신뢰도는 관찰자가 많은 관찰 대상을 일관성 있게 관찰하고 측정하느냐에 대한 문제이므로 통계적인 방법으로 검증하기보다는 관찰자 훈련을 통하여 관찰자 내 신뢰도를 확보하는 것이 필요하다.

개별대상연구에서 중재 결과가 객관적이라는 것은 중재효과가 다른 연구자에 의해서도 동일하게 반복될 수 있다는 것을 의미한다(Pellengrini & Bjorklund, 1998). 중재 결과의 객관성을 의미하는 독립변수 신뢰도란 연구자가 연구에서 실행한 중재를 얼마나 일관성 있게 실시했는지를 묻는 것이다. 독립변수 신뢰도는 중재 충실도(fidelity)라고도 한다. 독립변수 신뢰도를 측정하기 위해서는 실시되어야 하는 모든 중재 절차를 구체적으로 표기한 목록표를 만들어야 한다. 독립변수 신뢰도는 실험의 각 단계마다 1~2회기를 무작위로 선택하여, 제2의 관찰자에게 중재 절차의 구체적인 목록이 있는 평정척도를 주고 연구자가 중재를 실행하는 적절성 정도를 평가하게 하여 구할 수 있다. 중재의 각 절차를 수행하는 정도가 적절한지, 보통인지, 적절하지 않은지 등으로 3점 또는 5점 척도로 평가할 수 있다. 또한 연구자도 주기적으로 중재 절차에 대한 목록표를 스스로 점검하며 확인하는 것이 필요하다. 독립변수 신뢰도의 측정은 일관성 있는 중재의 실시를 위해서 반드시 필요하다.

3. 개별대상연구의 특징

독립변수와 종속변수의 기능적 관계를 입증하려 하는 실험 연구에는 집단연구, 개별대상연구, 사례연구 등이 있다. 집단연구에서는 한 집단에 대하여 또는 집단 간의 중재 전·후의 수행수준의 정도를 비교하여 중재효과를 입증한다. 개별대상연구에서는 개별 대상에게 중재를 실시하여 중재 전과 중재 중의 수행수준의 계속적 변화를 비교하여 중재효과를 입증한다. 사례연구에서는 한 개인에게 중재를 적용하여 중재 전과 중재 후의 수행수준의 변화를 연구자의 주관적 해석과 함께 기술한다.

개별대상연구의 가장 두드러진 특징은 다음과 같다. 첫째, 연구 대상의 행동을 일관성 있게 반복 측정한다는 것이다. 개별대상연구에서는 중재를 적용하기 전부터 중재가 끝난 뒤까지 매 회기마다 그 행동을 측정함으로써 개별 대상의 행동이 어떻게 변화하는지 그 경향을 분석한다. 중재 전에는 규칙적이거나 안정적인 경향을 보이던 자료는 중재나 다른 변수들이 개입되거나 제거되면 변화를 나타낼 것이다. 이런 반복 측정을 통해 개별대상연구에서는 한 사람의 행동을 다른 사람의 행동과 비교하는 것이 아니라, 같은 조건 또는 다른 조건에서 동일한 사람의 행동 변화를 비교하는 것이다. 이런 계속적 반복 측정은 표적행동의 변화가 중재에 의한 것인지 여부를 밝혀 줄 뿐 아니라, 중재 이외의 다른 변수들이 개입되었는지에 대한 정보도 제공해 준다. 이는 흔히 중재의 적용 전과 적용 후에만 한 번씩 목표행동을 측정하여 그 양적인 차이를 논하는 집단연구나 사례연구와 구별되는 개별대상연구의 두드러진 특징이다.

둘째, 중재효과가 동일 연구 안에서 반복하여 나타난다. 이것 또한 동일 연구에서 한 가지 중재의 효과를 대부분 한 번 입증하는 집단연구와 다른 점이다. 개별대상연구에서는 중재효과가 시간의 경과에 따라 동일한 대상자에게서 또는 동일 대상자는 아니라 하더라도 동일 연구 설계 내에서 반복적으로 입증된다. 예를 들면, 다음에서 설명할 중재제거 설계에서는 중재의 적용과 제거에 따라 동일 대상에 대한 반복된 중재효과를 나타내며, 다중기초선 설계에서는 대상자(또는 행동이나 상황)마다 중재효과를 반복하여 보여 준다. 이러한 중재효과의 반복 입증은 연구 대상의 행동 변화가 다른 변수 때문이 아니라 중재에 의한 것임을 보여 주는 것이다. 한 연구 내에서 중재효과를 반복하여 보여 주는 것은 독립변수의 효과에 대한 예측성과 검증력을 같은 연구 내에서 되풀이 하여 보여 주는 것이므로 연구의 내적 타당도를 높여 준다.

셋째, 기초선 자료를 수집하는 것이다. 기초선 자료는 연구 대상에게 어떠한 중재도 적용하기 전의 목표행동의 현행 수준을 의미한다. 집단연구가 중재효과를 입증하기 위해 추리통계(inferential statistics)와 같은 표준화된 기준을 사용하는 반면, 개별대상연구는 중재효과를 입증하기 위해 개별 대상의 수행수준이 시간의 흐름에 따라 중재 전과 중재 이후에 나타낸 변화를 분석한다. 따라서 중재를 실시하기 전의 자료를 보여 줄 수 있는 기초선의 설정은 개별대상연구에서 중재효과를 입증할 수 있는 중요한 비교 기준이 된다. 중재효과를 개별 대상 내에서 비교해야 하는 개별대상연구에서 기초선은 집단연구의 통제집단 또는 사전검사와 같이 중재효과의 비교 기준의 역할을 한다. 기초선 자료를 통해 연구자나 교사는 문제행동이 존재한다는 것도 알게 되고 그 정도가 어떠한지도 알게 되므로 기초선 자료에 근거하여 중재 적용 여부를 결정할 수 있다. 또한 기초선 자료는 유아에게 중재가 적용되지 않는다면 계속하여 어떤 수준을 나타낼 것인지를 예측할 수 있게 해 준다. 중재가 적용되지 않는다면 기초선 수준을 계속 나타낼 것으로 추측할 수 있는데, 중재를 적용하여 변화가 나타났다면 기초선 자료를 근거로 하여 효과를 입증하게 된다. 이렇게 기초선 자료는 유아의 현행 수준을 말해 주고 미래 수준을 예언하는 기능을 한다(Kazdin, 1982).

넷째, 연구 결과를 시각적으로 분석한다는 것이다. 개별대상연구에서는 개별 대상의 행동을 지속적으로 반복하여 관찰하고 측정한 자료를 통계적 방법보다는 주로 그래프에 옮겨 시각적으로 분석하고 평가한다. 시각적 분석에서는 한 실험단계(기초선, 중재, 유지 등) 내의 자료나 실험단계 간의 자료의 수준, 경향, 변화의 정도, 중첩의 정도를 분석한다. 이러한 시각적 분석은 중재 방법의 변화가 왜, 언제, 얼마 동안 있었는지에 대한 자세한 정보를 제공하며, 그 내용과 방법은 집단연구 방법의 통계 처리에 비해 상대적으로 쉽게 사용될 수 있다. 이러한 특성은 통계분석에 능숙하지 않은 교사들에게는 더욱 연구에 다가가기 쉽게 하는 요인이 된다.

그 밖에 개별대상연구는 한 연구를 다른 연구자가 반복하여 실행하는 것이 가능할 만큼 중재 내용에 대해 구체적으로 기록한다는 특징도 있다. 중재에 대한 자세한 기록이 필요한 이유는 반복 연구를 가능하게 하여 연구의 외적 타당도를 높여 주기 때문이다. 뿐만 아니라 중재에 대한 구체적 기록은 연구 결과를 교육현장에 적용하기 쉽도록 도와줄 것이다.

개별대상연구의 특징이면서 제한점이 되는 것은 연구 결과를 일반화하기가 어렵다는 것이다. 제한된 사례 수에 의해 연구의 외적 타당도가 낮은 것은 당연하다. 그러므로 개별대상연구 방법을 사용하는 연구자는 개별대상연구에서 얻어진 결과를 지나치게 일반화하려는 시도를 하지 않아야 한다. 그런데 개별대상연구의 결과를 일반화하기 어렵다는 것은 제한점이기도 하지만 긍정적으로 생각될 수 있는 점이기도 하다. 왜냐하면 집단연구를 통해 얻어진 '일반적인' 결과보다는 실제 현장에서 유용하게 적용될 수 있는 지식은 개별대상연구가 초점을 맞추는 특정 개인에 대한 자세한 정보이기 때문이다.

그러므로 개별대상연구에서는 연구 대상에 대해 정확하고 구체적인 정보를 제공함으로써, ① 연구 결과를 읽는 독자에게는 연구 결과가 일반화될 수 있는 범위를 판단할 수 있는 정보를 제공해 주고, ② 다른 연구자에게는 반복 연구를 위한 자료를 제공해 주며, ③ 현장에서 중재를 적용하는 자에게는 가능성 있는 대상을 찾아 중재를 적용하게 할 가능성을 높여 준다(양명희, 최호승, 2004). 체계적인 반복연구를 통해 다양한 상황에서 지속적으로 개별대상연구가 이루어지고, 이렇게 축적된 지식은 교육현장에서 효과적인 중재의 사용 가능성을 높여 줄 것이다.

4. 개별대상연구 설계의 종류

1) 중재제거(A-B-A-B) 설계

중재제거 설계(withdrawal design)는 중재효과를 입증하기 위한 개별대상연구 방법 중 하나로, 상황 중 하나 혹은 그 이상의 단계에서 중재를 제거하여 목표행동에 미치는 영향을 알아보고자 하는 연구 설계다. 중재제거 설계의 또 다른 이름은 A-B-A-B 설계다. 여기에서 사용된 알파벳의 첫 번째 A는 중재를 시작하기 전의 상태에서 표적행동을 관찰하는 시기를 뜻하며, 이를 제1 기초선 기간이라고 한다. 첫 번째 B는 표적행동에 대해 처음으로 중재를 실시하는 기간을 뜻하며, 이를 제1 중재 기간이라고 한다. 두 번째 A는 실시하던 중재를 제거하여 제1 기초선 상태로 되돌리는 것을 뜻하며, 이를 제2 기초선 기간이라고 한다. 마지막으로, 두 번째 B는 제1 중재 기간에 사용했던 중재를 다시 실시하는 기간을 의미하며, 이를 제2 중재 기간이라고 한다. 일반적으로 개별대상연구에서 설계를 나타낼 때 사용되는 알파벳 A는 기초선을 뜻하며, B, C 등 다른 알파벳은 중재를 뜻한다.

A–B–A–B 설계를 이용하여 연구자가 중재(독립변수)를 실시하거나 제거함으로써 표적행동을 일관성 있게 증가 또는 감소시킬 수 있다면 실험적 통제를 확실히 보여 줄 수 있다. 중재를 실시하자 어떤 행동이 향상되다가 중재를 제거하자 중재 이전 상태로 되돌아가고 다시 중재를 실시하자 행동이 향상된다면, 중재가 행동의 향상을 일으켰다고 할 수 있다. 즉, 중재제거 설계에서 제1, 2중재 때만 중재효과가 나타나고, 제2 기초선 기간에 행동이 제1 기초선 자료의 수준으로 되돌아가는 경우에 독립변수(중재)와 종속변수(표적행동)의 기능적 관계가 성립된다고 할 수 있다.

[그림 11–1]은 중재제거(A–B–A–B) 설계를 사용하여 기능적 관계를 입증한 연구 결과의 예다.

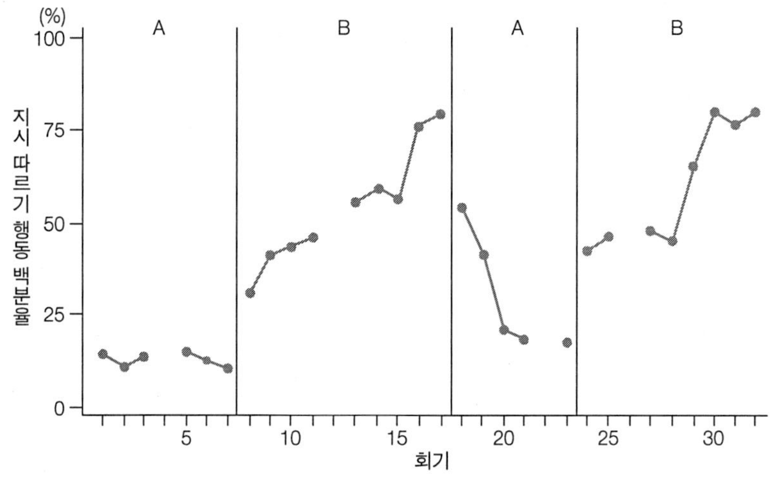

그림 11–1 A–B–A–B 설계를 사용하여 기능적 관계를 입증한 연구 결과의 예

[그림 11-1]의 그래프에서 보면 처음 기초선 기간에는 유아의 지시 따르기 행동이 주어진 기회에 대한 20% 이하의 낮은 수준이었는데 중재 적용과 함께 증가하여 75%를 넘는 수준까지 나타내다가 중재를 제거하자 지시 따르기 행동이 빠른 속도로 감소하다가 중재의 재적용과 함께 다시 증가함을 볼 수 있다. 즉, 사용된 중재는 유아의 지시 따르기 행동과 기능적 관계가 있음을 알 수 있다.

[그림 11-2]는 중재제거(A-B-A-B) 설계를 사용하였지만 기능적 관계를 입증하지 못한 연구 결과의 예다.

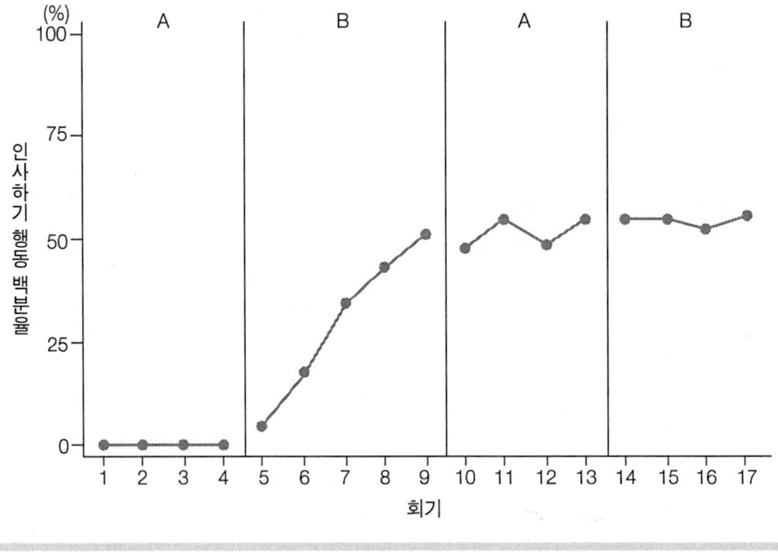

그림 11-2 중재제거(A-B-A-B) 설계를 사용하였지만 기능적 관계를 입증하지 못한 연구 결과의 예

[그림 11-2]의 그래프를 보면 처음 기초선 기간에 유아의 인사하기 행동은 전혀 이루어지지 않았는데 중재가 적용되면서 점진적으로 증가하여 9회기에는 주어진 기회의 60% 정도 인사를 했다. 그러나 중재를 제거했을 때 유아의 인사하기 행동은 제1 기초선 수준으로 떨어지지 않고 50~60% 수준을 유지했으며, 중재가 다시 적용되어도 더 이상 증가하지 않고 계속 같은 수준을 유지하는 것을 볼 수 있다. 어쩌면 이런 경우에는 유아는 인사하기 행동을 할 줄 몰라서 인사를 못하고 있다가 중재를 통해 인사하기 행동이 습득되었다고 볼 수 있다. 인사하기 행동이 습득되기는 했으

나 사용된 중재를 통해서는 인사하기 행동이 주어진 기회의 60%를 넘지 못함을 알 수 있으므로, 인사하기 행동을 향상시키기 위한 또 다른 중재가 필요함을 시사해 준다.

표적행동의 특성에 따라 중재제거 설계를 사용하는 것이 적절하지 않은 경우가 두 가지 있다. 첫째, 표적행동이 위험한 행동일 경우다. 표적행동이 공격적 행동과 같이 다른 사람을 해치거나 자신을 해치는 행동인 경우는 제2 기초선 기간을 두어 중재를 제거하는 것은 윤리적으로 문제가 되기 때문이다. 두 번째로 중재제거 설계를 사용하는 것이 적절하지 않은 경우는 표적행동 자체가 기초선 상태로 되돌리기 어려운 경우다. 예를 들면, 구구단 암기와 같이 이미 획득된 학습행동은 중재제거를 통해 암기하기 이전 상태로 되돌리기 어렵기 때문이다.

2) 복수기초선 설계

복수기초선 설계(multiple baseline design)는 여러 개의 기초선을 측정하여 순차적으로 중재를 적용하고 그 이외의 조건을 동일하게 함으로써 목표행동의 변화가 오직 중재 때문에 변화한 것임을 입증하는 설계다. 즉, 여러 개의 A-B설계에서, 동시에 기초선(A) 자료를 측정하다가 어떤 행동에 대해 중재(B)를 실시하고, 그 행동에서 중재의 효과가 나타날 때 또 다른 행동에 중재를 실시하는 방법을 나머지 행동(또는 대상, 상황)에 대해서도 동일한 방법으로 적용하는 설계다. 따라서 복수기초선 설계에서는 적절한 시점에 중재를 순차적으로 도입하는 것이 매우 중요하다.

복수기초선 설계의 가장 큰 장점은 기능적 관계를 입증하기 위해서 치료적 중재를 제거할 필요가 없다는 것이다. 반면에, 복수기초선 설계의 단점은 다수의 기초선을 동시에 측정해야 한다는 것과 기초선 기간이 길어질 수 있다는 것이다.

복수기초선 설계를 사용하려면 두 가지 기본 가정이 성립되어야 한다(Tawney & Gast, 1984). 첫째, 각각의 표적행동은 '기능적으로 독립적(functionally independent)'이어야 하며, 이에 따라 중재가 적용될 때까지 표적행동(종속변인)이 안정된 상태로 남아 있어야 한다. 이는 하나의 표적행동에 중재가 적용되었을 때 중재가 적용되지 않은 다른 표적행동들이 함께 자동적으로 영향을 받지 않아야 한다는 뜻이다. 두 번째 가정은, 각각의 행동은 '기능적으로 유사(functionally similar)'해야 하며, 이에 따라 동일한 중재에 반응해야 한다는 것이다. 이는 각각의 표적행동이 같은 기능이어서 한 가지 중재를 적용했을 때 같은 반응을 기대할 수 있음을 뜻한다. 만일 중재가 적용되었는데도 어떤 행동에서 변화가 일어나지 않는 경우에는 일관성 없는 중재효과가 나타난 것으로 가정할 수 있다.

한 유아의 여러 행동에 대해 중재를 순차적으로 실시하여 중재가 적용되지 않은 행동은 안정적이고 중재가 적용된 행동에만 변화가 나타나는 것을 통해 행동의 변화가 중재 때문임을 입증하는 것을 행동 간 복수기초선 설계(multiple baseline across behaviors design)라고 한다. 이와 같은 방법으로 한 유아의 같은 행동에 대해 여러 상황에서 적용하는 것은 상황 간 복수기초선 설계(multiple baseline across conditions design)라고 하고, 여러 유아의 기능적으로 유사한 행동에 적용하는 경우는 대상자 간 복수기초선 설계(multiple baseline across students design)라고 한다.

[그림 11-3]은 행동 간 복수기초선 설계의 예다. [그림 11-3]에서 유아의 양말 신기, 바지 입기, 스웨터 입기 행동에 같은 중재를 적용한 것을 알 수 있다. 양말 신기, 바지 입기, 스웨터 입기 행동은 행동을 완성하는 데 여러 단계를 거치는데, 그래프를 보면 중재가 적용되면서 각 행동이 어느 단계에 이르게 되는지를 볼 수 있다. 양말 신기 행동은 기초선 기간에는 전혀 이루어지지 않았으나 중재가 적용되는 5회기부터 점차적으로 높은 단계를 수행하게 되었다. 바지 입기 행동은 양말 신기 행동이 향상되어도 변함없이 낮은 단계에 머물러 있다가 중재가 적용되는 8회기부터 점진적 향상을 보이고 있다. 마찬가지로 스웨터 입기 행동도 양말 신기나 바지 입기 행동이 변화해도 여전히 낮은 단계에 있었으나 10회기부터 중재가 적용되자 점차 높은 단계로 변화했다. 세 가지 행동 모두 중재가 적용되었을 때에야 비로소 향상되는 변화를 나타내므로 각 행동과 중재 간의 기능적 관계를 입증했다.

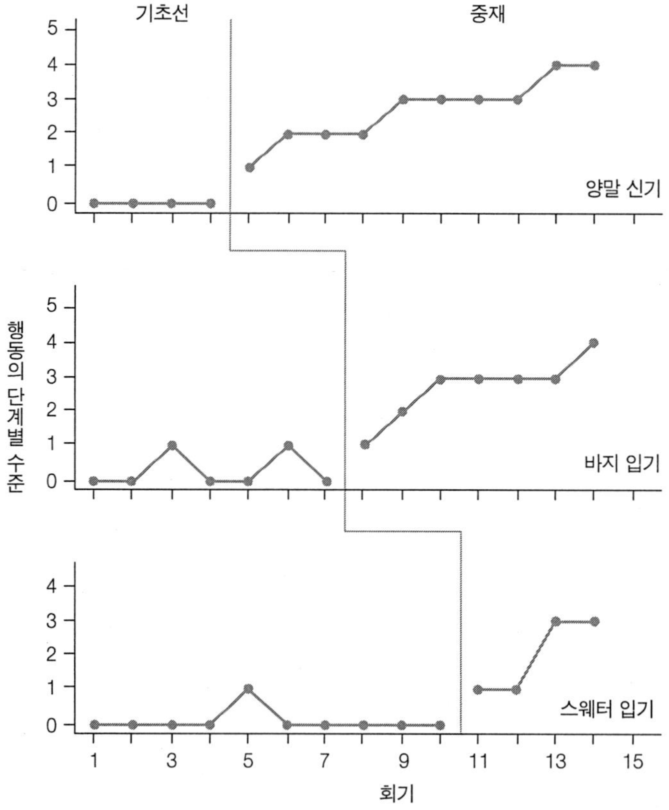

그림 11-3 행동 간 복수기초선 설계의 예

연구 대상의 세 가지 행동 대신에 연구 대상이 처한 세 가지 상황 또는 같은 문제 행동을 가진 다른 세 명의 연구 대상자에게 동일한 연구 설계를 적용할 수 있다. 상황 간 복수기초선 설계의 예를 들면, 여러 장소에서 공격적 행동을 보이는 유아에게 각 장소에서 중재를 적용하여 세 장소에서의 공격적 행동이 각각의 장소에서 중재가 적용되었을 때만 감소하는 변화를 나타내어, 세 가지 상황에서 중재와 공격적 행동 간의 기능적 관계를 입증할 수 있다. 대상자 간 복수기초선 설계의 예를 들면, 공격적 행동을 하는 세 명의 유아에게 복수기초선 설계를 적용하여 각 대상 유아에게 중재가 적용되었을 때만 행동에 변화를 나타내서 중재와 행동 간의 기능적 관계를 입증할 수 있다.

3) 기준변동 설계

중재가 행동에 미치는 효과를 알아보기 위한 다른 설계 방법으로, 중재를 적용하면서 행동의 기준을 계속 변화시켜 가는 기준변동 설계(changing criterion design)가 있다. 기준변동 설계는 기초선과 중재 기간만을 갖고 있지만 단순한 기초선과 중재 기간으로 이루어지는 A-B 설계와 다른 점은 중재 단계에서 행동의 기준이 계획적으로 지정된다는 것이다(Hartmann & Hall, 1976). 행동의 기준이란 행동이 중재 적용 동안에 얼마만큼 변화해야 한다고 미리 정해 놓은 달성수준을 의미한다. 중재효과는 행동이 주어진 기준에 도달하는 변화를 나타냈는지에 의해 결정된다. 기준의 단계적 변화에 따라 행동이 일관성 있게 변화한다면 행동의 변화는 중재 때문임을 입증하게 된다. 한 중재 구간은 뒤이은 중재 구간에 대한 기초선 역할을 하게 되고, 기준이 변할 때마다 바람직한 행동의 변화를 보여 주는 것으로 기능적 관계를 입증하게 된다.

[그림 11-4]는 기준변동 설계를 적용한 예다.

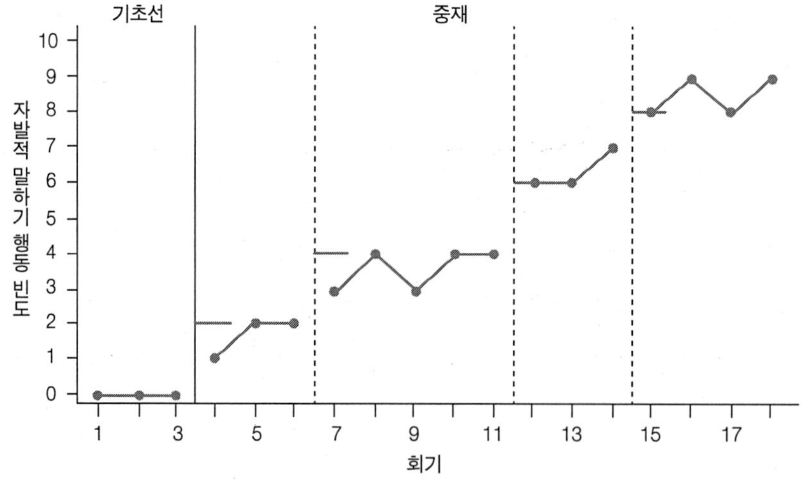

그림 11-4 기준변동 설계의 예

[그림 11-4]를 살펴보면, 기초선 기간에 유아의 자발적 말하기 행동은 전혀 나타

나지 않은 것을 알 수 있다. 중재가 적용되면서 처음 세워진 기준은 유아가 자발적으로 두 번 말하는 것이었는데 이 그래프에서 보면 5회기와 6회기에 두 번씩 자발적으로 말하게 되어 다음 단계로 넘어간 것을 볼 수 있다. 다음 단계로 이어지면서 행동의 기준은 네 번, 여섯 번, 여덟 번으로 변동되었고, 유아의 자발적 말하기 행동은 그 기준에 따라 향상되는 변화를 나타내어 자발적 말하기 행동과 중재 간의 기능적 관계를 입증했다.

기준변동 설계의 장점은 중재제거 설계에서 요구하는 것처럼 기초선 수준으로 돌아가는 행동 변화를 요구하지 않는다는 것이다. 또한 다중기초선 설계에서 요구하는 기능적으로 독립적인 행동을 필요로 하지 않는다는 점도 장점이다. 대신에 기준변동 설계는 표적행동을 단계별로 변화시킬 수 있는 경우나 기준이 바뀔 때 새롭게 안정적인 수준의 행동을 기대할 수 있는 경우에 적용해야 한다. 기준변동 설계는 행동의 정확성, 빈도, 길이, 지연 시간, 정도에서 단계별로 증가시키거나 감소시키는 것이 목표인 경우에 유용하다. 기준변동 설계를 적용하기에 적절한 행동의 예는 읽기 속도, 또래 상호작용 행동의 빈도, 줄넘기 횟수, 과식 행동 등이다.

기준변동 설계를 사용하여 독립변수와 종속변수의 기능적 관계를 입증하기 위해서는, 각 구간의 중재 기간을 서로 다르게 해 보거나, 기준의 변경 정도를 달리 해 볼 수 있다. 또는 종속변수의 변화가 자연적으로 발생하는 것이 아니라는 것을 보여주기 위해서 기준을 단계적으로 변화시키는 중간에 그 이전 단계의 기준으로 변경해 볼 수 있다. 기준변동 설계에서는 처음 기초선 자료가 반드시 안정적이어야 중재를 시작할 수 있다. 또한 기준을 변경하기 위해서는 바로 앞 중재 구간에서 안정적인 자료 수준을 보여 주어야 한다. 최소한 4번의 기준 변화에 따른 중재효과를 보여주는 것이 좋다.

4) 중재교대 설계

중재교대 설계(alternating treatment design)는 한 대상자에게 여러 중재를 교대로 실시하여 그 중재들 간의 효과를 비교하는 연구 방법이다(Barlow & Hayes, 1979). 이 설계는 한 중재가 다른 중재보다 꾸준히 다른 반응 수준을 나타낼 때 중재효과의 차이를 입증하게 된다. 두 중재효과의 강도 차이는 중재 결과를 그래프에 옮겼을 때 자료선 간의 수직적 거리에 따른다. 즉, 수직적 거리가 크면 두 중재의 효과 차이도 큰 것을 의미하며, 자료선이 중복되는 구간이 많으면 중재효과가 차이를 보이지 못하는 것을 의미한다.

이 설계는 한 대상에게 두 가지 중재를 빠르게 교체하여 실시하기 때문에 기초선 자료의 측정을 반드시 하지 않아도 되는 장점이 있다. 따라서 기초선 측정 없이 빠른 중재에 들어갈 수 있다. 또한 교체하여 실시하는 중재끼리 비교하기 때문에 중재효과를 입증하기 위해 중재를 제거할 필요가 없다. 또 다른 장점은, 중재제거 설계 또는 복수기초선 설계는 중재 시작 전에 기초선 자료의 안정성이 요구되는 반면, 중재교대 설계는 표적행동의 변화에 상관없이 중재를 교체할 수 있다는 점이다.

중재교대 설계에서 고려해야 할 중요한 사항은 중재 시작 전에 중재를 제시할 균형 잡힌 시간표를 계획해야 한다는 것이다. 중재를 제시할 순서와 시간, 중재를 실시할 교사와 같은 변인들도 균형을 이루어야 한다. 예를 들면, 같은 날 두 중재를 교대하여 실시한다면 한 가지 중재만 언제나 먼저 실시해서는 안 되고, 중재 제시 순서에 대한 균형을 유지하도록 미리 계획해야 한다는 것이다. 중재교대 설계를 이용하여 중재효과를 비교할 때 중재효과의 차이가 약할 경우에는 중재 기간이 길어지면 뚜렷한 차이를 나타내지 못하게 됨을 유의해야 한다.

[그림 11-5]는 중재교대 설계를 그래프로 나타낸 예다. [그림 11-5]를 살펴보면, 유아는 기초선 기간에 높은 수준의 공격적 행동을 나타내고 있었다. 중재에 들어서면서 회기별로 X중재와 Y중재를 번갈아 가며 적용했다. 6~24회기에 중재가 적용되는 동안을 살펴보면 Y중재를 적용하면 공격적 행동이 기초선 수준보다 약간 떨어짐을 볼 수 있고, X중재는 적용할 때마다 공격적 행동이 점점 더 감소한 것을 볼 수 있다. 결과적으로 X중재가 Y중재보다 공격적 행동을 월등한 수준으로 감소시킬 수 있었다. 최종 단계에서는 효과가 더 컸던 X중재만 단독으로 적용하였고, 그 결과 공격적 행동은 더 낮은 수준이 되었다.

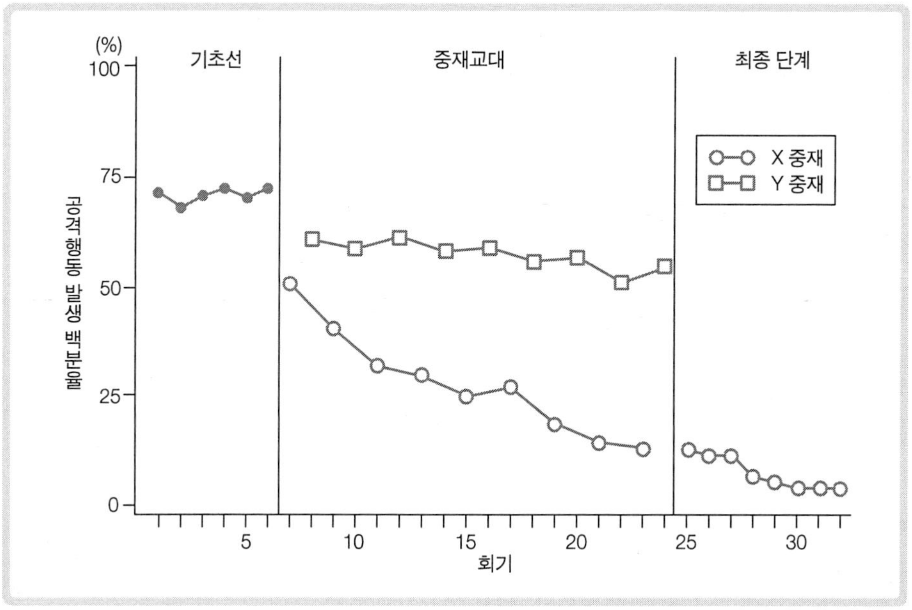

그림 11-5 중재교대 설계의 예

지금까지 개별대상연구의 종류 중에서 중재제거 설계, 복수기초선 설계, 기준변동 설계, 중재교대 설계 등을 차례로 살펴보았다. 살펴보았듯이, 개별대상연구는 교육현장에서 유아의 문제행동에 적용한 중재효과를 객관적으로 입증해 주는 데 적절한 연구 방법이다. 교사는 자신이 선택한 중재가 효과적이었음을 알리기 위해 개별대상연구의 설계 중에서 한 가지를 선택하여 사용한다면 유아의 문제행동 지도 결과를 훌륭한 현장연구로 발전시킬 수 있을 것이다. 더욱 자세한 개별대상연구 설계에 대한 내용은 『개별 대상 연구』(양명희, 2015)를 참고할 수 있다.

5. 개별대상연구 실행 체크리스트

Hemmeter 등(1996)은 교사와 같은 현장 전문가가 연구를 수행하며 스스로 점검할 수 있도록 연구 진행 순서에 따른 체크리스트를 개발하였다. 〈표 11-1〉은 Hemmeter 등이 개발한 체크리스트를 우리의 교육현장 실정에 맞게 수정하여 제시한 것이다. 〈표 11-1〉에 제시한 체크리스트에 따른 연구 수행은 연구의 내적 타당도 위협 요소를 어느 정도 예방하도록 도와주고 연구의 원활한 진행을 안내해 준다.

표 11-1 개별대상연구 연구 단계 수행 체크리스트

단계	연구 수행 내용	수행 여부
	연구 도입 단계 내용	
1	연구 질문 찾기	
2	연구를 위한 중재 수행 장소 찾기	
3	연구 질문 정하고 연구 설계 방법 선택하기	
4	연구 대상 선정하기	
5	부모 허락 얻기	
6	연구 대상에 대한 필요 정보 구하기	
7	중재 방법 결정하기	
8	종속변수의 조작적 정의하기	
9	관찰 자료 수집 방법 정하기	
10	연구에 필요한 자료 구입 또는 제작하기	
11	중재 충실도 점검표 제작하기	
	연구 수행 단계 내용	
11	관찰자 간 신뢰도 측정하기	
12	관찰 자료 수집하고 요약하기	
13	중재 적용과 중재 충실도 점검하기	
	연구 마무리 단계 내용	
14	연구 관계자에게 감사 인사하기	
15	연구 대상 정보 수정하기	
16	연구 결과 분석하기	
17	부모에게 자료 제공하기	
18	사회적 타당도 구하기	
19	연구 논문 작성하고 발표하기	

[표 11-1]의 내용을 간단하게 설명하면 다음과 같다.

- 연구 질문 찾기: 평소 현장에서 문제가 되는 것이나, 관심 있는 주제에 대한 선행연구를 중심으로 폭넓은 잠정적 연구 질문들을 찾는다.
- 연구를 위한 중재 수행 장소 찾기: 첫 단계에서 찾은 주제들과 관련하여 현장과 현장의 잠재적 연구 대상이 연구를 수행하기에 적절한지 확인한다.
- 연구 질문 정하고 연구 설계 방법 선택하기: 첫 단계에서 찾은 연구 질문들과 관련하여 연구 주제 범위를 좁혀 가고 구체화한다. 연구 질문에 가장 적절한 연구 설계를 찾는다.
- 연구 대상 선정하기: 연구 대상을 선정할 때는 연구 질문, 독립변수, 출결 기록, 부모 허락 가능성, 건강 상태 등을 고려하여 가장 적합한 대상을 선정해야 한다. 또한 연구 도중에 연구 대상이 감소할 우려를 고려하여 여분의 연구 대상을 선정하는 것도 필요하다.
- 부모 허락 얻기: 부모 허락 확인서를 부모에게 보내 서명 확인을 받고 복사본은 부모가 원본은 연구자가 보관하도록 한다. 그 확인서에는 예상되는 연구 개시일과 종료일, 연구에 참여하는 인원, 연구 참여 허락 내용, 연구 목적, 연구를 통한 혜택, 원하는 때에 연구 탈퇴 가능성, 연락처, 비밀보장, 연구에 필요한 연구 대상의 정보 조사 동의가 포함되어야 한다.
- 연구 대상에 대한 필요 정보 구하기: 연구 대상에 대해 연구 당시의 생활연령, 진단 여부, 검사 기록과 결과, 약물 복용, 건강 문제, 강점과 약점 등의 정보를 수집한다.
- 중재 방법 결정하기: 연구 질문의 답을 찾기 위한 중재 내용을 누구라도 적용할 수 있을 만큼 구체적으로 계획한다.
- 종속변수의 조작적 정의하기: 종속변수를 관찰이 가능하고 측정이 가능한 용어를 사용하여 조작적으로 정의한다.
- 관찰 자료 수집 방법 정하기: 종속변수의 조작적 정의에 따라 관찰 방법을 선택하고 관찰기록지를 제작한다. 연구자 외의 관찰자가 있는 경우에는 관찰, 기록, 측정 방법에 대한 설명서를 작성하여 관찰자를 훈련한다.

- 연구에 필요한 자료 구입 또는 제작하기: 중재 동안에 연구 대상에게 줄 강화물 구입, 충분한 양의 관찰기록지 준비, 관찰기록 도구 준비 등을 한다.
- 중재 충실도 점검표 제작하기: 중재 적용 과정을 과제 분석하여 그 순서대로 적용하는지 확인할 수 있는 점검표를 작성한다.
- 관찰자 간 신뢰도 측정하기: 관찰자 훈련 기간에 관찰자 신뢰도를 측정하고, 실험이 시작된 후에는 주 1회 또는 실험 상황마다 최소 1회 관찰자 신뢰도를 측정한다. 신뢰도가 기준보다 낮아지면 더 자주 신뢰도를 측정하고, 필요하다면 관찰자를 재훈련한다.
- 관찰 자료 요약하고 그래프 그리기: 수집된 자료를 요약하는 방법을 찾는다. 요약된 자료를 그래프에 옮겨 그린다.
- 중재 적용과 중재 충실도 점검하기: 중재를 적용하면서, 중재 충실도 점검표에 따라 중재가 계획대로 적용되고 있는지 점검한다.
- 연구 관계자에게 감사 인사하기: 연구 종료 후, 연구와 관련된 사람들에게 감사를 표한다.
- 연구 대상 정보 수정하기: 연구 진행 동안 연구 대상에 대한 정보가 변경된 내용이 있는지 검토한다.
- 연구 결과 분석하기: 그래프에 나타난 자료를 시각적으로 분석하여 연구 결과를 해석한다.
- 부모에게 자료 제공하기: 연구 진행 동안 수집된 종속변수 자료의 변화에 대한 요약 내용을 구체적인 일화 관찰기록 내용과 함께 부모에게 제공한다.
- 사회적 타당도 구하기: 연구 대상과 연구에 참여하지 않은 다른 사람들이 중재 목표의 중요성, 중재 절차의 적절성, 중재 결과의 중요성에 대해 평가하도록 한다.
- 연구 논문 작성하고 발표하기: 논의와 함께 연구 논문을 작성한다. 학술지, 학술대회 등을 통하여 연구 내용을 발표한다.

많은 교사가 유아의 학습과 행동 지도를 위해 다양한 중재 방법들을 개발하고 적용하지만 자기만의 방법으로 간직하고 있거나 동료들과 나누는 정도로 그치는 경우가 많고, 연구는 자신들과는 상관없는 동떨어진 영역으로 여기는 경우가 많다. 그러나 교사가 매일 자신의 실천 현장에서 일어나는 일을 연구와 연결시킨다면 실천 현장과 연구는 더욱 긴밀한 관계를 맺게 될 것이고, 실천적 연구자인 교사를 통해 연구는 더욱 발전하게 될 것이다. 그 결과는 또 다른 교사들의 현장 교육을 발전시키는 선순환 구조를 만들어 갈 것이다.

이 장에서는 실천 현장과 연구의 간격을 줄여 줄 수 있는 개별대상연구의 필요성, 특징, 종류, 진행 순서 체크리스트 등을 제시하였다. 비교적 어렵지 않을 뿐 아니라 연구 결과를 분석하기 위해 통계적 지식을 따로 습득하거나 다른 전문가의 도움을 받을 필요가 없는 개별대상연구가 교육현장에 널리 소개되고 더 많은 유아교사들이 실천적 연구자가 되기를 기대한다.

토의 및 적용

✤ 교육현장에서 개별대상연구의 실천 가능성을 논의하시오.
✤ 연구의 기초 개념을 자신의 용어로 풀어 쓰시오.
✤ 유아교육 학술지에 발표된 개별대상연구를 찾아서 독립변수, 종속변수, 연구 설계가 무엇인지 조사하시오.
✤ 교육현장에서 개별대상연구로 알맞은 연구 주제는 무엇인가?

Chapter

12 유아 관찰 실습을 나가기 전에

제12장 유아 관찰 실습을 나가기 전에

학습목표

- 관찰실습생이 갖추어야 할 태도, 말씨, 용모 등을 설명할 수 있다.
- 관찰실습생이 관찰실습기관에서 주의해야 할 사항을 설명할 수 있다.
- 관찰실습생이 관찰실습기관에서 관찰해야 할 구체적 내용을 설명할 수 있다.

핵심용어의 정의

- **관찰실습생**
  유아교육을 전공하면서 유아의 행동 관찰의 실습을 위해 유아교육기관에 나가는 학생을 의미한다.

- **관찰실습생 예절**
  관찰실습을 나간 학생이 관찰자로서 갖추고 알아야 할 마음가짐, 말씨, 외모, 주의사항 등을 의미한다.

이 책의 제1부에서는 교사가 교육현장에서 사용하는 관찰 평가에 대한 이론적 기초를 설명하였다. 관찰실습은 책에서 배운 관찰 이론을 현장에 적용하는 연습을 하는 것이다. 그런데 예비교사인 관찰실습생이 교육현장을 관찰하는 것은 교사가 교육현장을 관찰하는 것과는 그 목표가 조금 다르다. 따라서 이 장에서는 예비교사의 관찰실습에 필요한 기본적 준비사항과 예절은 어떤 것이 있는지, 그리고 관찰실습생이 보아야 할 관찰 대상이 무엇인지에 대해 살펴본다. 관찰실습생의 관찰은 대상을 평가하는 것에 목적이 있는 것이 아니라 그동안 대학 교실에서 익힌 이론과 실제가 유아교육 현장에서 어떻게 적용되는지를 파악하는 데 목적이 있다. 동시에 각각의 관찰 대상에 대한 이해와 유아교육과 교육현장에 대한 이해를 넓혀서 자신이 교육현장에 교사로 나갔을 때 더 나은 교육을 하는 데 적용하기 위함에 그 목적이 있다. 따라서 관찰실습생은 평가라는 의미에서 관찰하지 않도록 유의해야 한다.

1. 관찰실습생의 예절

1) 관찰실습생의 태도와 관찰실습 준비사항

가정에 어려운 손님이 방문하는 경우에 부모는 자녀의 행동이나 집안 구석구석에 대해 신경을 쓰게 된다. 마찬가지로 조직의 구성원이 아닌 낯선 사람이 자신이 일하는 공간 안에 들어오게 되면 아무래도 신경이 쓰이게 마련이다. 관찰실습생은 이 점을 유의하여, 실습을 허락한 유아교육기관이나 교실 방문을 허락하는 교사가 관찰실습생을 받아들이는 것이 부담스러울 수 있음을 생각해야 한다. 그러므로 관찰실습생은 실습기관의 직원들에게 감사하는 마음으로 최대한 그들에게 피해가 가지 않도록 조심해야 할 것이다. 여기서는 먼저 관찰실습생이 관찰에 임하기 전에 갖추어야 할 태도와 말씨, 용모에 대해 살펴보고자 한다(곽노의, 임은정, 2010; 류진희, 2000; 박은혜, 조운주, 2006; 이대균, 2007; 장혜순 외, 2011; 조윤경, 김경혜, 2010).

(1) 태도와 말씨

관찰실습생의 태도와 말씨에 대한 기준이 정해져 있는 것은 아니므로 방문하는 관찰실습기관의 근무자들에게 거슬리지 않도록 하는 것이 가장 중요한 기준이 된다.

1 기본 태도

관찰실습생이 관찰실습기관을 방문할 때 지켜야 할 기본 태도는 다음과 같다.

① 관찰실습기관을 방문하기 전에 기관의 주소, 연락처, 위치, 교통편을 파악한다. 이때 방문할 시간대에 자신이 이용하는 교통수단으로 관찰실습기관까지 걸리는 예상 소요시간 등을 파악하도록 한다.

② 인터넷 등을 이용하여 관찰실습기관의 연혁, 교육 철학 및 목표, 운영 방침, 연간 교육계획, 교육방법, 수업시간, 시설, 학급 수, 원아 수 및 교직원 수 등의 정보를 수집한다. 관찰실습할 유아교육기관에 관한 기본 정보를 미리 파악해 두는 것은 실습을 효율적으로 할 수 있다는 이점이 있다. 또한 관찰실습기관의 교직원들과 상호작용할 때 기관에 대한 구체적 관심 표현을 할 수 있기 때문에 좋은 인상을 남길 수 있다는 이점도 있다.

③ 전화로 방문 시간 약속을 정하고 미리 준비해야 할 것들이나 주의사항이 있는지 준비사항을 묻도록 한다.

④ 약속한 방문 시간을 엄수한다. 시간 약속이 정확히 지켜지지 않으면 교육현장의 일과에 차질이 생길 수도 있고, 그에 따라 많은 유아에게 피해를 줄 수도 있다. 또한 관찰실습생 자신도 일과의 특정 시간이나 활동을 관찰하지 못하면 중요한 부분을 놓치게 될 수 있다. 약속시간보다 5분 정도 일찍 도착하여 준비하고 있는 것이 바람직하다. 지나치게 빨리 도착하는 것 또한 좋지 않다. 관찰실습기관에서 준비가 되어 있지 않은 상태에서 방문을 받으면 당황할 수도 있어 서로에게 어려움이 될 수 있다.

⑤ 관찰실습기관의 모든 교직원에게 배우는 자로서 겸손한 태도를 갖는다. 대학에서 배운 내용처럼 이루어지고 있지 않은 현장의 문제를 지적한다거나 자신은 관찰만하고 가면 된다는 식의 자세를 보이는 것은 좋지 않다. 또한 앞으로

관찰실습을 나올 대학 후배들을 위해서도 좋은 인상을 남기도록 노력해야 한다(대학과 교육현장은 늘 긍정적 유대관계를 유지해야 한다). 겸손하고 부드러운 사람은 누구에게나 환영받는다는 사실을 기억해야 한다.

⑥ 예고 없이 방문 약속을 어기는 일은 없어야 한다. 부득이하게 약속된 관찰실습 날짜를 지킬 수 없을 때에는 반드시 관찰실습기관에 미리 연락을 하여 사정을 이야기하고 다른 날짜를 약속해야 한다.

⑦ 관찰실습기관에 도착하면 벗은 신발은 바르게 정리한다. 신발장이 있다면 관찰실습기관 교직원의 자리가 아닌 방문자 자리에 바르게 벗어 놓도록 하고, 신발장을 사용하지 않는 경우는 현관에 두 짝을 나란히 하여 반듯하게 벗어 놓도록 한다.

⑧ 휴대전화가 관찰을 방해하지 않도록 해야 한다. 휴대전화는 관찰실습기관에 도착하면 반드시 꺼 놓는다. 그러나 휴대전화로 사진을 촬영할 일이 있을 경우는 진동이나 무음으로 설정해 놓는다.

⑧ 사진 촬영은 사전에 허락을 받아야 한다. 언제 어느 상황에서 사진을 찍어도 되는지 물어보고 허락된 상황에서만 촬영하도록 한다. 허락 없이 몰래 촬영해서는 안 된다.

⑨ 관찰실습기관을 방문할 때 입 안에 음식물이 있거나 껌을 씹고 있어서는 안 된다. 마시던 음료수를 들고 가는 것도 좋지 않다.

⑩ 관찰실습기관 안에서 만나는 누구에게나 밝은 표정으로 인사해야 한다. 원장이나 책임교사가 아닌 교직원을 만나도 밝게 인사해야 한다.

2 말씨

다음 내용은 관찰실습기관에서 실습생이 사용할 말씨에 대한 내용이다.

① 정확한 발음으로 표준말을 사용하도록 노력해야 한다. 공식적 장소에서는 표준말을 사용하는 것이 예의이므로 유행어, 외래어, 비속어, 은어 등을 사용하지 않도록 한다.

② 같은 대학교의 친구들과 함께 관찰실습을 갔을 때에도 친구의 이름을 부르거

나 서로 반말을 사용하지 않도록 하며, 가능하면 사적인 대화는 삼가는 것이 좋다.

③ 부드럽고 상냥한 말씨를 사용하도록 노력한다. 말씨 때문에 오해가 생기거나 얼굴 붉히는 일이 생기지 않도록 조심한다.

④ 정확한 발음으로 적절한 속도를 유지하며 말하도록 한다. 의사전달에서 정확한 발음은 가장 기본적 요건이다. 또한 말의 속도가 너무 빠르거나 느리면 듣는 사람은 말의 내용보다 말 자체에 신경이 쓰여 내용 이해에 어려움이 있으므로 적절한 속도를 유지하도록 주의한다.

⑤ 관찰실습기관의 직원이 설명할 때는 끝까지 잘 들어야 한다. 질문은 상대의 이야기가 끝난 다음에 한다. 이때 관찰실습과 관련 없는 질문을 지나치게 많이 하지 않도록 주의해야 한다. 또한 관찰실습을 정해진 시간 안에 마칠 수 있도록 질의응답 시간이 길어지지 않게 주의한다.

(2) 용모

관찰실습생이 관찰실습기관을 방문했을 때 다른 사람의 눈에 가장 쉽게 띄는 것이 외모이므로, 용모는 자신의 첫인상에 상당한 영향을 주는 것이라고 볼 수 있다. 관찰실습생의 외모에 대한 기준도 정해진 것은 없으나 통상적인 판단 기준은 교육현장에 함께 있는 다른 사람의 눈에 거슬리지 않고, 관찰실습기관에 적절히 어울리며, 유아의 수업활동에 방해가 되지 않아야 한다는 것이다. 관찰실습생의 외모가 교육현장에서 근무하는 사람들의 눈에 크게 거슬리게 되면 실습 기간 동안 서로가 불편할 것이다. 어느 직장이나 정해진 근무복이 없는 경우에도 그 직장에 적합한 의상은 있게 마련이다. 예를 들면, 의사가 드레스를 입고 찰랑거리는 파마머리를 늘어뜨리고 수술하지는 않는다. 또한 도로 건설 근로자가 슬리퍼나 높은 굽의 구두를 신고 짧은 치마를 입고 일하지 않는다. 관찰실습생이 갖추어야 할 외모는 전체적으로 깨끗하고 단정하면 된다. 여기서 제시하는 내용대로 하지 않았을 때 유아나 관찰실습기관의 다른 사람들에게 미칠 수 있는 영향에 대해 생각해 보면, 제시하는 기준의 의미가 이해될 것이다. 구체적으로 머리, 얼굴, 손과 팔, 발과 다리 그리고 옷으로 나누어 살펴보고자 한다.

1 머리 모양

① 머리를 빗어 단정하게 한다. 헝클어진 머리는 단정한 인상을 주지 못한다.

② 너무 요란한 파마나 원색적인 염색이나 여러 가지 현란한 색의 염색은 피한다. 이는 유아의 눈길을 끌어 수업이나 관찰 활동에 방해가 될 수 있다.

③ 앞머리를 자를 경우에는 눈을 가리지 않는 길이로 한다. 눈이 보이지 않으면 다른 사람에게 답답함을 느끼게 한다.

④ 가능하면 긴 머리는 단정하게 묶는다. 긴 머리는 유아들과 활동할 때 방해가 되는 요소다. 물론 관찰만 할 때는 크게 방해되지 않겠지만 되도록 단정하게 묶는 것이 바람직하다.

2 얼굴

① 입 냄새가 나지 않게 주의한다. 필요하다면 방문 직전에 양치질을 하거나 구강 청정제를 사용하도록 한다.

② 화장을 하는 경우에는 가능한 자연색을 선택하여 엷은 화장을 하는 것이 좋다.

③ 진한 향이 나는 화장품이나 향수는 사용하지 않는다. 알레르기가 있는 사람에게 피해를 줄 수 있다.

④ 눈에 띄는 요란하고 큰 귀걸이를 착용하지 않도록 한다. 유아들의 눈길을 끌어 관찰 활동에 방해가 될 수 있다.

3 손과 팔

① 손톱을 짧고 깨끗하게 관리한다. 유아들과 함께 활동을 할 때는 위생이나 안전의 문제 때문에 좋지 않다.

② 요란한 원색의 매니큐어를 바르지 않는다. 유아들의 눈길을 끌어 관찰 활동에 방해를 줄 수 있다.

③ 손이나 팔에 반지, 팔찌 등의 너무 많은 장신구를 착용하지 않도록 한다. 활동에 방해가 될 뿐 아니라 유아들의 눈길을 끌어 관찰 활동에 방해가 될 수 있다.

4 발과 다리

① 발톱을 짧고 깨끗하게 관리하며 맨발로 다니지 않도록 주의한다.

② 스타킹은 커피색과 살색을 기본으로 한다. 요란한 무늬나 색상은 유아들의 눈길을 끌어 관찰 활동에 방해가 될 수 있다.

③ 반 스타킹을 신었을 때는 의상과 스타킹 사이에 맨살이 보이지 않도록 주의한다.

④ 굽이 너무 높고 뾰족한 신발을 신지 않는다. 신발을 신고 하는 바깥놀이, 산책활동 등 실외 관찰 활동에 어려움을 줄 수 있다.

⑤ 신발은 잘 닦아 청결을 유지하는 것이 깨끗하고 단정한 인상을 준다.

5 옷

① 지나치게 고가인 옷은 피한다. 사치스러운 의상은 예비교사인 관찰실습생의 역할에 어울리지 않는다.

② 옷의 색상이나 디자인이 요란하지 않은 것을 입는다. 관찰실습생의 옷이 요란하면 유아들의 눈길을 자주 끌게 되어 유아들의 활동에 영향을 줄 수 있다.

③ 옷에 사치스럽고 요란스러운 목걸이나 머리띠 등의 장신구를 부착하지 않도록 한다. 관찰실습생의 장신구가 눈길을 끌게 되면 수업에 방해가 될 수 있다.

④ 가슴이 너무 파인 옷, 신체에 밀착되어 달라붙는 옷, 속이 훤히 비치는 옷, 길이가 짧아 배꼽이나 등이 나오는 윗옷 등은 유아교육기관에 적절하지 않은 옷차림이다.

⑤ 무릎 위로 올라가는 짧은 치마나 발목까지 오는 긴 치마는 활동에 어려움을 주므로 피하도록 한다.

⑥ 길이가 짧아서 허벅지가 드러나는 반바지나 길이가 길어서 바닥에 끌리는 바지는 피한다. 유아교사가 ④~⑥에서 설명하는 옷을 입는 경우는 유아와 함께 활동하는 데 대단히 불편하다. 물론 관찰실습생이 유아와 함께 활동하는 경우는 드물지만 ④~⑥에서 설명하는 옷은 교육현장에 어울리는 옷이 아니다.

⑦ 단정하고 깨끗하며 몸 움직임이 편한 옷을 입는다.

⑧ 되도록 계절에 맞는 옷을 입는다.

⑨ 속옷을 잘 갖추어 입어, 당황스러운 일이 발생하지 않도록 한다.

⑩ 옷이나 몸에서 나쁜 냄새가 나지 않도록 청결에 주의한다.

2) 교육현장의 관찰실습 유의사항

관찰실습생이 관찰실습을 하는 과정에서 지켜야 할 기본적 유의사항은 다음과 같다.

① 필기도구, 관찰기록지를 항상 휴대한다. 이때 휴대한 도구들을 사용하기 좋도록 준비해야 한다. 예를 들면, 클립보드가 있으면 서 있는 자세에서도 관찰과 기록이 쉬울 것이다. 필기도구를 볼펜보다 연필로 준비하면 실수한 것을 수정하기 쉽다. 이러한 준비물을 담는 가방은 매는 것으로 준비하면 이동할 때 어려움이 없을 것이다.

② 관찰실습기관에 대한 전체적 이해를 가지고 관찰에 임한다. 교육현장에 도착하여 교직원이 교육기관을 안내하면서 기관의 교육목표 등을 설명할 때 가능하면 내용을 기록하도록 하고 안내자의 지시를 잘 따르도록 한다. 이때 관찰실습기관에서 준비한 교육기관 전체의 배치도가 있다면 배치도를 보고 각 교실 및 교재 · 교구 등의 위치와 물리적 환경을 파악한다. 또한 교실에서 관찰을 할 때도 무작정 관찰을 시작하는 것보다 교실의 배치도와 상황표 등을 미리 살피면 관찰에 크게 도움이 된다. 그러므로 관찰 전에 관찰할 교실의 교사에게 미리 교실의 상황표나 아이들 좌석 배치도를 받아 놓으면 좋다. 교실 상황표에는 교실에 있는 시설, 설비, 자료, 교재 · 교구, 교사와 유아의 비율, 남아와 여아의 수 등이 나타나 있으므로 교실에 대한 전체적 이해에 도움이 된다.

③ 사진은 허락된 장소에서 허락된 시간에만 찍도록 한다. 관찰하고자 하는 공간의 사진을 찍는 행동으로 유아들에게 카메라의 빛을 의식하게 하거나 카메라 작동 소리로 인해 유아들의 활동이 방해받지 않아야 한다. 활동하는 유아들의 사진을 찍는 것을 금하는 곳이 많으므로, 교실의 물리적 환경은 유아들이 하원한 이후에 찍는 것이 좋다.

④ 관찰실습기관의 규정을 알고 지켜야 하며, 특히 기관의 금지 사항을 엄수해야 한다. 기관에서 이 부분을 알려 주지 않는다면, 관찰 전에 주의할 것이 있는지 먼저 물어야 한다.

⑤ 관찰할 때에는 교사의 수업에 방해 되지 않도록 눈에 띄지 않는 구석에 서 있거나 의자에 앉고, 가능하면 수업 중에는 많이 움직이지 않아야 한다. 또한 관찰자의 위치나 관찰자의 이동 때문에 유아들의 동선이 변경되는 일이 없도록 주의해야 한다. 즉, 유아들의 활동에 걸림돌이 되지 않아야 한다. 관찰실습생은 조심스럽게 움직이고 자신의 존재를 유아들이 의식하지 않게 하는 것이 가장 바람직하다.

⑥ 관찰실습생은 자기가 관찰하는 유아들의 행동에 대해서 표정이나 태도로 감정적 반응을 보이지 않도록 조심해야 한다. 관찰 도중에 유아를 지나치게 응시하여 유아가 불편함을 느끼도록 해서는 안 된다. 또한 유아들이 무엇을 하느냐고 물으면 최대한 간단하고 정직하게 대답하고, 대화가 더 이상 지속되지 않도록 조용히 자리를 옮기는 것이 좋다. 관찰 도중에 유아의 행동에 소리 내어 웃거나 놀라는 등의 감정 반응을 보여 유아의 관심을 끌지 않도록 주의해야 한다. 유아는 자기를 향해 웃거나, 찡그리거나, 윙크하거나, 눈을 크게 뜨는 것과 같은 반응에도 민감하기 때문에 이러한 반응에 영향을 받고 수업에 방해되는 행동을 할 수 있다.

⑦ 교사를 관찰 대상으로 하고자 할 때는 사전에 미리 교사에게 관찰의 목적을 충분히 설명함으로써 교사의 이해와 양해를 구하도록 한다. 아무 설명 없이 자신을 주목하면 교사의 입장에서는 관찰자에게 감시받고 평가받는 느낌을 받아 마음이 불편할 수 있다.

⑧ 관찰실습생은 객관적이고 중립적인 입장에서 보이는 그대로 관찰하고 기록해야 한다. 관찰실습생의 해석이나 주관적 의견이 있을 때는 객관적 사실과 구분되도록 기록하는 것이 필요하다.

⑨ 유아의 어떤 행동 특성, 유형이나 패턴, 특히 행동의 원인을 알고자 할 때는 한 번의 관찰로 결론을 유출하는 것보다는 비슷한 행동이 발생할 때 반복해서 관찰해야 한다.

⑩ 유아나 부모 또는 외부인 앞에서 관찰한 내용에 대해서 언급하지 않아야 한다. 관찰실습에서 알게 된 유아의 신상에 관한 내용은 절대 외부에서 실명으로 이야기하지 않아야 한다. 특히, 관찰실습기관 밖에서 관찰 중에 생긴 일들에 대해 실습교육기관의 이름을 거론하여 비난하지 않도록 주의해야 한다. 관찰실습자는 관찰을 통해 얻은 정보는 그것이 긍정적이든 부정적이든 어떤 부분이라도 외부에 유출시켜서는 안 된다.

⑪ 학습 자료나 교재·교구를 관찰한 내용은 글로만 쓰지 말고 그림을 그리거나 사진과 함께 자세히 표현하는 것이 좋다. 물론 사진 촬영은 사전에 허락을 받아야 한다.

⑫ 관찰실습기관에서는 관찰 결과에 대해 발표할 기회가 주어질 때만 관찰 결과에 대해 언급하도록 한다.

⑬ 관찰실습이 끝나면 관찰실습기관의 지도교사 또는 관찰실습 책임자에게 보고하고 인사한 뒤에 귀가하도록 한다. 자신의 관찰이 끝났다고 해서 기관의 책임자에게 알리지도 않고 기관을 떠나는 것은 결례다.

⑭ 관찰실습이 끝난 뒤에는 관찰실습 일지를 소속 대학의 지도교수에게 제출한다.

다음 〈표 12-1〉은 예비교사가 정해진 기간 동안 매일 출퇴근하는 교육실습을 나갔을 때 실습기관에서 지켜야 할 주의사항에 대해 곽노의와 임은정(2010)이 실습생이 스스로 확인해 볼 수 있도록 제작한 체크리스트다. 앞서 제시한 관찰실습시 유의사항보다 좀 더 적용 범위가 넓지만 관찰실습생으로도 알아두면 좋은 기본 예절이다.

표 12-1 교육실습생 태도에 대한 체크리스트

교육실습생의 자세에 대한 체크리스트				
일과	문 항	하지 않음	보통	그렇게 함
출근 시	아침에 서로 만나면 눈을 마주치며 밝게 인사한다.			
	부득이하게 지각을 하게 될 경우 근무시간 전에 연락한다.			
	결근해야 할 경우 사전에 미리 연락한다.			
	가장 일찍 오면 교무실 문과 유치원 현관문을 열어둔다.			
	교실의 창과 복도의 창을 열어 환기시킨다.			
퇴근 시	일손을 놓고 퇴근시간만 기다리지 않는다.			
	책상 위에 중요한 자료나 문서를 올려놓지 않는다.			
	퇴근 시 교사들과 인사를 주고받는다.			
	쓰레기통의 쓰레기를 모두 비운다.			
	자기 반의 복도 창문과 교실 등을 점검한다.			
	전원이 다 꺼져 있는지 점검한다.			
	문단속을 철저히 한다.			
근무 시간	근무시간에 개인 업무를 보지 않는다.			
	동료들이 바쁘게 일하고 있을 때 방관하지 않는다.			
	근무시간에 껌을 씹지 않는다.			
	여럿이 모여 앉아 불평을 늘어놓지 않는다.			
	자리를 비울 때에는 주위에 알린다.			
	외출했다가 들어올 때에는 시간을 엄수하고 늦어질 경우 미리 연락한다.			
공동 물건 사용	공용의 물건을 아껴 쓴다.			
	사무기기를 소중히 다룬다.			
	사용한 물건은 제자리에 갖다 놓는다.			
	교육기관의 소모품을 개인의 용무로 사용하지 않는다.			

출처: 곽노의, 임은정(2010).

2. 관찰실습생의 관찰 대상

1) 유아

관찰실습생의 주된 관찰 대상은 유아다. 관찰실습생은 유아를 개별적으로 관찰하기도 하고 집단에서 다른 아이들과 함께 있는 유아를 관찰할 수도 있다. 관찰실습생은 유아는 각 연령 단계마다 특별한 욕구와 특징이 있음을 기억해야 한다. 따라서 관찰을 통해 관찰자는 유아의 발달 정도, 행동양식과 성격 유형 등을 파악할 수 있다.

관찰실습생은 이 책의 제1부에서 유아를 어떻게 관찰할 것인지에 대해 설명한 대부분의 방법들을 고루 적용하여 유아의 여러 발달영역을 관찰하도록 한다. 지식으로 배운 것을 직접 활용해 볼 때 비로소 진정한 자기 것이 되는 법이므로 다양한 관찰 방법을 빠짐없이 사용해 보는 연습과 훈련이 필요하다. 또한 유아의 신체(예: 대근육 · 소근육의 운동능력), 사회 · 정서(예: 고립행동, 과잉행동, 공격행동 및 또래와의 상호작용), 인지(예: 규칙의 이해, 공간개념의 이해), 언어(예: 표현언어 및 수용언어), 자조기술(예: 문제해결 능력과 신변자립기술) 등의 다양한 발달영역들을 고루 관찰할 기회를 갖는 것이 좋다. 그러나 어떤 발달영역은 다른 영역에 비해 관찰이 더 쉬운 경우가 있다. 언어발달처럼 외형적으로 잘 드러나는 영역과 정서발달처럼 그렇지 않은 영역이 있기 때문이다. 또한 하나의 행동은 하나의 발달영역에만 국한되어 발생하는 것도 아니다. 그러므로 발달영역별 관찰을 할 때에도 구체적인 목적을 가지고 관찰에 임하는 것이 필요하다. 유아를 관찰하는 내용은 제1부에서 예로 든 여러 관찰 기록지를 참고할 수 있다.

그러므로 관찰실습생은 관찰실습기관을 방문하기 전에 자기에게 주어진 관찰실습 시간이 어느 정도이며, 그 시간대에 관찰실습기관에서는 어떤 활동이 이루어지고 있는지를 파악하여 구체적 목적을 가지고 유아의 어떤 발달영역을 무슨 관찰 방법으로 관찰할 것인지 계획하는 것이 필요하다. 발달영역별로 이루어진 관찰 결과를 누리과정과 어떻게 연결시키는지는 제9장에서 다루었다.

2) 교사

교육의 질을 결정하는 중요한 변인은 교사다. 특히 유아는 교사와 상호작용이 어떻게 이루어지느냐에 따라 경험의 질이 달라진다. 교사는 유아를 인격체로 존중해야 한다. 또한 교사는 유아가 편안하고 안정된 환경에서 교육적으로 의미 있고 가치 있는 활동을 경험하게 해야 한다. 따라서 관찰실습생은 유아에게 중대한 영향을 미치는 교사가 이러한 질적인 특성을 갖추고 있는지 관찰할 수 있어야 한다.

관찰실습생은 유아교육 현장에서 교사가 실행하는 전반적 교육활동을 관찰함으로써 일과 운영과 관련된 교사의 태도, 유아를 다루는 방법과 교수법, 학급을 운영 · 관리하는 방법 등 실제 수업에 관한 지식을 쌓을 수 있다. 각 유아가 성장하고 발달하도록 주의 깊게 준비된 일과계획은 교육의 질을 구성하는 또 하나의 중요한 요소이기 때문이다. 더 나아가서 이러한 주간계획안이나 교육활동 계획안을 관찰 전에 볼 수 있다면 수업이 계획안에 따라 얼마나 체계적이고 계획대로 진행되고 있는지 확인할 수도 있을 것이다. 즉, 수업활동을 위한 구체적이고 자세한 계획을 미리 세우고 계획대로 진행하는지, 활동을 위한 자료를 활동 전에 사용할 수 있도록 미리 준비하는지, 의도하지 않게 수업이 중단되는 일이 발생할 때 어떻게 대처하는지 등을 관찰할 수 있다. 관찰실습을 나갈 때 교사에 대한 관찰이 계획되어 있다면, 먼저 교사를 관찰하는 것이 허락되는지 또한 주간계획안이나 교사의 활동계획안을 관찰 전에 볼 수 있는지를 확인하는 것을 잊어서는 안 된다.

Sugai와 Tindal(1993)은 교사들이 효과적 교수를 하고 있는지 점검해 볼 수 있는 질문들을 다음과 같이 제안했다.

- 수업 진행의 속도가 활발했는가?
- 설명은 구체적이며 새로운 개념에 대한 가르침이 있었는가?
- 연습에 대한 시간 배분이 예정되어 있었는가?
- 가르친 기술에 대한 전체적 검토를 했는가?
- 새로운 개념에 대해 다양한 방법의 평가가 이루어졌는가?
- 개별 유아와 적극적 상호작용을 했는가?

- 피드백을 자주 자세히 주었는가?
- 긍정적 강화가 다양한 방법으로 제시되었는가?
- 학습 환경은 긍정적이고, 예측 가능하며 구조화되어 있는가?
- 교수활동과 자료를 통해 유아들의 주의를 유지할 수 있었는가?
- 과제를 완성했을 때 유아들에게 강화를 주었는가?
- 예를 제시해야 할 상황과 제시하지 말아야 할 상황을 잘 조절했는가?
- 규칙과 기대에 대한 결과를 적용했는가?
- 시범을 적절하게 보여 주었는가?
- 유아들에게 시연의 기회를 주었는가?
- 한 가지 과제 내에서 또는 과제와 과제 사이의 이동이 적절했는가?
- 정반응을 보인 유아들의 비율이 높았는가?

이와 같은 질문들은 교사가 자기 수업을 평가해 보도록 만들어진 것이지만, 관찰실습생이 교사를 관찰할 때도 적용해 볼 수 있다.

〈표 12-2〉는 조윤경과 김경혜(2010)가 교사를 관찰할 때에 참고할 수 있는 질문으로 제안한 내용을 평정척도로 제작하여 제시한 것이다.

표 12-2 교사 관찰 평정척도 1

번호	문 항	전혀 그렇지 않다	조금 그렇지 않다	보통이다	조금 그렇다	매우 그렇다
1	교사는 유아교육에 대해 전문성이 있는가?					
2	하루일과는 잘 준비되어 있는가?					
3	자료들은 쉽게 닿을 수 있는 곳에 있는가?					
4	준비된 활동들은 유아들의 연령에 적절한가?					
5	교사는 유아들에게 좋은 역할모델이 되는가?					
6	교사의 용모는 깔끔하고 단정한가?					
7	유아들에게 따뜻하고 수용적인가?					
8	충분한 시간을 가지고 유아들의 말을 주의 깊게 들어 주고 있는가?					

(계속)

9	유아들에게 미소를 잘 짓는가?					
10	교사들은 서로 자유롭게 상호작용하고 의사소통하는가?					
11	자료 준비와 그 밖의 활동들은 분담이 잘 이루어지는가?					
12	교사 회의는 정기적으로 계획되는가?					
13	부모 및 다른 사람을 대할 때 우호적이고 조직화된 듯이 보이는가?					
14	부모 및 다른 사람을 대할 때 교육(보육)정책과 관련해 지식이 있어 보이는가?					
15	부모 및 다른 사람에게 교육기관을 잘 대변하고 있는가?					

〈표 12-2〉의 내용을 보면 문항 1~9번은 교사로서의 전문성이나 유아와의 관계에 대한 내용이고, 10~12번은 교사들 간의 관계에 대한 것이며, 13~15번은 부모나 지역사회를 대하는 교사의 모습에 대한 것임을 알 수 있다.

교사가 유아들과 어떻게 상호작용하며 수업을 어떻게 이끌어 가는지가 중요한 관찰의 초점이 되어야 하지만, 〈표 12-2〉의 내용처럼 교사들 간의 관계와 교사와 부모와의 관계를 관찰해 보는 것도 필요하다. 물론 이런 관찰이 이루어지려면 1회성의 관찰로는 어려울 것이다. 장기간의 실습을 할 때는 교사들은 함께 일하면서 서로 협조적인지, 교사들이 긍정적으로 상호작용하고 의사소통하는지, 자료 준비와 그 밖의 활동들의 분담이 잘 이루어지는지, 업무 분담이 문서화되어 있는지, 교사 회의가 정기적으로 계획되고 이루어지는지 관찰할 필요가 있다. 부모와의 관계에 있어서 교사는 등원·하원에서 만나는 부모에게 웃으며 우호적으로 대하는지, 각 유아의 부모들과 개별면담 또는 집단면담이 계획적으로 시행되고 있는지 등을 관찰할 필요가 있다.

또한 〈표 12-3〉은 곽노의와 임은정(2010)이 교사의 더욱 다양한 측면을 관찰하고 평가해 볼 수 있도록 개발한 척도이다. 관찰실습생이 이러한 척도를 사용하기 위해서 교사를 관찰하기 전에 척도의 항목 내용을 익혀 둔다면 교사를 관찰할 때 어떤 면을 관찰해야 하는지 미리 알고 관찰에 임할 수 있을 것이다.

표 12-3 교사 관찰 평정척도 2

(5: 매우 그렇다. 4: 대부분 그렇다. 3: 보통이다. 2: 대부분 그렇지 않다. 1: 매우 그렇지 않다.)

영역	관찰 방법	번호	관찰 내용	5	4	3	2	1
신체·인성	평가자 평소 의견	1	유아들과 생활하는 데 체력적 문제가 없다.					
		2	유아들이나 직장 동료에게 자신의 기분과 상관없이 한결같이 친절하다.					
		3	표정이 밝고 편안하다.					
		4	용모가 늘 단정하다.					
		5	타인을 배려하는 성격이다.					
		6	긍정적인 성격이다.					
직업관	평가자 평소 의견	7	동료와 관계가 원만하여 업무에 도움이 된다.					
		8	업무시간에 늦어서 지장을 준 적이 없다.					
		9	동료 간에 자신의 의견만 고집하지 않는다.					
		10	유아, 동료, 부모를 존중한다.					
		11	언어표현이 정확하고 예의바르다.					
		12	유아들과 자신의 직업을 좋아한다.					
자기 발전	교사의 포트폴리오	13	꾸준히 공부하며 그 내용을 정리한다.					
		14	연수에 적극 참여하는 모습이다.					
		15	다양한 문화와 배움의 기회를 접하는 데 적극적이다.					
교육 과정 계획	교육 계획안	16	교육계획안을 치밀하게 계획한다.					
		17	교육과정을 새롭고 창의적으로 계획하기 위해 노력한다.					
		18	교육과정 구성에 유아들의 요구를 반영하기 위해 노력한다.					
		19	교육목표의 진술이 구체적이고 명확하다.					
교육 운영	수업 활동 설명회, 관찰, 질문, 공개 수업	20	자유선택활동 시간에 유아들 곁에서 상호작용한다.					
		21	같은 활동도 유아들에 따라 다르게 표현하도록 격려한다.					
		22	교실 환경을 상황에 맞추어 잘 바꾼다.					

(계속)

교육 운영	수업 활동 설명회, 관찰, 질문, 공개 수업	23	유아들의 활동 시간은 집중하는 시간을 배려하여 구성한다.					
		24	교수방법으로써 맹목적 암기 위주의 교육은 지양한다.					
		25	교육활동 매체를 다양하게 활용하는 능력이 있다.					
		26	교육에 다양한 자료를 제공한다.					
		27	교육활동을 융통성 있게 운영하는 순발력이 있다.					
		28	학습지 등 반복연습, 단순한 활동은 지양한다.					
		29	전이활동이 원만하여 혼란을 방지한다.					
		30	창의성을 증진할 수 있는 교육활동 구성에 힘쓴다.					
		31	유아의 사고력 향상을 위한 발문에 힘쓴다.					
유아 이해	상담 일지 및 평소 관찰	32	문제 상황 혹은 갈등 상황에서 유아들의 행동을 잘 이해해 준다.					
		33	어떤 상황에서도 유아들에게 이성적으로 대하며 과격한 감정표현을 하지 않는다.					
		34	유아들의 실수를 잘 보듬어 준다.					
		35	유아 간의 갈등을 원만히 해결한다.					
		36	소극적인 유아들을 배려한다.					
		37	유아의 개별적 욕구를 존중한다.					
학급 운영	상담 일지 및 유아 포트 폴리오	38	개별 유아의 발달 상태, 문제 상황, 특기 등을 파악하고 있다.					
		39	개별 유아를 이해하기 위해 다양한 기록을 남긴다.					
		40	부모상담(전화 등)을 각 유아별로 월 1회 이상 하며 기록한다.					
		41	생활기록부, 포트폴리오 등을 정리하고 관리한다.					
업무 능력	담당 업무 내용 평가를 위한 설명회	42	담당 업무 기한을 준수하여 처리한다.					
		43	담당 업무를 합리적이고 정확하게 처리한다.					
		44	담당 업무의 창의적 개선을 위해 힘쓴다.					

(계속)

업무 능력	담당 업무 내용 평가를 위한 설명회	45	담당 업무는 끝까지 책임지려는 자세를 갖는다.					
		46	각자 담당하는 자료, 물품, 장부를 잘 관리한다.					
		47	맡은 업무의 기획 및 계획을 철저히 예측하여 진행한다.					
		48	교육과 업무에 열정적이고 자발적이다.					
교육 운영	실습 일지 및 실습생 업무 내용 작성	49	실습생 지도를 위해 계획하고 배려한다.					
		50	실습생을 격려하고 원만한 관계를 유지한다.					
		51	실습생이 할 일을 미리 생각해서 이야기한다.					

출처: 곽노의, 임은정(2010).

〈표 12-3〉에서 제시한 내용 외에도 교사가 일과 운영에 대해 잘 알고 있으며 막힘없이 진행하는지, 교육활동을 계획 · 실행 · 평가하는 것이 전문적으로 이루어지는지, 학급의 규칙을 정기적으로 유아들에게 가르치는지, 문서 작성이 체계적이며 찾기 쉽게 보관 · 정리되어 있는지 등을 관찰하는 것도 필요할 것이다. 여기에서 제시하지 못한 내용에 대해서도 관찰의 목적에 따라 교사를 관찰하는 내용으로 항목을 만들어 관찰할 수 있다. 교사의 전반적인 면을 관찰하는 데 가장 쉽게 사용하는 것이 행동 목록 관찰기록법이나 행동 평정척도 관찰기록법이지만 목적에 따라서는 행동 묘사 관찰기록법이나 행동 특성 관찰기록법 또는 시간 중심 관찰기록법도 사용할 수 있다.

그런데 여기에서 제시하는 내용을 짧은 기간의 관찰실습 기간에 모두 관찰하기는 어려울 것이다. 따라서 이런 다양한 측면의 교사 관찰은 장기간이 주어지는 교육실습 때 실시하고, 관찰실습에서는 주로 교사의 교수활동을 중심으로 관찰하는 것이 바람직할 것이다.

3) 물리적 환경

관찰실습생은 유아와 교사 · 교직원에 대한 관찰뿐 아니라 관찰실습기관의 물리적 환경도 관찰할 수 있어야 한다. 사람들은 누구나 물리적 환경의 영향을 받는다.

비좁고 고약한 냄새가 나고 바닥에는 쓰레기가 즐비하고 고함치는 사람들로 북적이는 병원 대기실과, 쾌적하고 넓고 조용하며 여유롭고 아름다운 음악 소리가 있는 병원 대기실을 상상해 보라. 어느 장소에서 바람직하지 못한 행동들이 더 많이 발생하겠는가? 유아들에게 환경이란 그들을 둘러싸고 있는 물리적 구조나 그들 주위에 있는 사람들 모두를 포함한다. 그러므로 유아와 교사뿐 아니라 관찰실습기관의 물리적 환경 또한 예비교사에게 매우 중요한 관찰 대상이라고 할 수 있다. 관찰실습기관의 시설을 관찰할 때는 그 시설이 언제 만들어졌느냐보다는 시설에 경영자와 교사들의 어떠한 교육철학이 반영되었는지를 확인할 필요가 있다. 관찰실습기관에서 관찰할 물리적 환경의 가장 대표적인 곳이 교실이고 그 외에 화장실, 부엌, 복도, 교무실, 실외 놀이 장소, 통원 버스 등이 있다.

(1) 교실

1 교실의 사회적 밀도

사회적 밀도란 일정한 크기의 교육 환경 내에 있는 유아들의 수를 의미한다. 교실의 사회적 밀도가 높다는 것은 한 교실에 많은 유아가 있다는 것이다. 한 공간에 유아가 많을수록 개개인에게 주어지는 교사의 관심은 더 적어질 것이다. 한 명의 교사가 상대해야 하는 유아가 많을수록 상대적으로 한 유아에게 주어지는 관심의 양이 적어지는 것은 자명한 것이며, 유아들 간에도 관심의 분산으로 개별적 관심의 양은 줄어들 수밖에 없다. 뿐만 아니라 사회적 밀도가 높을수록 유아들 간의 긍정적인 사회적 상호작용 수준은 더 낮아지고(Evans, 2001), 또래와의 협력 수준도 더 낮아지고(Rimm-Kauffman et al., 2005), 유아의 스트레스 수준은 더 높아진다(Legendre, 2003)는 연구조사 결과가 있다. 이러한 연구조사 결과는 적정 수준의 사회적 밀도를 유지해야 한다는 것과 함께 어느 한 교육환경 내에서 개별 유아에게 요구되는 최소한의 공간 조건이 필요함을 시사해 준다. 즉, 교실 내의 복잡하고 산만한 공간을 피하기 위한 독립적 과업을 수행할 수 있는 공간을 계획해야 한다는 것이다. 독립적 과제를 하는 공간은 여러 사람이 한꺼번에 몰릴 수 있는 출입문 근처는 피해야 한다. 필요하다면 칸막이 등을 이용하여 만들어 줄 수 있다. 그러나 각 유아가 차지하는 교실 공간이 무조건 넓을수록 좋은 것만은 아니다. 강당처럼 넓은 교실에서 15명의 유아가 일과를 진행하는 경우를 상상해 보라. 또한 유아들은 교재·교구 수가 너무 적어도 갈등을 일으켜 공격적 행동을 보일 수 있다(Bailey, Harms, & Clifford, 1983). 그러므로 교실에는 교실 공간 크기에 맞는 적절한 수의 유아와 교재·교구가 있어야 한다.

교실의 사회적 밀도와 관련된 내용을 관찰하기 위해서는 다음 질문을 해 볼 수 있다.

- 교실의 크기에 비해 유아의 수가 적절한가?
- 유아들이 하나의 영역에서 또 다른 영역으로 기분 좋고 편안하게 이동할 수 있는가?
- 필요할 때 사용할 수 있는 독립된 개별 공간이 있는가?
- 교실의 크기가 적당한가?
- 유아의 수에 비해 교재·교구의 수가 충분한가?

2 교실의 공간 배치

교실의 공간 배치는 유아들의 자리 배치와 가구와 같은 물건들의 배치를 생각할 수 있다. 교실 공간을 배치할 때 교사는 유아의 수, 활동의 종류, 대·소 집단의 구성 등을 고려하되 교사나 보조교사가 각 유아에게 쉽게 다가갈 수 있도록 책상과 가구를 배치해야 한다. 특히 자리를 배치할 때 특별한 도움이 필요한 유아는 가능하면 교사와 가까운 자리에 앉히는 것이 좋다. 시각적으로 산만해지기 쉬운 유아는 시각적으로 방해받을 가능성을 최소화할 수 있는 자리에 앉히는 것이 좋다.

또한 가구를 배치할 때 교사나 보조교사가 언제라도 유아들을 한눈에 볼 수 있도록 해야 한다. 즉, 교사의 눈이 미치지 못하는 사각지대가 없도록 가구를 배치해야 할 것이다. 교실의 공간 배치는 교사가 계획하는 교육활동의 특성에 따라 활동에 필요한 배열 형태를 달리할 수 있어야 하므로 가구나 장비들은 이동이 쉽고 교육 자료에 접근하기 용이하도록 배치되는 것이 좋다.

교육 자료는 찾기 쉽게 배열되어야 하고, 가구는 유아의 신체발달과 활동에 적당한 크기이어야 한다. 특히, 책상과 의자는 같은 연령의 유아들끼리도 차이가 있을 수 있으므로 개인에 맞는 높이의 책상과 의자가 필요하다. 만약 신체적 장애가 있는 유아가 있다면 그 유아의 신체적 조건에 맞는 가구가 요구된다. 예를 들면, 크러치를 사용하는 지체장애 유아가 있다면 교실에서 수업할 때 크러치를 유아 가까이에 보관할 공간이 있어야 한다. 그렇지 못한 경우 다른 유아들이 이동하면서 넘어지거나 그에 따른 문제행동이 발생할 수 있다.

청소 도구나 유독물질 등 잠재적 위험이 있는 자료나 장비는 자물쇠가 있는 보관함을 마련하여 따로 보관하는 것이 안전사고를 예방할 수 있는 방법이다. 유아들의 개인 물품을 보관할 수 있는 적절한 사물함이 있어야 하는데, 사물함처럼 유아들이 한꺼번에 몰릴 수 있는 지점들(출입문, 개수대 등)이 서로 밀집되지 않게 배치하는 것은 잠재적 문제행동을 예방하는 데 도움이 된다. 뿐만 아니라 사물함은 유아들의 키 높이에 맞아서 자기 물건을 꺼내기 쉬워야 하고, 사용하기 편하도록 여닫이 형태나 열린 형태를 갖추는 것이 좋다.

교실의 공간 배치를 관찰하기 위한 질문은 다음과 같다.

- 교사가 유아들에게 다가가기 쉽게 배치되어 있는가?
- 교사는 교실의 어느 장소에서도 유아들을 한눈에 볼 수 있는가?
- 가구는 이동이 가능한가?
- 교육 자료는 찾기 쉽게 배열되어 있는가?
- 가구는 유아의 신체발달과 활동에 적당한 크기인가?
- 잠재적 위험이 있는 자료나 장비(예: 성냥, 화학약품, 세제, 청소 도구 등)는 유아들의 접근이 어렵도록 따로 보관하고 있는가?
- 개인 사물함이 교실에 있는가?
- 개인 사물함이 유아가 사용하기에 편리한 구조와 높이인가?
- 한꺼번에 유아가 몰릴 수 있는 공간(예: 출입문, 개수대 등)이 서로 떨어져 있는가?

3 교실의 놀이 및 활동 영역

교실에는 모든 아이들이 활동을 선택할 수 있을 정도로 충분히 다양한 활동 영역들이 있어야 한다. 이때 정적 영역과 동적 영역이 서로 인접하지 않도록 해야 한다.

상호작용과 활발한 활동이 장려되는 블록, 자동차, 트럭, 소꿉놀이 장난감 등은 동적 영역에 배치되어야 하는데, 그런 영역은 독서나 낮잠을 위한 공간 같은 정적 영역과는 떨어져 있어야 한다. 또한 하나의 홍미 영역에 많은 유아가 한꺼번에 몰려서 문제를 일으키거나 유아들이 교실에서 마구 뛰어다닌다면 교실의 물리적 배치를 점검할 필요가 있다.

교실의 홍미 영역이 명확하게 구분되고 각 영역마다 경계가 확실하다면 유아들로 하여금 어디서, 언제, 어떻게 자료를 가지고 놀 수 있는지 시각적으로 알려 주는 것이므로 문제행동을 감소시키는 데 도움이 된다. 예를 들면, 교실에서 뛰어다니는 행동을 예방하려면 길고 넓게 트인 공간을 제한해야 하는데, 이를 위해서 가구 배치를 다시하고 영역별로 색테이프 등을 이용하여 시각적 경계를 두는 것이 좋다.

Sandall과 Ostrosky(2010)는 놀이영역이 개방되어 있어 놀이시간이 아닌 경우에도 유아에게 유혹이 된다면 그 영역을 천으로 덮어 씌워 시각적으로 영역을 차단하거나, 영역 앞에 '닫혔음' 또는 '금지' 같은 기호를 사용하여 시각적 신호를 주는 것이 좋다고 했다. 또한 그들은 한 영역에 유아들이 한꺼번에 많이 몰리는 것을 예방하기 위해서는 영역별로 숫자를 제한하는 방법을 사용하라고 제안했다. 예를 들면, 각 영역에 제한된 숫자의 고리를 걸어 두고 그 영역의 활동을 하고 싶은 아이는 자신의 이름표를 각 고리에 걸도록 하여 모든 고리에 이름표가 걸려 있으면 그 영역은 가득 찼다는 시각적 신호가 되게 하는 것이다.

홍미 영역을 관찰하기 위해서는 다음과 같은 질문을 할 수 있다.

- 각 홍미 영역에는 시각적 표시가 있는가?
- 길고 넓게 트인 공간이 있는가?
- 한 홍미 영역에 유아가 몰리는 것을 예방하는 규칙이 있는가?
- 정적 영역과 동적 영역이 구별되어 떨어져 마련되어 있는가?
- 모든 유아들이 활동을 선택할 수 있을 정도로 충분한 영역들(미술영역, 요리영역, 수·과학영역, 조작영역, 언어영역, 블록영역, 역할놀이영역, 음률영역 등)이 있는가?

4 교실의 가구와 교재 · 교구 및 환경 정리

교실을 관찰할 때는 사회적 밀도나 공간 배치와 활동 영역의 적정성뿐 아니라 유아들이 직접 사용하는 교실의 자재, 가구, 교재 · 교구 등이 유아의 발달에 맞고 활동에 안전한 것인지, 그리고 그 물건들이 잘 관리되고 있는지 관찰하고 평가하는 것도 중요하다. 이런 물건들의 적절성과 관리 정도를 평가하기 위해서 장혜순 등(2011)은 다음과 같은 질문을 해야 한다고 했다.

- 교실 바닥은 잘 닦여져 있는가?
- 교실 바닥에 단추, 동전, 바둑알, 비닐봉투 등이 떨어져 있지 않은가?
- 교실 바닥에 돌출된 부분은 없는가?
- 교실 바닥이 미끄럽지 않은가?
- 쓰레기는 매일 버리는가?
- 쓰레기통은 깨끗한가?
- 교실 벽과 문은 깨끗한가?
- 카펫은 진공청소기로 청소되고 있는가?
- 창문은 광택이 날 정도로 깨끗한가?
- 깨진 유리창은 없는가?
- 비품들은 소독이 되어 있는가?
- 가구의 모서리가 날카롭거나 뾰족한 부분은 없는가?
- 가구에 못이나 부품 등이 빠져 나와 있는 부분은 없는가?
- 가구가 헐거워져 흔들거리는 부분은 없는가?
- 가구는 표면이 부드럽고 매끈한가?
- 가구는 튼튼하게 만들어졌는가?
- 가구나 비품은 유아발달에 적절한가?
- 문 뒤나 구석, 커다란 가구나 시설 주변 등 눈길이 잘 안 가는 곳도 건강과 안전이 지켜지도록 관리되는가?
- 기관 내에 문지방 같은 단차가 없는가?
- 난방은 복사난방인가?

- 모든 문에 손 끼임 방지 장치가 되어 있는가?
- 손상된 전선은 없는가?
- 콘센트의 안전덮개가 덮여 있는가?
- 소화기는 제자리에 있는가?
- 벽이 안전하고, 벽지가 깨끗한가?
- 천장에 떨어질 가능성이 있는 물건이 매달려 있지 않은가?

장혜순 등(2011)은 유아들이 직접 사용하는 교재 · 교구의 적절성을 평가해 보기 위한 질문을 다음과 같이 제안했다.

- 준비된 교재 · 교구의 양이 너무 많거나 없지는 않은가?
- 진행되고 있는 주제와 관련되어 교재 · 교구가 흥미 영역에 설치되어 있는가?
- 유아의 발달과 흥미에 맞는 교재 · 교구를 제공하였는가?
- 다양한 난이도의 교구를 제공하였는가?
- 보수 상태가 좋은가?
- 충분한 수량을 제공하였는가?
- 교구의 정리를 위한 자리를 알려 주는 그림을 제공하였는가?
- 눈높이에 맞게 그림을 전시하였는가?
- 교구는 깨끗한가?
- 망가져 위험한 것은 없는가?
- 날카로운 모서리는 없는가?
- 부품이 빠진 것은 없는가?
- 유해한 색소로 된 것은 없는가?

그 외에도 환경 정리 부분에서는 게시판이 유아의 흥미를 끌도록 되어 있는지, 유아들의 작품이 전시되어 있는지, 각 영역은 유아들의 참여 활동을 격려하도록 꾸며져 있는지, 침구나 의류들은 일광 건조와 세탁이 자주 이루어지는지 등을 관찰해야 한다.

5 교실의 조명, 소음, 온도, 습도

교실의 조명, 소음, 온도, 습도 등의 변인도 유아의 행동과 활동에 영향을 미친다. 실제로 교실의 조명, 소음, 온도 등의 환경과 유아의 사회적 행동은 상관관계가 높다는 연구 보고가 있다(Weinstein, 1979). 또한 구체적으로 교실의 소음 수준을 조절하여 교사에 대한 아이들의 부정적 행동을 감소시켰다는 연구 보고도 있다(Maag & Anderson, 2006). 따라서 유아의 문제행동 예방과 감소를 위해서 교실의 쾌적한 물리적 환경을 구성하는 것은 대단히 중요하다. 이를 관찰하기 위한 질문은 다음과 같다.

- 교실의 채광/조명이 충분히 밝은가?
- 교실의 소음 수준이 적절한가?
- 교실의 온도가 적절한가?
- 교실의 습도가 쾌적한 수준인가?
- 교실 환기는 자주하는가?

(2) 교실 외의 장소

교육기관은 교실만을 의미하지 않는다. 따라서 유아의 일과가 진행되는 교육기관 내의 모든 시설이 관찰의 대상이 된다. 교실 외의 장소로는 화장실, 부엌, 복도, 교무실, 실외 놀이 장소 그리고 통원 버스가 있다. 다음에서 각 장소별로 관찰실습생이 관찰해 볼 항목들을 질문 형태로 제시했다.

1 화장실과 부엌

- 화장실과 부엌은 깨끗한가?
- 화장실과 부엌은 사용하기에 안전한가?
- 화장실 바닥에 미끄럼 방지용 테이프가 부착되어 있는가?
- 화장실에 유아용 변기와 개수대가 있는가?
- 화장실에 유아용 실내화가 있는가?
- 화장실과 부엌은 교실에서 쉽게 접근할 수 있는 출입문이 있는가?

- 부엌에는 소화기가 배치되어 있는가?
- 조리 시설의 공간은 충분한가?
- 유아가 사용하는 식기는 소독과 세척이 청결하게 이루어지는가?

2 복도와 교무실

- 복도가 실외 놀이 장소나 교실에 쉽게 접근할 수 있게 되어 있는가?
- 복도에 깨지기 쉬운 물건이 놓여 있지는 않은가?
- 복도의 넓이가 유아가 통행하기에 충분히 넓은가?
- 복도가 충분히 밝은가?
- 교무실은 교구나 교육 자료들이 한눈에 알아볼 수 있도록 잘 정리되어 있는가?
- 교무실은 각 교실에 쉽게 접근할 수 있는 위치에 있는가?
- 교무실에는 교사들이 모이기에 충분한 공간이 있는가?

3 실외 놀이 장소

- 유아가 실외 놀이를 할 때는 언제나 교사의 감독이 있는가?
- 마실 물이 가까이에 있는가?
- 유아들이 한꺼번에 이용할 수 있을 만큼 공간이 충분한가?
- 놀이 구조물은 유아의 연령과 체격에 따라 조절할 수 있도록 되어 있는가?
- 실외 놀이 장소의 교구들이 밝은 색으로 구성되어 있는가?
- 전체 장소와 교구들이 깨끗한가?
- 유리 조각 같은 위험한 파편은 없는가?
- 교구 시설은 다양하게 준비되어 있는가?
- 바닥은 모래, 잔디, 흙, 아스팔트 등 다양한 재료로 되어 있는가?
- 고장 나거나 작동되지 않는 놀이 시설은 없는가?
- 놀이 시설은 안전한가?
- 유아가 넘을 수 없는 높이의 울타리가 둘러 있는가?

4 통원 버스

- 좌석마다 안전벨트가 있는가?
- 창문에 햇빛을 가릴 수 있는 커튼이나 가리개가 있는가?
- 차 안의 에어컨과 히터가 작동되는가?
- 유아가 차로 통원할 때 교사가 동반하는가?
- 유아가 차에서 내려 건널목을 건널 때 교사가 동반하는가?
- 차의 내부가 깨끗하며 의자 시트가 찢어진 곳은 없는가?
- 기사가 유아에게 친절하게 대하는가?

위에서 제시한 관찰에 도움이 되는 여러 질문들을 행동 평정척도 관찰기록지로 바꾸어 사용하는 것도 유익할 것이다.

지금까지 관찰실습생의 관찰 대상을 유아, 교사, 물리적 환경으로 각각 나누어 살펴보았다. 그런데 유아, 교사 및 환경에 대해 종합적으로 관찰할 수 있는 방법으로 환경행동적 평가(Eco-Behavioral Assessment)가 있다(Salvia & Ysseldyke, 1998). 환경행동적 평가란 환경 내에서 이루어지는 행동을 평가하기 위한 것으로 유아의 행동과 유아가 속한 환경의 맥락 사이의 상호작용에 대한 관찰을 뜻한다. 제4장에서 소개한 순간 관찰기록법을 사용하여 유아가 무엇인가를 하고 있는 맥락에서 교사가 선택한 교수법, 교수 전달, 교수 순서 등과 교사와 유아의 상호작용을 관찰하게 되어 있다. 환경행동적 평가의 목적은 유아의 참여 행동에 영향을 미치는 변인들을 판별하려는 데 있다. 환경행동적 평가에 관심이 있다면 이를 소개한 책이나 적용한 논문들을 참고할 수 있다(예: 조윤경, 2009; Vyse & Mulick, 1990). 최근 우리나라에서도 유아는 환경과 분리된 존재가 아니라 환경의 맥락 속에서 상호작용하는 존재라는 인식과 함께 생태학적 관점이 강조되고 있으므로(황해익, 송연숙, 정혜영, 2008), 관찰실습생은 유아나 교사의 개별적인 행동이나 교육환경 자체에만 초점을 맞추어 관찰하는 것이 아니라 유아가 속해 있는 주변 환경과 함께 사회적 맥락을 같이 파악하면서 그 속에서 발생하는 유아의 행동과 다른 사람들(교사 또는 또래)과의 상호작용에 초점을 맞추어 관찰하는 방법도 계속해서 배워 나가야 할 것이다.

토의 및 적용

✤ 옆 자리에 앉은 친구와 서로의 외모 중에서 관찰실습생으로서 적절한 부분과 부적절한 부분이 무엇인지 서로 의논해 보시오.

✤ 소집단으로 나누어 각자 자신이 관찰실습을 나갈 때 가장 주의해야 할 부분이라고 생각되는 점이 무엇인지 발표해 보시오.

✤ 소집단으로 나누어 관찰실습을 나갔을 때 꼭 관찰해 보고 싶은 내용이 무엇인지, 관찰을 통해 얻고 싶은 것이 무엇인지 논의하고 발표해 보시오.

✤ 관찰실습기관에서 관찰실습할 때 사용하고 관찰실습 보고서에 포함시킬 관찰기록지들을 작성해 보시오.

참고문헌

강순구, 조윤경 역 (1990). 포테이지 아동발달 지침서. 서울: 도서출판 특수교육.
강선화 (2008). 유아교육기관에서의 부모면담에 관한 교사와 부모의 인식. 총신대학교 교육대학원 석사학위논문.
곽노의, 임은정 (2010). 관찰 및 실습을 위한 유아교육기관 평가기준의 이해. 경기도 고양: 공동체.
교육과학기술부, 보건복지부 (2013). 3-5세 연령별 누리과정. 서울: 교육과학기술부.
김병선, 이윤옥 (1998). 아동연구방법. 서울: 양서원.
김신옥, 민혜영 (2012). 아동연구 및 관찰. 경기도 고양: 공동체.
김정미, 신희선 (2006). K-CDI 한국판 아동발달검사. 서울: 굿에듀.
김정미, 신희선 (2011). K-CDI 한국판 영유아발달선별검사. 서울: 학지사 심리검사연구소.
김정미 역 (2010). 발달 레인보우: 영유아 발달 프로파일. 서울: 학지사.
김지은 (2008). 아동관찰 및 행동연구. 경기도 파주: 학현사.
김지은, 김진숙 (2006). 유아관찰 및 평가. 서울: 양서원.
김현주, 손은경, 신혜영 (2003). 현장중심 부모교육-이론과 실제. 서울: 양서원.
김황용 (1996). 구두-의사표현 사회기술훈련이 경도장애 중학생의 대인행동 향상에 미치는 효과. 특수교육논총, 13(2), 33-50.
김희진 (2006). 유아교육기관에서의 부모 교육과 지원. 서울: 파란마음.
김희진, 박은혜, 이지현 (2011). 영유아교육기관에서의 관찰. 서울: 창지사.
라정숙 (2002). 개념변화 교수법에 기초한 과학교사교육이 유아교사의 과학교수능력 증진에 미치는 효과. 서울여자대학교 대학원 박사학위논문.
류진희 (2000). 유아교사를 위한 교육실습과 교육활동. 서울: 양서원.
민중서림 (2001). 민중 엣센스 국어사전. 서울: 민중서림.
박은영, 김삼섭, 조광순 (2005). 우리나라 단일대상연구의 내용과 방법에 관한 고찰. 특수교육학연구, 40(1), 65-89.
박은혜, 조운주 (2006). 반성적 실천을 위한 유아교육실습. 서울: 창지사.

신희선, 한경자, 오가실, 오진주, 하미나 (2010). K-DDST-II 한국형 덴버발달선별검사II. 서울: 현문사.

심성경, 함은숙, 변길희, 박수경 (2012). 유아 평가 바로 알기. 서울: 창지사.

양명희 (1996). 비디오테잎을 이용한 자기관찰-자기기록기법이 초등학교 저학년 아동의 교실문제행동에 미치는 효과. 특수교육논총, 13(1), 1-18.

양명희 (2012). 행동수정이론에 기초한 행동지원. 서울: 학지사.

양명희, 김미선 (2002). 비디오테잎 자기관찰 기법이 초등학교 선택적 함묵아동의 말하기 행동에 미치는 효과. 정서 · 학습장애연구, 17(3), 57-77.

양명희, 김황용 (1997). 비디오테잎-자기관찰 기법이 초등학교 고립아동의 사회적 행동 향상에 미치는 효과. 특수교육학회지, 18(3), 263-285.

양명희, 최호승 (2004). 개별 피험자 연구의 피험자 특성 기술에 관한 연구. 정서 · 행동장애연구, 20(1), 1-21.

이대균 (2007). 유치원 평가를 위한 영역별 준비. 교육연구, 23(3), 245-255.

이대식 (2003). 교사들이 지각한 초등학생들의 정서 · 행동 문제와 대처방안의 효과. 정서 · 행동장애 연구, 19(4), 283-302.

이미화, 이정림, 여종일, 김경미, 김명순, 이경옥, 이완정, 이정욱, 최일선, 최혜영 (2012). 5세 누리과정 운영에 따른 유아평가 연구-평가척도 개발. 서울: 육아정책연구소.

이소현 (2003). 유아특수교육. 서울: 학지사.

이영철, 허계영, 문현미, 이상복, 정갑순 역 (2008). 영유아를 위한 사정, 평가 및 프로그램 체계: AEPS. 서울: 굿에듀.

이윤옥 (2009). 영유아 행동관찰 연구. 서울: 신정.

이은정, 이소현 (2005). 통합교육 현장의 장애 학생을 위한 기준 중심 수행평가 방안: 루브릭의 고안 및 실행을 중심으로. 특수교육학연구, 40(10), 153-178.

이은해 (1985). 아동연구법. 경기도: 교문사.

이정환, 박은혜 (1995). 교사를 위한 유아관찰 워크북 I. 서울: 한국어린이육영회.

이정환, 박은혜 (1996). 교사를 위한 유아관찰 워크북 II. 서울: 한국어린이육영회.

이재연, 김경희 (1989). 부모 교육. 서울: 교문사.

이차숙 (2010). 유아 언어 평가 루브릭 개발 연구: 만 5, 6세 유아들의 듣기 · 말하기를 중심으로. 열린유아교육연구, 15(6), 213-233.

이형복, 양명희 (2009). 요리활동이 유아의 편식과 부적절한 식사행동의 개선에 미치는 효과. 발달장애연구, 13(2), 77-100.

임미혜 (2005). 만 5세 유아의 사회적 능력 및 정서지능에 따른 또래 간 인기도. 중앙대학교 교육대학원 석사학위논문.
장혜순, 박명숙, 최윤정, 손수민 (2011). 예비 유아교사를 위한 현장 참여 및 관찰의 이론과 실제. 경기도 고양: 공동체.
장휘숙 (1989). 아동연구법. 서울: 창지사.
전남련, 김재환, 이혜배 (2007). 아동행동 연구 및 관찰평가. 서울: 창지사.
정갑순 (2006). 부모교육론. 서울: 창지사.
조윤경 (2009). 환경-행동적 평가를 통한 통합 학급에서의 장애와 일반유아의 행동 및 생태적 영향 분석. 유아특수교육, 9(1), 79-102.
조윤경, 김경혜 (2010). 잘 가르치기 위한 아동관찰 및 행동연구. 경기도 고양: 공동체.
조윤경, 장지윤, 유연주 (2013). 유아교육과정 내의 장애영유아를 위한 개별화교육프로그램. 경기도 고양: 공동체.
한국교육평가학회 (2004). 교육평가용어사전. 서울: 학지사.
한국유아교육학회 (1996). 유아교육사전. 서울: 한국사전연구사.
허계형, 이준석, Jane Squires, 이소영 (2012). K-ASQ: SE 한국판 부모 작성형 유아 사회 정서 모니터링 체계. 서울: 서울 장애인종합복지관.
황해익 (2004). 유아교육평가. 서울: 양서원.
황해익, 정혜영 (2000). 유아교사를 위한 포트폴리오 평가. 서울: 양서원.
황해익, 송연숙, 정혜영 (2008). 2007년 개정 유치원 교육과정에 따른 유아행동 관찰법. 서울: 창지사.
황해익, 송연숙, 최혜진, 정혜영, 이경철, 민순영, 박순호, 손원경 (2001). 유아교육기관에서의 포트폴리오 평가. 서울: 창지사.

Alberto, P. A., & Schofield, P. (1979). An instructional interaction pattern for the severely handicapped. *Teaching exceptional children, 12*, 16-19.
Alberto, P. A., & Troutman, A. C. (2006). *Applied behavior analysis for teachers* (7th ed.). Englewood Cliffs, NJ: Prentice-Hall.
Bailey, D. B., Harms, T., & Clifford, R. M. (1983). Matching changes in preschool environments to desired changes in child behavior. *Journal of the Division for Early Childhood, 7*(1), 61-68.
Bambara, L. M., & Knoster, T. (1998). *Designing positive behavior support plans* (Innovations, No. 13). Washington, DC: American Association on Mental Retardation.

Bambara, L. M., & Kern, L. (2005). *Individualized supports for students with problem behaviors: Designing positive behavior plans*. New York: The Guilford Press.

Bambara, L. M., & Kern, L. (2008). 장애학생을 위한 개별화 행동지원: 긍정적 행동지원의 계획 및 실행 (이소현, 박지연, 박현옥, 윤선아 공역). 서울: 학지사. (원저 2005년 출간)

Barlow, D. H., & Hayes, S. C. (1979). Alternating treatment design: One strategy for comparing the effects of two treatments in a single subject. *Journal of Applied Behavior Analysis, 12*(2), 199-210.

Barton, J., & Collins, A. (Eds.) (1997). *Portfolio assessment: A handbook for educators*. Menlo Park, CA: Addison-Wesley.

Bell, D. R., & Low, R. M. (1977). *Observing and recording children's behavior*. Richland, WA: Performance Associates.

Berger, E. (2004). *Parent as partners in education: Families and schools working together* (6th ed.). Upper Saddle River, NJ : Merrill.

Bijou, S. W., Peterson, R. F., & Ault, M. H. (1968). A method to integrate descriptive and experimental field studies at the level of data and empirical concepts. *Journal of Applied Behavior Analysis, 1*(2), 175-191.

Birenbaum, M., & Dochy, F. J. R. C. (1996). *Alternatives in assessment of achievements, learning processes and prior knowledge*. Boston: Kluwer Academic.

Brandt, R. M. (1972). *Studying behavior in natural settings*. New York: Holt, Rinehart and Winston, Inc.

Bredekamp, S., & Shepard, L. (1989). How best to protect children from inappropriate school expectation, practice and polices. *Young Children, 44*(3), 14-24.

Cartwright, C. A., & Cartwright, G. P. (1974). *Developing observation skills*. New York: McGraw-Hill Book.

Cohen, D. H., Stern, V., & Balaban, N. (1997). 유아행동관찰 (박경자 역). 서울: 학지사. (원저 1983년 출간)

Coie, J. D., & Dodge, K. A. (1998). Aggression and antisocial behavior. In N. Eisenberg (Ed.), *Handbook of child psychology: Vol. 3, Social, emotional, and personality development* (5th ed., pp.779-862). New York: Wiley.

Collins, A. (1992). Portfolios for science education: Issues in purpose, structure and authenticity. *Science Education, 76*(4), 451-463.

Cooke, N. L., Test, D. W., Heard, W. L., Spooner, F., & Courson, F. H. (1993).

Teachers' opinions of research and instructional analysis in the classroom. *Teacher Education and Special Education, 16*(4), 319–329.

Cooper, J. O., Heron, T. E., & Heward, W. L. (2010). 응용행동분석(상) (정경미, 김혜진, 양유진, 양소정, 장현숙 역). 서울: 시그마프레스. (원저 2007년 출간)

Danielson, C. & Abrutyn, L. (1997). *An introduction to using portfolios in the classroom.* Alexandria, VA: Association for Supervision and Curriculum Development.

Dawe, H. C. (1934). An analysis of two hundred quarrels of preschool children. *Child Development, 5*(2), 139–157.

Durand, V. M., & Crimmins, B. (1988). Identifying the variables maintaining self-injurious behavior. *Journal of Autism and Developmental Disorders, 18* (1), 99–117.

Evans, G. W. (2001). Environmental stress and health. In A. Baum, T. Revenson, & J. Singer (Eds.), *Handbooks of Health* (Vol. 4, pp. 365–385). Hillsdale, NJ: Erbaum.

Fullard, W., McDevitt, S. C., & Carey, W. B. (1984). Assesing temperament in one-to three-years-old children. *Journal of Child Psychology and Psychiatry, 9* (2), 205–217.

Gronlund, G., & Engel, B. (2001). *Focused portfolio: A complete assessment for the young child.* St. Paul, MN: Redleaf Press.

Guilford, J. P. (1954). *Psychometric methods* (2nd ed). New York: McGraw-Hill Book Co.

Hammond, D., & Gast, D. L. (2010). Descriptive analysis of single subject research designs: 1983–2007. *Education and Training in Autism and Developmental Disabilities, 45*(2), 187–202.

Harris, M. E. (2009). Implementing portfolio Assessment. *Young Children, 64*(3), 82–85.

Hartmann, D. P., & Hall, R. V. (1976). The changing criterion design. *Journal of Applied Behavior Analysis, 9*(4), 527–532.

Hemmeter, M. L., Doyle, P. M., Collins, B. G., & Ault, M. J. (1996). Checklist for successful implimentation of field-based research. *Teacher Education and Special Education, 19*(4), 342–354 .

Janney, R., & Snell, M. E. (2000). *Teachers' guides to inclusive practices: Behavioral support.* Baltimore: Paul H. Brookes.

Jensen, W. R. (1996). Reprimands and precision requests. In H. K. Reavis, M. T. Sweeten, W. R. Jensen, D. P. Morgan, D. J. Andrews, & S. Fister (Eds.), *Best Practices: Behavioral and educational strategies for teachers* (pp. 107–126). Longmont, CO: Sopris West.

Jordan, L., & Maria, E. R. (1998). Developing teacher-parent partnerships across cultures. *Intervention in School & Clinic, 33*(3), 141–147.

Kazdin, A. E. (1982). *Single-case research designs.* New York: Oxford University Press.

Kern, L., O'Neil, R. E., & Starosta, K. (2008). 기능진단을 위한 정보 수집. Bambara, L. M., & Kern, L. (편저), 장애학생을 위한 개별화 행동지원: 긍정적 행동지원의 계획 및 실행. 서울: 학지사. (원저 2005년 출간).

Kerr, M. M., & Nelson, M. C. (1989). *Strategies for managing behavior in the classroom.* Upper Saddle River, NJ: Merrill/Prentice Hall.

Kerr, M. M., & Nelson, C. M. (2006). *Strategies for addressing behavior problems in the classroom* (5th ed.). Englewood Cliffs, NJ: Prentice-Hall.

Kim, H. (1995). *The Effects of combined self-management strategies on the generalization of social behavior changes in children with social skills deficits.* Unpulished doctoral dissertation, University of Oregon, Eugene, OR.

Kim, M. Y. (1994). *The Effects of self-evaluation, self-observation, and self-observation plus self-recording on the occurrence of disruptive behaviors in classroom.* Unpulished doctoral dissertation, University of Oregon, Eugene, OR.

Kingore, B. (2008). *Developing portfolios for authentic assessment: Guiding potential in young learners.* Thousand Oaks, CA: Corwin press.

Koch, P. K., & McDonough, M. (1999). Improving parent-teacher conferences through collaborative conversations. *Young Children, 54*(2), 11–15.

Legendre, A. (2003). Environmental features influencing toddlers bioemotional reactions in day care centers. *Environmental and Behavior, 35*(4), 523–549.

Lennox, O. B., & Miltenberger, R. (1989). Conducting a functional assessment of problem behavior in applied settings. *Journal of the Association for Persons with Severe Handicaps, 14*, 304–311.

Lewis, R. B., & Blackhurst, A. E. (1983). Special education practitioners as consumers and producers of research: A hierarchy of competencies. *Exceptional Education*

Quarterly, 4(3), 8–17.

Maag, J. W., & Anderson, J. M. (2006). Effects of sound-field amplication to increase compliance of students with emotional and behavior disorders. *Behavioral Disorders, 31*(4), 378–393.

MacDonald, S. (1997). *The portfolio and its use: A road map for assessment.* Little Rock, AR: Southern Early Childhood Association.

Marsden, D. B., Meisels, S. J., Jablon, J. R., & Dichtelmiller, M. L. (2001). *The work sampling system: Preschool-4 developmental guidelines.* Upper Saddle River, NJ: Pearson Education.

Martin, S. (1999). *Take a look: Observation and portfolio assessment in early childhood* (2nd ed.). Ontario, Canada: Addison-Wesley.

McAfee, O., & Leong, D. J. (2007). *Assessing and guiding young children's development and learning* (4th ed.). Boston, MA: Pearson Education.

Mooney, P., Epstein, M. H., Reid, R., & Nelson, R. (2003). Status and trend in academic intervention research for students with emotional disturbance. *Remedial and Special Education, 24*(5), 273–287.

Morris, R. (1976). *Behavior modification with children.* Cambridge, MA: Winthrop Publication.

Neilsen, B. (2001). *Week by week: Plans for observing and recording young children* (2nd ed.). Albany, NY: Delmar.

Northwest Evaluation Association. (1990). *Writing portfolio assessment issues and concerns.* (NWEA writing assessment conference). Lake Oswego, OR: Author.

Paulson, F., Paluson, P., & Meyer, C. (1991). What makes a portfolio? *Educational Leadership, 48*(5), 60–63.

Pellegrini, A. D., & Bjorklund, D. F. (1998). *Applied child study: A developmental approach* (3rd ed.). Mahwah, NJ: Lawrence Erlbaum.

Polakowski, C. (1993). *Literacy portfolios in the early childhood classroom. In Student portfolios* (pp. 47–60). Washington, DC: National Education Association.

Rimm-Kauffman, S. E., Laparo, K. M., Downer, J. T., & Pianta, R. C. (2005). The contribution of classroom setting and quality of instruction to children's behavior in kindergarten classrooms. *Elementary School Journal, 105*(4), 377–394.

Salvia, J., & Ysseldyke, J. E. (1998). *Assessment* (7th). Boston, MA: Houghton Mifflin, Co.

Sandall, S., & Ostrosky, M. (2010). 도전적 행동에 대처하는 실제적 아이디어: 특별한 영유아 모노그래프 시리즈 1호 (김진희, 김호연 역). 서울: 학지사. (원저 1999년 출간)

Saunders, R., & Koplik, K. (1975). A multi-purpose data sheet for recoding and graphing in the classroom. *AAESPH Revies, 1*, 1.

Scheuermann, B. A., & Hall, J. A. (2009). 긍정적 행동지원 (김진호, 김미선, 김은경, 박지연 역). 서울: 시그마프레스. (원저 2008년 출간)

Shores, E. F., & Grace, C. (1998). *The portfolio book: A step-by-step guide for teachers*. Beltsville, MD: Gryphon House Inc.

Smith, M. L., & Heflin, L. J. (2001). Supporting positive behavior in public schools: An intervention program in Georgia. *Journal of Positive Behavior Interventions, 3*(1), 39-47.

Sugai, G., Horner, R. H., Dunlap, G., Hieneman, M., Lewis, T. J., Nelson, C. M., Scott, T., Liaupsin, C. J., Sailor, W., Turnbull, H. R. III., Wickham, D., Ruef, M., & Wilcox, B. (2000). Applying positive behavioral support and functional assessment in schools. *Journal of Positive Behavior Interventions, 2*(3), 131-143.

Sugai, G. M., & Tindal, G. A. (1993). *Effective school consultation: An interactive approach*. Pacific Grove, CA: Brooks/Cole.

Tawney, J. W., & Gast, D. L. (1984). *Single subject research in special education*. Columbus, OH: Charles E. Merrill Publishing Company.

Touchette, P. E., MacDonald, R. F., & Langer, S. N. (1985). A scatter plot for identifying stimulus control of problem behavior. *Journal of Applied Behavior Analysis, 18*(4), 343-351.

Vavrus, L. (1990). Put portfolios to the test. *Instructor, 100*(1), 48-53.

Vyse, S. A., & Mulick, J. A. (1990). A correlational approach to ecobehavioral assessment. In S. Schroeder (Ed.), *Ecobehavioral analysis and developmental disabilities: The twenty-first century*(pp. 64-81). New York: Springer Verlag.

Watkins, M. W., & Pacheco, M. P. (2001). Interobserver agreement in behavioral research: Importance and calculation. *Journal of Behavioral Education, 10*(4), 205-212.

Webster-Stratton, C., & Herbert, M. (1994). *Troubled families-problem children: Working with parents: A collaborative process*. Chichester, UK: Wiley.

Weinstein, C. S. (1979). The physical environment of the school: A review of research. *Review of educational research, 49*(4), 577-610.

Wolery, M., Bailey, D. B., & Sugai, G. M. (1988). *Effective teaching: Principles and procedures of applied behavior analysis with exceptional students.* Boston: Allyn and Bacon.

Wortham, S. C. (2008). *Assessment in early childhood education* (5th ed.). Upper Saddle River, NJ: Merrill/Prentice Hall.

Wright, H. F. (1960). Observational child study. In Paul H. Musses (ed.), *Handbook of research methods in child development.* New York: John Wiley & Sons.

인 명

내 용

저자 소개

양명희

University of Oregon 행동장애 교육 전공 석 · 박사

전 전주대학교 교수

현 광신대학교 유아교육과 교수

〈저서 및 역서〉

개별 대상 연구(저, 학지사, 2015)

행동수정이론에 기초한 행동지원(저, 학지사, 2012)

얘들아! 천천히 행동하고 주의집중하는 것을 배워보자(공역, 학지사, 2007)

자폐아동과 숫자로 대화하는 5점 척도(역, 시그마프레스, 2008)

임유경

전남대학교 대학원 유아교육학 전공 박사

현 광신대학교 유아교육과 교수

〈논문〉

영유아 보육시설 선택에 영향을 미치는 부모관련 변인 연구(2008)

영유아 발달에 대한 어머니의 관점 비교(2009)

유아의 부정적 정서에 대한 부모의 반응에 관한 연구(2011)

유아 행동 관찰 및 평가

2014년 3월 10일 1판 1쇄 발행
2020년 6월 10일 1판 3쇄 발행

지은이 • 양명희 · 임유경
펴낸이 • 김 진 환
펴낸곳 • (주) 학지사
04031 서울특별시 마포구 양화로 15길 20 마인드월드빌딩 5층
대표전화 • 02) 330-5114 팩스 • 02) 324-2345
등록번호 • 제313-2006-000265호
홈페이지 • http://www.hakjisa.co.kr
페이스북 • https://www.facebook.com/hakjisabook

ISBN 978-89-997-0332-4 93370

정가 19,000원

이 도서의 국립중앙도서관 출판시도서목록(CIP)은 서지정보유통지원시스템 홈페이지(http://seoji.nl.go.kr)와 국가자료공동목록시스템(http://www.nl.go.kr/kolisnet)에서 이용하실 수 있습니다.
(CIP제어번호: CIP2014006429)